全国普通高等教育"十三五"素质教育规划教材

大学生职业生涯规划

主　编　谢吉庆　孙　杰
　　　　赵玉静
副主编　靳　慧　刘　辉
参　编　王　磊　段志芳
　　　　马玉琴　冯凤友

中国商业出版社

图书在版编目(CIP)数据

大学生职业生涯规划/谢吉庆,孙杰,赵玉静主编.—北京：中国商业出版社,(2019.10 重印)
ISBN 978-7-5044-8176-4

Ⅰ.①大… Ⅱ.①谢…②孙…③赵… Ⅲ.①大学生-职业选择 Ⅳ.①G647.38

中国版本图书馆 CIP 数据核字(2013)第 169116 号

责任编辑：蔡凯

中国商业出版社出版发行
010-63180647　www.c-cbook.com
(100053　北京广安门内报国寺1号)
新华书店经销
涿州市荣升新创印刷有限公司印刷
*
787×1092 毫米　开本：1/16　印张：17　字数：320 千字
2019 年 2 月第 1 版　2019 年 10 月第 2 次印刷
定价：38.80 元
* * *
(如有印装质量问题可更换)

编写说明

大学生职业生涯规划,涉及面广,在今天,这个问题已毋庸置疑地摆在了全社会的面前。当前世界经济受多重因素的影响发展缓慢,而我国正处于产业结构调整、经济转型之际,毕业生就业矛盾更加凸显。党和国家在倾力关注这件事,各级政府正努力办好这件事,每所学校在精心谋划这件事,每个面临毕业的学生也在思考这件事。笔者有感于此编写本书,希望通过为大学生职业生涯规划提供必要的指导,使他们能够在大学期间做好职业生涯规划,勇于实现创业就业梦想,提前做好准备,把握机遇,主动出击,未雨绸缪,这样才能在就业中游刃有余,在创业中灵活主动,才能正确处理职业生涯规划中的各种问题和困难。凡事预则立,不预则废,我们期待着,每位学子通过本书的学习,能激发投身社会的信心和力量。

本书的主要内容包括:职业意识培养、职业生涯发展理论概论、自我认知、环境认知、职业决策、职业生涯设计与评估、职业素质训练、职业道德、求职心理、求职信与简历、求职途径与求职礼仪、笔试和面试、就业权益保护、创业意识培养、大学生角色转换等。

本书主要由廊坊职业技术学院谢吉庆(第一章、第二章)、廊坊职业技术学院孙杰(第十二章)、廊坊职业技术学院赵玉静(第六章、第九章)担任主编,淮北职业技术学院教授靳慧(第四章、第五章、第十章)、淮北职业技术学院讲师刘辉(第三章、第十四章、第十五章)担任副主编,参加编写的还有廊坊职业技术学院王磊(第八章、附录)、廊坊职业技术学院段志芳(第十一章)、廊坊职业技术学院马玉琴(第七章)、廊坊职业技术学院冯凤友(第十三章)。

本书在编写过程中参考和引用了许多学者的著作和研究成果,在此表示衷心的感谢!由于编者水平有限,如有不妥之处敬请专家和读者批评指正。

编者
2019 年 10 月

目 录

第一章　职业意识培养 …………………………………………………… (1)
　　第一节　大学生活与角色定位 ………………………………………… (1)
　　第二节　专业发展与就业方向 ………………………………………… (4)
　　第三节　职业与人生 …………………………………………………… (7)

第二章　职业生涯发展理论概述 ………………………………………… (21)
　　第一节　职业生涯的基本概念 ………………………………………… (21)
　　第二节　职业生涯的基本理论 ………………………………………… (27)
　　第三节　大学生职业生涯与就业 ……………………………………… (33)

第三章　自我认知 ………………………………………………………… (38)
　　第一节　自我认知的内容 ……………………………………………… (38)
　　第二节　自我认知的主要方法 ………………………………………… (45)

第四章　环境认知 ………………………………………………………… (50)
　　第一节　环境认知的内容 ……………………………………………… (50)
　　第二节　环境认知的途径 ……………………………………………… (59)

第五章　职业决策 ………………………………………………………… (64)
　　第一节　职业决策概述 ………………………………………………… (64)
　　第二节　确定职业生涯目标 …………………………………………… (77)
　　第三节　大学生职业生涯路线选择 …………………………………… (82)

第六章　职业生涯设计与评估 …………………………………………… (88)
　　第一节　制定大学生职业生涯规划的实施方案 ……………………… (88)
　　第二节　大学生职业生涯规划方案的评估与修正 …………………… (96)
　　第三节　大学生职业生涯规划书的撰写 ……………………………… (98)

第七章　职业素质训练 ……………………………………………………（105）
第一节　职业素质与职业能力 ……………………………………（105）
第二节　执行力与核心竞争力 ……………………………………（109）
第三节　团队合作与有效沟通 ……………………………………（112）

第八章　职业道德 …………………………………………………（117）
第一节　道德与职业道德 …………………………………………（117）
第二节　职业道德在职业发展中的作用 …………………………（121）
第三节　职业道德的主要内容 ……………………………………（124）
第四节　主要行业的职业道德规范 ………………………………（128）

第九章　求职心理 …………………………………………………（134）
第一节　大学毕业生在求职过程中普遍存在的心理问题 ………（134）
第二节　求职过程中常见心理问题的解决思路和方法 …………（138）

第十章　求职信与简历 ……………………………………………（144）
第一节　求职信 ……………………………………………………（144）
第二节　简历 ………………………………………………………（153）

第十一章　求职途径与求职礼仪 …………………………………（176）
第一节　求职途径 …………………………………………………（176）
第二节　求职礼仪 …………………………………………………（184）

第十二章　笔试和面试 ……………………………………………（198）
第一节　笔试 ………………………………………………………（199）
第二节　面试 ………………………………………………………（200）

第十三章　就业权益保护 …………………………………………（205）
第一节　劳动法 ……………………………………………………（205）
第二节　劳动合同及劳动争议处理 ………………………………（206）
第三节　社会保障法 ………………………………………………（209）

第十四章　创业意识培养 …………………………………………（213）
第一节　创业概述 …………………………………………………（213）
第二节　创业的基本条件和程序 …………………………………（220）
第三节　创业计划书的撰写 ………………………………………（224）

第十五章 大学生角色转换 ……………………………………………………… (229)
第一节 大学生生涯角色转换 …………………………………………… (229)
第二节 适应职业环境,实现职业发展 …………………………………… (233)

附 录 ……………………………………………………………………………… (239)
附录一、气质类型测评 ……………………………………………………… (239)
附录二、职业性格测评 ……………………………………………………… (242)
附录三、职业兴趣测评 ……………………………………………………… (244)
附录四、职业能力测评 ……………………………………………………… (248)
附录五、职业锚测评 ………………………………………………………… (250)
附录六、中华人民共和国劳动法 …………………………………………… (252)

参考文献 …………………………………………………………………………… (262)

第一章 职业意识培养

【本章要点】

1. 大学生活与角色定位
2. 专业发展与就业方向
3. 职业与人生

在人生的花季,同学们怀着对未来职业生活的憧憬,迈进了为之奋斗的大学校门。但同学们可曾想过,大学毕业后能学到什么真本领?掌握多少知识和技能?你有多大把握能成功地应对以后的人生?高等教育阶段是与我们所习惯的中小学教育完全不同的阶段,在这一阶段,你将要面对适应大学生活和从学生向职业人的转变。从而为自己的职业生涯做更多的准备。要想完成这一阶段的任务,首先就需要树立起职业意识,在这一章里,将从适应大学生活、专业发展与就业方向以及职业与人生三个方面帮助同学们树立职业意识,确立正确的职业观。

第一节 大学生活与角色定位

【案例】

大学新生适应生活了吗?当新生遭遇"大学冷漠症"

第三方教育咨询机构麦可思最新调查发现,从 2011 年 9 月 15 日至 24 日,被调查的 2899 名 2011 级大学新生中,仅有 40% 对学校的入学教育表示满意。

有困难靠自己——新生入学教育满意度不高

某外国语学院大一新生小凡说,一个多月来,他还是和小学、中学同学联系较多,大学里都是不熟悉的人,大家对班级出游或集体活动都显得不上心,总觉得还是上高中好。

研究发现,大学成功在很大程度上取决于新生第一年的经历。假如第一年适应不良,可能导致新生学业兴趣淡漠、学习参与度降低、学习成绩不佳、人际关系出现障碍、精神和健康状态不良，甚至中断学业。不少学生克服重重困难进入大学校门，却因为不适应高校生活而终结自己的大学梦。

大一新生小西是个标准的乖乖女，和班上男生说的话都在十句以内，在公开场合发言或者和男生讲话也声如蚊蚋，头埋得低低的。下了课就回宿舍，也不参加社团活动。她说，有时想和男生多交流，却不知道说什么，大学比高中复杂。高中的同学只是学习关系，大学还有舍友、系友，出了问题也只能靠自己。

在该校英语系，一年级有十个班，29个人的班级里最多也只有6个男生，最少2个。一个多月过去了，有些男生连班里女生的名字都叫不全。"我们90后的通病是，对不熟的人一句话没有，对熟人却是滔滔不绝的'话痨'。"

除了交往困难，学习方式方法不适应也是新生的普遍问题。阶梯教室、自习等大学教育方式，也与高中有明显不同。

麦可思调查2011级新生在适应大学生活的过程中，主要靠的是自己和同学的帮助。而最大帮助来源于学生工作老师或辅导员（本科为12%，高职高专为8%），任课老师（本科、高职高专均为4%）的比例相对最少，这意味着高校需改善教师参与的新生适应性活动。

自动退学率接近3%——心理不适应是重要问题

美国高校中新生辍学的情况屡见不鲜，尤其是入学后的前六周。与此相对应，中国大学在校生退学现象也日益严重。有数据表明，近几年全国在校大学生自动退学率已接近3%，每年退学人数近50万。

究其原因，很大程度上是由于新生入学后对学校或专业不适应，在学习和生活中遇到困难，或者面临经济状况和人际关系的压力。

北京第二外国语学院心理咨询室梁老师表示，帮助新生应对第一年挑战、解决辍学等极端问题，首要的就是通过各种方式促进新生的心理、学习和经济适应能力。从北京地区看，心理不适应是重要的问题，尤其是在人际交往上，大学生活是和高中生活不同的，90后大学新生最好多参加社团活动。

另外，宿舍也是反映大学生群体状态的一方面，需要大家用心维系。总的说来，新生们要调动自己的集体生活意识，更多地融入大学生活，体会大学生活的紧张与充实，挑战与收获，独立与自由。在时间段上看，一般大一是大家互相了解、互相磨合的阶段，进一步的交往多发生在大一下和大二。

高校学生辅导和服务尚待加强

有专家表示，新生学业表现不佳、中断学业或者辍学的最主要因素是大学参与程度低。学生参与既包括学生投入学习和具有教育意义的活动时间和努力的质量，又包括高校为了促进学生参与提供的课程、课外学习机会和支持性服务的数量和质量。我国高校应对大学第一年挑战的准备不足，这反映在大学普遍缺乏以研究为依据的评估手段来识别面临严峻适应困难的新生。同时，现阶段高校学生辅导和服务工作落后于发达国家，不仅缺乏对新生的关注，即便对寻求帮助的新生所能提供的帮助也非常有限。

【http://news.xinhuanet.com/edu/2011-10/12/c_122144891.htm】

进入大学是人生中的一次重要转折。很多大学新生入学后，校园里一片热闹，同学们朝气蓬勃，但时间不久便会发现，一些同学的情绪出现了异常，有的郁郁寡欢、落落寡合。一眨眼，一学期、一学年过去，有的功课甚至不及格，可以说这些现象年复一年，社会生活环境在改变，出现这样那样的不适应，产生这样那样的情绪问题，不足为奇。大学新生校园适应的心理调适情况，在很大程度上决定其今后几年的学习和生活质量，直接关系到学生是否成才。

一、大学新生适应障碍的表现

（一）生活适应障碍

上大学之前，生活起居都是由父母照顾和安排的，因而依赖性很大，自理能力和独立能力较差。进入大学以后，生活中的大事小情都需要自己计划安排，亲自去做，而生活习惯、饮食风格不同等等问题，都会使得大学新生面临很大的挑战，很容易出现生活适应方面的困难。

（二）学习适应障碍

大学的教育更多的是引导式的，这就需要学生有很强的自学能力、高度的学习主动性独立思考的能力和团队合作的精神，但很多刚毕业的高中生还不能及时地做出调整，所以很容易导致目标模糊、学习被动、积极性降低等问题；此外，还有的学生对自己的专业不感兴趣，缺乏学习动力和积极性，也很容易在学习上无所适从。

（三）角色适应障碍

由于从高中到大学的过渡只有一个假期的时间，很多学生不能及时完成角色的转换。这主要表现在很多新生只沉浸在考上大学的愉悦心情和对大学的好奇之中，而没有更多地从心理和思想上真正做好作为一名大学生的准备，没有明确的目标，因而常常出现理想自我与现实自我的脱节，以致角色转换发生困难，甚至陷入自我否定的困境中。

（四）人际关系适应障碍

大学中师生之间、同学之间的接触不再像中学那样频繁，大家需要更多的自我空间；而且新生之间的了解还不很充分，所以也很难在短时间内倾心交流。

二、解决大学新生适应障碍的对策

（一）熟悉环境，了解大学生活特点

环境影响人的心理和行为，熟悉的环境易使人产生安全感，更易投入其中。所以，大学生应通过多种途径，如广播、橱窗或讲座、网络等形式尽快熟悉学校情况，全方位了解学校的物质环境和人文环境，加快适应进程。同时，应通过各种形式了解大学学习和生活的特点，增强他们的独立意识和自理能力，尽快转变观念，做好心理上的准备。同时要积极融入集体环境之中，主动地与同学和老师进行交往。一些性格内向的同学要有意识地改变自己的性格，逐步培养自己的交往能力。一个不善于交际的同学，在将来的工作、学习和求职中将会遇到很多的困难。所以，良好的交际能力也是当代大学生必须具备的一项重要的素质。

（二）正确认识自我，确立新的目标

很多学生的适应困难正来自于目标的不明确，不知道自己真正的目标是什么，一时间失去了方向，自然感到迷茫、空虚。因此，应当通过多种途径认清自己的特点，客观、全面地分析、评价自己，确立新的目标，最大限度地发挥自己的潜能。踏踏实实地从小事做起，从近期目标做起，循序渐进，稳中求进，并根据新情况及时做出调整，避免脱离现实，这样才会有行动的方向和动力，人生才会充满信心和活力，生活才会充实而有意义。

(三)明确大学学习特点,掌握正确的学习方法

学习仍然是大学生活的一个很重要的部分,然而很多学生却因为不了解大学学习的特点,陷入了学习适应的困境之中。解决学生的学习适应障碍,可尝试以下途径:首先,大学生应当意识到大学学习的新特点,明确目标,掌握学习的方向。学习的目的是培养学习能力,塑造思维方式,学会看待问题的方式和角度以及实际运用理论的能力。也正是基于此,大学的学习更多地是引导式的,老师更多地起到的是向导的作用。这就要求学生有较强的自学能力和独立能力,能自主合理地安排时间,培养独立思考以及协作的能力。同时,大学生要及时交流学习心得、体会和经验,通过一段时间的摸索,尽快找到切合自身和客观现实的学习方法和途径。

(四)建立良好的人际关系

交往是人的一项基本需求,现实生活中的每个人都有强烈的交往愿望。通过交往建立良好的人际关系,一方面,能满足人的安全和归属的需求,给人营造一种宽松、和谐的生活氛围,使人在积极乐观的生活中,培养良好的心境,维持身心的健康;另一方面,能为人搭建一个社会支持系统,当遇到一时解决不了的心理困惑或障碍时,就可及时向他人求助,最大限度地减少心理危机的发生。

(五)进行心理健康教育

当前,我国大学生的心理总体上是健康的,但由于种种原因,有的同学可能会产生程度不同的心理问题,因此大学生应当自觉地调适心理,通过多种形式,全方位地进行心理健康教育,以提高新生的心理素质。首先,大学生应当正确认识自己,积极塑造自我。从观念上根本认识到心理健康的重要性,在学习和生活中积极调整自己的心态。其次,大学生应当正视心理问题,应当积极求助于学校的心理咨询中心和专业的心理健康治疗机构,不要讳疾忌医,以尽快适应大学生活。

大学新生的适应实质上是一个社会化的过程,这不仅关系到他们的大学生活本身,而且对其日后的社会适应亦有着深远的意义。因此,同学们应当高度重视大学入学出现的适应问题,积极主动地采取有效对策尽快适应新的环境,完成角色的转换,以求得更高层次的发展,成为真正对国家和社会有用的人才。

第二节 专业发展与就业方向

大学与中学学习的最大不同,在于中学阶段是基础教育,而大学学习是专业教育,每位同学在介绍自己时总会说我来自××大学××系,就读于××专业。而我们是否了解自己所学专业,了解所学专业对应的职业群,以及专业发展前景和就业方向,在本节的学习中我们将重点探讨专业发展与就业方向。

一、专业

指高等学校或中等专业学校根据社会专业分工的需要设立的学业类别。中国高等学校和中等专业学校,根据国家建设需要和学校性质设置各种专业。各专业都有独立的教学计划,以实现专业的培养目标和要求。每个专业都对应着相应的职业群,如:电子商务专业的学生

可以从事下面的工作:(1)网站运营主管/经理;(2)网站策划/编辑;(3)网站推广;(4)web 程序员/网站开发人员;(5)网站设计;(6)网络营销员;(7)外贸电子商务。

二、主要专业发展前景与就业方向

(一)市场营销专业发展前景与就业方向

1. 发展前景

当前社会与企业对市场营销专业的人才需求包括三个层次:(1)战略型人才。包括营销项目策划与规划人才,营销教学科研与培训人才。他们从事企业营销战略和发展方向的研究,具备敏锐的市场预测能力,能够深入分析市场营销宏观环境与微观环境,熟知企业、行业的营销活动全局以及各个流程、环节。(2)管理型营销人才。指具备良好的协调能力,既积累了一定的营销技能,同时具备与营销有关的其他方面的知识、经验、素质的专门人才。(3)技术性、技能型人才。是指在企业中从事具体营销工作的人才,主要包括:市场调查、促销、推销等。

随着中国与世界经济的接轨,市场营销人才就业前景全线飘红,稳居人才需求榜三甲之列。市场营销以研究综合性市场营销活动及其规律为目标,通过发现顾客的需求,并将其转化为对产品与服务的要求,再通过有效的促销、分销渠道和价格策略来最大限度地满足顾客需求。

2. 就业方向

(1)企业销售部门的业务员或主管岗位。

(2)零售企业或批发企业的促销员、推销员等岗位。

(3)企业营销部门的市场调查、信息统计、售后服务等岗位。

(4)企业的营销策划、市场预测人员。

(二)机械设计制造及其自动化专业发展前景与就业方向

1. 发展前景

机械设计制造及其自动化专业是以机械设计与制造为基础,融入计算机科学、信息技术、自动控制技术的交叉学科,主要任务是运用先进设计制造技术的理论与方法,解决现代工程领域中的复杂技术问题,以实现产品智能化的设计与制造。

本专业培养具有坚实的自然科学、人文社会科学和工程技术基础,受到较强工程实践和研究能力的训练,能从事机械工程领域内的设计制造、教学与科研、科技开发及技术经济管理等方面的工作,具有较高综合素质和创新能力的高级工程技术人才。本专业以机为主,机电结合,突出自动化技术与计算机技术的应用,加强实践环节,强调工程素质、工程实践能力以及创新能力的培养。

就机械设计制造及自动化这个专业来说,目前就业状况还是不错的。航天、航空、汽车、船舶、兵器等各个行业都有需求,在广东、江苏和浙江的一些电器类三资企业和民营企业的需求也很旺盛,例如美的、格力、万和、海尔等。外企对本科生的需求相对较少,因为研发部门一般都需要硕士及以上学历,工厂的制造工人岗位高职生就可以胜任。

2. 就业方向

可在企业从事模具设计、制造工艺编制、机械设备更新改造中利用计算机进行辅助设计、辅助分析和辅助制造以及对成型产品的质量分析、检验及生产管理等工作。学生毕业后可到设计院,工厂(设备管理),工厂(维修),工厂(设备引进),元器件厂商(销售或技术支持),

元器件厂商(研发);机械、汽车、通讯、家电等领域从事产品设计、科技开发、应用研究、运行管理等方面的工作。

(三)电气工程及其自动化专业发展前景与就业方向

电气工程及其自动化的触角伸向各行各业,小到一个开关的设计,大到宇航飞机的研究,都有它的身影。该领域对高水平人才的需求很大。随着国外大企业的进入,在这一专业领域将出现很大缺口,那时很可能出现人才供不应求的现象。

电气工程及其自动化专业是电气信息领域的一门新兴学科,但由于和人们的日常生活以及工业生产密切相关,发展非常迅速,现在也相对比较成熟。已经成为高新技术产业的重要组成部分,广泛应用于工业、农业、国防等领域,在国民经济中发挥着越来越重要的作用。

控制理论和电力网理论是电气工程及其自动化专业的基础,电力电子技术、计算机技术则为其主要技术手段,同时也包含了系统分析、系统设计、系统开发以及系统管理与决策等研究领域。该专业还有一些特点,就是强弱电相结合、电工电子技术相结合、软件与硬件相结合,具有交叉学科的性质,电力、电子、控制、计算机多学科综合,使毕业生具有较强的适应能力,是"宽口径"专业。

电气工程及其自动化专业培养能够从事电气工程及其自动化相关领域工作的、特色鲜明的复合型高级工程技术人才,尤为注重学生获取知识的能力及全面素质的培养。该专业毕业生适应能力强、就业面宽、就业率高。毕业生主要在电力系统研究、设计、生产、试验、建设、管理、教育等单位就业,从事电力系统、发电厂和相关工业领域电气工程的设计、运行、安装、调试、科研教学、技术开发、技术管理等单位就业。

(四)会计学专业发展前景与就业方向

会计学是在商品生产的条件下,研究如何对再生产过程中的价值活动进行计量、记录和预测;在取得以财务信息(指标)为主的经济信息的基础上,监督、控制价值活动,促使再生产过程,不断提高经济效益的一门经济管理学科。它是人们对会计实践活动加以系统化和条理化,而形成的一套完整的会计理论和方法体系。

会计学的研究对象包括会计的所有方面,如会计的性质、对象、职能、任务、方法、程序、组织、制度、技术等。会计学用自己特有的概念和理论,概括和总结它的研究对象。

会计学是一门实践性很强的学科,它既研究会计的原理、原则,探求那些能揭示会计发展规律的理论体系与概念结构,又研究会计原理和原则的具体应用,提出科学的指标体系和反映与控制的方法技术。会计学从理论和方法两个方面为会计实践服务,成为人们改进会计工作、完善会计系统的指南。

从从业的方向来看,会计专业的毕业生一部分是在会计公司里边,或者说他从事的工作是社会中介服务,主要提供的是审计,或者说咨询服务。这是一部分。另外一部分就是在企业和事业单位的财会部门里边,从事基础性的具体的工作。像在事务所里边工作的会计人员,经过几年的成长,可能会成为经理,甚至于成为会计师事务所的合伙人。

那么在企事业单位工作的会计人员,经过几年的努力,可能会走上领导岗位,甚至于走上非常高的管理者岗位。在跨国公司里边,也有一些在金融机构,在保险机构,有相当多的管理人员,有非常强的会计背景。因此,会计专业的就业范围是非常广泛的。

第三节　职业与人生

一、职业与人生的关系

社会的发展进程表明，职业不是从来就有的，它是在人类社会出现分工之后而产生的一种社会历史现象，是一种以社会分工和劳动分工为纽带的社会形式和社会关系。社会分工的发展决定和制约着职业的发展。我国传统的计划经济体制在很大程度上束缚了人们选择职业的自由。随着市场经济的发展，个人的职业选择开始逐渐成为每个人都要面临的问题。人们开始认识到，人生需要引导，职业可以规划，而且必须规划。

职业是人们为了谋生和发展而从事的相对稳定，有经济收入，专门类别的社会活动。是对人的生活方式、经济状况、文化水平、行为模式、思想情操的综合反映。也是一个人的权利、义务、权力、职责以及一个人的社会地位的一般性表征。从社会的角度来看，职业是劳动者获得的社会角色；从国家的角度来看，每一种职业都是社会分工中的一个部门；从个人的角度来看，职业则是劳动者"扮演"的社会角色，他因此而为社会承担一定的义务和责任，并获得相应的报酬。职业决定人生。不同的职业实际上就是不同的行业。特定的职业，通常意味着不同的发展机会与空间，也决定了不同的生活方式。成功的人生一定要理解这个事实，第一份工作将对你的人生产生极其重要的影响！同一起跑线上的同学几年的时间会有巨大的差异，其中最重要的原因就是选择了不同的职业，进入了不同的行业。选择了一份职业，也就选择了一个行业。由于受时间资源的限制，人生有限的时间内只能在特定的行业中谋求成功。在选择行业的时候，一定要理解特定的行业对人生的意义，自己可能在特定行业中出任的职务，以及在行业中是否会有所发展。所有的职业无所谓好坏，关键看是否适合自己。社会上想改变自己处境的人很多，但是很少有人将这种改变处境的欲望具体化为一个个清晰明确的目标，并为之奋斗。结果，这些人的欲望也仅仅是欲望而已。

人是为事业而活，不是为工作而活。人一生中会换很多工作，不必要把找工作看得太重要。工作是外在的，是随季节换装的衣服，事业才是人生的支柱，理想才是人生的价值。在忙忙碌碌找工作的过程中不要失去了自我。有时间停下来，好好问问自己，我这一生想做什么，想怎么度过。人的一生要过有原则的生活，要在不断的自我完善中找到快乐。

人生是马拉松，笑到最后的才是胜利者。不要期望在刚毕业的时候就找到最好的工作。不要相信所谓不能输在起跑线的鬼话。艰苦的环境反而更能磨练人的意志。如果你能够坦然地接受不理想的工作，那么应该祝贺你，说明你成熟了。

不要总是认为别人的工作比自己的工作好。不要为自己的父母找工作，不要为在自己的同学面前炫耀而找工作。每个人都有适合自己的工作，人人羡慕的工作可能并不适合自己。那些看上去最光彩照人的工作可能最脏最累，有钱有权的人活得比普通人辛苦得多。亚当·斯密说过，路边的乞丐拥有君王们奋斗一生也得不到的安逸。找最适合自己的工作，这需要对自己有清醒的认识，要有目标。不要在众多的工作机会中患得患失，拼命要找最好的位置，实在没有必要。

你们会在选择的过程中拒绝一些 offer（被公司录用的通知）。反省一下，你是如何拒绝别人的。当你匆匆忙忙地去寻找下一个机会，对已经拒绝的工作单位弃若敝屣；当你们为了保险起见，想方设法手中攥着多个 offer，在几个工作单位之间"巧妙"斡旋的时候，你已经犯了很大的错误。尊重和礼貌地对待你最终不想去的那些工作单位，让别人在你离开之后还对你有好的印象，这才算是你在这家单位求职经历的结束。

职业兴趣和锻炼的机会最重要。收入并不重要，户口并不重要，房子并不重要，级别并不重要，所有这些外在的东西都不重要，尤其在你刚刚工作的时候不重要。兴趣最重要，找到一份自己喜欢做的工作，是人生的幸事。锻炼的机会最重要，随着你能力的成长，面包会有的。到时候所有那些外在的东西会自己找到你，你根本就不用去找它们。

要离开一些职业，有的职业会毒害你的心灵。不要到靠垄断和剥削生存的部门。不要到欺压百姓的部门。不要到夸夸其谈的部门。不要到必须说违心的话、做违心的事的部门。

【小资料】

术不可不慎

几千年前，我们的大哲人孔老夫子曾说过一句话："术不可不慎！"即："选择职业时，能不慎重吗？"这句话至今对于我们还是非常适用的。

严格意义上讲，"职业"是你一生将大部分时间耗费在上面的工作。一旦选择了它，那将预示着你每天为它工作八小时，每周为它工作五天，一年为它工作五十个星期，一生为它工作三十几年或四十几年。家庭生活和与丈夫或妻子呆在一起的时间，只占据了一个人生命的一部分。因此，选择职业时，不妨认真参考以下几点，也许有启发和帮助的：

兴趣原则

所选择的职业应当是既使你的付出与报偿不相当，甚至有时根本没有报偿，而你仍然对这一职业保持浓厚的兴趣，它对你的吸引力不会因此减弱，这是最重要的一条。

金钱原则

金钱不是万能的，但没有钱是万万不能的。所以，要充分考虑所择职业是否会给你带来相当的收入。因为收入多少在很大程度上决定你拥有多少自由，金钱本身可以创造机会，而且决定你能否做你想做、喜欢做的事情。

多样性原则（也称弹性原则）

所择职业应尽量具有某种弹性，如果可能的话。因为如果经常日久重复机械地做同一件事情，那么你很可能会变得厌烦透了。所以，在你的职业范围内如果能够既做这个、又做那个，避免单调重复，这样你的工作便有了弹性和多样性，在相当长的时间内，不至于变得兴味索然。

慎终性原则

在你得到另一份工作之前，也即是说除非你的收入有十分的保障，千万不要轻易放弃目前的工作。健康、自由和幸福固然重要，但如果没有了面包，它们还有什么意义可言呢？

长远性原则

"风物长宜放眼量"，择业时要充分考虑其特点和前景。眼前趋之若鹜的职业，可能很快变成明日黄花；今日的丑小鸭说不定就是明天的白天鹅。

资料来源：《人生的七大课题》

二、理想职业与职业理想

俄国大文豪托尔斯泰曾经说过，理想是指路明灯，没有理想就没有坚定的方向，理想是人生的奋斗目标,是人们对未来的向往和追求,也是人生的精神支柱。职业理想是人们对自己未来职业的构想和希望,是对自己未来职业获取成功的向往和追求,是人生理想的重要组成部分。

(一)职业理想的含义与特征

职业理想是社会历史发展的产物。它随着社会职业的出现而产生,并随着社会职业的出现不断丰富和完善。职业理想与社会理想、道德理想、生活理想相互联系,互相作用。

1. 职业理想的含义

职业理想是指人们对未来职业表现出来的一种强烈的追求和向往,是人们对未来职业生活的构想和规划。任何人的职业理想必然要受到社会环境、社会现实的制约。社会发展的需要是职业理想的客观依据,凡是符合社会发展需要和人民利益的职业理想都是高尚的、正确的,并具有现实的可行性。大学生的职业理想更应把个人志向与国家利益和社会需要有机地结合起来。

2. 职业理想的作用

职业理想在人们职业生涯设计过程中起着调节和指南作用。一个人选择什么样的职业,以及为什么选择某种职业,通常都是以其职业理想为出发点的。职业理想形成后,每个人都会确立明确的职业目标。在职业生涯中,人生的职业目标有短期目标和长期目标、近期目标和长远目标之分,而且在一定时期还有可能对职业目标提出一定的调整。职业生涯设计是根据一定的职业目标而进行的,是为了实现这个目标而做的设想和打算,所以,大学生应当尽快确定自己的职业目标,打算成为哪方面的人才,打算在哪个领域成才等等。对这些问题的不同答案不仅会影响个人职业生涯的设计,也会影响个人成功的机会。

一些发达国家的学生在进入大学之前,绝大部分就已确定了自己的职业理想。而我国,由于缺乏职业指导方面的教育,大多数学生在步入大学之前,对自己将来要从事的职业,可以说是茫茫然,更别说形成自己的职业理想。许多学生所学专业甚至不是自主选择而是由父母敲定或者别人决定的,根本谈不上对未来的职业憧憬。有一项对中国人民大学、清华大学、北京师范大学、中山大学和兰州大学2011届已确定工作单位的1200名本科毕业生为对象的调查显示:过半数的学生其职业理想是在大学期间形成的,五分之一的大学毕业生尚未形成比较明确的职业理想。

3. 职业理想的影响因素

职业理想的内容是多方面的,从性质上说,有科学非科学之分,也有崇高与庸俗之分;从时间上说,有长远和近期之分;从主体上说,有共同的职业理想与个体的职业理想之分。大学生的职业理想正确与否,在其形成、变化、发展中并不是孤立的,它受多方面因素的影响。概括起来,主要有三个方面的影响。

(1)社会的影响

我们每个人都生活在一定的社会环境中,因此,我们的职业理想常常受到社会观念的影响。例如,调查显示:职业理想的主要因素是社会舆论。针对"您在确定理想中的职业时,受外界哪方面的影响最大"问题,回答"社会舆论"、"家庭"、"学校"和"地区"的比例依次为40.1%、26.9%、18.5%和14.5%。总体上,社会舆论对于职业的评价在学生形成职业理想的过程中起着主导作用,家庭和学校次之。

(2) 人生理想的影响

由于人的社会观、人生观、世界观不同,其理想也就不同。有的人以为人类做贡献为理想,有的人以追求个人享受为目标,因此,在选择职业理想上有很大差别。鲁迅先生弃医从文,目的是实现他的人生理想——从医治人的肌体转向拯救人的灵魂,从而拯救民族。

(3) 生活理想的影响

生活理想是指人们对物质生活、精神生活及家庭生活的追求和向往。它作为社会历史发展的产物,是劳资体系中的一个不可缺少的部分,其内容和层次是随着社会文明的进步而不断由低级向高级发展的。人生在世,首先要解决的就是衣、食、住、行的问题,这是生存的基本条件。因而收入成为影响职业理想的主要方面。一项影响大学生择业的调查也显示,在"您理想中的职业,其相关因素包括什么"的选项中,根据选择人数的多少依次为:"收入"697人,占77.8%;"就业地区"499人,占55.7%;"发展阶段"488人,占54.5%;"职务"306人,占34.2%;"声望"269人,占30%;"权力"164人,占18.3%。收入在当前大学生群体中已经成为职业理想的主要组成部分;就业地区和发展阶段位居其次;而在以往居于主导地位的权力因素已退居最末。

(二) 职业理想在择业中的体现

进入21世纪,社会的发展为大学生择业带来新的机遇,但同时也面临着严峻的挑战。树立正确的职业理想,对大学生顺利就业,以及在职业实践中把职业理想化为现实和人格的完善有着重要意义。

1. 树立正确的职业理想

人们在选择职业时,多数人追求多重满足,既希望为社会多做贡献,又希望能发展个性,还希望能获得较高的劳动报酬。然而不同思想境界的人,对这三种需求摆的位置各有区别。有的人把收入的高低看得很重,为了得到高收入宁可牺牲自己的个性发展。也有人为了能让自己有一个适合个性发展的岗位,心甘情愿地从事收入较少的职业。更有人把为社会做出应有贡献,作为从事职业活动的首要因素。其实,在当今社会中,一个具有高层次职业需求的人,在他努力为社会服务的同时,必然会得到相应的收入,并使自己的个性在职业活动中得到发展。

大学生应树立高层次的职业需求。人的需求有高级、低级之分,只有高层次的需求才具有稳定而持久的激励作用,才能形成严格要求自己、不断上进的动力。

"国家兴亡,匹夫有责",把时代理想与个人职业理想统一起来,那是崇高的职业理想,是每一个人高层次的职业追求。马克思在中学毕业时写道:"在选择职业时,我们应当遵循的主要方针是人类的幸福和我们自身的完美。"人类的幸福,就是他的理想。毛泽东在青少年时代,胸怀改造中国与世界的宏伟理想,立志实现孙中山先生所说的"耕者有其田"。青年周恩来东渡扶桑,写下了"面壁十年图破壁,难酬蹈海亦英雄"的豪迈诗句。这充分说明,伟人的成功与其职业理想的树立是密不可分的。

树立正确的职业理想,需要有以下几个条件:

第一,把生活看作是一个劳动过程。当你确立依靠自己的劳动创造自己的未来时,就会使自己的职业理想建立在一个客观的现实的基础上,就会努力创造条件,不断追求,使职业理想不断升华,人生更显光彩。

第二，热爱自己的祖国，热爱自己的家乡，热爱自己的母校。这看似与职业理想关系不大，其实它是树立职业理想的基本思想条件。当你从心底里建立起这一系列"热爱"，你就会把个人的职业理想与祖国的命运、父母的期望、家乡的发展、学校的培育联系在一起，从而把个人的理想与平凡而伟大的职业联系在一起，有了这样的职业理想就一定会有高尚的职业道德。

第三，正确地评价自己的职业理想，客观地看待社会发展条件是否允许实现个人职业理想。其实一个人可能一生都在寻求自我职业理想的实现，但客观地认识社会发展水平和实现自我职业理想的条件，就是一个主观见之于客观的过程，只有当理想与现实达到一致时，你的职业理想才能成为现实。

2. 在实践中确立正确的职业理想

职业实践是职业理想的必然途径。人们只有通过反复实践，才能对职业加深了解和认识，不断修正职业理想的偏差，完善和升华职业理想。

（1）在实践中检验、调适职业理想

有时，我们在从事职业活动之前缺乏职业实践经验，或者不能正确、客观地评价自己，因而使自己的职业理想出现偏差。据调查，目前在大学毕业生中，职业理想与现实职业基本符合的占六成，很符合的不到一成，而不符合的却高达四分之一。这就需要做出合理的调适，使自己追求的目标建立在既符合现实需要，又在长远的发展中有实现的可能的基础上。找到自己与职业匹配的最佳结合点，实现"为人类幸福"和"自我完善"的双重目标。例如：斯坦利详细查阅了1300位成功人士的家庭和个人背景，结果发现他们在中小学的平均成绩一般，不足以入读一流大学，而在大学的表现亦平平无奇，多数更被视为天赋不足、难以成功。那么，百万富翁成功的"诀窍"是什么？斯坦利说，他们依赖的不是天赋，而是选择了最适合自己能力的事业。他们不一定特别聪明，但胜在务实和创新，认准一个目标锲而不舍，尽一己之力但绝不冒无谓之险。他们所付出的努力，往往不是旁人所及。

（2）在实践中完善、升华职业理想

理想是社会和时代的产物，这就决定了它不是永恒不变的，而是随着人们认识的深化和主体因素的变化而不断发展变化。大学生在职业实践中通过自身体验，应不断加深对社会的认识和理解，不断过滤职业理想的幻想成分，正确处理理想与现实的关系，个人与社会的关系，人与人的关系，通过自己的职业实践为社会、为人民服务，为人类造福。

【拓展阅读】　　　　　HP大中华区总裁孙振耀的退休感言（摘录）

关于工作与生活

我有个有趣的观察，外企公司多的是25～35岁的白领，40岁以上的员工很少，二三十岁的外企员工是意气风发的，但外企公司40岁附近的经理人是很尴尬的。我见过的40岁附近的外企经理人大多在一直跳槽，最后大多跳到民企，比方说，唐骏。外企员工的成功很大程度上是公司的成功，并非个人的成功，西门子的确比国美大，但并不代表西门子中国经理比国美的老板强，甚至可以说差得很远。而进外企的人往往并不能很早理解这一点，把自己的成功90%归功于自己的能力，实际上，外企公司随便换个中国区总经理并不会给业绩带来什么了不起的影响。好了问题来了，当这些经理人40多岁了，他们的薪资要求变得很高，而他们的才能其实又不是那么出众，作为外企公司的老板，你会怎么选择？有的是只要不高薪水的，要出位的精明强干精力充沛的年轻人，有的是，为什么还要用你？

从上面这个例子，其实可以看到我们的工作轨迹，二三十岁的时候，生活的压力还比较小，身体还比较好，上面的父母身体还好，下面又没有孩子，不用还房贷，也没有孩子要上大学，当个外企小白领还是很光鲜的，挣得不多也够花了。但是人终归要结婚生子，终归会老，到了40岁，父母老了，要看病要吃药，要有人看护，自己要还房贷，要过基本体面的生活，要养小孩……那个时候需要挣多少钱才够花才重要。所以，看待工作，眼光要放远一点，一时的谁高谁低并不能说明什么。

从这个角度上来说，我不太赞成过于关注第一份工作的薪水，更没有必要攀比第一份工作的薪水，这在刚刚出校园的学生中间是很常见的。正常人大概要工作35年，这好比是一场马拉松比赛，和真正的马拉松比赛不同的是，这次比赛没有职业选手，每个人都只有一次机会。要知道，有很多人甚至坚持不到终点，大多数人最后是走到终点的，只有少数人是跑过终点的，因此在刚开始的时候，去抢领先的位置并没有太大的意义。刚进社会的时候如果进500强公司，大概能拿到3k~6k/月的工资，有些特别技术的人才可能可以到8k/月，可问题是，五年以后拿多少？估计5k~10k了不起了。起点虽然高，但增幅有限，而且，后面的年轻人追赶的压力越来越大。

我前两天问我的一个销售，你会的这些东西一个新人两年就都学会了，但新人所要求的薪水却只是你的一半，到时候，你怎么办？

职业生涯就像一场体育比赛，有初赛、复赛、决赛。初赛的时候大家都刚刚进社会，大多数都是实力一般的人，这时候努力一点认真一点很快就能让人脱颖而出，于是有的人20多岁做了经理，有的人迟些也终于赢得了初赛，30多岁成了经理。然后是复赛，能参加复赛的都是赢得初赛的，每个人都有些能耐，在聪明才智上都不成问题，这个时候再想要胜出就不那么容易了，单靠一点点努力和认真还不够，要有很强的坚忍精神，要懂得靠团队的力量，要懂得收服人心，要有长远的眼光……

看上去赢得复赛并不容易，但，还不是那么难。因为这个世界的规律就是给人一点成功的同时让人骄傲自满，刚刚赢得初赛的人往往不知道自己赢得的仅仅是初赛，有了一点小小的成绩大多数人都会骄傲自满起来，认为自己已经懂得了全部，不需要再努力再学习了，他们会认为之所以不能再进一步已经不是自己的原因了。虽然他们仍然不好对付，但是他们没有耐性，没有容人的度量，更没有清晰长远的目光。就像一只愤怒的斗牛，虽然猛烈，最终是会败的，而赢得复赛的人则像斗牛士一样，不急不躁，跟随着自己的节拍，慢慢耗尽对手的耐心和体力。赢得了复赛以后，大约已经是一位很了不起的职业经理人了，当上了中小公司的总经理，大公司的副总经理，主管着每年几千万乃至几亿的生意。

最终的决赛来了，说实话我自己都还没有赢得决赛，因此对于决赛的决胜因素也只能凭自己的猜测而已，这个时候的输赢或许就像武侠小说里写的那样，大家都是高手，只能等待对方犯错，要想轻易击败对手是不可能的，除了使上浑身解数，还需要一点运气和时间。世界的规律依然发挥着作用，赢得复赛的人已经不只是骄傲自满了，他们往往刚愎自用，听不进去别人的话，有些人的脾气变得暴躁，心情变得浮躁，身体变得糟糕，他们最大的敌人就是他们自己，在决赛中要做的只是不被自己击败，等着别人被自己击败。这和体育比赛是一样的，最后高手之间的比赛，就看谁失误少谁就赢得了决赛。

选择职业

职业的选择，总的来说，无非就是销售、市场、客服、物流、行政、人事、财务、技术、管理几个大类，有个有趣的现象就是，500强的CEO当中最多的是销售出身，第二多的人是财务出身，这两者加起来大概超过95%。现代IT行业也有技术出身成为老板的，但实际上，后来他们还是从事了很多销售和市场的工作，并且表现出色，公司才获得了成功，完全靠技术能力成为公司老板的，几乎没有。这是有原因的，因为销售就是一门跟人打交道的学问，而管理其实也是跟人打交道的学问，这两者之中有很多相通的东西，他们的共同目标就是"让别人去做某件特定的事情"。而财务则是从数字的层面了解生意的本质，从宏观上看待生意的本质，对于一个生意是否挣钱，是否可以正常运作有着最深刻的认识。

公司小的时候是销售主导公司，而公司大的时候是财务主导公司，销售的局限性在于只看人情不看数字，财务的局限性在于只看数字不看人情。公司初期，运营成本低，有订单就活得下去，跟客户也没有什么谈判的条件，别人肯给生意做已经谢天谢地了，这个时候订单压倒一切，客户的要求压倒一切，所以当然要顾人情。公司大了以后，一切都要规范化，免得因为不规范引起一些不必要的风险，同时运营成本也变高，必须提高利润率，把有限的资金放到最有产出的地方。对于上市公司来说，股东才不管你客户是不是最近出国，最近是不是那个省又在搞严打，到了时候就要把业绩拿出来，拿不出来就抛股票，这个时候就是数字压倒一切。

前两天听到有人说一句话觉得很有道理，开始的时候我们想"能做什么"？等到公司做大了有规模了，我们想"不能做什么"。很多人在工作中觉得为什么领导这么保守，这也不行那也不行，错过很多机会。很多时候是因为，你还年轻，你想的是"能做什么"，而作为公司领导要考虑的方面很多，他比较关心"不能做什么"。

我并非鼓吹大家都去做销售或者财务，究竟选择什么样的职业，和你究竟要选择什么样的人生有关系，有些人就喜欢下班按时回家，看看书听听音乐，那也挺好，但就不适合找个销售的工作了，否则会是折磨自己。有些人就喜欢出风头，喜欢成为一群人的中心，如果选择做财务工作，大概也干不久，因为一般老板不喜欢财务太积极，也不喜欢财务话太多。先想好自己要过怎样的人生，再决定要找什么样的职业。有很多的不快乐，其实是源自不满足，而不满足，很多时候是源自于心不定，而心不定则是因为不清楚究竟自己要什么，不清楚要什么的结果就是什么都想要，结果什么都没得到。

我想，我们还是因为生活而工作，不是因为工作而生活，生活是最要紧的，工作只是生活中的一部分。我总是觉得生活的各个方面都是相互影响的，如果生活本身一团乱麻，工作也不会顺利。所以要有娱乐、要有社交、要锻炼身体，要有和睦的家庭……最要紧的，要开心，我的两个销售找我聊天，一肚子苦水，我问他们，两年以前，你什么都没有，工资不高，没有客户关系，没有业绩，处于被开的边缘，现在的你比那时条件好了很多，为什么现在却更加不开心了？如果你做得越好越不开心，那你为什么还要工作？首先的首先，人还是要让自己高兴起来，让自己心态好起来，这种发自内心的改变会让你更有耐心，更有信心，更有气质，更能包容……否则，看看镜子里的你，你满意吗？

有人会说，你说得容易，我每天加班，不加班老板就会把我炒掉，每天累得要死，哪有时间娱乐、社交、锻炼？那是人们把目标设定太高的缘故，如果你还在动不动就会被老板炒掉的边缘，那么你当然不能设立太高的目标，难道你还想每天去打高尔夫？你没时间去健身房锻炼身体，但是上下班的时候多走几步可以吧，有楼梯的时候走走楼梯不走电梯可以吧？办公的间隙扭扭脖子拉拉肩膀做做俯卧撑可以吧？谁规定锻炼就一定要拿出每天两个小时去健身房？你没时间社交，每月参加郊游一次可以吧，周末去参加个什么音乐班、绘画班之类的可以吧，去尝试认识一些同行，和他们找机会交流交流可以吧？开始的时候总是有些难的，但迈出这一步就会向良性循环的方向发展。而每天工作得很苦闷，剩下的时间用来咀嚼苦闷，只会陷入恶性循环，让生活更加糟糕。

虽然离开惠普仅有十五天，但感觉上惠普已经离我很远。我的心思更多放在规划自己第二阶段的人生，这并非代表我对惠普没有任何眷恋，主要还是想以此驱动自己往前走。

万科王石登珠穆朗玛峰的体验给我很多启发，虽然在出发时携带大量的物资，但是登顶的过程中，必须不断减轻负荷，最终只有一个氧气瓶和他登上峰顶。登山如此，漫长的人生又何尝不是。

我宣布退休后，接到同事朋友同学的祝贺。大部分人都认为我能够在这样的职位上及年龄选择退休，是一种勇气，也是一种福气。

还有一部分人怀疑我只是借此机会换个工作，当然还有一些人说我在HP做不下去了，趁此机会离开。

我多年来已经习惯别人对我的说三道四，但对于好友，我还是挺关心大家是否真正理解我的想法，这也是写这篇文章的目的。

由于受我父亲早逝的影响，我很早就下定决心，要在有生之年实现自己的愿望，我不要像我父亲一样，为家庭生活忙碌一辈子，临终前感伤、懊悔自己有很多没有实现的理想。

一本杂志的文章提到我们在生前就应该思考自己的墓志铭，因为那代表你自己对完美人生的定义，我们应该尽可能在有生之年去实现它。

我希望我的墓志铭上除了与家人及好友有关的内容外，是这样写着：

1. 这个人曾经服务于一家全球最大的IT公司（HP）25年，和她一起经历过数次重大的变革，看着她从以电子仪表为主要的业务变革成全球最大的IT公司。

2. 这个人曾经在全球发展最快的国家（中国）工作16年，并担任HP中国区总裁7年，见证及经历过中国改革开放的关键最新突破阶段，与中国一起成长。

3. 这个人热爱飞行，曾经是一个有执照的飞行员，累积飞行时数超过×小时，曾经在×个机场起降过。

4. 这个人曾经获得管理硕士学位，在领导管理上特别关注中国企业的组织行为及绩效，并且在这个领域上获得中国企业界的认可。

我费时25年才总结1和2两项成果，我不知还要费时多久才能达成3和4的愿望，特别是第4个愿望需要经历学术的训练，才能将我的经验总结成知识。

否则我的经验将无法有效影响及传授他人。因此重新进入学校学习，拿一个管理学位是有必要的，更何况这是我一个非常重要的愿望。

另一方面，我25年的时间都花在运营（operation）的领域，兢兢业业地做好职业人士的工作，它是一份好工作，特别是在HP，这份工作也帮助我建立财务的基础，支持家庭的发展。

但是我不想终其一生，都陷入在运营的领域，我想像企业家一样，有机会靠一些点子（ideas）赚钱，虽然风险很高，但是值得一试，即使失败，也不枉走一回，这也是第4个愿望其中的一部分。

Carly Fiorina曾经对我说过"这个世界上有好想法的人很多，但有能力去实现的人很少"，2007年5月21日在北大演讲时，有人问起哪些书对我影响较大，我想对我人生观有影响的其中一本书叫"Trigger Point"，它的主要观点是：人生最需要的不是规划，而是在适当的时机掌握机会，采取行动。

我这些愿望在我心中已经酝酿一段很长的时间，开始的时候，也许一年想个一两次，过了也就忘掉，但逐渐的，这个心中的声音，愈来愈大，出现的频率也愈来愈高，当它几乎每一个星期都会来与我对话时，我知道时机已经成熟。

但和任何人一样，要丢掉自己现在所拥有的、所熟悉的环境及稳定的收入，转到一条自己未曾经历过，存在未知风险的道路，需要绝大的勇气、家人的支持和好友的鼓励。有舍才有得，真是知易行难，我很高兴自己终于跨出了第一步。

我要感谢HP的EER提前退休优惠政策，它是其中一个关键的Trigger Points，另一个关键因素是在去年五六月发生的事。

当时我家老大从大学毕业，老二从高中毕业，在他们继续工作及求学前，这是一个黄金时段，让我们全家可以相聚一段较长的时间，我为此很早就计划休一个长假，带着他们到各地游玩。

但这个计划因为工作上一件重要的事情（Mark Hurd访华）不得不取消。这个事件刺激了我必须严肃地去对待那心中的声音，我会不会继续不断地错失很多关键的机会？

我已经年过五十，我会不会走向和我父亲一样的道路？人事部老总Charles跟我说，很多人在所有对他有利的星星都排成一列时，还是错失时机。

我知道原因，因为割舍及改变对人是多么的困难，我相信大部分人地都有自己的人生理想，但我也相信很多人最终只是把这些理想当成是幻想，然后不断地为自己寻找不能实现的藉口，南非前总统曼德拉曾经说过，"与改变世界相比，改变自己更困难"，真是一针见血。什么是快乐及有意义的人生？我相信每一个人的定义都不一样，对我来说，能实现我墓志铭上的内容就是我的定义。

在中国惠普总裁的位置上固然可以吸引很多的关注及眼球，但是我太太及较亲近的好友，都知道那不是我追求的，那只是为扮演好这个角色必须尽力做好的地方。

做一个没有名片的人士，虽然只有十多天的时间，但我发现我的脑袋里已经空出很多空间及能量，让我可以静心地为我Chapter II的新生活做细致的调研及规划。

我预计以两年的间来完成转轨的准备工作，并且花多点时间与家人共处。这两年时间我希望拿到飞行执照，拿到管理有关的硕士学位，提升英文的水平，建立新的网络，多认识不同行业的人，保持与大陆的联系。希望两年后，我可以顺利回到大陆去实现我的第四个愿望。

毫不意外，在生活上，我发现很多需要调整的地方。

二十多年来，我生活的步调及节奏，几乎完全被公司及工作所左右，不断涌出的deadline及任务驱动我每天的安排，一旦离开这样的环境，第一个需要调整的就是要依靠自己的自律及意志力来驱动每天的活动，睡觉睡到自然醒的态度绝对不正确，放松自己，不给事情设定目标及时间表，或者对错失时间目标无所谓，也不正确，没有年度、季度、月及周计划也不正确。

担任高层经理多年，已经养成交代事情的习惯，自己的时间主要花在思考，决策及追踪项目的进展情况，更多是依靠一个庞大的团队来执行具体的事项及秘书来处理很多协调及繁琐的事情。

到美国后，很多事情需要打800号电话联系，但这些电话很忙，常让你在waiting line上等待很长的时间，当我在等待时，我可以体会以前秘书工作辛苦的地方，但同时也提醒我自己,在这个阶段要改变态度,培养更大的耐性及自己动手做的能力。

生活的内容也要做出很大的调整,多出时间锻炼身体,多出时间关注家人,多出时间关注朋友,多出时间体验不同的休闲活动及飞行,一步步的,希望生活逐步调整到我所期望的轨道上,期待这两年的生活既充实又充满乐趣及意义。

第一个快乐的体验就是准备及参加大儿子的订婚礼,那种全心投入,不需担忧工作数字的感觉真好。同时我也租好了公寓,买好了家具及车子,陪家人在周末的时候到 Reno 及 Lake Tahoe 玩了一趟,Lake Tahoe 我去了多次,但这次的体验有所不同,我从心里欣赏到它的美丽。

但同时我也在加紧调研的工作,为申请大学及飞行学校做准备,这段时间也和在硅谷的朋友及一些风险投资公司见面,了解不同的产业。

我的人生观是"完美的演出来自充分的准备","勇于改变自己,适应不断变化的环境,机会将不断出现","快乐及有意义的人生来自于实现自己心中的愿望,而非外在的掌声"。我离开时,有两位好朋友送给我两个不同的祝语,Baron 的是"多年功过化烟尘",杨华的是"莫春者,风乎舞雩,咏而归",它们分别代表了我离开惠普及走向未来的心情。

我总结人生有三个阶段,一个阶段是为现实找一份工作,一个阶段是为现实,但可以选择一份自己愿意投入的工作,一个阶段是为理想去做一些事情。

我珍惜我的福气,感激 HP 及同事、好朋友给我的支持、鼓励及协助,这篇文字化我心声的文章与好友分享。

振耀

2007-9-6

（三）职业理想不等于理想职业

所谓职业理想,简单来说是指人们对未来的专业、工作部门、工作种类以及事业成就大小的向往和追求。它应该建立在个人的专业知识与能力、兴趣和职业激情的基础上,只有三个圆重叠的部分,才可确立为自己的职业理想。

有人说,现在找工作赚钱就行,尤其是在就业形势非常严峻的情况下,没有必要再谈职业理想了。这种看法是不对的。实际上,在任何情况下,一个人都应该有一个长远而又切实的职业理想。

在实际生活中,现实往往与职业理想发生矛盾。很多人不能按照自己的理想标准选到合适的职业,于是有的人索性不就业,坐等理想职业的出现;有的人随便谋个有收入的职业混日子;也有的人对与自己的职业理想不相符的工作怨天尤人,无所作为。这些现象发生的根源,皆在于择业者没有能正确认识职业理想与现实的关系。

其实,在大学生毕业后的头两年,大多数人都会感觉到现实与自己职业理想的落差非常大,这段时期被我们称做"职业探索期"。在这段时间里,职业理想与现实发生冲突非常正常。我们应该用这段时间积累经验,同时通过增强对自己兴趣、能力等方面的认识调整自己的职业理想,积极寻找机会,从而为自己的长期发展奠定基础。

对于大学生来说,职业理想与"饭碗"的矛盾更会经常发生。这种现象一旦发生时,既不要怨天尤人,也不要心灰意冷,而是要冷静地看待。

1. 尽早确立职业理想

【案例】

"我是去大公司当一个小技术员呢,还是去一家小企业做一名中层干部?"6日上午,大连市某高校计算机系的大四学生小金,在"大连高新技术产业园区2005企业综合人才招聘大会"现场,面对着对他感兴趣的一大一小两家公司,陷入了两难境地。

6日8时30分,招聘会正式开始。小金随着拥挤的人流,拿着自己的简历,寻找着自己合适的招聘公司。不一会儿,他就找到了一家名气很响的大公司。将简历递给了招聘人员又将自己的特长一一介绍后,招聘方对他很满意,表示下午就可以签约。在一家本地的小公司招聘柜台前,小金递上了简历,招聘人员看过后,当即表示,他们公司正缺少小金这样的计算机人才,如果小金同意,他们下午立刻可以和小金签约,而且小金的职位将是公司技术方面的主管。这下,小金傻眼了,到底何去何从,他没了主意。

记者随机采访发现,到大公司还是到小企业?不仅对小金是个难题,对前来应聘的大部分大学生都是一个艰难的选择。一位学习信息管理的女学生告诉记者,原来她一心就想去大公司发展,但到了招聘会现场一看,抱着她这种想法的人太多了,很多大公司招聘柜台前的应聘队伍排起了长龙,而且不乏学历、能力比她高出许多的应聘者。眼看着梦想难以实现,她陷入了彷徨。

一项对大学毕业生的调查显示,有63.8%的学生填报大学志愿时,没有考虑将来从事的职业,50%的学生职业理想是在大学期间形成的,20%的大学生毕业时仍未形成比较明确的职业理想。

大学生在校期间,应该有一个明确的职业理想定位,不能临近毕业时"匆忙抱佛脚",这样必然会导致不知何去何从、左右为难境况的出现。大学生毕业后的第一次选择应该是理性和审慎的,这样才能避免在职场上少走弯路。每个人情况千差万别,要做到职场定位准确,毕业生必须考虑自己的特点和兴趣,择己所爱,选择自己喜欢的职业和岗位,这样才能在职业生涯中,获得成就感、充实感和自我认同感。

2. 理想职业如何寻找

职业生涯是一个阶段性的系统发展过程。美国职业心理学家萨帕从终生发展的视角出发,结合职业发展形态,把人整个一生的职业发展分为成长期、探索期、创立期、保持期和脱离期。

应届毕业生处于探索期的试行阶段(22~24岁),他们会进入基本适合自己的职业领域,开始正式的职业生活,并试图将其作为自己的终生职业。

经历这个阶段之后,个体会进入创立期(25~44岁),在这个时期,个体已经进入了特定的工作领域,把基本上适应的职业确定为自己的终身职业。这个时期又可以分为适应和稳定两个阶段。刚参加工作1~2年的年轻人处于适应阶段(25~30岁),这个阶段的时间长短因人而异。

个体如果进入稳定阶段,说明个体已经适应了整个职业环境,明确了自己在岗位中的责任和权利,能够顺利、成功地解决职业中的各种问题,开始在职业中体会到满意感和成就感,并确定以现有职业作为自己的终生职业。

在创立期之后的保持期(45~59岁),个体已经在工作领域内取得了一定地位,一般不再寻求新的职业领域,而是朝着既定的目标前进。在这个时期,由于技术进步、产业结构调整等因素，个体容易进入"职业发展高原期"，出现技术落后、发展停滞等现象，因而需要接受继续教育，继续学习和提高。以上所说的第三类择业困惑者即属于此种类型。

值得一提的是，"职业发展高原期"在早期的职业阶段也可能出现，有的个体虽然生理年龄并不大，但是工作了相当长的一段时间之后，由于技能限制陷入了职业危机，甚至面临被淘汰的危险，尤其是在经济不景气、企业面临裁员的情况下。

归纳以上三种类型职业困惑者的普遍问题，可以从以下三个方面进行分析并提供建议。

(1) 关于求职

求职是进行职业选择的双向过程：求职者对职业进行选择，同时，职业也对求职者进行严格的选拔。掌握求职信息是这个双向过程中的首要前提，人们可以从网络、新闻媒体、人才市场等中介机构了解到各种各样的职业信息，也可以主动利用自己的社会关系网络去寻求就业机会。

当然更重要的是，要对掌握的信息进行很好的选择加工。面对海量的就业信息，要善于挑选出最有用最重要的，这里还需要增强自己的法律安全意识，区分合法的和非法的职业信息（现在以招聘为名的骗局越来越多）。

面对各种可能的选择，究竟如何决策，最关键的是，是否了解自己，例如个性特点，兴趣爱好，价值取向，知识和技能储备，优势和劣势，个人理想，对职业发展的预期和愿望……只有对这些有十分清晰、成熟的认识，才能在竞争激烈的职业社会正确地寻求和把握机会。

(2) 关于再择业

考虑再择业问题时，首先应该对自己有一个审慎的分析：需要再次仔细考察个性特点、兴趣爱好、价值取向、知识和技能储备，分析自身优劣势、个人理想、对职业发展的预期和愿望是什么……通过这诸多方面对自己有了一个清晰、完整的了解之后，才可以做决定：是否喜欢目前的职业？到底适合什么样的职业？是否真的需要"跳槽"？

在综合考虑诸多因素之前，不能轻言放弃、轻言重新开始。如果个体最终还是决定换工作，那么还需要根据现实性原则来判断目前变换工作的可行性如何。

(3) 关于"充电"

美国职业专家指出，职业半衰期越来越短，所有高薪者，若不学习，无需五年就会变成低薪！人才处于不断折旧中，而学习是防止人才折旧的最好方法。

至于选择什么样的学习方式，实际上任何学习方式都是可取的，重要的是保证可以给自己补充到工作所需的各类必要知识，另外学习也应该是一个持续的过程，不受到时间、方式的制约。

在选择哪种学习形式时，最重要的是了解自我内心真实的需要，真实的发展理想。要真正切合自己的实际（包括各种个人条件如能力、个人需求、发展愿望、机会等）进行决策，当然还要考虑可行性。

3. 怎样实现职业理想

(1) 确定职业发展目标

职业理想可以说是一个"远景规划"，需要根据这个远景规划确定职业发展分阶段的目标，比如说，近五年要达到什么目标？30岁时的目标是什么？这将使职业理想落到实处，能够更好地计划自己目前的行动。

(2) 了解职业进入和发展的通道

不论是就业或自主创业,为了实现职业理想,获得职业成就,必须对自己所从事职业的进入和发展通道做到胸有成竹,职业进入和发展通道包括就业准入、创业准备、职位晋升、资格提升、转业可能等,了解了发展通道,就可以针对发展通道的要求早做准备,比如说,参加相关的培训获取职业资格证书等。

(3)增强职业的专业知识、技能和相关信息的获取、处理能力

在今天这个发展日新月异的时代,要想获得职业发展、实现职业理想,就必须树立终身学习的理念,千万不要认为学习只是在校学生的事情,我们需要在从事职业的过程中注意不断对专业知识的摄取、专业技能的培训,注意培养和锻炼自己对相关信息的获取和处理能力,这样才能够笑傲职场。

(4)坚持良好的工作态度,建立良好的互动关系

职业是一种良好的工作态度,能够和工作环境中的人和物相互配合,发展出一种稳定的互动关系,让自己对职业有满意和喜欢的感觉,也让大家欣赏你的认真和投入,这样,就能够营造出一种和谐的环境,有助于你职业理想的顺利实现。

【实践与应用】

课堂调查:人际关系的心理小测试

这是一份关于大学生人际关系行为困扰的诊断量表,一共有28个问题。请您根据自己的实际情况,逐一对每个问题做"是"或"否"的回答。为了保证测验的准确性,请认真作答。

1. 关于自己的烦恼有口难开。
2. 和生人见面感觉不自然。
3. 过分地羡慕和忌妒别人。
4. 与异性交往太少。
5. 对连续不断的会谈感到困难。
6. 在社交场合,感到紧张。
7. 时常伤害别人。
8. 与异性来往感觉不自然。
9. 与一大群朋友在一起,常感到孤寂或失落。
10. 极易受窘。
11. 与别人不能和睦相处。
12. 不知道与异性交往如何适可而止。
13. 当不熟悉的人对自己倾诉他(她)的生平遭遇以求同情时,自己常感到不自在。
14. 担心别人对自己有什么坏印象。
15. 总是尽力使别人赏识自己。
16. 暗自思慕异性。
17. 时常避免表达自己的感受。
18. 对自己的仪表(容貌)缺乏信心。
19. 讨厌某人或被某人所讨厌。
20. 瞧不起异性。
21. 不能专注地倾听。

22. 自己的烦恼无人可申诉。
23. 受别人排斥，感到冷漠。
24. 被异性瞧不起。
25. 不能广泛地听取各种意见和看法。
26. 自己常因受伤害而暗自伤心。
27. 常被别人谈论、愚弄。
28. 与异性交往不知如何更好地相处。

计分标准：选择"是"的加1分，选择"否"的给0分。

课堂交流：根据学号随机了解20位学生的得分情况

■如果你的总分在0～8分之间，那么说明你在与朋友相处上的困扰较少。你善于交谈，性格比较开朗，主动，关心别人。你对周围的朋友都比较好，愿意和他们在一起，他们也都喜欢你，你们相处得不错。而且，你能从与朋友的相处中，得到许多乐趣。你的生活是比较充实而且丰富多采的，你与异性朋友也相处得很好。一句话，你不存在或较少存在交友方面的困扰，你善于与朋友相处，人缘很好，能获得许多人的好感与赞同。

■如果你的总分在9～14分之间，那么，你与朋友相处存在一定程度的困扰。你的人缘一般，换句话说，你和朋友的关系并不牢固，时好时坏，经常处在一种起伏之中。

■如果你的总分在15～28分之间，那就表明你同朋友相处的行为困扰比较严重，分数超过20分，则表明你的人际关系行为困扰程度很严重，而且在心理上出现较为明显的障碍。你可能不善于交谈，也可能是一个性格孤僻的人，不开朗，或者有明显的自高自大、讨人嫌的行为。

课堂讨论：根据测试情况，谈谈处理好人际关系应注意哪些方面。

小结：协调个人与他人的关系必须坚持三条原则。

1. 平等原则：平等待人，尊重他人，是促进个人与他人和谐的前提。

2. 诚信原则：真诚不欺骗，讲信用；言必信，行必果。诚信原则要求我们在交往中，彼此抱着诚意相互理解、接纳和信任，重信用，守信义，是协调个人与他人关系的保证。（对诚信经济，考试作弊等现象分析）

3. 宽容原则：促进人与社会之间的和谐，需要我们每一个人都多一份宽容，多一分理解。对非原则问题不斤斤计较，相互包容。比如寝室内部出现的一些矛盾，有人打呼噜太响影响别人睡眠，有人不讲个人卫生有脚臭、异味等导致寝室矛盾激化，甚至还有人因为言语不和拔刀相刺……其实这都是一些小问题引起，如果我们大家都多一些宽容和理解，也许问题就迎刃而解了。宽容是促进个人与他人和谐必不可少的条件。

【思考与练习】

1. 大学生怎样尽快适应自己的大学生活？
2. 结合新生入学教育了解自己所学的专业和行业发展趋势。

第二章 职业生涯发展理论概论

【本章要点】

1. 职业生涯的基本概念
2. 职业生涯的基本理论
3. 职业生涯规划与大学生就业

通过第一章的学习,大家已经充分了解了高等教育阶段是与过去所习惯的中小学教育完全不同的全新学习阶段,在这一阶段,你已经站在了自己未来的职业生涯起跑线上,将要为自己今后的职业生涯做更多、更充分的准备。要想顺利完成这一阶段的教育任务,就需要树立起"职业生涯规划"的意识,只有明确了自己未来的职业目标,才会有学习的方向;有了职业规划才有学习的动力。在这一章里,将从分析职业、职业生涯以及职业生涯规划概念入手,着重介绍职业生涯规划的主要理论,帮助大家认清职业生涯规划与大学生就业的意义,从而主动承担起自己的职业生涯规划的责任。

第一节 职业生涯的基本概念

大学生在进行科学的职业生涯规划前,首先需要了解职业生涯发展规划的相关概念及其内在的关联性。

一、职业的基本概念及特征

(一)职业的概念

从词义学的角度解释,职业中的"职"包含职位、职责、权利和义务的意思;"业"包含行业、事业、工作和业务的意思。职业即指参与社会分工,利用专门的知识和技能,为社会创造物质财富和精神财富,获取合理报酬,作为物质生活来源,并满足精神需求的工作。职业是人类社会发展到一定历史阶段的产物,它产生自人类的社会分工,并伴随着生产力的发展进步而不断变化。

职业既是人的一种社会活动和生活方式,又是一种经济行为,也是人们从社会中牟取多种利益的资源,它对于每个人都极为重要。正确认识职业的概念是科学制定个人职业生涯规划的基础条件。

(二)职业的特征

1. 社会性。日本社会学家尾高邦雄认为,职业是某种特定的社会分工或社会角色的持续的实现,他认为"职业是社会与个人,或整体与个体的结合点;通过这一点的动态相关,形成了人类社会共同生活的基本结构;整体靠个体通过职业活动来实现,个体则通过职业活动对整体的存在做出贡献"。

首先,职业是社会分工的产物。在人类社会初期,存在着以性别、年龄为基础的自然分工。随着社会生产力的发展,农业与畜牧业分离,实现了第一次社会大分工,出现了专门从事农业种植或畜牧业养殖的不同劳动者,职业由此产生。随着第二次、第三次社会大分工,劳动分工也进一步深化,不仅有了从事农业、畜牧业、手工业的体力劳动,还出现了从事商业经营、劳动管理、文化教育等脑力劳动分工。人类生产力越是高度发展,社会分工也就越复杂和细致,职业的种类也越来越多,变化越来越快。

其次,职业体现了劳动者不同的社会角色。社会就是各种职业和职业活动的统一体。当人们从事了某种职业,也就参与了某种社会劳动,同时,也承担起了某种社会责任,充当了不同的社会角色。他们的经济状况、文化水准、行为方式是各不相同的,并以此反映出他们各自不同的社会地位。不仅如此,职业还往往成为一个人最基本的社会符号、最主要的社会特征。当人们说道某人是个"什么人"时,最重要的描述特征之一就是职业。

2. 时代性。职业随着时代的需求而产生,也随着时代的变迁而变化。如果社会不再需要某种职业,这种职业就会逐渐被淘汰,新的职业需求也就会应运而生。就如所谓"夕阳产业"、"朝阳产业"的出现。科技进步与经济建设的紧密结合,也使得社会职业的种类和数量以及职业的社会地位发生着较大的变化。不仅如此,每个社会都会有自己的职业特征。这就告诉我们,选择职业既要考虑个人意愿,更要紧跟时代发展的步伐,充分考虑到社会需求的变化才会少走弯路。

3. 技术性。职业的技术性,包括职业本身的技术要求与个人可以在职业岗位上发挥才能和专长两个方面。由于不同职业内容之间存在着差异,再加上随着技术的进步,以及经济结构的变动,每一种职业本身对于技术的要求也有所不同,因此,对从业者的知识和技能的要求也各有不同。劳动者从事任何职业都要达到该岗位所必需的技术水平,以此诞生了职业资格制度和就业准入制度。而对于个人而言,要想最大限度地发挥自己的个性和才能,需要通过某种职业在劳动岗位上来完成,这样,才能使自己不断增长知识和才能,不断成长。

4. 专业性。德语中"专业"一词的含义是指具备学术的、自由的、文明的特征的社会职业。不同的职业强调通过特殊的教育或训练掌握业经证实的认识科学或高深的知识,具有一定的基础理论的特殊技能,从而按照来自特定的大多数公民自发表达出的具体要求,从事具体的服务、工作,借以为全社会利益效力。即职业需要通过专门学习,掌握特定的知识结构、特定的岗位能力和与职业需求相适应的职业道德品质。高等教育就是以培养未来职业人的专业性为己任的。

5. 经济性。教育家、哲学家杜威认为,职业不是别的,是可以从中得到利益的一种活动。职业活动的基本目的是为了获取一定的生活来源,也就是取得赖以生存的物质或现金报酬。没有报酬的工作,即使其劳动活动较为稳固,也不是职业,如义工、志愿者活动。

6. 规范性。职业的规范性即是对某一行业内从业人员的一些更为具体的道德要求和行为准则。任何一种职业,一个行业都是社会这个大系统中的一个子系统,如果一个社会内的各行各业不能建立起具有较强约束力和影响力的职业道德体系,那么整个社会就将陷于一种混乱无序的非道德状态。从而对于从业人员就有了符合社会整体利益的、合法的、正当的职业道德规范和操作规程。它对从业人员具有较强的约束力和影响力。

二、职业生涯的基本概念

（一）生涯

生涯,英语是"career","生",即"活着";"涯",即"边界"。广义上理解,"生",自然是与一个人的生命相联系;"涯",则有边际的含义,即指人生经历、生活道路和职业、专业、事业。

中外学者对生涯下的定义众多,其中较为主要的有：

沙特尔(Shartle)认为：生涯是指一个人在工作生活中所历经的职业或职位的总称。

霍德和班那兹(Hood&Bananthy)认为：生涯包括个人对工作职业的选择与发展,对非职业性或休闲活动的选择与追求,以及在社交活动中参与的满足感。

韦伯斯特(Webster)认为：生涯指一个人一生职业、社会与人际关系的总称,即个人终身发展的历程。

台湾学者金树人先生认为：生涯一词涵盖了三个重点：第一,生涯的发展是一生当中连续不断的过程;第二,生涯包括个人在家庭、学校和社会中与工作有关活动的经验;第三,这种经验塑造了独特的生活方式。

美国生涯发展理论大师舒伯(Super)认为：生涯是生活里各种事件的方向与历程,它统合了人的一生中各种职业和生活的角色,是个人终其一生所扮演的角色的整个过程。它也是人生从青春期到退休后,一连串有酬与无酬职位之综合。除了职业之外,还包括任何与工作有关的角色,如学生、受雇者、退休者,甚至也包括家庭、公民的角色。

从上述的观点可以看出,生涯是指与个人终生从事工作或者职业等有关的活动过程。它不是个人随意的、短暂的行为,它是人们规划、思考、权衡而创造出来的、具有独特个性的一种生活模式。它是一个不断的连续选择的结果;一个需要终身学习、终身发展的过程;一个为自我实现而开展的独特的生命历程。

（二）职业生涯

职业生涯,是指人的一生中的职业历程。即个体从正式进入职场直到退出职场这段时间内的与工作有关的经历、态度、需求、行为等过程。狭义的职业生涯限定于从事职业工作的这段生命时光。广义的职业生涯是从职业能力的获得、职业兴趣的培养、职业选择、就职,直到最后完全退出职业劳动这样一个完整的职业发展过程。

它是人一生中最重要的历程,是追求自我实现的重要人生阶段,对人生价值起着决定性作用。一个人生活的好坏,社会地位的高低,对社会贡献的大小,在很大程度上是由他所从事的职业及岗位决定的。我们可以从以下四个角度来认知职业生涯。

首先,职业生涯是个体的概念,是指个体的行为经历。即个人在人生中所经历的一系列职位和角色,它们和个人的职业发展过程相联系,是个人接受培训教育以及职业发展所形成的结果。

其次,职业生涯是职业的概念,是指一个人一生的职业经历和历程。包括："外在职业生涯",即指一个人在一生中所从事的各种工作职业的总称,是客观的职业,可以理解为我们从事职业时的工作单位、工作地点、工作内容、工作职务与职称、工作环境和工资待遇等要素的组合及其变化过程。"内在职业生涯",即指从事一项职业时所需具备的知识、观念、心理素质、经验、能力、发展取向等主观因素的组合及其变化过程。

职业生涯是以心理开发、生理开发、智力开发、技能开发、伦理开发等人的潜能开发为基础,以工作内容为确定和变化,工作业绩的评价,工资待遇、职称、职务的变动为标准,以满足需求为目标的工作经历和内心体验的经历。

第三,职业生涯是时间的概念,是指与工作相关的整个职业生涯期。是一个人一生的工作经历,特别是职业、职位的变动以及工作理想实现的整个过程。

第四,职业生涯是发展和动态的概念,受各方面因素的影响很大。是指一个人一生在职业岗位上所度过的、与工作活动相关的连续经历,并不包含在职业上成功与失败或进步快与慢的含义。也就是说,不论职位高低,不论成功与否,每个工作着的人都有属于自己的职业生涯。

人的职业生活是人生全部生活的主体,在其生涯中占据核心与关键的位置。由于个人能力、心理、机遇等因素随时间、经历、社会环境变化而变化,人们一生的职业历程,也就有着种种不同的可能:有的人从事这种职业,有的人从事那种职业;有的人一生变换多种职业,有的人终身位于一个岗位上;有的人不断追求、事业成功,有的人穷困潦倒、无所作为。造成人们职业生涯的差异,以及职业变动和职位的升降。

(三)关于"职位、工作、职业、职业生涯"

有关"职位"(Professional Position)、"工作"(Job)、"职业"(Occupation)和"职业生涯"(Career)这几个词的含义在理论上仍然存在着一定程度的争议,不过我们可以大致将它们定义如下。

1. 职位。是和分配给个人的一系列具体任务直接相关的。因此,职位和参与工作的个人相对应,有多少参与工作的个人,就有多少个职位。例如,小张是某俱乐部足球队的前锋。

2. 工作。泛指一份固定的赚钱劳动,不论是否具有技术和特殊训练,以满足生存需要。如足球运动员工作。

3. 职业。一个人经常担任的工作,一般需要专业学习和培训,因此选择职业时常常会考虑个人的性格、能力是否与岗位需求匹配。职业满足人生需要。

4. 职业生涯。这个概念的含义曾随着时间的推移发生过很多变化。在上世纪70年代,职业生涯专指个人生活中和工作相关的各个方面。随后,又有很多新的意义被纳入到"职业生涯"的概念中,其中甚至包含了生活中关于个人、集体以及经济生活的方方面面。

从经济的观点来看,职业生涯就是个人在人生中所经历的一系列职位和角色,它们和个人的职业发展过程相联系,是个人接受培训教育以及职业发展所形成的结果。

三、职业生涯发展与规划的基本概念

职业生涯是贯穿一生职业历程的漫长过程。科学地将其划分为不同的阶段,明确每个阶段的特征和任务,做好规划,对更好地从事自己的职业,实现确立的人生目标,有着非常重要的意义。

(一)职业生涯发展的基本概念

1. 职业生涯发展的含义

是指为达到职业生涯规划的各种职业目标进行的知识、能力和技术的培训、教育等活动，也是个人逐步实现其职业生涯目标，并不断制定、实施新目标的过程。

2. 职业生涯发展的阶段

职业发展是一个动态的变化过程，这个动态的变化过程包括：在不同的年龄阶段，有不同的发展方向、不同的发展任务，同时也会遇到不同的困难。根据美国著名生涯发展理论大师舒伯(Super)的理论，一个人的职业生涯发展一般要经历以下五个阶段。

(1) 职业准备阶段。这个阶段已经完成了基础知识的学习，进入职业培训学校或高等院校接受专业学习、培训。在专业学习和各种实践活动中，自我意识开始觉醒，是逐步形成自己的爱好或兴趣的时期，我们可能会慢慢发现自己的缺点和优点。通过学习专业知识、岗位技能，以求掌握未来工作所需的各项能力。

(2) 职业选择阶段。在这一阶段中，绝大多数人从学校走上工作岗位，是人生事业发展的起点。人们主要根据社会需求和自己本身的素质及愿望，做出职业选择，走上工作岗位。这是职业生涯选择的第一步，也是关键的一步，如果选择失败，将导致职业生涯的不顺利，或是浪费时间，然后不得不再次选择，还有可能失去其他的工作机会。大部分情况下，一个人为了找到最适合自己的职业，可能要经历几次选择和磨合，不断积累知识能力，学会与他人沟通协作的能力，以获得认可。

(3) 职业适应阶段。已经踏进社会奋斗多年，对职业社会开始逐步了解。这个阶段的人已经经历过一些挫折、打击、失败或者成功，对社会已经不像先前那么陌生、恐惧了，从心智上已经成熟。也有了一定的工作经验，逐步适应职场生活，适应和融入组织，为未来职业成功做好准备。

(4) 职业稳定阶段。这一时期是人的职业生涯的主体，一般是在人的成年或壮年时期，并且占据人的生命过程中绝大部分时间。在这个阶段，事业形态基本框架已经确定，劳动者一般达到"功成名就"情景，如果非较大的变故，已经不再考虑变换职业工作，只力求维持已取得的成就和社会地位。

(5) 职业衰退阶段。这一时期，人开始步入老年，由于生理条件的变化，能力的缓慢减退，心理需求逐步降低，只求能够维持现状，一般说来，处在这一阶段上升的空间已经很小，就该规划退休前全身而退的策略，以及退休后的生活方向。

对于个人而言，职业的稳定与适合是非常重要的，在上述五个主要阶段中，"职业稳定阶段"最长，"职业起步阶段"最为关键。

3. 职业生涯发展的类型

每一位职业人在其一生的职业经历中可能会不断地经历岗位的变换，职务的晋升。职业生涯发展的类型包括：

(1) 职务变动发展：指所从事工作职位的晋升与平行调动。

(2) 非职务变动发展：未发生从事工作职位的晋升与平行调动，但通过工作使其内容变得丰富化。

(二) 职业生涯规划的基本概念

1. 职业生涯规划的含义

职业生涯规划意识源于20世纪60年代西方发达国家，于20世纪90年代传入中国。这一概念是由著名管理专家威廉姆·罗斯威尔(Williamn J. Rothwell)最先提出的，他认为："职业生涯规划就是个人结合自身情况以及眼前制约因素，为自己实现职业目标而确定行动方向、行动时间和行动方案。"也可以说，就是指个体为未来职业发展所作的策划和准备。

在我国，由于职业生涯教育起步较晚，至今还没有形成系统的有关职业生涯规划的教育和辅导体系。目前较为普遍的认知是：职业生涯规划也称为职业生涯设计，指个人根据自身的主观因素和客观条件，确立自己的职业生涯发展目标，选择实现这一目标的职业，制定和安排相应的教育、培训、工作计划并付诸行动，实施职业生涯目标的过程。它包含五个方面的内容：自我分析、职业分析、设定目标（分层次、阶段）、实现目标的策略、评估与修正。总之，职业生涯规划不是一个静态的结果，而是一个动态的过程，不仅是一个目标选择，更是一个方法体系。

2. 职业生涯规划需考虑的因素

职业生涯规划是在"知己、知彼"的基础上，经过科学决策，确立适合自己的职业目标，并制定切实可行的实施规划的过程。是一个系统、专业、综合的工程。我们在制定职业生涯规划时需充分考虑以下因素。

（1）个人所具有的、独特的主观因素，包括个性（性格、气质、能力）、兴趣、职业价值观等。职业生涯规划是对个体职业的未来发展进行设计，你对自己了解得越多，越明确自己的职业取向、技能及职业兴趣，选择职业就越容易，你的才能和职业的契合度就越高。

（2）个人所处的客观环境因素，包括社会大环境、行业及岗位环境、学院及家庭环境。职业的社会性特征使得环境因素对于个人职业生涯发展有很大的影响，只有顺应外部客观环境的需要，才能最大限度地发挥个人的优势，实现职业目标。

（3）掌握科学的职业决策方法，培养职业决策能力。人的职业生涯是一个漫长不断变化的过程，在这一过程中常常面临着理想与现实间的差距，在做选择的时候，你所做的决策是否正确，将直接决定今后的职业方向，并影响获得职业生涯成功的可能性。只有明确清晰地进行科学决策，才能做到真正的"人职匹配"，获得自己满意的职业生涯。

（4）切实可行的规划实施方案。职业目标是通过具体的行动一步一步实现的，一旦选定自己的职业目标，就要根据自身的实际情况结合职业目标所需的专业知识结构、职业技能、岗位素质等要求，制定能够实现理想的具体行动方案，包括学习、训练、教育培训、考核等方面的具体计划和符合自身情况的明确的措施。

（5）及时地评估、修正生涯规划。人们常说"计划赶不上变化"，职业生涯规划即是一个动态的过程，必须根据实施结果的情况，以及适时变化的情况进行及时的检验、修正，让自己在迈向职业理想的道路上走得更稳、更顺、更快。

3. 职业生涯规划的特征

（1）独特性。由于每个人的专业知识结构、职业能力、职业目标、社会环境不尽相同，依此进行的针对特定人设计的职业生涯规划极具个人色彩。

（2）可行性。规划要有事实依据，并非是美好幻想或不着边际的梦想，它应根据个人的自身情况和所处的社会环境进行设计，否则将会延误生涯良机。

（3）适时性。规划是预测未来的行动，确定将来的目标，因此各项主要活动，何时实施、何时完成，都应有时间和时序上的妥善安排，以作为检查行动的依据。

（4）动态性。规划未来的职业生涯目标，牵涉到多种可变因素，每个人在成长过程中不论是身体还是精神、思想，都会不断变化，社会环境也会发展改变。因此职业生涯规划应是动态的，有弹性的，以增加其适应性。

(5)连续性。职业生涯不是某一特定工作或者职责的时间段，职业生涯发展是一生中连续不断的职业经历。因此人生的每个职业发展阶段应能持续连贯性衔接。

4．职业生涯规划的期限

职业生涯规划的期限，划分为短期规划、中期规划和长期规划。

短期规划，为五年以内的规划，主要是确定近期目标，规划近期完成的任务。

中期规划，一般为五年至十年的目标与任务，是最为常用的一种职业规划形式。

长期规划，其规划时间是十至二十年以上，主要设定较长远的目标，就人生职业理想的目标进行规划设计。

第二节 职业生涯的基本理论

一、职业生涯发展与规划理论的历史发展

（一）职业指导时期

职业生涯理论源于职业指导活动：19世纪末，随着生产力的迅速发展，社会分工越来越细，新的职业不断涌现，可供人们选择的职业种类与数量越来越多。各类学校要让自己的毕业生适合劳动力市场的需要，以使学校得以生存发展。面向学生的就业指导首先在美国学校产生。1907年，美国密歇根州一所公立学校的总监戴维斯首创了系统的职业辅导计划，为现代学校心理咨询开了先河。1908年，美国波士顿大学教授弗兰克·帕森斯（Frank Parsons）创办了世界上第一个职业指导机构——波士顿职业辅导局。1909年，他出版《选择一种职业》一书，第一次阐述了科学的职业选择理论——"人职匹配"理论，它是关于个性特征与职业性质一致性的理论，引起了社会的重视和认可，帕森斯因此被后人尊称为"职业辅导之父"。

（二）职业生涯发展理论形成期

20世纪30年代后，职业指导在全世界范围内逐步展开。此时的理论主要用于职业初期选择指导，前提是个人特质和职业的性质是固定不变的，而人们的职业活动是不断变化的，它忽视了人的整体性，忽视了人的社会心理对选择职业的影响。1951年，美国著名职业指导专家金斯伯格（Eli Ginzberg）在其《职业选择》一书中，提出了"职业发展是一个与人身心发展相一致的过程"，认为职业在个人生活中是一个连续的、长期的发展过程，从静态的职业指导向动态的职业生涯辅导迈出了一步，他也成为职业生涯发展理论的先驱和典型代表人物。1953年，舒伯（Super）提出了生涯发展理论，重在对个人的职业倾向和职业选择过程本身进行研究。提出了个体生涯发展中成长、探索、建立、维持以及衰退五个阶段以及不同阶段的发展任务。这一思想把职业指导上升到更高的层面，不仅以个人的发展为着眼点，同时也兼顾社会的需要和利益，从个体发展和整体生活的高度来考察个人与职业、个人与社会的关系。舒伯生涯发展理论的提出被认为是职业生涯管理理论形成的标志。

（三）多种理论蓬勃发展期

20世纪60年代至今，职业生涯管理理论继续得到了发展，具有代表性的为美国著名职业指导专家、职业兴趣理论奠基人约翰·霍兰德（John Holland）的职业兴趣理论，把人的兴趣区分为实际型、研究型、艺术型、社会型、企业型以及传统型六大类型，以此为依据，把人的特质

和这种特质所适合的工作联系起来。首次提出"职业选择"的理论。

美国麻省理工学院斯隆研究院教授施恩(Schein)在对职业过程中组织与个体相互作用动力机制研究的基础上,描述了职业发展与个体成长之间的关系,提出了著名的"职业锚"理论。

克朗伯兹(Krunmboltz)作为职业决策社会学习理论的代表人物,提出了以社会学习理论为基础的职业决策模型,认为个体职业生涯发展的根本选择是由内在的因素和社会环境因素来共同决定的,提出了对职业选择的四种影响:基因特征;环境条件;过去的学习经验;个人处理新事物、新问题时所形成的技能、评价标准和价值观。提醒决策者检测自己在职业决策和求职时可能产生的一些棘手想法。

以上这些理论揭示了职业生涯发展与规划从职业指导、选择到职业生涯发展进而到职业探索决策的演进过程。随着社会的进步,职业的变化,职业生涯理论也在不断发展,越来越多的专家、研究者投入到这个领域中来,为当今就业政策和实践提供着坚实的理论支持。

二、职业生涯发展与规划主要理论

(一) 帕森斯(Parsons):特质因素理论

这是在西方国家最早而且应用范围最广的一种理论,在职业指导中一直处于主导地位。其最基本观点是"人职匹配",即强调人的特性与职业因素的匹配。

特质因素理论认为,个别差异现象普遍地存在于个人心理与行为中,每个人都具有自己独特的能力模式和人格特质,而某种能力模式与人格特质又与某些特定职业相关联。帕森斯认为可以借用测验或量表等工具,用一组特质或人格特性界定不同类型的人,找出"特质"(个人的人格特征,包括能力倾向、兴趣、价值观和人格等),同时也可以用一组工作上要求的条件或资格来界定不同类型的工作,了解"因素"(工作上要取得成功所必须具备的条件或资格)。通过个人特质与工作因素的匹配,找到理想职业状态。

帕森斯在进行职业辅导时形成了著名的职业设计三要素模式,也称为职业指导三步曲。

第一步,自我分析:评价求职者的生理和心理特点。通过心理测量及其他测评手段,取得求职者的身体状况、能力倾向、兴趣爱好、气质与性格等方面的资料。

第二步,工作分析:分析各种职业对个人的要求。包括:职业性质、工资待遇、工作条件以及晋升的可能性;求职的最低要求;为准备就业而设置的教育培训计划,以及这种教育和培训的机构、学习年限、入学资格和费用;就业机会等。

第三步,人职匹配:在了解求职者的特性和职业的各项指标的基础上,帮助求职者进行比较分析,以便选择一种适合其个人特点又有可能得到并能在职业上取得成功的职业。

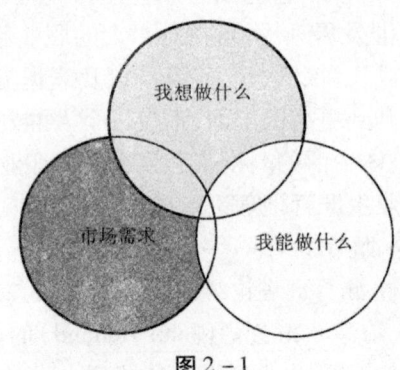

图 2-1

帕森斯将人与职业的匹配，分为两种形式：

(1) 因素匹配("活"找人)。例如需要有专门技术和专业知识的职业与掌握该种技能和专业知识的择业者相匹配；或"脏、累、苦"劳动条件很差的职业，需要有吃苦耐劳、体格健壮的劳动者与之匹配。

(2) 特性匹配(人找"活")。例如，具有敏感、易动感情、不守常规、个性强、理想主义等人格特性的人，宜于从事审美性、自我情感表达的艺术创作类型的职业。

该理论强调在职业选择时要充分重视个体差异与职业需求，但忽略了人格的动态发展及人的创造潜能；忽略了人的社会心理对选择职业的影响；同时也忽略了相同职业所需条件存在较大差异；忽视了社会因素对职业设计的影响和制约作用。

(二) 舒伯(Super)：终生职业发展理论

舒伯被公认为生涯发展大师，他从人的终生发展角度出发，根据自己"生涯发展形态"的研究结果，并参照布尔赫勒(Bueller)的生命周期理论，发掘出一个完整的人生职业生涯发展阶段模型。他结合职业发展形态，把人的生涯发展分为成长、探索、建立、维持和衰退五个阶段，每个阶段又分为若干个次阶段，并且每个阶段和次阶段都有各自不同的生涯规划与生涯发展任务。

1. 成长阶段：0~14岁。

在此阶段，儿童的自我概念会逐渐得到发展，开始以各种不同的方式来表达自己的需要，且经过对现实世界不断地尝试，修饰他自己的角色。主要任务是：逐渐认识自己是个什么样的人，同时对工作和工作的意义有一个初步的理解。舒伯进一步把成长阶段划分为三个时期：

(1) 幻想期(0~10岁)。需要占统治地位，在幻想中扮演自己喜爱的职业角色。

(2) 兴趣期(11~12岁)。以个人喜好为考虑因素。

(3) 能力期(13~14岁)。个人开始更多地考虑自己的能力及工作要求。

2. 探索阶段：15~24岁。

在此阶段，个人开始通过学校学习、业余活动和短期工作进行自我考察、角色鉴定和职业探索。主要任务是：探索各种可能的职业选择，对自己的能力和天资进行现实评价，并根据未来的职业选择做出相应的教育决策，完成择业及最初就业。具体可分为：

(1) 尝试期(15~17岁)。考虑需要、兴趣、能力及机会，作暂时的决定，并在幻想、讨论、课业及工作中加以尝试，从而明确自己的职业偏好。

(2) 过渡期(18~21岁)。进入劳动力市场或经过了专门的职业培训，明确自己的职业倾向。

(3) 初步承诺期(22~24岁)。开始从事第一份工作并试验其成为长期职业的可能性，若不适合自己，可以重新进行选择，实现一种职业倾向，了解更多机会。

3. 建立阶段：25~44岁。

在此阶段，个人已经找到了一个合适的职业领域，并努力持久地保持下去。主要任务是：发现自己喜欢从事的工作机会；学会与他人相处；巩固已有地位并力争提升；使现有职位得到保障；在一个永久性职位上稳定下来。这一阶段是大多数人职业生涯周期中的核心阶段，可以细分为：

(1) 承诺和稳定期(25~30岁)。个人在自己所选择的职业上安顿下来，并确保一个相对稳定的位置。

(2)提升期(31~44岁)。对于大多数人来说,这是一个富有创造性的时期,个人在工作中作出好的业绩,资历也随之加深。

4. 维持阶段:45~64岁。

由于该阶段的个人已经在自己的工作领域中取得了一定的地位,需要考虑的主要是如何维持目前的地位并如何继续沿着该方向前进,而很少或不去寻求在新领域中的发展。主要任务是维持并巩固已获得的地位。

5. 衰退阶段:65岁以后。

这一阶段由于生理及心理机能日渐衰退,主要任务是帮助个体发现非职业角色,做自己期望做的事,并缩减工作时间。可细分为衰减期、退休期。

1976年到1979年间,舒伯在英国进行了为期四年的跨文化研究,之后他提出了一个更为广阔的新观念,即生活广度、生活空间的生涯发展观——职业生涯彩虹图。在原有的理论基础之上,加入了人生角色理论,形象地展现了生涯发展的时空关系,更好地诠释了生涯的概念。

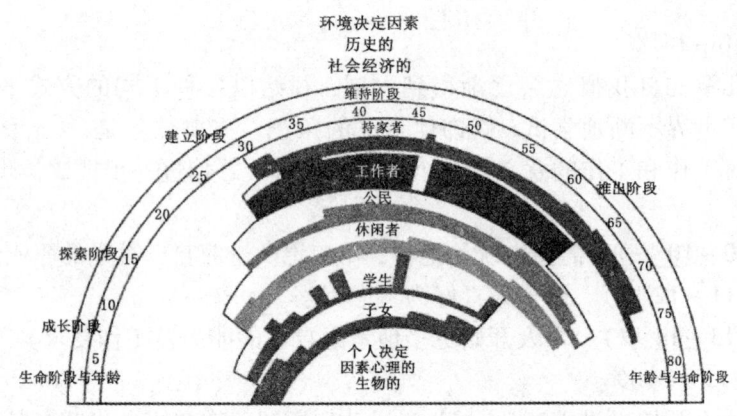

图2-2 职业生涯彩虹图

在职业生涯的彩虹图中,横向层面代表的是横跨一生的"生活广度",又称为"大期"。彩虹的外层显示人生主要的发展阶段和大致估算的年龄:成长期、探索期、建立期、维持期以及衰退期。在这五个主要的人生发展阶段内,各个阶段还有小的阶段,舒伯特别强调各个时期年龄划分有相当大的弹性,应依据个体不同的情况而定。纵向层面代表的是纵贯上下的"生活空间",是由一组职位和角色所组成,包括子女、学生、休闲者、公民、工作者、持家者等主要角色。各种角色之间交互影响,交织出个人独特的生涯类型。

透过彩虹图,可以看出各种角色之间是相互作用的,一个角色的成功,特别是早期角色的成功,将会为其他角色提供良好的基础;反之,某一个角色的失败,也可能导致另一个角色的失败。舒伯进一步指出,为了某一角色的成功付出太大的代价,也有可能导致其他角色的失败。

每一个人的生涯彩虹图都是不同的,从彩虹图中可以看到不同的生涯规划。

舒伯的理论把职业指导上升到更高层面,不仅以个人的发展为着眼点,同时也兼顾社会的需要和利益,从个体发展和整体生活的高度来考察个人与职业、个人与社会的关系。

（三）霍兰德(Holland)：职业兴趣理论

美国著名的职业指导专家、约翰·霍普金斯大学心理学教授约翰·霍兰德(John Holland)在特质因素理论的基础上，通过对人格心理学和大量职业咨询的研究和实践，于1959年提出了具有广泛社会影响的职业兴趣理论。他认为在进行职业选择时，人的职业兴趣起到了极为重要的作用。兴趣是人们活动的巨大动力，凡是具有职业兴趣的职业，都可以提高人们的积极性，促使人们积极地、愉快地从事该职业，且易于获得职业成就。霍兰德认为职业兴趣与人格之间存在很高的相关性。人格可分为现实型、研究型、艺术型、社会型、企业型和常规型六种类型。

1. 现实型(R)。人格特点：喜欢使用工具从事操作性工作，动手能力强，做事手脚灵活，动作协调。偏好于具体任务，不善言辞，做事保守，较为谦虚。缺乏社交能力，通常喜欢独立做事。

典型职业：喜欢使用工具、机器，需要基本操作技能的工作。即各类工程技术工作和农业工作。对要求具备机械方面才能或从事与物件、机器、植物、动物等实物打交道的相关职业有兴趣，如：技术性职业（计算机硬件人员、摄影师、制图员、机械装配工），技能性职业（木匠、厨师、技工、修理工、农民、一般劳动）。

2. 研究型(I)。人格特点：思想家而非实干家，抽象思维能力强，求知欲强，肯动脑，善思考，不愿动手。知识渊博，有学识才能，不善于领导他人。考虑问题理性，做事喜欢精确，喜欢逻辑分析和推理，不断探讨未知的领域。

典型职业：喜欢智力的、抽象的、分析的、独立的定向任务，主要从事科学研究和科学实验工作。要求具备智力或分析才能，并将其用于观察、估测、衡量、形成理论、最终解决问题的工作，并具备相应的能力。如：科学研究人员、教师、工程师、电脑编程人员、医生、系统分析员。

3. 艺术型(A)。人格特点：有创造力，乐于创造新颖、与众不同的成果，渴望表现自己的个性，实现自身的价值。做事理想化，追求完美，不重实际。具有一定的艺术才能和个性。

典型职业：各类艺术创造工作，喜欢的工作要求具备艺术修养、创造力、表达能力和直觉，从中能够体现自我意识、情感表达、极具个性化的职业，如：艺术方面的演员、导演、艺术设计师、雕刻家、建筑师、摄影家、广告制作人，音乐方面的歌唱家、作曲家、乐队指挥，文学方面的小说家、诗人、剧作家。

4. 社会型(S)。人格特点：喜欢与人交往，不断结交新的朋友，善言谈，愿意教导别人。关心社会问题，渴望发挥自己的社会作用。寻求广泛的人际关系，比较看重社会义务和社会道德。

典型职业：各类直接为他人服务的工作，从事提供信息、启迪、帮助、培训、开发或治疗等事务，如：教师、保育员、心理咨询师、医护人员、福利人员、公关人员等。

5. 企业型(E)。人格特点：追求权力、权威和物质财富，具有领导才能。喜欢竞争，敢冒风险，有野心、抱负。为人务实，习惯以利益得失，权力、地位、金钱等来衡量做事的价值，做事有较强的目的性。

典型职业：喜欢从事组织管理以及对他人有影响力的工作，如：项目经理、销售人员，营销管理人员、政府官员、企业领导、法官、律师。

6. 常规型(C)。人格特点：喜欢按计划办事，细心、有条理，习惯接受他人的指挥和领导，自己不谋求领导职务。喜欢关注实际和细节情况，通常较为谨慎和保守，缺乏创造性，不喜欢冒险和竞争，工作踏实、遵守纪律。

典型职业：各类要求注意细节、精确度、有系统、有条理，具有记录、归档等特定要求或程序的科室工作，如：秘书、办公室人员、记事员、会计、行政助理、图书馆管理员、出纳员、打字员、投资分析员。

霍兰德的职业兴趣理论不仅将人的职业兴趣划分为六种，与此对应职业环境也分为六种，某一类型的职业通常会吸引具有相同人格特质的人，而具有相同人格特质的人对许多生活事件的反应模式也是相似的。他们创造了具有某一特色的生活环境，也包括工作环境。在同等条件下，人和环境的适配性或一致性将增加个体的工作满意度、职业稳定性和职业成就感。

（四）施恩（Schein）：职业锚理论

职业锚（Career:Anchor）理论是由在职业生涯规划领域具有"教父"级地位的美国著名管理学家 E.H.施恩教授领导的专门研究小组，对麻省理工大学斯隆管理学院毕业生的职业生涯研究中演绎形成的。该学院的44名MBA毕业生，自愿形成一个小组接受施恩教授长达12年的职业生涯研究，包括面谈、跟踪调查、公司调查、人才测评、问卷等多种方式，最终分析总结出了职业锚（又称职业定位）理论。

职业锚，是指一个人在不得不做出职业选择时，无论如何都不会放弃的、职业中至关重要的东西或价值观。锚，是使船只停泊定位用的铁制器具。职业锚，实际就是人们选择和发展自己的职业时所围绕的中心，是在进行职业决策时的核心因素，也是个人判断职业价值的标准。

1978年，施恩教授将职业锚划分为五种：自主/独立型职业锚、创业型职业锚、管理型职业锚、技术/职能型职业锚、安全/稳定型职业锚。之后，学者们逐渐发现职业锚的研究价值，越来越多的人加入了研究的行列。在90年代，又增加了三种类型：服务型职业锚、挑战型职业锚、生活型职业锚，并推出了职业锚测试量表。这八种职业锚分别表述为：

1. 技术/职能型。技术/职能型的人追求在技术/职能领域的成长和技能的不断提高，注重个人在专业技能领域的进一步发展，希望有机会实践自己的技术才能，享受作为某方面专家带来的满足、愉悦。本类型的人不愿意选择一般管理型的工作，因为那是一种他们难以施展自己技术才能的工种，也意味着他们放弃在技术功能领域的成就。

2. 管理型。管理型的人追求并致力于工作晋升，倾心于全面管理，独自负责一个部分，可以跨部门整合其他人的努力成果，他们想去承担整个部分的责任，并将公司的成功与否看成自己的工作。具体的技术/职能工作仅仅被看作是通向更高、更全面管理层的必经之路。

3. 自主/独立型。自主/独立型的人希望随心所欲地安排自己的工作方式、工作习惯和生活方式。追求能施展个人能力的工作环境，最大限度地摆脱组织的限制和制约。他们宁愿放弃提升或工作扩展机会，也不愿意放弃自由与独立。

4. 安全/稳定型。安全/稳定型的人追求工作中的安全与稳定感。他们可以预测将来的成功从而感到放松。他们关心财务安全。稳定感包括诚信、忠诚以及完成老板交代的工作。尽管有时他们可以达到一个高的职位，但他们并不关心具体的职位和具体的工作内容。

5. 创业型。创业型的人希望使用自己能力去创建属于自己的公司或创建完全属于自己的产品（或服务），而且愿意去冒风险，并克服面临的障碍。他们想向世界证明公司是他们靠自己的努力创建的。他们可能正在别人的公司工作，但同时他们在学习并评估将来的机会。一旦他们感觉时机到了，他们便会自己走出去创建自己的事业。

6. 服务型。服务型的人指那些一直追求他们认可的核心价值，例如：帮助他人，改善人们的安全，通过新的产品消除疾病。他们一直追寻这种机会，即使这意味着变换公司，他们也不会接受不允许他们实现这种价值的工作变换或工作提升。

7. 挑战型。挑战型的人喜欢解决看上去无法解决的问题，战胜强硬的对手，克服无法克服的困难障碍等。对他们而言，参加工作或职业的原因是工作允许他们去战胜各种不可能。新奇、变化和困难是他们的终极目标。如果事情非常容易，它马上变得非常令人厌烦。

8. 生活型。生活型的人是喜欢允许他们平衡并结合个人的需要、家庭的需要和职业的需要的工作环境。他们希望将生活的各个主要方面整合为一个整体。正因为如此，他们需要一个能够提供足够的弹性让他们实现这一目标的职业环境，甚至可以牺牲他们职业的一些方面，如：提升带来的职业转换。他们将成功定义得比职业成功更广泛。他们认为自己在如何去生活，在哪里居住，如何处理家庭事情，以及在组织中的发展道路是与众不同的。

职业锚是自我发展过程中的天资、动机、需要、能力、价值观等相互作用和逐步整合的结果。在工作实践中，可以帮助人们准确地进行职业定位，并作为职业成功的标准。此外，职业锚本身也可能变化，在职业生涯的过程中可能会根据变化了的情况，重新选定自己的职业锚。

第三节　大学生职业生涯与就业

【案例】
大学生送气工的职场生活

何于伟，毕业于武汉化工学院室内设计专业。大学毕业后先找到和专业对口的装修公司工作，但这份工作，何于伟只干了1年，就辞职不干了。"就是坐在办公室，用电脑画点简单的装修图，说是个设计师，实际上更多的是业主说了算。没事时，坐在位置上，上级看你没啥事做，也没好脸色，自己干得难受。"之后去南方打工，想学一门技术，找工作时锁定机械学徒、车工等行业。靠着这份认识，他进了一家工厂，但只做了3个月，他就离了职，"因为就是一名普工，学不了东西，工资也低，也就1200多元包吃住"。何于伟辗转进入一家钢材磨坯厂，当了一名工人，最终拿到手的有1500多元。2008年，全球金融危机爆发，能拿到手的钱越来越少，何于伟动了回家发展的念头。他辞职回到老家，和老婆开了一家手机维修店。

可能从创业开始摆脱了替人打工的种种不如意，工作也应该会有起色。但是就在手机维修店经营了一段时间之后，因为金融危机导致了手机维修店的主要客户——工厂的倒闭，小店生意每况愈下，"一个月就赚个1千多块钱，只够交房租、水电的"，手机维修店也最终无果。当时小店附近就一个送气站，经常有送气工到小店闲聊。通过攀谈了解到，送气工做得好收入并不低，于是何于伟便开始了送气工的工作。（自"中国教育在线网"）

分析："何于伟现象"正是如今很多大学生毕业以后遇到的状况，从打工到创业再到打工，看到某一个工作挣钱多就想去干，陷入盲目就业的误区，没有考虑到专业、兴趣、能力，回头看在大学里学的知识也几乎全部浪费了。从大学生到送气工，往小了说是职业生涯规划不明晰，往大处说是对于自己的人生定位不明确。

许多大学生在迈出大学校门的那一刻，内心充满了惶恐、不安和紧张，不知道自己究竟该往左走还是往右走。造成他们犹豫徘徊的原因是大部分人在初涉社会时并不太明确自己今生要从事什么职业，能干好什么工作？什么职业适合自己？也有很多人在社会上经历了很长一段时间，往返很多职业，最终无法达到自己想要的状态和结果，蹉跎人生。改变这种状态的重要手段就是进行职业生涯规划，只有充分认清自己，了解职业环境，进行科学的自我职业生涯规划，才能充分发挥主动性，不断挖掘潜能，实现人生理想。

一、大学生职业生涯规划的特点

大学生职业生涯规划是指大学生在大学生活阶段，通过自我评估和环境分析，结合职业理想与职业生涯的预期，规划大学期间及今后职业生涯的学习、生活及工作，为自己确定明确的职业方向和目标，选择恰当的职业发展道路，制定学习和职业发展计划，使大学期间学习和生活方向明确、内心充实的过程。大学生正处于职业的学习、准备和起步阶段，因此，与已经工作过一段时间的职业者的职业生涯规划相比较，大学生的职业生涯规划有其一定的特点。

（一）以就业准备为主要规划目标

大学生处于人生的探索期，主要任务是探知自己的爱好、特点和能力，结合职业环境的探索、分析，建立属于个人的生活方式，确立人生理想，学会与人交往和竞争的能力、选择适合自己生存发展的职业，并创造实现自身价值的各项条件。大学生的职业生涯规划，最终目的是建立生涯意识，明确自己的职业生涯发展道路，其最根本也最现实的目标是初次就业成功，能拥有一个与自己的兴趣、爱好、能力等相匹配的职业岗位。大学生在校期间的生涯实际上就是就业准备的过程，是为自己能够更好地适应职业生活筹备知识、提升能力的阶段。

（二）显著的阶段性

大学生的职业生涯规划一般为中短期规划，以在校期间和毕业后三至五年时间的规划为主。在此期间经历学生、职业人两个不同的身份角色，其生涯规划任务目标有所不同。即使在大学期间也表现出显著的阶段性，大学生处于心理、生理快速发展时期，其生理状况、知识技能、综合素质等因素随年龄变化较大。在不同的年级，职业生涯规划的侧重点有所不同。高校流行着一句顺口溜："一年级认识自己，二年级了解社会，三年级了解职业，四年级走出校门"，便很好地诠释了大学生职业生涯规划中职业准备、职业选择、职业发展和职业适应四个阶段。因此，大学生在制定生涯规划时根据年级、经历分阶段不断进行自我认知和职业认知，再做出目标设定、实施计划是十分必要的。

二、职业生涯规划对大学生就业的意义

（一）有利于准确评价个人特点和强项

漫画家蔡志忠说过："做人最重要的就是要了解自己。有人适合做总统，有人适合扫地。如果适合扫地的人以做总统为人生目标，那只会一生痛苦不堪，受尽挫折。"要做一个职场成功者，首先对自己要有一个正确的认识。马云曾坦言："阿里巴巴的职员一半是技术人员，一半做服务。策划人员比我有创意，市场人员比我懂市场，技术人员比我懂技术，我的最强项是考虑公司的战略，怎么去硅谷竞争，去全球竞争。"如果大学毕业生不能对自己有清晰的认识和了解，正确分析自我的特点和强项，就容易在职业选择过程中迷失方向。如同案例中的主人公一样，不断跳槽、选择，造成人生的不如意。

成功的职业生涯规划的前提就是能够充分地认识自我，通过使用科学有效的自我测评工具，对自己的性格、能力、兴趣爱好和职业价值观等进行深入透彻的分析，从而认识自己、把握自己、设计自己、实现自己。在此基础上，找到自己适合的、擅长的、喜爱的、愿为之而献身的工作。

(二)有利于确认人生的方向,提供奋斗的策略

百大网曾就大学生职业目标做过一项调查,结果显示:有明确就业目标的占13%,有目标但不明确的占25%,没有明确目标的占62%。正是由于大部分学生对自己的未来没有一个清晰的目标,不知道为什么要学习这二十多门课程,才导致了旷课、睡觉、留恋游戏的消极学习态度。毕业后不清楚自己最想要的是什么,跟着感觉走,选择、碰壁、再选择、再碰壁,距离人生理想越来越远。与其说是"就业难",不如说是"就业迷茫"。

英国谚语说:"对一艘盲目航行的船来说,任何方向的风都是逆风。"职业如同人生的航程,职业生涯规划就如同人生的导航图,指引你前进的方向。职业生涯规划可以帮助大学生进行深入的自我认知,客观的职业环境分析,正确评估自己的优势、劣势、潜能,确定符合自身兴趣爱好和能力的生涯路线,明确自我的职业发展方向,正确选择职业目标。并运用科学的方法采取切实可行的措施,使自己的才能得到充分发挥,同时有计划地弥补达到职业目标而缺少的能力差距,不断提高职业竞争力,以实现职业理想。

(三)有利于实现学业与职业的良好对接

智联招聘曾做过一项调查显示:24%的受访者所从事的工作与所学专业"完全不对口",仅有17%的人所学专业与工作"完全对口",多数人是"相关"和"擦点边"。大学生就业难一个重要原因就是"专业不对口"。为什么会出现这种就业错位的现象呢?主要原因一是大学生选择专业较盲目,没有考虑自己的职业兴趣爱好和能力。二是大学生缺乏专业与其对应职业群关系的科学分析。

在制定职业生涯规划的过程中,大学生可以不断认识到自身的个性特征、兴趣爱好、现有和潜在的资源优势;可以通过对所学专业的分析,了解专业所对应的职业群;可以通过对社会环境的分析,了解目标职业的发展现状和未来趋势;了解目标职业对专业素质、职业能力等方面的要求。从而根据个人的综合能力与兴趣,结合现实环境的需求,确定职业目标与规划,实现学业与未来职业的良好对接。

(四)有利于增强职业竞争力

据调查,近年来大学生就业难的根本原因不是社会没有提供足够多的就业岗位,也不是市场没有提供足够合理的工资水平,而是大学生本身没有做好就业准备。在学校学习时,由于专业理论与实践结合得非常有限,大学生缺乏对就业问题的思考;缺乏把理论转化为实践的能力;缺乏根据社会工作的标准去要求自己对知识的学习与应用;缺乏对职场规则、技能的了解。结果,数十年寒窗苦读后,面对实际工作大脑一片空白,单位不仅不能把大学生当做人才用,还要把他们再次当做学生进行打造和培养,才能真正融入工作。因此,很多企业在聘用员工时宁愿选择具有几年工作经验的人,而不愿花费大量的时间与金钱去重新培养初次就业的大学毕业生。在招聘时越来越多地把眼力从对求职者单纯的专业技巧考核转向更能够反映求职者未来职业发展潜力的综合能力素质测评上。目前,"大学生职业能力欠缺"是用人单位对大学生最不满意的问题之一,这个问题形成了用人单位与大学生之间的就业鸿沟,因此,对大学生职业能力的提升就迫在眉睫。

做了职业生涯规划的大学生可以帮助自己树立职业意识,为实现职业目标有针对性地学习相关专业知识,加强职业技能培训,并对职业活动有一定的合理的心理预期,包括职业规范、工作性质、劳动强度、工作时间、工作方式、对同事以及上下级关系等的了解,使自己具备岗位胜任能力,并能够积极主动地积累足够的职业领域内的工作经验,提升职业竞争力,化

"被动就业"为"主动择业",让大学生赢在职场起跑线,成为抢手的职场新人。

三、大学生职业生涯规划的方法

职业生涯规划核心就是:知己、知彼,择优选择职业目标和路径,并用高效行动去实现职业目标。

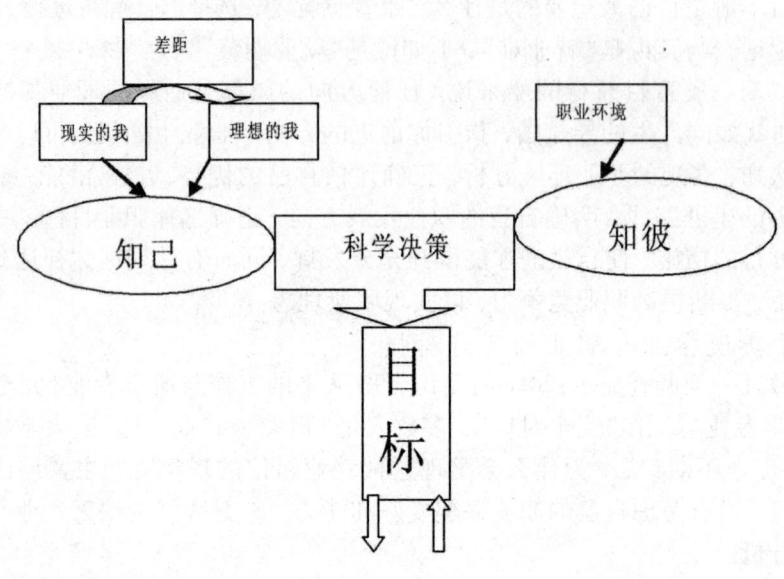

图 2-3

（一）自我认知

通过科学认知的方法和手段,对自己的职业兴趣、气质、性格、能力、特长、智商、情商、思维方式、道德水准等进行全面认识,清楚自己的优势与特长、劣势与不足。自我分析要客观、冷静,不能以点带面,既要看到自己的优点,又要面对自己的缺点。只有这样,才能避免规划设计中的盲目性,达到规划设计高度适宜。

（二）职业环境认知

职业的社会性特征决定了个人无法离开所生活的环境而独立生存,因此,在制定职业生涯规划时要考虑到社会政治、经济、文化、法律等大环境的发展变化趋势,还要对目标职业的现状和未来趋势进行分析,对工作岗位所需专业知识、技能、素质充分了解,明确自己与环境的关系、自己在这个环境中的地位、环境对自己提出的要求以及环境对自己有利的条件与不利的条件等等。只有对这些环境因素充分了解,才能在复杂的环境中做到趋利避害,使自己的生涯规划具有现实意义。

（三）科学决策,确立职业目标

职业生涯目标的设定,是职业生涯规划的核心。一个人事业的成败,很大程度上取决于有无正确适当的目标。没有目标如同驶入大海的孤舟,四野茫茫,没有方向,不知道自己走向何方。只有树立了目标,才能明确奋斗方向,犹如海洋中的灯塔,引导你避开险礁暗石,走向成功。职业目标选择正确与否,直接关系到人生事业的成功与失败。据统计,在选错职业的人当中,有80%的人在事业上是失败者。正如人们所说的"女怕嫁错郎,男怕入错行"。由此可见,职业目标的选择对人生事业发展是何等重要。

职业目标的设定,是在充分认识自我、对职业环境进行客观分析后,对职业目标做出的抉择。抉择时至少应考虑到:①性格与职业的匹配;②兴趣与职业的匹配;③特长与职业的匹配;④内外环境与职业相适应。才能科学地确立职业目标。

在职业目标确定后,向哪一路线发展,此时要做出选择。如,是向行政管理路线发展,还是向专业技术路线发展;是先走技术路线,再转向行政管理路线……由于发展路线不同,对职业发展的要求也不相同。因此,在职业生涯规划中,须做出抉择,以便使自己的学习、工作以及各种行动措施沿着你的职业生涯路线或预定的方向前进。通常职业生涯路线的选择须考虑以下三个问题:

(1)我想往哪一路线发展?
(2)我能往哪一路线发展?
(3)我可以往哪一路线发展?

对以上三个问题,进行综合分析,以此确定自己的最佳职业生涯路线。

(四)制定行动计划与措施

在确定了职业生涯目标后,行动便成了关键的环节。没有达成目标的行动,目标就难以实现,也就谈不上事业的成功。这里所指的行动,是指落实目标的具体措施,主要包括工作、训练、教育、轮岗等方面的措施。例如,为达成目标,在工作方面,你计划采取什么措施,提高你的工作效率?在业务素质方面,你计划学习哪些知识,掌握哪些技能,提高你的业务能力?在潜能开发方面,采取什么措施开发你的潜能等等,都要有具体的计划与明确的措施。并且这些计划要特别具体,以便于定时检查。

(五)评估与回馈

俗话说:"计划赶不上变化。"是的,影响职业生涯规划的因素很多,有的变化因素是可以预测的,而有的变化因素难以预测。在此状况下,要使职业生涯规划行之有效,就须不断地对职业生涯规划进行评估与修订。其修订的内容包括:职业的重新选择;职业生涯路线的选择;人生目标的修正;实施措施与计划的变更等等。

职业生涯规划是一个动态的、自我实现的漫长过程,大学生应本着实事求是的态度,借助相关的职业测评工具,通过科学分析和职业实践制定出属于自己的生涯规划,实现人生理想。

【思考与练习】

1. 简述职业及职业生涯的含义。
2. 按照舒伯的终生发展理论,职业生涯分哪几个主要阶段?各阶段的主要任务是什么?
3. 分析大学生进行职业生涯规划的意义。
4. 画出自己的职业生涯彩虹图。

第三章 自我认知

【本章要点】

1. 自我认知的内容
2. 自我认知的方法

在古希腊德尔菲的阿波罗神庙前竖着一块石碑，上面赫然写着这样的大字："认识你自己"，它犹如千年不熄的火炬，表达了人类与生俱来的内在要求和至高无上的生命思考，视为人类最高的智慧。

随着高校扩招的大学生陆续走上社会，大学毕业生就业困难的问题日益凸显。现在许多大学生存在一种怪异的"自我"状态：不知道自己喜欢什么，也不知道自己不喜欢什么。等到毕业找工作，人职不匹配的情况就会发生，也很有可能引发毕业三年内稳定率低的状态，从而增加了成长成本。也就是说，一些大学生对自己内心的关注实在是太少了，他们对自己的了解几乎为零。自我探索是大学生对自身进行全面分析，解决"我是谁"问题的过程。自我探索的程度与就业水平有着重要的联系，大学生对自己越了解，就业成功率就越高，而那些对自己没有准确认知的同学或随波逐流，或盲目武断，往往毕业很多年后仍然没有找到理想的职业。只有了解自己，认识自己，才能选定适合自己的职业，才能对自己的职业生涯目标做出最佳抉择，这是大学生实施职业生涯规划的首要环节。

第一节 自我认知的内容

一、什么是自我认知

自我认知，是借助经典生涯发展理论，使用比较成熟的职业测评、评估工具，对自己的职业兴趣、性格特点、职业价值观以及职业技能等进行全方位的、深层次的量化评价和深度分析，以便更科学地、全面地认识自己，了解自己。通过自我认知，真正了解自己是谁、喜欢什么、适合做什么、生活中最看重什么、工作中最擅长什么……进而确定或调整自身的职业发展目标和生涯发展规划。

认识自我，即人对自身主体地位的觉醒，认识自我是一个自我觉醒的过程，要查明白自己为人处世所遵循的价值观念，要体验到自己内心深处的需求，明确为人的基本原则和追求的目标,同时,还要熟悉自己所掌握的技能,了解自己的优势和不足。它是人类特有的能动性,它体现着人的本质特征。从古到今,"人是什么","认识自己",每一代人都从自己的全部社会实践和人生体验中,对这一问题作出这样或那样的回答。然而,正确地认识自我并不是一件容易的事,这是一个长期而复杂的过程。从某种意义上说,认识自我是人生的罗盘,是一个人生涯问题的解决和生涯规划的开始,也是职业生涯设计的重要前提。

二、自我认知的内容

自我认知的主要内容包括自己的性格、兴趣、特长、学识、技能、思维、道德水准以及社会中的自我等,概括起来,就是"生理我"、"心理我"、"社会我"、"道德我"、"家庭我"、"优势我"。通过对六个"我"的全面剖析,树立"完整我"的概念,从而更准确地认识自己。

(一)生理我

生理我是与生俱来的,但对自身生理的认知却是个人在与他人交往的过程中通过学习而逐渐形成的。具体是指个体对自己的身体、生理状况(身高、体重、健康)的认识和体验。在这一过程中,个体把自我和非我区别开来,意识到自己的生存是依托于自己的躯体的。生理我是自我认知中最基本的内容,是其他自我认知内容的基础。大学生对生理我的认识与开发,不仅可以使其悦纳自己,更重要的是通过对自身生理条件的认识,了解目标职业对从事该职业身体条件的要求,从而有意识地加强身体锻炼,以更好地适应未来职业生涯的发展。

生理我认知的主要内容包括:正确认识自己的性别、年龄、身高、体重、视力、健康状况、体力、容貌、有无身体特长(如手指长、腿长、耐力好、擅短跑)等。在正确认识自身身体条件的基础上选择适合自己的职业发展方向。

(二)心理我

身体健康与心理健康是紧密联系在一起的,对心理自我的认识是自我认知中最核心的部分,其他自我认知的内容最终都要归结于心理的认识与感受。因此,如何正确地认识自己的兴趣、性格、价值观、能力等是制定自己职业生涯规划的前提和保障。

1. 职业兴趣

兴趣是人们力求认识和掌握某种事物,并经常参与该种活动的心理倾向。或者说,兴趣是人们积极探究某种事物的认识倾向,包括物质兴趣、精神兴趣和社会兴趣,是建立在需要的基础上,是个人对其环境中的人、事、物所产生的喜爱程度,是个人力求认识、掌握某事物,并经常参与该种活动的心理倾向。研究发现,人的兴趣与需要有密切的关系。一般来说,需要的对象也就是兴趣的对象,例如,很多人在学生阶段都会憧憬自己的未来,为了满足这种需要,他们会在某些成功人士身上找到参照,于是对一些明星产生浓厚兴趣,并努力模仿他们的形象和行为。兴趣是人们选择并参与活动的巨大推动力,是推动人们寻求知识、从事活动的重要心理因素。当个人对某事物有兴趣时,会对它产生特别的注意力,针对该事物达到感知敏锐、记忆牢固、思维活跃、情感浓厚、意志坚定的理想状态。

职业兴趣是指人们对某种职业或工作所抱态度的积极性,是有关职业偏好的认识倾向。职业兴趣是一个多维的概念,人们对某项职业有兴趣,他可以对职业工作过程本身有兴趣,也可以对由这项职业带来的各种功利感兴趣。但如果仅对后者感兴趣,那么这种兴趣是短暂的。一个人只有对工作本身感兴趣,淡化职业兴趣中的功利色彩,这种职业兴趣才是长久和可贵的,也是我们需要的职业兴趣。研究发现,从事自己感兴趣的职业,则能发挥一个人全部才能的80%左右,而且长时间保持高效率而不感到疲劳。反之,若对从事的工作没兴趣,则只能发挥一个人全部才能的20%左右,而且容易疲劳厌倦。当我们对自己所从事的职业活动真正感兴趣时,才会从内心激发起对该职业强烈的求知欲和探索欲,才会全身心地投入其中,从中得到快乐和满足。反之,我们对所从事的职业活动缺乏真正的兴趣,即使外在表现不错,也会索然无味难以得到真正的满足。

职业兴趣的发展一般经历有趣、乐趣、志趣三阶段。对于职业活动,往往从有趣的选择,逐渐发展为工作乐趣,进而与奋斗目标和工作志向相结合,提升成为志趣,表现出方向性和意志性的特点,使人坚定地追求某种职业,并为之尽心尽力,这时的职业也就转变成了人们的事业。

【案例】 在工作中培养兴趣

学化学专业的小李,毕业后分到了档案馆工作,曾为"专业不对口、学非所用"苦恼过,也曾想一走了之。有一天,他偶尔发现档案馆有毛泽东、周恩来等伟人墨迹,但已褪色,无法辨认,觉得很可惜,于是他就产生了拯救历史档案的念头。小李在平凡的工作中找到了化学与档案保护之间的关系,激发了他的兴趣,这个兴趣升华为热爱,热爱促使他具有一往无前的敬业精神:他先后发明了扩散、褪色圆珠笔、复写纸字迹恢复剂,多功能珍贵书画、档案保护剂等,先后获得了国家发明三等奖,国家部级科技进步奖等。

启示:

兴趣是以需要为基础的,当人产生某种需要的时候,他就会对周围环境中能满足自己需要的事物优先注意,发生兴趣。职业兴趣可以在原有的兴趣基础上加以培养而形成,也可以在工作中培养并强化。

2. 职业性格

职业性格是指人们在长期特定的职业生活中所形成的与职业相联系比较稳定的心理特征。人们常说"性格决定命运",这是有一定道理的。近年来,用人单位在选拔人才时提出了一种新的理念,即性格比能力更重要。一个人如果能力不足,可以通过培训提高,但其性格如果与职业不匹配,改变起来就相当困难。其实性格并无好坏之分,但性格类型与职业类型的匹配度,却对事业的成败有着重要影响。

性格影响人对待困难的态度。人的一生不可能不遇到困难,只是大小不同而已。在遇到同样困难的情况下,不同情绪性格的人有不同的处理方式和结果。如乐观的人遇到困难后,会积极地应对,而悲观的人则只看到困难,甚至夸大困难,从此一蹶不振。因此,对待困难要有正确的态度。大学生应该培养自己在逆境中看到光明、在挫折中看到希望的乐观性格。

性格与职业的匹配影响事业成功。性格与职业的匹配是我们每一个人在职业选择过程中必须要考虑的因素。每一种职业除了对人有能力上的要求外,它同样要求有相匹配的性格。当性格与职业相匹配的时候,个体会感觉到顺心顺意;反之,个体会体验到不顺畅,甚至厌恶,从而影响自己在工作中的表现。比如说,一个性格开朗、活泼好动的人从事出纳、仓库管理员等工作会觉得压抑、乏味,从而无法专注于工作。而一个性格内向、沉默寡言的人从事推销、公关等工作,会力不从心。

许多职业对性格品质有着特定的要求,要选择某一职业就必须具备这一职业所要求的性格特征。但是,性格在很大程度上是来源于后天的培养,并不是无法改变的,每个人在社会中都会因为种种外界原因而改变原先的性格,也许这种改变会让你意外地发现自己的潜力。

研究表明，不同的职业有不同的性格要求，如对驾驶员要求具备注意力稳定、动作敏捷的职业性格特征；对医生则要求具备耐心细致、热情待人的职业性格特征。当然，每个人的性格都不能百分之百地适合某项职业，但却可以根据自己的职业方向来培养和发展相应的职业性格。不同性格特征的人员，对组织而言，决定了每个雇员的工作岗位和工作业绩；对个人而言，决定着自己事业能否成功。因此，性格是组织选人、个人择业的重要因素之一。

3. 职业价值观

职业价值观是价值观的重要组成部分，是人们依据自身的需要对待职业、职业行为和工作结果的比较稳定的、具有概括性和动力作用的一套信念系统。职业价值观是个体一般价值观在职业生活中的体现，它不但决定了人们的择业倾向，而且决定了人们的工作态度；它是个体在长期的社会变化中所获得的关于职业经验和职业感受的结晶。例如，大学生在就业时通常会考虑是去政府单位还是去私人公司？是从事技术岗位还是行政岗位？是要工作轻松还是要高工资福利？这时左右大学生进行职业选择的就是职业价值观。

大学生职业价值观的形成与很多因素相关，每个人的性别、年龄、经历、个性、基本素质、受教育状况、兴趣爱好、成就动机，以及舆论宣传、家庭影响、学校引导等都会对大学生职业价值观产生影响。研究显示，当代大学生群体的职业价值观有很多相似性，大多数大学生在求职时比较务实，愿意选择那些能发挥特长、收入水平高、能实现个人抱负的岗位，而服从需要、企业规模和性质、职业社会地位的重要性在逐渐下降。

价值观对动机有导向作用，客观条件下，人们的行为动机受价值观的支配和约束。正确的价值观对大学生的学习态度和心理健康能够产生较为明显的影响。首先，目前很多大学生希望在学习了一门课程之后能马上获得某方面的技能，而对基础课程则缺乏兴趣，学习上的实用主义倾向对他们的学习态度和学习效果产生的消极影响日益突出。很多学生毕业后才发现，自己根本体现不出专业优势，而基本功又没掌握扎实，就业困难也就在所难免了；其次，当代高校毕业生就业心理问题较多，他们对于工作地点、工作环境等要求比较高，特别是对于工作单位的地理位置非常在意，这种职业价值观是造成一些大学生就业难的原因之一。因此，大学生应该在正确认识自我、认识社会、了解就业形势的基础上，树立正确的职业价值观，调整就业心态，明确就业的基本思路，找到适合自己的职业。

4. 职业能力

（1）职业能力的含义

职业能力是人们从事某种职业活动必须具备的，影响职业活动效率的个人心理特征。人的职业能力是由多种能力叠加并复合而成的，它是人们从事某项职业必须具备的多种能力的总和，是择业的基本参照和就业的基本条件，也是胜任职业岗位工作的基本要求。

职业能力有三层含义：一是为了胜任一种具体职业而必须要具备的能力，表现为任职资格；二是指在步入职场之后表现的职业素质；三是开始职业生涯后具备的职业生涯管理能力。

每个职业都是需要一定的和特殊的能力才能胜任的，如一位教师只具有良好的语言表达能力是不够的，还必须具有对教学的组织管理能力，对教材的理解和使用能力，对教学问题和教学效果的分析、判断能力等。如果说职业兴趣或许能决定一个人的择业方向，以及在该方面所乐于付出努力的程度，那么职业能力则能说明一个人在既定的职业方向是否能够胜任，也能说明一个人在该职业中取得成功的可能性。

(2) 职业能力的构成

由于职业能力是多种能力的综合，因此，我们可以把职业能力分为一般职业能力、专业能力和特殊能力。

① 一般职业能力。一般职业能力主要是指一般的学习能力、文字和语言运用能力、数学运用能力、空间判断能力、形体知觉能力、颜色分辨能力、手的灵巧度、手眼协调能力等。此外，任何职业岗位的工作都需要与人打交道，因此，人际交往能力、团队协作能力、对环境的适应能力，以及遇到挫折时良好的心理承受能力都是我们在职业活动中不可缺少的能力。

② 专业能力。专业能力主要是指从事某一职业的专门能力。在求职过程中，招聘方最关注的就是求职者是否具备胜任岗位工作的专业能力。例如：你去应聘教学工作岗位，对方最看重你是否具备最基本的教学能力。

③ 特殊能力。这里主要介绍国际上普遍注重培养的"关键能力"，包括：

a. 跨职业的专业能力。从以下三方面可以体现出一个人跨职业的专业能力：一是运用数学和测量方法的能力；二是计算机应用能力；三是运用外语解决技术问题和进行交流的能力。

b. 方法能力。一是信息收集和筛选能力；二是掌握制定工作计划、独立决策和实施的能力；三是具备准确的自我评价能力和接受他人评价的承受力，并能够从成败经历中有效地吸取经验教训。

c. 社会能力。社会能力主要是指一个人的团队协作能力、人际交往和善于沟通的能力。在工作中能够协同他人共同完成工作，对他人公正宽容，具有准确裁定事物的判断力和自律能力等，这是岗位胜任和在工作中开拓进取的重要条件。

职业能力是人的发展和创造的基础。能力是成功地完成某种任务或胜任工作的必不可少的基本因素，没有能力或能力低下，就难以达到工作岗位的要求，不能胜任。个体的职业能力越强，各种能力越是综合发展，就越能促进人在职业活动中的创造和发展，就越能取得较好的工作绩效和业绩，越能给个人带来职业成就感。

(三) 社会我

社会我是指一个人对自己的社会属性的意识，对自己在社会和集体中的地位与作用的认识，包括个人对自己在各种社会关系中的角色、地位、权利、义务等的意识。社会我是由历史、文化、社会造成的。例如，一位医生，在医院里他要意识到自己是一名医生，他要救死扶伤、遵守医生的职业道德规范；在家里，他是父亲、丈夫、儿子，要承担起这三个家庭角色应当承担的责任和义务。

大学生职业生涯的发展不能脱离社会的需要而独自进行，想要取得职业生涯的成功，除了自身的努力之外，还需要丰富的社会资源和人脉资源，通过融入社会与团队之中，在实现社会价值的过程中实现自我价值。

【案例】　　　　爱心大使　生命之歌

在深圳有这样一名著名歌手，他家里一贫如洗。他只有一个女儿，却是178名贫困孩子的"代理爸爸"。他在十年时间里，捐赠钱物近300万元。如今他身患胃癌，却连医药费都负担不起。下面我们就来看看青年歌手丛飞的故事。

走进丛飞的病房，满眼是盛开的鲜花，这些都是看望丛飞的深圳市民带来的。因为探视的人络绎不绝，不少鲜花摆到了病房门口的走廊里。病房的角落堆的是贫困孩子寄来的问候卡。

丛飞父亲：大门上写的谢绝探视，挡不住的人流，一个劲儿的往里走。我今天和我老伴流泪，不单是流泪我儿子他病痛这件事，很多的泪是感动的泪。

这么多人关心丛飞并不只是因为他的歌声，更多的是因为他的一颗爱心。

深圳市民：他是一个奉献不取回报的人，他从来给我们做任何事情都是发自内心的。

毕业于沈阳音乐学院的丛飞，1994年只身来到深圳发展，凭借自己出色的男高音、小品和口技等多方面的才华，很快成为一名深受观众喜爱的知名演员。然而这时候，不幸悄悄袭来，36岁这一年丛飞被确诊为胃癌晚期。更让人意想不到的是，一个著名歌手竟然付不起医疗费。其中原因让所有人唏嘘不已，十年里，丛飞几乎把自己的全部收入都捐给了贫困地区的孩子们。

丛飞：小时候我捡过破烂，卖过冰棍，就为了赚点学费，但是初二的时候就辍学了。（成名后）我对几个孩子进行资助，几十个上百个，越资助越多。

要尽自己的努力改变更多贫困学生的命运。成名以来，丛飞开始了他慈善义演和认养贫困失学儿童的爱心之旅，他先后二十多次赴贵州、湖南、四川、山东等贫困地区举行慈善义演，捐助了178名贫困儿童。

2003年春天，由于受非典的影响，丛飞的演出机会大大减少。没有了演出，孩子们的学费也成了问题。丛飞从亲朋好友那里借了10万元，在开学前送到了孩子们的手里。而为了还上这笔借款，丛飞常常是一天连演三四场。由于长时间超负荷工作，生活没有规律，从2004年春天开始，丛飞的胃部经常剧烈疼痛，为了省钱，他一直拖着没有看病。

2005年一月份，丛飞又抱病参加了为东南亚海啸灾区的6场赈灾义演，当忍受着巨大的痛苦坚持完最后一场演出后，他开始大口吐血并昏迷了几个小时。

家人将丛飞送到医院看病时，医生确诊为胃癌晚期，必须马上住院治疗。看到每天近千元的医疗费，丛飞强迫家人办理了出院手续。当得知了丛飞的事迹后，医院重新把丛飞接了回来，决定免费为他进行治疗，并成立了由多位权威专家组成的特别治疗小组，不惜一切代价全力救治。如今丛飞已经进行完第二次化疗，情况稳定，他说现在自己只有一个心愿，就是能重新登上舞台，用歌声感谢大家的帮助，用歌声表达自己的祝愿。

"不论你走大路还是走小路，一个人走路，前后是孤独。我是你过河的桥，是你乘凉的树，我是你风尘仆仆那间歇脚的屋。只要你快乐，只要你幸福，只要你圆上了好梦，我就不辛苦。只要你开心，只要你如意，只要你回头一笑，我就很知足。"

丛飞：我要重新站起来为大家唱歌，为大家演小品，要举办大型募捐演唱会，把捐款给孩子们捐去。

2006年4月20日，37岁的丛飞走了，但他在为社会的奉献中实现了自身的价值。被人们永远铭记。

"社会我"的认知提醒大学生既要有社会责任意识，而且在关注社会的同时，也可以发现更多的发展机会。因此，一定要把"我"放在社会这个大背景下来考虑自己的职业发展，才能更好地实现自己的职业目标。

（四）道德我

道德，在我国的文化中是经常被提到的字眼，在先秦的诸子百家的著作中"道"与"德"是相互分开解释的，直至春秋时代，荀况说："故学至乎礼而止矣，夫是之谓道德之极。"（《荀子·劝学》）意思是说人们只要学到了"礼"，并且按"礼"的要求去做人处事，就达到了最高的道德境界。

人是道德的承担者,对于任何一个道德体系来说,它都是用来约束人的行为的。因而人就是道德约束的对象,人就承担了道德所规定的义务。通过社会舆论的压力使人们自觉地遵守道德的规定。"做事先做人"是为人处世和工作生活中的一条金科玉律,我们要取得成功,首先要修炼内功,提高自己的修为,人做好了,事才有可能好。只把眼睛盯在事上,无视或轻视做人,最终是不能把事做好的。

随着我国经济体制改革的深入、法制的不断健全完善,人的社会责任心和诚信将越来越被重视,假冒伪劣将越来越无藏身之地,一个人的职业道德会越来越受到全社会的尊重和赞赏,爱岗敬业、工作负责、注重细节的职业人格会得到全社会的肯定和推崇。

(五)家庭我

"家庭我"是指一个人对于自己的成长感受与作为家庭中一分子的价值观与责任感。

一个人首先要努力以感恩的心去热爱家庭,热爱家庭里的每一个成员,还要了解家庭及家人对自己的期望及自己在家庭中承担的责任,因为我们的职业生涯不可能完全脱离家庭及家人的需要。

"家庭我"的认知,可以强化学生的家庭责任意识,让学生在求职择业时,多考虑求职、创业对家庭的意义,是否有利于家庭的和谐,有利于回报父母,也可以帮助学生逐渐摆脱"以自我为中心"的思维模式,把自己的所作所为所产生的结果与家庭联系在一起,增强对家庭的责任感。

家庭我认知的主要内容是家庭气氛对大学生自我认知职业选择的影响。如和睦的家庭比优越的经济文化条件更能帮助大学生树立良好的自我意识。有的心理学家把家庭气氛一方面分为温暖的或敌意的,另一方面分为限制或宽容的。研究表明,既温暖又有适当限制的家庭家长本身自信心就很强,他们对孩子要求高,又提倡民主,对孩子关怀、信任、鼓励,这样的家长最易培养出自信心很强的孩子。因此,大学生在制定自己的职业生涯规划时应当仔细分析自我心理与家庭成长氛围的关系,明确自己的责任和使命。

(六)优势我

"尺有所短,寸有所长",发现自己的优势,是自信的基础。"优势我"主要是指如何正确认识自己的优点和长处以及在未来的职业生涯中更好地扬长避短。同学们要善于发现自己的优势,并且充分了解目标职业对所需职业能力的要求,培养职业能力,提升综合素养,提升核心竞争力。

世界知名的心理学家克利夫顿说过:判断一个人是不是成功,最主要是看他是否最大限度地发挥了自己的优势。每个人都有自己的天赋,生活中都会遇到机遇。所以请不要埋怨自己的弱势和缺陷,而要把注意力集中在自己的优势上面,即关注自己所拥有的东西。这些自己拥有的优势才是你赖以生存和发展的基础。

优势或者天赋表现在如果你在持续地做某件事时,能够乐在其中,就是说在工作本身中就能够获得。阿尔伯特·哈伯德(美)指出:"优势并不一定都是某类工作,他更可能是工作中的某个方面,如做事开拓,谨慎,遵守纪律或者细心,如做人热情,威信,包容或者体谅。也可能是自己热爱的某个价值观念,如思考,成就,信仰,公正等等。"

通过类似以下的问题回顾描述自己能做的事情,归纳相应的能力。

(1)别人认为你最出色的什么?

(2)你自己最擅长的事是什么?

(3)你曾做过的最满意的一件事是什么？
(4)详细描述一下这件事，当时你遇到了什么困难？
(5)你采取了什么样的解决办法？
(6)最后达到了什么结果？
(7)在这件事中，体现了你的什么能力？

发现了自己的优势能力，还要善于运用，否则你的优势就是白白浪费，毫无价值。就像一颗钻石，如果沉在海底，就无异于破铜烂铁，只要把它捞出来，真正使用，才能体现它的价值。要强调的一点是，每个人最大的成长空间在于其最强的优势领域，多花点时间把自己的优势发挥到极致，而不是花很多时间去弥补劣势。

弥补劣势，虽然有时确有必要，但它只能使我们避免失败，而不能使我们出类拔萃。因为很多能力是与生俱来的，依靠教育、学习与培训也是事倍功半，未必有好的效果。如果你缺乏空间想像能力，却从事建筑设计；你对数字不敏感，却在当会计……你不仅很难取得显著的成绩，甚至工作本身也会很吃力。

第二节　自我认知的主要方法

实现价值最大化是需要方法的，方法是解决问题的途径和钥匙。"方法总比问题多"，问题得不到解决，根本原因不是问题太复杂，而是没有找到解决的正确方法。

方法是有层次的，层次不同的方法其效果也会有高低之分。"四个营销员到庙里找和尚推销梳子"的故事很好地诠释了这个问题。第一个营销员空手而归，一把也没卖掉。第二个营销员销了十多把梳子。第三个营销员，销了百十把梳子。第四个营销员销了几千把梳子。他说，我到庙里跟老和尚说，庙里经常接受人家的捐赠，得有回报给人家，买梳子送给他们是最便宜的礼品。您在梳子上写上庙的名字，再写上积善梳，说可以保佑对方，这样可以作为礼品储备在那里，谁来了就送，保证庙里香火更旺。这一下就推销掉好几千把梳子。由这个故事可以看出，条条大路通罗马，办法总比问题多；同时筛选最佳方法，多快好省攻克难关。

方法决定成败，方法是每个成功者走向成功的通行证。一个总能找到"充分"的理由证明"失败与我无关"的人，无疑是在纵容自己的依赖心，或者在姑息自己的懦弱和懒惰。我们应该信奉"只为成功找方法，不为失败找借口！"找理由为自己的失败辩解只会加倍失败，只有去找方法才会有成功。

一、内省法

曾子的"吾日三省吾身"，荀子在《劝学》中提到的"君子博学而日参省乎己，则知明而行无过矣"都说明了自我反省对正确认知自我的重要作用。自省法是个体通过对自己的行为及自身的体验对照评估指标进行反省，以达到对自己的行为状态、特征和体验的理解和评估的方法。自省的目的就是为了今后的言行少出错和不出错，是人们正确认识自我的重要方法。

回顾过去的经历，对自己的想法、期望、品德、行为进行理性的思考，然后认真的描述和判断自己的特点。在这个过程中，需要个人搜集信息、运用信息，耐心地分析，比如，问问自己：过去我做过什么自己喜爱的工作？过去我喜欢这些工作的哪些方面？现在我仍然喜欢它们什么？我喜欢处理人际关系的技巧，还是喜欢处理具体问题的技术或处理信息情报的技术？什么能激发我的活力，什么令我筋疲力尽？另外，要对过去的成功经验和教训进行回顾，分析自己过去有哪些成功，为什么？不成功的原因是什么？除了客观因素外，自己在哪些方面需要改进？

需要注意的是，要尽量以客观评价为依据评价自己，避免因为个人认识或个人动机出现较大误差。比如，有的人成绩一般却自我欣赏，有的人成绩显著却自感不如他人，自信心不足。自省法比较适合于经常性和及时性的评估。因为时隔时间太长，一是使素材收集的难度加大，二是使错误缺点不能及时的纠正，影响进步，也可能铸成大错。

二、比较法

"以古为镜，可以知兴衰；以人为镜，可以知不足。"是自我评估可以借鉴的两种方法。

（一）自我前后比较：对"过去的我"、"现在的我"、"未来的我"作评估和展望

人是不断变化、发展、成长的，"今天的我"是以"昨天的我"为基础的，同时又是"明天的我"的基础。其相互联系而又不尽相同，但继承和发展是主要趋势，这种关系体现在知识、经验、兴趣、爱好、能力和愿望等各个方面。因此，人们可以对自己进行前后比较，深刻地了解自我、认识自我。自我前后比较属于一种纵向比较方式，它把以前某一时段的自我作为参照系，对照现今的自我，从中发现其共同点和不同点，从而对自己做出评估。这种方法比较适合学生以学年为单位进行比较。例如，可以通过对大学二年级和一年级时期进行比较，就能发现自己在思想品德、学习能力、探索精神、特长等方面有无进步，在社交能力、适应能力、实践能力方面有无提高，以及在兴趣和希望等方面有无变化等。

（二）与他人比较：以人为镜

这种方法的要点是"我"把他人在社会、学校及在自己心中的感觉和形象与"我"在自己心中的感觉和形象加以比较，来进行自我评估。以同学为镜，从人格上比较，可知自己的修养程度；从关键能力方面比较，了解自己处理事件的水平；从学习成果上比较，了解自己的学识程度；从社会活动、待人接物等方面比较，了解自己的处世能力；从人缘好坏方面比较，了解自己的气质、性格；从文艺、体育、写作等方面比较，了解自己的爱好、特长和不足等。与他人进行比较时，要注意挖掘自身的相对优势，即挖掘与他人相比较时自身呈现出来的更高的觉悟、更强的能力、更高的本领、独具的特长和发展潜力。但这种比较要客观，不能自欺欺人。比较法适合较长周期的自我评估。

三、360度评估法

首先，依据他人对自己的态度评价自己。个人对自己的评价往往是以其他人的评价为参照，人们在相互交往中，不断深化对自己的认识。如可以问问自己的家长、老师、同学、朋友对自己的评价和态度是怎样的？需要注意的是，要能够把握父母、老师、朋友、同学评价他人的特点，准确理解对自己的态度和说法。

其次，到就业指导中心、专业咨询机构进行咨询，是一种有效而快捷的方式。咨询人员会用他的学识、经验以及科学的咨询技术给个人提供帮助，在咨询过程中，个人会获得大量的知识和信息资料，获得对问题的重新认识。而且更重要的是，通过专家咨询，会提高自己的决策能力。

四、橱窗分析法

所谓橱窗分析法是一种借助直角坐标不同象限来表示人的不同部分的分析方法(图3-1),它以别人知道或不知道为横坐标,以自己知道或不知道为纵坐标,橱窗分析法也是进行自我认知的一种常用方法。

橱窗分析法是心理学家把对个人的了解比作一个橱窗,由四个"我"组成:"公开我"、"隐私我"、"潜在我"及"脊背我"。在进行自我剖析时,重点要了解"潜在我"和"脊背我"两个部分。

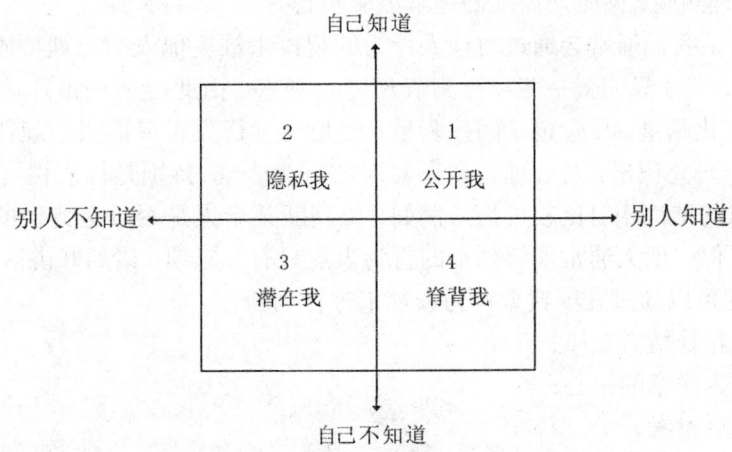

图3-1 橱窗分析法的坐标图

橱窗1:为自己知道,别人知道的部分,称为"公开我",属于个人展现在外,无所隐藏的部分。

橱窗2:为自己知道,别人不知道的部分,称为"隐私我",属于个人内在的私有秘密部分。

橱窗3:为自己不知道,别人也不知道的部分,称为"潜在我",是有待开发的部分。

橱窗4:为自己不知道,别人知道的部分,称为"背脊我",犹如一个人的背部,自己看不到,别人却看得很清楚。

通过四个橱窗可知,须加强了解的是橱窗3和橱窗4。

橱窗3是"潜在我"。据科学家研究发现,每个人都有巨大的潜能,人类平常只发挥了极小部分的大脑功能。如果一个人能发挥一半的大脑功能,将轻易地学会40种语言,背整套百科全书,拿十二个博士学位。著名心理学家奥托指出,一个人一生所发挥出来的能力,只占他全部能力的4%,也就是说一个人96%的能力还未开发。赫赫有名的控制论奠基人维纳说:"可以完全有把握地说,每个人即使他是做出了辉煌成就的人,在他的一生中利用他自己的大脑潜能还不到百亿分之一。"由此可见,认识、了解"潜在我",是自我认识的重点之一,把个人潜能开发出来,也是职场新人的头等大事。

橱窗4是"背脊我"。如果自己是诚恳地、真心实意地征询他人的意见和看法,就不难了解"背脊我"。我们可以采取同自己的家人、朋友、同事等交流的方式,可以借助录音、录像设备,尽量开诚布公。要做到这一点,需要开阔的胸怀,确实能够正确对待,有则改之,无则加勉,否则,别人是不会说实话的。

对于橱窗2,我们可以采取撰写自传或"24小时日记"的方式来了解自我。撰写自传,可以了解我们自身成长的大致经历和自我计划情况等,而"24小时日记"是通过对我们一个工作日和一个非工作日经历的对比,可以了解一些侧面的信息。职场新人需要对此予以重视,尽管我们还年轻,不需要什么自传,但这也是了解自我的一种比较不错的途径。

五、心理测评法

心理测量是一种标准化、力求客观的测量手段,它的特点是能够在较短的时间内测出一个人的某方面特点,并且是在与某一群体的比较中得出的。通过测量,我们能够在短期内、在比较中获得对自己较为客观和准确的描述和评价。但值得注意的是,我们既要选择适合自己的、科学的心理测验,同时又要准确理解测验报告。

日常生活中,我们通常会通过对他人行为的观察来揣度他人的心理特质,但由于个人的思维、经验所限,往往只能就一两项行为表现进行观察,由此容易得出片面的结论。而心理测量特别是标准化测量,尽管也是间接测量,也是通过行为表现推测心理特质,但经过众多心理学家长期的研究积累,对心理特质所对应的行为表现,特别是标志性行为表现列举较为全面,由此得出的结论相对比较可信。例如,要判断某个人是否具有典型的外向性,我们就要观察其行为,但一般人通常能够列举的行为表现只有二三项,诸如好讲话、喜热闹等,而在心理测量中我们可以通过九项典型行为表现来进行判断:

(1)与他人相处精力充沛;
(2)喜欢成为注意的中心;
(3)行动之后思考;
(4)喜欢边想边说出声;
(5)随意地分享个人情况;
(6)说的多于听的;
(7)高度热情地社交;
(8)反应快,喜欢快节奏;
(9)人际交往重广度而不是深度。

显而易见,来自9个方面的信息要比2~3个方面的信息更为全面,这也正是心理测量科学性的体现。目前,已有不少高校及人才交流中心等机构提供了职业心理测评服务。

目前国内外比较常见的职业测验方法有以下四种:

1. 人格测验

最常用的人格测验方法有明尼苏达多项人格测验(MMPI)、卡特尔人格测验、艾森克人格问卷以及瑟斯顿人格测验等。

2. 智力测验

智力具有隐蔽性和抽象性的特点,很难直观地把握,因此有必要了解一些智力测验的方法,以便于我们开发与选择合适的智力测验工具,提高自我剖析的水平。目前较常用的智力测试有斯坦福—比纳智力量表、韦克斯勒智力量表和瑞文推理量表等,此外还有威斯曼人员分类测验(PCT),基本成就测验(FASO),高级人员测验(APT)等。

3. 能力测验

能力测验的内容较多,可分为文职人员能力与机械能力两种测验。文职人员是指工作地点在办公室而主要从事创造力要求较低工作的脑力劳动者,如出纳、秘书、干事等。这类人员的测试方法主要有：明尼苏达办事员测验、一般办事员测验、简短雇用测验等。机械能力测验包括感觉和动作能力、空间关系的知觉、学习机械事务的能力以及理解机械关系的能力等。测验的方法主要有贝内特理解测验、明尼苏达拼版测验等。

4. 职业倾向测验

职业能力的大小及其发展，与任职者对职业的倾向与兴趣有很大的关系。主要的测验手段有：爱丁堡职业倾向问卷、男性职业兴趣问卷表、库德职业偏好记录、明尼苏达职业兴趣问卷表等。

六、职业实践法

职业实践是指历时较长、较为系统的职场实地操作。零星的打工特别是与未来职业方向没有直接关联的活动，不属于职业实践范畴。职业实践，使大学生不仅对职场有深入细致的了解，而且可以对自我心理特质的评估结果进行验证，如一直以为自己的职业兴趣在于与人打交道，也许真正到职场却发现并非如此。还可以发现自己平时未曾意识到的心理特质，如惊喜地发现自己的机械操作能力很强，而平时未曾有机会使用这样的能力等。因此，职业实践可以说是大学生探索自我心理的最为直接的方法。

总之，对于择业期间的大学生来说，应当注意使用正确的自我评估方法。既要重视躬行自省又要广泛听取他人意见；既要重视心理测评结果的重要参考作用，又要避免对心理测评结果产生绝对依赖。不论采用何种方法，都要注意相互之间参照与综合，这样才有利于做出准确、全面的自我评价。

【思考与练习】

1. 什么是自我认知？
2. 简述自我认知的主要方法。

第四章 环境认知

> 【本章要点】
> 1. 明确环境认知的内容
> 2. 掌握环境认知的途径和方法

【案例】　　　　　　　职场新人的烦恼：职业路该怎么走？

李萱是刚参加工作的新人，现在从事一般临床护理工作，当初选择专业的时候，是父亲帮她做主的，并且告诉她，读这个专业可以出国做护士，如果不喜欢的话还可以在学校里转专业。在她大一可以转专业的时候，因为听老师说他们这一行出来找工作比较方便，并且自己也没有特别喜欢的专业，因此她就继续读了下来。在大三找工作的时候由于紧张自己找不到工作，所以并没有对所选医院考察清楚就贸然选择了一个大家都认为不错的医院。在工作了几个月以后，她发觉自己非常不适合做这一行，所以想转行。

李萱做个人职业测验，显示是艺术社会型。她是一个很不喜欢被束缚的人，现在临床护理的工作非常死板、教条。因此她迫不及待想要摆脱这个工作，可是却没有合适的方向。

案例分析：寻找适合自己的职业方向不是一蹴而就的事。小李遇到的职业发展问题说明她对工作世界的了解不够，对职业认知不多。职业认知是指个人对职业世界的认识与了解。在校大学生在就业前一定要了解职业与职位，只有提前熟悉了职业世界，才有可能寻找到适合自己的企业和职业。环境认知是生涯规划的重要前提之一，这是一个外部条件，但这个外部条件又是能够在很大程度上影响人们一生幸福感的重要条件。它既包括国内大的社会环境，又包括我们生活和工作过的城市环境和校园环境，除了硬性条件之外，还有我们生存的时代、制度、政策、人脉圈等软性条件。比如说，我们每个大学生所处的家庭环境不同；不同的大学其校园环境也不同；我们生活的不同城市也有不同的文化、传统和政治经济环境；我们所处的时代也有明显的时代特征；我们所处时代中的行业、企业和职业也在不断地发生变化等等。这些都是在我们进行自我规划之前必须了解的。

第一节　环境认知的内容

一、环境的内涵

什么是环境？国际环境教育界提出了新颖而科学的"环境定义"，共两层含义：人以外的一切即环境；每个人都是他人环境的组成部分。这一定义有利于公众理解环境问题与自己的联系,从而脚踏实地做一些力所能及的事情。同时,这一定义把人们日常生活的家庭、社会乃至自身也纳入了环境的范畴。换言之,所谓环境是指人们在时间、空间上赖以存在和发展的外在条件。

环境分自然环境和社会环境。自然环境是社会环境的基础,社会环境是自然环境的发展。自然环境是自然界变化发展的全部表现,社会环境是历史形成的社会发展的全部表现。自然环境主要包括大气环境、水环境、土壤环境、生态环境和地质环境;社会环境主要包括居住环境、生产环境、文化环境和交通环境及其他社会环境。

社会环境是人类在自然环境的基础上,为不断提高物质和精神生活水平,通过长期有计划、有目的地发展,逐步创造和建立起来的一种人工环境。社会环境的发展受到自然规律、经济规律和社会发展规律的支配和制约。它包括社会制度、社会体制、社会关系、社会思想文化、社会习俗、社会生产力水平等。

二、环境认知的内容

(一)社会环境认知

所谓社会环境,就是大学生应当对自己所处的社会政治环境、经济环境、法制环境、科技环境、文化环境等宏观因素进行分析,从而认清所选职业在社会大环境中的发展状况、技术含量、社会地位、未来发展趋势等。社会环境对我们职业生涯乃至人生发展都有着重大影响。通过对社会大环境包括国际、国内与所在地区三个层次的分析,来了解和认清国际、国内和自己所在地区的政治、经济、科技、文化、法制建设、政策要求及发展方向,以更好地寻求各种发展机会及道路。

从国家社会经济发展的总趋势来看,经济增长与产业结构升级为大学生选择职业提供了广阔的空间。作为一个拥有13亿人口的大国,其潜在的经济需求是极大的。更关键的是,通过三十年的改革开放,这些需求已经被成功启动,首先在大中城市,然后是沿海的小城市与农村地区,随之而来的将是广阔的中西部地区。中国同时具有农业社会向工业社会转型、工业社会向信息社会转型的特点,工业基础设施与信息基础设施的建设都是最为关键的经济发展平台。与此相适应,大量新兴职业不断涌现,如:"珠宝设计师"、"景观设计师"、"会展设计师"等。

社会环境对毕业生择业的影响作用是多方面的,有些是直接的、现实的,有些则是间接的、潜在的,有些是积极的、正面的,有些则是消极的、负面的。就业环境是一种社会存在。毕业生在择业前正确认识并分析自己所处的就业环境,寻找有利因素,避免不利因素,有助于帮助毕业生制定出符合社会实际的择业目标。人是社会性动物,生活于社会中的个体未免会受到社会环境的影响。影响大学生职业生涯规划的社会环境因素包含社会风尚、社会经济发展对人才的需求状态、就业情势、就业政策等。

国家经济的发展和科技的进步,定会导致社会职业结构的变化,新的职业会出现,还有一些职业会衰退,或是有些职业虽然存在,但其相关属性或内涵已经发生了变化。

是否能预测一种职业的发展趋势,是否能预测职业内涵的演化,对一种职业是否有深刻的认识,将关系到我们能否在把握社会环境变化的基础上,为自己人生的发展找到或创造适宜的职业平台,有效地规划职业生涯。

如果你希望抓住机遇,建立明确的职业目标,有效降低机会成本和降低选择的风险,那么深入地分析社会环境对职业选择的影响是必不可少的。分析的主要内容包括：

1. 社会发展趋势对于目前所从事的职业有何影响和需求？
2. 你选择的这个职业是不是社会越来越需要的职业？
3. 在此行业里，企业是否具有竞争力和发展机会？
4. 你如何让自己在选择的职业中保持核心竞争力？
5. 可能存在的风险有哪些？

（二）城市环境认知

城市是社会生产力发展的产物，是人类劳动分工的结果。城市是给你提供工作与生活的大环境。城市的产业结构、行业发展、生活便利、休闲设施等都可能影响你是否决定在这个城市工作与生活。国内有这么多城市，如何选择适合自己发展的城市呢？身在城市中大学的高校学子如何最大化地利用好这个城市呢？高考报志愿时，专业、学校、城市都在什么位置？专业是第一位的，城市第二，城市环境相同的情况下再比较学校。当然，这只是一种看法，城市为什么有时候比学校重要呢？因为，城市所能提供的资源往往要比学校多，但现在的情况却是，很多学生都生活在校园的小环境里，对于所在的城市除了游玩娱乐之外，却很少去利用城市的资源。其实，很多时候，如果你不满意现在所读的大学，那么你就要充分利用所在的城市，否则，你的视野与成长空间就非常小了。

一个城市会有什么资源呢？在回答这个问题前，需要你对所在的城市进行一个调研，以下是具体的问题：

城市资源调查表

项　目	调研结果
这个城市是	
这个城市的地理位置是	
这个城市名字的由来和含义	
这个城市还有什么有意思的地名	
这个城市有多少人口	
这个城市有多大面积	
这个城市地形地貌怎样	
这个城市的交通情况如何	
这个城市都有什么民族	
这个城市有哪些活动或民俗特色	
这个城市的生活质量如何	
这个城市的消费环境如何	
这个城市的休闲氛围怎样	
这个城市的居民素质怎样	
这个城市怎样看待外来人口	

续表

这个城市主要经济结构是	
这个城市有哪些王牌行业和企业	
这个城市的房价怎样	
这个城市都出了哪些名人	
这个城市有哪些风景名胜	
这个城市有哪些文化古迹	
这个城市有哪些标志性的建筑	
这个城市有哪些著名的小吃	
这个城市人均收入怎样	
这个城市有哪些问题	
国家、省市对这个城市有什么政策和支持	
这个城市现在的领导人是谁	
这个城市的城市定位和特色是什么	
这个城市最近几年的发展战略是什么	

现在你更加了解了所在的城市，那么如何使用这个城市的资源呢？个人可以在"衣食住行、生老病死、安居乐业"这十二个方面展开对一个城市的利用，当然，对于大学生来说主要是以下几个方面：

1. 学习新知识。你觉得学校的图书馆太小，学校老师讲的课不好，怎么办？那就利用这个城市吧，这个城市还有什么大学，别的大学有图书馆吧？城市有图书馆吗？别的大学有老师吧？这些你都利用了吗？

2. 了解社会与调研城市问题。多走出校园，与这个城市的人接触，在城市中学习，学习做事，学习与人打交道，在了解这个城市风格时自己也在了解这个复杂的社会。如果你对这个城市中的某些问题，如环保、乞讨人员等问题感兴趣，那就去调研，尤其是这个城市所特有的问题，这样就又加深了对社会的了解，同时也可以增加社会实践学分。

3. 参与社会实践与企业实习。实践与实习都是在城市中才能得以实现的，到这个城市里寻找一些实践实习机会，让自己早一些接触社会、接触工作，同时在实际锻炼中提升自己的能力与技能，也会积累一些经验，为毕业时的求职积淀经验和能力。

4. 认识更多不同的人。如果你大学毕业时仅仅认识学校里的一些同学、老师，那你的圈子就太小了。你可以尝试各个阶层的人，生活中各个层面的人都可以尝试与其交朋友，在积累人脉中提升人际交往能力。做保险的、开饭店的、开出租的、银行的、邮政的、房地产中介等等，每一个人其实就是一个职业，在与其交往中你就最大程度地了解了职业，同时也会在其个人相应领域为自己带来一定的便利——其实这些就是生活、这些人就是江湖。

5. 了解一些企业与行业。城市的产业结构、行业发展、王牌企业等这些信息你大可在大学里将其了解一番，因为行业、企业是你毕业时找工作的关键因素，因此，以社会实践的名义调研一些自己感兴趣的行业和企业是十分必要的，这很有可能为你下一步的实习或求职带来意想不到的收益。

6. 适应、融入城市并找到自己的位置。刚考入大学的新生们首先要适应所在的城市，尤其是适应城市所特有的文化、习俗，只有同样的文化认同才是"自己人"的前提。在大学里尝试着融入一个城市、尝试在城市找到自己的位置，让自己可以在城市得以生存与发展，这些可以说，都在为毕业后的选择城市做准备和积累经验。

这个城市你哪里没有去过？这个城市你哪里还想了解？调查过后哪些资源是你下一步要大力利用的？你对这个城市的生活感受有哪些？

建议在校大学生建立一个城市生活备忘录，将自己对这个城市的各方面各角度的感受、看法、建议、意见都写下来，日后一来可以给学弟学妹作为城市生活指南，二来可以作为自己毕业求职时选择城市的一个参考。

【实践与应用】　　　　我这样利用这个城市

	我会去哪里	我会怎么去	我还要准备什么
如果我去购物			
如果我去娱乐			
如果我要学习			
如果我去旅行			
如果我要工作			
如果我要了解历史			
如果我要打工			
如果我了解社会			
如果我要升学			
如果我去看病			

（三）生活环境认知

【案例】猫头鹰急促而忙碌地在树林里飞着。一旁的斑鸠好奇地问："老兄，你究竟在忙什么？"

猫头鹰气喘吁吁地回答："我在忙着搬家。"斑鸠疑惑不解地再问："这树林不是你的老家吗？你干吗还要再迁移搬家呢？"

此时，猫头鹰叹着气说："在这个树林里，我实在住不下去了，这里的人都讨厌我的叫声。"斑鸠带着同情的口气说："你唱歌的声音实在聒噪，令人不敢恭维，尤其在晚上更是扰人清梦，所以大家都把你当做讨厌的人物。其实，你只要把声音改变一下，或者在晚上闭上嘴巴不要唱歌，在这林子里，你还是可以住下来的。如果你不改变自己的叫声或夜晚唱歌的习惯，即使搬到另外一个地方，那里的人还是照样会讨厌你的。"

我们生活在小区和校园里，你是否有过这样的抱怨：这个小区的垃圾随意乱放，有的楼道被杂物堵住;觉得自己的学校不漂亮等等,总之,都是环境或别人对自己不好,所以就想借着换个环境来改变当前的境遇。

但是,你反省过自己没有呢?生活在小区和学校里,你为这些不满意做了什么努力呢?现在,我们就来了解我们所处的生活环境:校园和家庭。

1. 校园环境

在任何一个学校,平庸的大学生都是相似的,不平庸的大学生各有各的辉煌。特定的校园文化熏染出特定的群体个性,特定的群体个性中透露和折射出特定的大学精神。

校园文化是大学精神的载体,校园文化不仅包括物质文化,还包括制度文化和观念文化,而且制度文化和观念文化在某种程度上比物质文化(校园环境建设)更为重要。

校园文化环境由以下一些方面构成:同校园环境密切结合在一起的文化设施及文化意蕴,校园环境的优美、整洁程度,图书馆、阅览室、文化娱乐设施,宣传栏、阅报栏、科学馆、教学大楼以及学生宿舍的文明程度,它们内含的文化意蕴;学生的各种社团及其活动的文化品位等等。

校园文化环境对学生的影响是直接的、持续的、潜移默化的并且是非常重要、非常深远的。有没有上过正规的大学,度过正规的大学生活对于一个人特别是对一个青年有十分重要的作用,这里不仅仅是有没有坐在大学课堂里系统听过四年课的问题,而且还是有没有受过校园文化环境熏陶的问题。

对于大学生来说,利用好校园资源是关键。因为你要在这个校园里度过四年的大学生活,所以你越早熟悉它越好,以减少因为地形不熟悉而带来的陌生感。大一同学和寝室兄弟或同班同学拿上学校地图,拿出一周时间把学校转个遍,先从了解学校历史开始,接着按照学校的区域布局把教学楼、食堂、图书馆、家属区、吃喝玩乐的地方都了解一下,尤其是大家私底下吹捧的地方都要了解清楚,如什么伤心亭、公主楼都要做到烂熟于心。了解校园的历史与设施才能更好地融入校园文化,这同时也为自己下一步的校园生活带来便利,何乐而不为呢?

了解校园环境是熟悉校园的硬件,而明确校园资源就是熟悉校园的软件了,毕竟大学在于大师而不在于大楼。在这个阶段你了解学校的专业设置、学科强项、学科带头人、著名教授,这些你可以通过上校园网得知,至于本专业的牛人你可以直接问辅导员或专业课老师;还有就是你要去图书馆完整地看看,学校的藏书有多少,哪类书比较多,怎么借书,怎么在线浏览,怎么查阅资料,等等。

(1)校园资源

你对学校的资源有多少了解呢?别冥思苦想了,还是调研一下吧!

项　目	调研结果
学校在城市地图的哪里	
学校的邮编	
学校里有多少楼	
学校有几个大门	
学校有多少休闲设施	
校长办公室在哪里	
辅导员办公室在哪里	
就业指导中心在哪里	
教务处在哪里	
勤工俭学中心在哪里	
学校附近的银行有多少	
学校附近的邮局在哪里	
学校附近的商场在哪里	
学校附近的书店在哪里	
学校附近有什么公交车站	
学校的消防设施在哪里	
学校的校车在哪里(时间)	
学校固定的活动有哪些	
学校的节日有哪些	
学校的网站(互联网)是多少	
学校的电话总机是多少	
学校的特色是是什么	
学校有多少学生	
学校有多少老师	
教我的有多少老师	
学校的环境有问题吗	
学校的活动有问题吗	
学校的治安有问题吗	
学校的老师有问题吗	
学校的学生有问题吗	

(2)寝室

寝室几个兄弟、姐妹往往要生活四年,因此与其建立良好的关系是很重要的。

寝室关系往往分为几个阶段:第一个阶段,大家有事一起上,互帮互助,往往在刚加入小集体的头一个月;第二个阶段,大寝室分成小圈子,根据爱好、性格等因素迅速形成小群体,此时全寝室的大活动还是可以搞起来的;第三个阶段,形成好朋友与一般朋友的区别,两两相好的情况多一点,此时的待遇就有所区别了;第四个阶段,形成朋友与"敌人",因为性格、文化等不敢苟同的寝室间就有了对立,谁看谁不顺眼,谁再也不理谁。

中国特有的文化决定了三个人就不能决定一起吃饭的时间,四个人就会形成小团体,但是,寝室之间还是要尽量避免"敌对"的,其实,大家也没有什么"深仇大恨",就是因为一些鸡毛蒜皮的琐事而导致的对立,倘若对立四年就更不值得了,因为,同寝室友是最容易形成一生好友的。

这里给同学们一个参考:自己的事情自己做,别人的事情帮着做,大家的事情一起做。如果你领会了这个道理,那寝室关系一定都会很好的。

(3)班级

一些新生在大一上学期往往与同一城市的高中同学保持密切联系,其实这也是正常的,但是不能忽略了与大学同学建立关系的机会。

毕竟在一个新环境下你要生活四年,多和大学同学交流,一起去上课、吃饭、游玩等都是可以的。大学同学一个班级几十人,建议你尽量与每一个同学都要有一定的接触,然后再决定与谁建立更好的关系,否则,有些同学你一次交道也没打就妄下结论是很容易失去可能的好朋友的。

多参加集体活动,多与同学们交流,避免始终在小圈子中生活。因为大学同学也是一笔非常宝贵的"人脉"财富,其实,很多时候,很多同学当你与他毕业分别后,就一生难见了。

(4)院系

本院系的同学也好认识,因为有公共课、院系活动大家接触的机会多一些,尤其你要是在学生会,会结识很多本院系的同学;其实这些人也很好交往,毕竟大家都是初来乍到,都希望多认识些朋友,所以本院系的同学你一定要多认识些,这些人说不定哪天会成为你的贵人呢!

你还要结识其他院系的同学和师兄师姐,以便进一步拓展你的关系,可以通过听学校的公开讲座,去听不同年级的专业课,参加社团,参加校学生会,去校园网bbs,这些都是比较好的结识关系的渠道。

在结识陌生人时要有一颗认真请教的心,因为校友毕竟会在一定程度上告诉你本校怎么样、城市怎么样、大学怎么过等问题,会让你更了解大学、更快地适应大学、抱着请教的心去结识更多的校友,你也会在交流中少走很多弯路的,同时也拓展了你的关系网。在结识校友时要注意的一点是尽量找和自己兴趣相同的人,这样你就找到了志同道合的朋友,为日后的学习活动奠定了很好的基础。

(5)老师

老师和图书馆是你的最大校园资源,所以要多和专业课的授课老师以及你喜欢专业的老师建立联系,争取找到一位导师。

多上老师的课,在课堂上多发言,多学习研究专业课程,争取和老师在学术上有交流是认识老师的最好途径,尤其是尊重老师的劳动,上课要认真听讲,课后多多复习。

结识老师的渠道可以通过校园bbs,或者辅导员,抑或是在课堂上直接向老师要联系方式,在有了老师的联系方式后,要建立一份导师交流日志,定期给老师汇报成长点滴,尤其是在老师指导与影响下的进步。老师可能不给你回复,但你要定期地汇报,使老师看你的邮件成为一种习惯,这样是很有可能找到你的导师的!

(6)社团

社团是校园里又一个活跃的群落,而且是最自由的群落,每年的社团招新更是层出不穷。学校里更多的活跃和实际的活动基本上都是由社团来承办的,但社团因为要受制于团委并较少得到校方支持,所以社团的生存和发展也是很艰难的,但这不能阻碍社团的活动和热情。

在开学伊始,学校各大社团都会招新,尤其针对大一新生。很多新生都会加入 n 个社团,但往往在社团活动时,并没有真正参与其中,失去了加入社团锻炼自己的意义,甚而在社团宣讲会上就决定退出了。

建议大一、大二学生在详细考察学校社团后,尤其要注意学长的意见,再选择三个以下自己感兴趣的社团加入,太多了是无暇参与活动的,而且会占用更多的学习时间。

一旦确定加入社团后,就要积极地参与社团的活动,在确定某部门后要努力地为部门工作,虽然社团是松散的群体,但在和共同志趣的同学一起筹划举办更多的校园活动时,你本身也是进步成长的。切忌三分钟热度,那你是什么也学不到的!

【实践与应用】　　　　　校园生活地图

一个大学生要在大学里生活四年,甚至更久,如果你想给自己留下点回忆,或者给学弟学妹留下点礼物,那么建议你制作一个自己学校的生活地图。

校园生活地图,大多是根据你自己的体验和感受所撰写的,内容可以包罗万象,衣食住行、学习、实践、游玩等各个方面都可以,关键是有你自己的感受和评价、忠告,以使其在不大的校园里获得更多的收益。

快去找你们学校的地图吧!

2.家庭环境

家庭环境包括物质和精神环境,家庭环境会对我们的职业生涯规划也会产生一定的影响。物质环境的优劣和父母的地位直接影响到大学生未来的职业之路是否顺畅,因此,大学生在进行职业选择时应当考虑自己的家庭经济条件(即是否需要自己的收入来支持家庭)、父母对自己职业选择的影响(如父母和自己的职业选择意见相悖)等等;此外,大学生还应当从更深层次认识家庭精神环境对自己职业选择的影响。有研究显示,在子女通过职业独自进入社会之前,父母作为子女的抚养者和主要交往对象,其个人特质、教育方式等诸多因素直接或间接地影响着子女对职业的认知、情感和行为。研究表明,父母对青少年和年轻成人在职业方面所提供的支持,会对他们的职业发展产生积极的影响,对增强其职业自我效能有着积极的作用。亲子依恋与职业决策自我效能的研究发现,大学生对父母所形成的依恋类型,会影响到他们在校的一些适应性行为。安全型依恋的个体往往会更主动地对周围环境加以探索,而职业决策过程的一个重要方面就是是否愿意对职业世界加以探索,而自我效能有助于这种职业探索行为的进行。因此,安全依恋型的大学生在进行职业决策时往往有着更高的职业自我效能,在进行职业决策时显得更为积极、主动。

第二节　环境认知的途径

一、查阅文献

将个人希望了解的职业方向(或职业群)，通过网络、书籍、期刊及有关声像资料，进行初步查阅；选定各种典型职业，进一步对其入门所需的基本条件如学历、资格证书、身体条件等进行查阅；通过查阅使自己对做好职业工作所需要的知识、技能、生理条件及个性特征有一个初步的认识，对该职业的生存环境、发展前途以及个人循此发展可能取得的职业成就等形成初步印象。

二、向学长和老师咨询

学长和老师是我们认知环境的重要途径。因为，不论是校园环境还是城市环境，不论是专业背景还是职业要求，学长和老师都可以为我们提供更加详细准确的信息。这有助于我们认知环境。

三、借助媒体

现代社会，媒体无所不能，信息非常丰富。从媒体上，我们可以了解国际国内政治经济形势，了解某一领域或区域的经济发展状况和政策，了解各行各业的发展动态，了解某个企业甚至产品的市场情况，所以充分利用媒体去初步了解相关信息是十分重要的。

四、见习和实习

当代大学生缺乏社会实践，对社会的认识不多，所以必须鼓励大学生尽量多地参加社会实践活动，尤其是与专业或就业有关的见习或实习。在见习或实习中，大学生们不仅可以了解社会，更可以检验自己所有专业知识与现实工作的吻合度，可以发现自己所学知识与现实工作之间的差距。在实习或见习过程中，还可以巩固所学的知识，并且可以提升大学生们的职业技能。在见习或实习中，可以增加自己对环境的认知程度。因此，见习和实习是我们认知自我和认知环境的重要途径。

五、职业体验

大学生职业体验是通过短期实习、参观和见习活动来认知环境的有效方式。通过职业体验能使大学生对企业的运行模式和企业文化有更多直观的认识，同时对企业对人才成长素质的要求有更深的感受。

(一)职业体验的意义

1.通过对职业的亲自体验，让学生了解目标行业的发展现状和前景，明确自己的发展目标，为自己的人生规划提供科学依据。

2.职业体验，帮助学生更好地将理论与实践相结合，强化专业知识学习，提高专业素养。

3.为学生创造提前与用人单位接触的机会，有利于用人单位和学生的相互熟悉，加深了解，增强学生就业能力。

(二)大学生职业体验活动的流程

1.确认准备体验的工作岗位。

2. 查找体验单位的信息。
3. 联系体验单位。
4. 确定体验时间。
5. 体验过程(记住要拍工作照)。
6. 撰写体验报告。

(三)职业体验报告内容
1. 体验单位的名称及详细的体验时间、地点,体验目的;
2. 具体体验过程及描述;
3. 专题报告结论、建议、心得体会,或是你在此次实践中感到不足的部分;
4. 体验活动的相关证明材料。

六、生涯人物访谈

(一)定义

生涯人物访谈,是通过与一定数量的职场人士(通常是自己感兴趣的职业从业者)会谈而获取关于一个行业、职业和单位"内部"信息的一种职业探索活动。

(二)意义

生涯人物访谈,作为一种获取职业信息的有效渠道,能帮助求职者(尤其是在校大学生)检验和印证以前通过其他渠道获得的信息,并了解与未来工作有关的特殊问题或需要,如潜在的入职标准、核心素质要求、晋升路径和工作者的内心感受,这些信息也是通过大众传媒和一般出版物得不到的。通过生涯人物访谈,在校大学生还能正确认识自己的优势和不足,从而制定更加合理的大学学习、生活和实习计划。

(三)操作流程

1. 了解自己

通过前面学习过的自我认知的方法并借助一定的工具分析自己的兴趣、技能和工作价值观。注意:可以使用各种测评工具或软件,但不能迷信。

2. 寻找生涯人物

结合自己的兴趣、技能、工作价值观、教育背景和已掌握的职业知识,列出未来可能从事的3~5个职业,然后在每个职业领域寻找三位以上的在职人士作为生涯人物。生涯人物可以是自己的亲人、老师和朋友,也可以是他们推荐的其他人,而更多的可能是借助行业协会、大型同学录或某个具体组织的网页来寻找到的职场人士。

注意:

①生涯人物的职业应是自己向往的,但不应将生涯人物访谈当成获得与雇主面试的机会;每个职业领域的生涯人物应结构合理,既有初入职场的人士,也有工作了一定年限的中高层人士。②正式访谈前,对生涯人物的信息掌握得越全面越好,姓名、职务和联系方式是必须的,对于可以在生涯人物的讲话、文章或者大众传媒和单位网页上获得的信息要尽可能的收集和熟悉。③结合目标职业信息设计访谈问题。

访谈性质——针对就业

问题1:您是如何找到这份工作的?

问题2:目前,行业内要求从事这份工作的人应该具备什么样的教育和培训背景?

问题3：您认为做好这份工作应该具备哪些知识、技能和经验？
问题4：您认为什么样的个人品质、性格和能力对做好这份工作来讲是重要的？
问题5：这项工作需要的个人品质、性格和能力同别的工作要求的有什么不同吗？
问题6：行业内，单位对刚进入该领域工作的员工一般会提供哪些培训？
问题7：在行业内，先从什么样的工作岗位做起，能学到最多的知识，最有益于发展？
问题8：据您所知，从事这种工作的人在单位或者行业内发展的前景怎样？
问题9：最近这个行业和工作因为科技进步、经济的全球化发生变化了吗？
问题10：您如何看待该单位的组织文化和该领域的工作方式在将来的变化趋势？
问题11：男女工作者在这份工作上机会均等吗？
问题12：平常，在工作方面，您每天都做些什么？
问题13：您在做这份工作时，什么是最成功的，什么最有挑战性？
问题14：就您的工作而言，您最喜欢什么？最不喜欢什么？
问题15：从事这份工作实现了您的人生价值吗？家庭对您现在的工作满意吗？
问题16：在您的工作领域里初级职位和略高级别职位的薪水一般是什么水平？
问题17：据您所知，有什么职业杂志、行业网站或其他渠道能帮助我深入了解这个领域？
问题18：您的熟人中有谁能够成为我下次采访的对象吗？可以说是您介绍的吗？

访谈性质——针对考研

问题1：您是通过保研还是考研来读研的？这里考研的录取比例怎样？
问题2：这个专业保研的途径有几种，本校和外校分别要什么条件，各有什么程序？
问题3：这个专业考研考哪些课程？录取分数一般是多少？面试是怎样进行的？
问题4：准备这个专业的考研时，应重点复习哪些知识，答题时要注意什么？
问题5：在考研的同学里，有公费名额吗？一般有多少？
问题6：这个专业在全国和这个学校是什么地位？毕业生一般从事哪些工作？
问题7：目前这个专业的毕业生初次就业时，单位给的待遇怎么样？
问题8：目前在这个专业里有一定工作年限的毕业生的收入一般是什么水平？
问题9：据您所知，这个专业有博士点吗？有哪些知名的学者招研究生？
问题10：这些学者在研的课题项目是什么？
问题11：哪些老板（导师）的研究生出成果多？
问题12：哪些老板（导师）对学生很关心？
问题13：您对现在的研究生生活满意吗？每天都做些什么？
问题14：您这个专业要什么条件才能毕业？
问题15：在您这个专业学习，需要在大学期间学好哪些课程？

注意：①以上问题仅供参考，各人提的问题要根据自己的具体情况进行设计，通过生涯人物访谈，是要从生涯人物那里获得对自己有用的信息。②设计的问题可以封闭式为主，既节约时间，又能得到需要的答案。③问题设计得要尽量口语化、易懂。

3. 预约生涯人物

预约方式有电话、QQ、电子邮件和普通信件等，其中电话最好。预约时首先介绍自己，然后说明找到他的途径、自己的采访目的、感兴趣的工作类型以及进行采访所需要的时间（通常20到30分钟）。如果生涯人物能和自己见面，就感谢他能够接受采访并确认采访的日期、时间和地点；如果生涯人物不能和自己见面，就问他能否给出五分钟的时间进行电话采访；如果还是不行，就表示遗憾，并请求推荐一位与他所从事工作相似的人，如果得到了被推荐人的名字，就表示感激。

注意：①联系前的准备要充分，电话联系时还应备好纸和笔，以备临时电话采访。②联系时一定要有礼貌，时间要短。

4. 采访生涯人物

采访方式可以是面谈、电话访谈、QQ访谈，最好是面谈。面谈前，采访者一般可以用已经从其他渠道了解的生涯人物的好消息轻松打开话题。之后就可以按设计好的问题开始访谈了。遇到生涯人物谈兴正浓时，采访者要乐于倾听，给生涯人物留出提供其他信息的机会。在访谈结束时，请生涯人物再给自己推荐其他相关的生涯人物。这样就可以以滚雪球的方式拓展自己的职业认知领域。

注意：①采访前为自己准备个"30秒的广告"，因为在访谈过程中生涯人物可能会问采访者的职业兴趣和求职意向。②面谈前，应征求生涯人物的意见，视情况对谈话进行录音、或书面记录、或不记录。③面谈一定要守时、简洁，不浪费他人时间。④结束时，可以向生涯人物赠送小礼物和一些关于学校和自己所学专业的宣传材料。⑤访谈结束后，对于不允许访谈现场记录的内容应迅速补记。⑥采访结束后一天之内，要通过合适的方式表示感谢。

5. 用职业信息加工的观点来分析

在一个职业领域采访三个以上的生涯人物后，就可以对照之前自己对该职业的认识进行比较，找出主观认识与现实之间的偏差，确定自己是否适合这一行业、职业和工作环境，是否具备所需能力、知识与品质，进而详细制定大学期间的自我培养计划。如果访谈结果与自己之前的认识出现严重脱节，就有必要进入另一个职业领域开展新一轮生涯人物访谈了！

附：生涯人物访谈问答集锦

①我不知道自己能干什么，毕业后要去干什么？现在特别迷茫，怎么办？

答：请您去做生涯人物访谈，让那些生涯人物教您怎么办。

②我计划上研究生，有必要开展生涯人物访谈吗？

答：有必要。在选择城市、学校、专业和导师时，在复习内容和方法上，如果不从相关有经验的老师和研究生了解详细信息是很被动的。相关老师和研究生就是您的生涯人物。

③如何让生涯人物心甘情愿地接受采访？

答：这里需要借鉴新闻采访的经验。首先尽量在校友或老乡中确定生涯人物；其次要对生涯人物的基本信息有一个了解，越多越好，都可能成为访谈中的话题；再次您还应该在采访开始时给生涯人物一些正面评价，并表示除了他之外，您再也找不到更合适的人了，让其无路可退，还心甘情愿。

④如果对方还是不愿意接受采访呢？

答：可以表示自己的迫切愿望，也可以跟他另约时间，实在不行就请他推荐别人。

⑤如何让生涯人物说真话？

答：第一要尽量面谈；第二要选择采访场地，公众场合是不能让人放松的，当然选择过于隐密的地方也要注意安全（提醒：出行前要将您的行程告知家人、朋友！），尤其是女生；第三要适当地说一些自己的情况，以博得对方的信任；第四要告知生涯人物，您的采访是匿名的，不会在任何场合公开。

⑥进行采访时有什么礼仪?

答:第一,言语要礼貌;第二,服装要得体,整洁是必须的,还要考虑被采访人的身份和采访场地,做到得体;第三,手机当着被采访人的面关闭或调成静音。

7. 如何问生涯人物的薪资待遇等隐私性的问题?

答:这不完全是隐私。一般可以采用半封闭式的方法提问,如您收入在2000~3000元/月?3000以上?另外,就是可以绕开生涯人物问这个行业、这种岗位的平均收入水平。

8. 生涯人物应该是成功的吗?采访中高层的人士更好吗?

答:成功的定义有很多种,当然生涯人物应该是您自己比较认可的。在您采访的生涯人物中一定要有初入职场的人,不要好高骛远。

9. 为什么采访的生涯人物必须是三个以上?

答:因为人数太少,其阅历和观点难免片面,难以让您收集到真实的职业信息,实践证明三个已经是最低要求。

10. 这种生涯人物访谈我自己就可以做,为什么要参加这次活动?

答:这次活动是学校有关部门为加强就业指导工作开展的一次探索性活动,您参加这次活动,我们项目组会给您提供相应资料以及集体培训和个体咨询服务,使您的访谈更有成效。

【思考与练习】

1. 简述环境认知的内容。
2. 简述环境认知的途径有哪些。

第五章 职业决策

【本章要点】

1. 职业决策的内涵和方法
2. 大学生如何确立自己的职业生涯目标

俗话说:人有三怕。一是事业关→一怕入错行;二是婚姻关→二怕娶错妻嫁错郎;三是健康关→三怕家里变药房。将"怕入错行"放在第一位,正是说明了入什么行——职业发展决策的重要性。

职业生涯发展是一个漫长而曲折的过程,在此过程中人们常常会面临无数次的职业选择,尤其在选择人生中第一份职业或重新定位自己的职业方向等生涯发展的关键时刻,所做出的职业决策正确与否将决定人们今后职业发展的方向,并影响获得生涯成功的可能性。当我们面临职业生涯中每一次抉择时,如果拥有成熟的职业决策态度、较强的职业决策能力,并采取适当的职业决策方法,就有可能形成清晰的职业发展目标,进行科学有效的职业生涯规划。大学生做出明智的职业选择与决策,有助于在就业过程中获得与自身特点、自己的需要更匹配的工作,进入与自身价值观更为符合的组织,对职业的满意度就会更高。本章将对大学生职业决策的相关问题进行分析和阐述。

第一节 职业决策概述

大学生在职业选择的过程中,总是伴随着不停的职业决策,职业决策是职业选择过程的中心环节。如何使自己的职业选择做到学以致用、扬长避短,如何实现职业选择的最低目标与较高目标的结合,需要大学生做出正确的职业决策。

一、职业决策的内涵

(一)什么是决策

决策,中文的词义为"决定的策略或办法"。一般来说,决策是为了达到一定目标,采用一定的科学方法和手段,在若干种可供选择的方案中选定一个最优方案的分析判断过程。对决策的概念可以从以下两个角度理解:一是广义的理解,把决策看作是一个包括提出问题、确立目标、设计和选择方案的过程;二是中义的理解,把决策看作是从几种备选的行动方案中做出最终抉择,是决策者的拍板定案;三是狭义的理解,认为决策是对不确定条件下发生的偶发事件所做的处理决定。这类事件既无先例,又没有可遵循的规律,做出选择要冒一定的风险。也就是说,只有冒一定的风险的选择才是决策。

人一生中的任何决策都是承前启后的。决策能力的高级发展是将人和其他所有形式的生命区别开来的一个重要标志,也是作为人的完整心智模式的一个重要体现。生命追求自由,追求自由意味着承担责任,为此我们必须成为良好的问题发现者和问题解决者,拥有高度发达的决策能力。这有时是非常困难的,因而人们可能会放弃自由,依赖他人或社会做决策,从而阻碍了我们的成长并限制了心智发展。"我们的决定,决定了我们",这是存在主义大师萨特的名言。说明我们每个人当初的决定,决定了未来的我们,决定了自己的一切。

(二)职业决策的含义

职业生涯是生命过程中的重心,职业决策是人生决策中极其重要的决策,也是一个有着较大难度的过程。职业决策是职业生涯规划中的重要组成部分,是指个人在多项选择之间权衡利弊,以达成最大价值的过程。职业决策制订的可行性与否,直接决定着职业生涯规划是否能够实现。

1. 职业决策是自我决策的过程。职业生涯规划的历史发展已经从职业指导走向了生涯辅导,职业规划师的角色也已经从权威者走向了陪伴者,"助人自助"已成为职业生涯教育的基本理念。"我不能替你决定,你必须自己来",对职业规划师来讲,不是一种推托,不是不负责任,不是害怕承担决定错误的后果,而是对个性的尊重、人文的关怀,是助其成为自助者的基本方式。人们常常希望实现最理想的职业发展目标,这就需要认真地对自己进行完全剖析,知道自己希望得到什么,这一生自己应该获得什么,就需要自己认真进行职业决策了。而这些只有自己最清楚,也只有自己最了解自己,并制订出最适合自己的职业决策。

2. 职业决策是手段而不是目的。职业决策既是职业生涯规划中的一个重要阶段,也是一个重要策略,其本身并不是职业生涯规划的最终目标,而是通过对职业决策的理解和把握,使其成为职业生涯发展的"问题解决者",规划的目的也不只是帮助其找到一个职业或生涯方向,而是希望通过手段与方法的学习,能使其在人生职业旅途中,克服难题,自信地步入职业生涯发展之路。

3. 职业决策与前面谈到的职业选择是有区别的。职业选择主要是指人们主观意愿上愿意做出的选择,主要根据自己的兴趣爱好所在(即喜欢什么,想要什么),而不是性格是否匹配(即擅长什么)或者能力是否能达到(即能做什么),这个选择不一定是最后的决定。而职业决策则是综合多方面因素在最终做出的决定,往往会对人的职业生涯造成重大的影响。大学生在职业生涯发展过程中会面临许多抉择的情境,需要在多个选择之间进行衡量,以实现价值最大化的过程。

(三)职业生涯决策的作用

若把人的生命比喻为100厘米长的红线,其中工作要占将近一半。可见工作的选择即将来职业的选择有多么重要,它的选择将会影响你的半生甚至是一生,选择正确,可能人生将来一帆风顺,充满阳光;选择错误,则可能弯路连连,损失多多。生活的现实也表明,大多选错职业的人都无法取得最终成功。

舒伯认为,人的职业性的发展,也就是人们的"自我"意识的建立和发展的过程。人的职业决策能力和对职业的认识是不断发展变化的,是一个不断成长、成熟的过程,人们在职业发展的不同阶段具有不同的决策任务,职业决策过程也呈现不同的特点。从年龄上看,大学生们大多处于18~25岁之间;从职业需求上看,大部分高校毕业生就业前还没有确立自己的第一份职业,对职业有较强的需求,同时对于自己的兴趣、个性、能力特长已经有了较为成熟的理解,希望根据自己的特点和期望,从事合适的职业。所以,从整体来看,大学生们正处在对职业的探索阶段,而职业决策为正在探索职业道路的同学们提供了目标和方法。

具体地说,职业决策对大学生而言,具有三方面的作用:

1. 在探索中确定自己的职业取向

通过职业决策过程,大学生对于自己的兴趣、个性、能力特长和喜欢从事的职业都会有一定的了解,希望根据自己的特点和期望从事不同的工作,并会进行试探性的职业选择,在探索中逐步选定合适的职业。

2. 根据个体特点完成不同的决策任务

同学们的职业发展探索阶段可分为三个不同的时期:尝试期、过渡期、实验和初步承诺期,在不同的时期,大家要根据自己的特点完成相应的职业决策任务。

尝试期:通过幻想、讨论等方式进行择业的尝试性选择。这一时期的主要任务是明确职业偏好。

过渡期:个人已经进入人才市场或专门培训机构。这一时期的职业发展决策任务是明确一种职业取向。

实验和初步承诺期:这一时期个人已经发现了一个大体合适的职业。这一时期的任务是实现一种职业倾向和了解更多机会。

3. 解决职业规划道路上存在的问题

同学们在职业决策过程中,会有很多独立实践和思考的机会,同时也会有更多与老师、同学交流的机会,这对解决大家职业规划过程中存在的问题是很有帮助的。

(1)避免自身利益和现实需要的冲突

一些同学在选择就业单位时,对工资待遇、行业发展前景等过分在意,一定程度上忽视了社会的需求;还有一些同学毕业时没有过硬的知识技能,缺乏实践经验和吃苦耐劳精神,个人能力和社会需求有差距。由于没有平衡自身利益与现实需要的冲突,在实际工作中,他们难免会遇到困难和挫折。通过职业决策,同学们能够更加清楚地认识自己和现实的情况,避免产生自身利益和现实的冲突。

(2)获得充分的职业信息

一些大学生在选择就业单位及职业时,往往只能凭关于少数有限的信息,如工资待遇、地理位置、单位的规模和知名度等做出选择,而对企业发展战略、文化、运行管理等内在信息缺乏了解,这样容易引起供求双方的需求错位,导致人力资本的浪费和招聘企业用人成本的提高,同时也不能满足同学实现自身价值的需求。而通过职业决策过程,同学们能够更加充分和全面地把握职业信息。

(3)避免人职不匹配倾向

很多大学生选择职业时十分注重提升个人能力,但他们没有把个人特质同社会的需要、职业的需求很好的进行匹配,找到个人、社会的结合点。就拿企业和大学生对"如何解决就业难"这个问题上的看法来说,在企业人士看来,最主要的是"学生的就业心态",而"提高学生的职业素质"、"提高学生的技能"是其次;而在学生看来,"提高技能"及"提高职业素质"是最主要的,"理性就业心态"反而次要。所以,大家需要通过职业决策来尽量提高人职匹配水平。

二、职业决策的策略和原则

大学生对自己未来职业进行决策时,需要把握一些基本的策略和原则,依靠这些可以快速地划分出适合自己的选择范围,从而使职业生涯目标渐渐清晰起来。

(一)职业决策的策略

职业生涯策略是为实现生涯目标而展开行动的计划和所作的准备。进行职业决策时可以采用以下三种基本策略:

1. 探索性策略

该策略意在说明进行职业决策不一定要一锤定音或从一而终,可以根据新情况适时调整,慎重选择。

2. 重点把握策略

利用该策略时,要清楚地知道自己的长处是什么,短处是什么,同时比照职业提出的各种要求,最大限度地发挥自己的专长。

3. 稳定性策略

稳定性策略即"稳中求升",进行职业决策时先考虑成功的可能性和职业的稳定性。

(二)职业决策的原则

在进行职业决策时,首先要遵循一些原则:

1. 客观原则

(1)个人素质条件状况

要把个人的职业意愿和自身素质相联系,评价个人职业意愿的可行性。

(2)社会需求的可能性

①我国经济结构正在大调整,虽然一些新兴产业在发展,但需要人员的数量有限。

②我国的体制改革在促进经济效益增加的同时,也使大批富余人员下岗分流。

③我国人口众多,近年进入就业年龄的新成长劳动力每年增加几百万人,但社会职业岗位数量需求下降,就业压力巨大。

当一个人原来的就业意愿暂时不能得到满足时,要根据社会需要做出新的选择。

(3)基于现实的因素

①有时可以根据社会需要做出新的选择,走另一条职业道路。

②当不具备选择"理想职业"的条件时,可以选择一种与自己的"理想职业"相接近的职业,继续接受教育培训,积累就业条件。

③先到社会上容易就业的职业岗位上去工作,再根据自己在这一职业的工作情况,决定是否进行职业流动。

2. 比较原则

(1)个人和岗位相互比较

在职业决策时,要看岗位对人的要求和人对岗位的适应能力是否协调一致。

(2)几个职业间的比较

在职业选择初期，同学们的职业兴趣往往比较广泛，不是局限于某个职业，而社会提供的职业岗位也不会局限在一两种职业上。大家就要从几个可以从事的职业中选取适合于自己的职业。

3. 主次原则

大家在进行职业决策时，要抓住主要的、现实的、合理的条件，抛弃次要的、幻想的、过分要求的因素。死抱着一些次要的、不切实际的条件不放，非面面俱到不可，那只能丧失很多就业机会而难于实现就业，甚至错过真正的好职业。

三、大学生职业决策的类型

一个人的职业决策会受到各方面因素的影响，而个人的决策类型作为一种主观因素，对职业决策的结果影响很大。有着不同决策风格的人，就算在客观条件相同的情况下，也会作出不同的判断和决定。所以，了解我们自己的职业决策类型是很有必要的。按照决策者对职业、对自身的了解水平和决策者在决策时的价值追求，职业生涯与发展决策大致可以分为以下八种类型：

1. 挣扎型。有些人会花很多的时间和精力来收集信息，确认有哪些选择，向专家询问，反复比较，却迟迟难以做出决定，在各种选择中不能自拔，前怕狼后怕虎。他们常爱说的一句话是"我就是拿不定主意"，出现这种情况的时候，收集再多的信息进行分析比较也无济于事。需要弄清的是他们被一些什么样的情绪和非理性观念困住，比如害怕自己做出错误的决定、追求完美等。

2. 冲动型。与"痛苦挣扎型"相符，有的人遇到第一个选择就紧紧抓住不放，既没有对未来进行思考和分析，也没有经过策划和准备。他们的想法是："先决定，以后再考虑"。比如，先找到一份工作做了再说。冲动的决策方式可能是出于对困难的回避，不愿意花时间精力去探索。这种方式的危险在于风险太大，等看到有更好的选择时自然追悔莫及。

3. 直觉型。有一些人将自己的直觉感受作为决策的基础。他们通常说不出什么理由，跟着感觉走，只是"觉得这个好"，有时感觉像是在盲人摸象。人们在择友的时候常常采取这样的方式。直觉在人们对环境情况无法获得充分信息的时候会比较有效，但它有可能不符合事实，有时候，我们的判断可能会因为自身先入为主的偏见而产生较大的误差。因此，最好不要仅仅将直觉作为决策的依据。

4. 拖延型。这些人习惯将对问题的思考和行动都往后推，他们会想：事情总会解决的，现在不用太着急，船到桥头自然直、车到山前必有路，"过两天再说"是他们的口头禅。拖延型的人心中往往会抱有这样的希望：也许事情过两天就自动解决了。然而，问题并不会自动解决，有时候甚至会越拖越严重，往往会失去解决问题的最佳时机。

5. 顺从型。这样的人倾向于顺从别人的计划而不是独立地作出决定。典型的表现为：依附于组织或他人，让组织或他人为自己作决定，按照别人的思路发展自己。比如很多大学生一窝蜂似的争取出国、考公务员、考研等等，只是因为"大家都这样做"。从众的人固然在追随群体的过程中获得了一种虚假的安全感，但却忽略了自身的独特性，这造成他们的选择在很大程度上并不适合自己，从而影响了自身的发展，也牺牲了对人生可能有的成就感。

6. 宿命型。有些人不明确自己最喜欢的，但否定自己最不喜欢的，觉得一切都由命运所掌握，跟随社会的发展就可以了，他们会说"该怎么的就怎么的"之类的话。当一个人将自己生活的主导权交给外界环境的时候,可以预见,这个人是很容易觉得无力和无助的,因此也很容易成为环境的受害者,成功时会觉得是运气好,失败时就会觉得是命中注定。

7. 瘫痪型。有时候,个体可能在理性上接受了应当自己作决定的观念,却无法开始决策过程。他们也能够意识到自己应该开始了,但是内心深处对即将开始的事情却总是充满着恐惧。他们无法或者不愿意作出决策并承担相应的后果。这种类型的人往往是因为在其长期受教育的过程中接受不当教育的方式所致。

8. 信息型。采取信息型职业生涯与发展决策的个体往往非常重视对环境因素的收集、分析,对自身个体的条件也会有客观的评价和分析,从而在决策时能够综合全面地考虑影响决策的各方面因素,作出较为科学合理的决策,并能对决策所产生的结果有着清晰的预判,从而对自身职业生涯的发展起到积极的作用。

以上八种职业生涯与发展决策的类型,根据情境和产生的结果的不同,往往会对个体职业生涯的发展产生不同的作用。一个人的职业决策类型没有孰好孰坏之分,这只是一个人的行事风格而已。但是,就结果来说,不同类型的人收到决策效果差异就很大。比如一个拖延型的同学在盲目等待的同时,另一位控制型的同学可能就已经在积极准备、主动出击了。所以,大家在作出职业决策时,要学会克服自身性格条件带来的不利影响,学会理性思维,作出慎思、明辨、笃行的决定。决策,不仅仅是一种个人风格,更是需要培养的能力。

四、大学生职业决策的方法

(一)CASVE 循环

职业生涯决策是一种问题解决活动。你对有关职业问题的解答,如同你对数学问题或科学问题的解答一样。你的职业生活质量是以你怎样进行职业决策和怎样解决职业问题为基础的。学习生涯决策技术中的 CASVE 循环,可以帮助你提高这方面的能力。

CASVE 循环包括五个阶段:沟通、分析、综合、评估和执行,CASVE 就是这五个词的英文单词首字母。它可以在整个职业生涯问题解决和决策制定过程中为你提供指导。这一循环如图 5-1 所示。

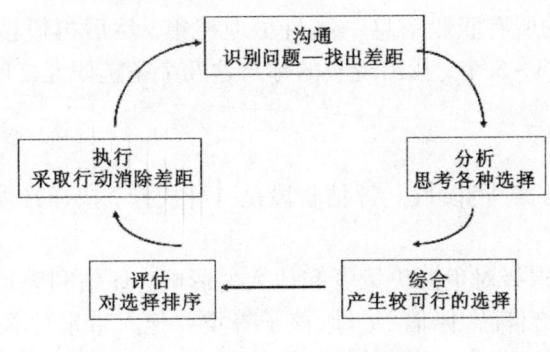

图 5-1 CASVE 循环

1. 沟通

这是"意识到我需要做出一个选择"的阶段。在这一阶段,出现了一种强烈不安的感觉,以至于你必须改变或作决定。这种感觉来源于内在和外在的压力。这是一个发现问题、明白自己需要对差距进行思考并采取行动弥补的阶段。在这个阶段,我们收到了关于职业理想与现实之间存在差距的信息。这些信息可能通过内部或外部的沟通交流传达给我们。内部沟通包括情绪信号，例如不满、厌烦、焦虑和失望，还有身体信号，如昏昏欲睡、头痛、胃部疾病等。外部沟通包括父母对你的职业规划的询问，同事、朋友对你的职业评价，或者是杂志上关于你的专业正在逐渐过时的文章。

如：发生事件"我需要为毕业后找到一份工作"，我的父母说如果我不尽快作出一个决定的话，就会有问题（外部信息），这让我焦虑又紧张（内部信息），是到了理清头绪的时候了（意识到需要作出选择了）。

2. 分析

这是"了解我自己和我的各种选择"的阶段。在这一阶段，问题解决者需要花时间去思考、观察、研究，从而更充分了解差距，了解自己有效地作出反应的能力。好的生涯决策者，阻止用冲动行事来减小在沟通阶段所体验的压力或痛苦，因为他们知道，这是无效的，甚至可能令问题恶化。他们弄清楚，要解决这个问题我需要了解自己的哪些方面，了解环境的哪些方面，需要做些什么才能解决问题，为什么我有这样的感受，家庭会怎样看待我的选择等等问题。

如：分析自我情况和职业环境情况，能一下子说出你的特性吗？你想过自己可能从事的具体工作职业吗？你了解这个职业的工作能力吗……

在分析阶段，生涯问题解决者通常会改善自我知识，不断了解职业世界和家庭需要。简单说，在分析阶段，生涯决策者应尽可能了解造成在第一阶段发现的差距的原因。同时还需要把各种因素和相关知识联系起来，比如，把自我知识和职业选择联系起来；把家庭和个人生活的需要融入到职业选择中。

3. 综合

这是一个"扩大并缩小我的选择清单"的阶段。在这一阶段，主要是综合和加工上一阶段提供的信息，从而制定消除差距的行动方案。其核心任务是，确定我可以做什么来解决问题。

综合实际发生在两个层面上：首先，尽可能多地找到消除差距的方法，发散地思考每一种办法，甚至采用"头脑风暴"进行创造思维；然后，将选择的范围缩小，是"综合细化"的过程。

如：将上一阶段提供的所有职业信息一网打尽地搜集，然后再慢慢聚集，将你收集到的备选职业目标逐步缩小到3~5个，找出现实的你与这几个备选职业之间的差距所在，并制定出消除差距的方案。

4. 评估

这是一个"选择最佳方案"的阶段。评估阶段是一种抉择，抉择必须涉及取舍。在这一阶段，有两个步骤：

第一步是评估每一种选择对生涯决策者和他人的影响，评估利弊得失。例如，如果选择了服兵役，这一选择将会给自己、伴侣、父母、孩子等重要他人带来什么影响？每一种选择都要从对自己和对他人的代价和益处两方面进行评价，并综合物质上和精神上的因素。

第二步就是对综合阶段得出的选项进行排序，列出优先级。能够最好地消除差距的选项排在第一位，次好的排在第二位，依此类推。此时，职业规划决策者会选出一个最佳选项，并且作出承诺去实施这一选择。

5. 执行

这是一个"实施我的选择"的阶段。在这一阶段，我们将根据制定的行动计划把思考转换为行动。很多人都觉得在执行阶段制定行动计划是令人兴奋的和有价值的,因为他们终于可以开始采取积极行动去解决问题了。

如:执行你的职业生涯决策,包括根据你的生涯目标制定一个计划,其目的是缩小你和目标之间的差距,为目标的实现创造条件,然后按计划开始行动。在行动之后进行检测,看看你的行动结果是否有助于缩减理想与现实的差距。

6.再循环

CASVE 循环是一个自身不断循环的过程,在执行阶段之后,生涯决策者又回到沟通阶段,以确定已经选取的方案是不是最好的,是否能最有效地消除理想与现实间的差距。这是一个"了解我已经做了一个好的选择"阶段。如果反馈不理想,再继续进行新一轮的循环,直到问题的解决。

最后,CASVE 决策技术,无论是对解决个人职业规划问题,还是解决团体问题都非常有用。用系统的方法思考这五个步骤,能够提供一个有用的工具,使你成为一个更有效率的人。

(二)SWOT 分析法

SWOT 分析法是英文单词 Strengths(优势)、Weaknesses(劣势)、Opportunities(机会)、Threats(威胁)的缩写,最早是由哈佛商学院的 K·J·安德鲁教授于 1971 年在其《公司战略概念》一书中提出的。SWOT 分析法是一种能够较客观而准确地分析自我的方法,利用这种方法可以从中找出对自己有利的、值得发扬的因素,以及对自己不利的、如何去避开,发现存在的问题,找出解决的办法,并明确以后的发展方向。

在生涯决策的 SWOT 矩阵模型中,S 代表个人内部的强项、优势;W 代表个人内部的弱项、劣势;O 代表外部环境给予的机会;T 代表外部环境造成的威胁(见图 5-2)。

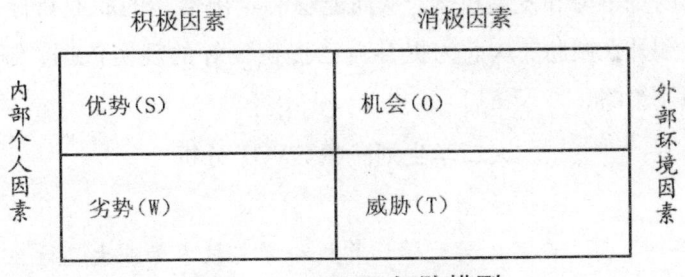

图 5-2 SWOT 矩阵模型

面对选择,首先要做的就是要作何种选择,越清楚越好。想想我要解决的究竟是什么问题?尽量用文字把问题描述清楚,然后将问题转变成一个具体的目标。一般来说,我们在进行职业生涯决策分析时,应遵循以下六个步骤:

1.评估自己的优势。指个体可控并利用的内在的积极因素,如:什么是我最优秀的品质,我曾经学习了什么(专业和技能),我曾经做过什么(实践经历),最成功的是什么(能力)等。每个人都有自己独特的技能、天赋和能力。请你列出喜欢做的和擅长做的事情。

2.评估自己的劣势。指个体可控并努力改善的内在的消极因素,如:我的性格有什么弱点,经验或者经历上还有哪些缺陷,最不擅长的是什么等。一个人不可能做到样样精通,你可以找出自己不是很喜欢做的事情和你的弱势。找出你的不足与发现你的长处同样重要,因为你可以基于自己的长处和不足做两种选择:一是努力去改正你常犯的错误,提高你的技能;

二是放弃那些你不擅长的技能和不适合你的职业。

3. 找出你的职业机会。指个体不可控但可以利用的外部积极因素，如：社会环境对你的发展目标的支持，地理位置优越，专业发展带来的机会、就业的机会增多等。找出这些外界因素能够帮助你走向成功的积极因素，充满了许多积极的外界因素将为求职者提供广阔的职业前景。

4. 找出你的职业威胁。指个体不可控但可以使其弱化的外部消极因素，如：同专业毕业生带来的竞争、各名校的竞争者、专业领域发展限制、就业形势严峻等。找出这些消极的不利因素也是同样重要的，因为这些威胁会影响到你的第一份工作和今后的职业发展。如果即将就职的公司处于一个常受到外界不利因素影响的行业里，很自然，这个公司能提供的职业机会将是很少的，而且没有职业升迁的机会。

5. 进行 SWOT 分析。可以采用多种方法来确定自身的优势与劣势、机会与威胁。目前最常使用的是关键提问法，即连续不断地向自己提问，从答案中进一步了解自己和外部环境。例如，面对外部环境机会提出的问题：我最有希望的前景在哪里？我专业领域中目前最先进的知识技术是什么？我是否尽了最大努力来让自己向它靠近？什么样的培训和再教育能够让我获得更多的机会？其他的学历是否能够增加我的优势？目前工作多久能够让我提升？技术市场的变化，政策的改动，人们生活方式的变化是否给我带来机会……

6. 提出改良的策略。当你认真、客观地列出所有因素，做完详尽的 SWOT 分析后，就可以清楚地看到自己的竞争力和发展机会，从而能够制定出恰当的职业目标，同时还能清晰地认识到自己的不足和外在威胁，从而为提升自己提供良好的现实依据，制定出一个连贯的、实际可能的个人职业策略。

【案例】　　　　　大二学生刘一帆 SWOT 分析

基本情况：刘一帆，男，石家庄某大学计算机科学与技术专业大二学生，在校期间学习了计算机编程等方面的专业理论知识，具有较强的逻辑推理能力，性格开朗，勤奋好学，踏实稳重。

生涯目标：软件工程师

第五章　职业决策

刘一帆SWOT分析情况

	优势优点(Strength)	弱势不足(Weakness)
内部个人因素	1. 做事认真踏实，勤奋好学；为人随和，容易交往，值得信赖。 2. 热爱数学和编程。理解、数理、推理能力强，对新知识接收快，尤其是对计算机软件编程方面有浓厚的兴趣。 3. 进取心强，尊重强者，崇尚科学，追求技术。 4. 英语基础较好，有一定的口语表达能力。 5. 富有极强的责任感和耐心，且喜欢做软件编程方面的工作。	1. 没有工作阅历，专业实际应用能力欠缺。 2. 不善言词，与陌生人交往能力差。 3. 职业素质还达不到软件公司的要求。 4. 工作学习有些保守，冒险精神不够，并且创新能力有待提高。
	发展机会(Opportunities)	阻碍威胁(Threats)
外部环境因素	1. 计算机专业，属于热门专业，将来就业前景比较好，社会需求量大。 2. 石家庄是河北省会，并且建立了动漫基地，IT服务行业发展前景好。毗邻北京、天津，地理位置佳。 3. 软件行业是朝阳产业，待遇优厚。	1. 社会中学习计算机人数多，普通技能人才多，竞争激烈。 2. 在学校所学知识偏重理论，而忽视实际应用，知识陈旧。 3. 母校实力有限，知名度不高。 4. 自己的家庭务农，没有强大的社会关系，只能够靠自己。

最大优势：对计算机软件编程方面有浓厚兴趣；学习能力强，理解、数理、推理能力强；英语书面水平好；有责任感和耐心。

应对的策略：利用自己专业优势、个性优势、能力优势和发展环境优势，继续学习和掌握计算机理论课程，学习软件开发有关知识；积极参加社会实践，到公司中学习和锻炼，参与一些软件开发项目，提高专业实际应用能力，积累开发经验；了解IT行业发展情况，努力提高自己的职业素质和能力，提高与人交往的能力，建立人脉关系，为就业做好准备。

SWOT分析法是一种能够较客观而准确地分析自我的方法，利用这种方法可以从中找出对自己有利的、值得发扬的因素，以及对自己不利的、如何去避开，发现存在的问题，找出解决的办法，并明确以后的发展方向。

（三）生涯决策平衡单介绍

在进行职业选择时，有时会遇到两个甚至两个以上不同的职业发展方案的选择问题，如果能够清晰、直观地量化，可能对你职业的选择就更加容易了。职业决策平衡单的方法和技术可以通过打分的方式，来量化各项职业选择方案的分数，帮助学生进行职业生涯目标的决策。平衡单由詹姆斯霍曼设计，主要是将重大事件思考方向集中到四个主题上：

1. 自我物质方面的得失。包括收入、工作的困难、升迁的机会、工作环境的安全、工作发展前景、工作内容、休闲时间、生活变化、对健康的影响、足够的社会资源、能提供的培训机会、就业机会等等。

2. 他人(父母、师长、配偶等)物质方面的得失。包括家庭收入、择偶及建立家庭、与家人相处的时间、家庭地位等等。

3. 个人精神方面的得失。包括自己的能力、兴趣价值观、心理需求(自尊、自我实现),以及生活方式的改变、成就感、自我实现的程度、兴趣的满足、挑战性、社会声望的提高等等。

4. 他人(父母、师长、配偶等)精神方面的得失。成就感、自豪感、依赖以及家人的支持。

职业决策平衡单的操作办法如下:

步骤1:设计自己的生涯决策平衡单,确定你的职业决策考虑因素,从以上四个方面进行考虑。

步骤2:利用职业决策平衡单进行职业生涯目标决策。列出你的职业生涯发展方向三个,分别填到表格的职业方案中。

步骤3:在第一栏职业决策考虑要素中,根据对你而言职业选择的重要性和迫切性,赋予它权数,加权范围1~5倍,填写权数一栏。权数越大,说明你越重视该要素。

步骤4:打分。根据每个方案中的要素进行打分,优势为得分,劣势为失分,计分范围为1~10分。

步骤5:计方法。将每一项的得分或失分乘以权数,得到加权后的得分或失分,分别计算出总和(加权后的得分总和和加权后的失分总和),最后加权后的得分总和减去加后的失分总和得出"得失差数",并以此分数来作出最终的决定,即:比较三个选择方案的得失差数,得分越大,该职业方案越适合你。

【案例】　　　　　　　　叶小敏的生涯决策平衡单

基本情况:叶小敏,女,石家庄某大学的教育技术学专业三年级学生,性格外向,开朗活泼,喜欢与人交往,口头表达能力很强,是学院学生会干部,组织能力强。还有一年就要毕业了,她考虑自己的职业有三个发展方向:中学信息技术教师、市场销售总监、考取计算机专业硕士研究生。以下是她的具体想法:

1. 中学信息技术教师

小敏认为这个职业是她的本专业,存在着最大的专业优势,工作也比较稳定,但目前社会需求量并不大。

2. 市场销售总监

叶小敏希望用十年的时间能实现这个目标,认为这个职业符合自己的性格、兴趣的需要,同时她也有利用暑期和课余时间兼职做过一些销售的经历,她认为可以利用自己的专业来帮助自己更好地辅助销售工作。

3. 考取计算机专业硕士研究生

叶小敏的父母都是高校的老师,他们希望小敏能够再继续深造,以后到大学任计算机专业教师。但小敏认为虽然高校教师工作稳定,收入也高,但她不喜欢计算机专业的教学工作,且考研也有一定的困难。

下面是叶小敏利用生涯决策平衡单作出的职业决策的结果:

考虑因素		选择项目 加权分数	重要性的权数(1~5倍)	中学教师 +	中学教师 −	销售总监 +	销售总监 −	考研 +	考研 −
个人物质方面的得失		1.符合自己的理想生活方式	5		3	9		5	
		2.适合自己的处境	4	8		9	7		
		3.有较高的社会地位	3	5		3	9		
		4.工作比较稳定	5	9		9	9		
		5.							
他人物质方面的得失		1.优厚的经济报酬	4	5		8	9		
		2.足够的社会资源	5	8		7	9		
		3.							
		4.							
		5.							
个人精神方面的得失		1.适合自己的能力	4	8		9	7		
		2.适合自己的兴趣	5	5		9		8	
		3.适合自己的价值观	5	6		8			
		4.适合自己的个性	5	7		9	6		
		5.未来发展空间	5		3	8	9		
		6.就业机会	4	3		8	9		
		7.							
他人精神方面的得失		1.符合家人的期望	2	6		5		9	
		2.与家人相处的时间	3	7		4		9	
		3.							
		4.							
		5.							
加权后合计				312	30	399	54	384	65
加权后得失差数				282		345		319	

叶小敏通过生涯决策平衡单的决策之后,她的决策方案的得分分别是:市场销售总监 > 考研(高校计算机专业教师) > 中学信息技术教师,综合平衡之后,市场销售总监较为符合小敏的职业生涯目标。在进行职业选择时,小敏最为看重的职业是:是否符合自己的兴趣、职业价值观、职业是否有发展空间、是否是自己理想生活的需要等几个方面。

(四)求证职业决策

除了参加招聘会外,还有哪些验证职业决策的方法呢?

1.问问过来人

因为你的职业决策是现实的,是既有的,那么在思考如何验证它时,就要调研一个过来人或者现在就职者的成功轨迹了。如一位重点中学的优秀教师,看看他是怎么准备,怎么成功的,多访问几位成功者,然后总结出一定的实现目标的途径,最后结合自身的条件,考虑这个决策是否适合自己。

2. 参加兼职工作

大学生兼职可以丰富自己的阅历,在工作中发现自己的优点与不足,并通过实际的操作过程检验自己的职业决策是否符合现实情况。

3. 适当的反省

确切地说,写下阻碍你达到目标的自己的缺点,所处环境中的劣势。这些缺点一定是和你的目标有联系的,而不是分析自己所有的缺点。他们可能是你的专业知识方面、能力方面、创造力方面、财力方面、行为习惯方面或者其他素质方面的不足。当你发现自己不足的时刻,就下决心改正它,这能使你不断进步。

(1) 检测你自己:

在这里,我们也可以通过七个是否来看看决策质量的高低:

①是否使用一系列的方法(6种以上)来找出多种可能的职业选择(15个以上)?

②是否已经仔细探索和研究了缩减后列表上的职业选择(10个或更多),包括它们所体现的价值观以及它们所要求的技能?

③是否对每种职业的正面或负面后果进行了仔细的考虑和衡量?

④是否广泛收集了新的信息来帮助自己评价和衡量各种职业选择?

⑤是否实事求是地将职业选择的新信息或专家意见考虑在内,哪怕这些信息或意见并不支持你所倾向的职业?

⑥在做出最后决定之前,你是否重新审视了职业的正面和负面后果,包括那些你认为自己恐怕不能接受的职业?

⑦是否已做出详细的计划来实施自己的首要职业选择(比如获得必要的教育,求职)?是否还有另外的计划,在你第一位选择涉及的风险太大时能否用一个新的职业目标来替代它?

(2) 当然,我们也可以对照下面,职业决策常见的一些非理性期待,你占有多少。

有关职业的非理性期待:

①世界上仅有一种最适合我的职业。

②除非我能找到最佳的职业,否则我不会感到满意。

有关生涯咨询及测验的非理性期待:

①总有某位专家或比我懂得更多的人,可以为我找到最好的职业。

②也许有某项测验可以明确指出我最优越的特质。

有关自我的非理性期待:

①在我选择要从事的工作领域中,我必须要成为专家或领导者。

②我无法从事任何与我本身能力、专长不适合的工作。

③我所选择的职业也应该让我的家人、亲友感到满意。

④从事某个职业,有助于我克服许多个人特质上的问题有关决定历程的非理性期待。

⑤我会凭直觉找到最适合我的职业。

⑥一旦决定某个职业,就不能再改变心意。

第二节 确定职业生涯目标

职业生涯目标是指个体渴望获得的与职业相关的结果，是个体所选定的职业领域中未来某个时刻所要达到的具体成就。大学生在职业选择与职业决策的过程中，始终要有明确的人生发展目标。理想的职业生涯目标，对大学生的发展有着重要的积极作用。

【小资料】 很多大学生不知道自己喜欢什么，不喜欢什么；不知道自己想做什么，不想做什么；不知道自己能做什么，不能做什么。目标缺失，是大学生的集体无意识，但这也是我们不可忽视的事实。让我们一起看看一组统计数字吧！

1. 80%的大学生在上大学时不知道为了什么。
2. 80%的大学生上完了大学也不知道为了什么。
3. 80%大学生是在打发大学生活。
4. 80%的毕业生后悔自己的大学虚度了。
5. 80%的毕业生认为如果大学时努力一些自己的工作会有很大不同。
6. 80%的毕业生不知道自己找的第一份工作是为了什么。
7. 80%的人认为自己没有去做自己所喜欢的工作。
8. 80%的人后悔自己所选择的职业。
9. 80%的人认为自己所选择的职业影响了他们的一生。
10. 80%的人没有一个自己一生要追求的职业。
11. 80%的人没有为职业做最大努力就放弃了。
12. 80%的人认为他们的一生是虚度的。
13. 80%的人认为如果能实现年轻时的职业那自己的人生会有大改观。
14. 80%的人在回忆人生时说：要有自己的职业并且为职业而奋斗！

一、确定职业生涯目标的重要意义

目标对人生有巨大的导向作用。没有目标的人如同航行在茫茫大海中的孤舟，没有方向，不知所终。明确而适合的目标，可以指引我们在漫漫职业生涯征途中走向人生的成功。

【案例】 法国的一位著名自然学家费伯勒用一些毛毛虫做了一次不同寻常的实验，毛毛虫喜欢盲目地追随着前边的一个，所以得了这么个名字。费伯勒很仔细地把毛毛虫在一个花盆外的框架上排成一圈，这样，领头的毛毛虫实际上就碰到了最后一只毛毛虫，完全形成了一个圆圈。在花盆中间，他放上松蜡，这是这种毛毛虫爱吃的食物。这些毛毛虫开始围绕着花盆转圈。它们转了一圈又一圈，一小时又一小时，一晚又一晚，一天又一天。它们围绕着花盆转了整整七天七夜。最后，它们饥饿劳累而死。一大堆食物就在离它们不到5英寸远的地方，它们却一个个地饿死了。原因只是，它们一直按照以往习惯的方式去盲目地行动。

在我们的现实生活中，许多人其实也犯了同样的错误，对生活提供的巨富，只能收获到一点点。尽管未知的财富就近在眼前，他们却得之甚少，因盲目地、毫不怀疑地跟着圆圈里的人群无目的地走着。而另外一些人则是似乎经常迷失方向，一会儿向东，一会儿向西；一下子试试这，一下子又试试那，似乎永远没有定向，不知所求的是什么。如果你不知道所追求的是什么,那就永远不会有击中目标的一天。

1970年,哈佛大学进行了一项非常著名的关于目标对人生影响的跟踪调查,调查的对象是一群智力、学历、环境等条件都差不多的大学毕业生。

下面是他们毕业时人生目标和25年后的生活状况对比调查结果:

毕业时	25年后的生活状况
27%的人,没有目标	处于社会的下层,抱怨社会和他人
60%的人,目标模糊	处于社会中下层,无特别成绩
10%的人,有比较清晰的短期目标	专业人士,处于社会中上层
3%的人,有十分清晰的长期目标	行业领袖,社会精英

25年的跟踪调查发现,他们的生活状况:

那3%的人,25年来几乎都不曾更改过自己的人生目标,他们始终朝着同一个方向不懈地努力。25年后,他们几乎都成了社会各界顶尖成功人士,他们中不乏白手创业者、行业领袖、社会精英。

那10%的人,大都生活在社会的中上层。他们的共同特点是,那些短期目标不断地被达到,生活质量稳步上升。他们成为各行各业不可缺少的专业人士,如医生、律师、工程师、高级主管等等。

那60%的人,几乎都生活在社会的中下层面。他们能安稳地生活与工作,但都没有什么特别的成绩。

剩下的27%的人,他们几乎都生活在社会的最底层,他们的生活都过得很不如意,常常失业,靠社会救济,并且常常在抱怨他人,抱怨社会。

调查者因此得出结论:目标对人生有巨大的导向性作用。成功在一开始仅仅是一个选择。你选择什么样的目标,就会有什么样的成就,就会有什么样的人生。

确立目标是大学生制定职业生涯规划的关键,有效的职业生涯规划,要有切实可行的目标,从而排除不必要的犹豫和干扰,全心致力于目标的实现。我们需要有一个能够让自己为之奋斗一生的目标,以便把力量整合到一个方向,超越我们孤独生存的状态,超越此种状态所造成的一切疑虑与不安全感,并且满足我们追寻生活意义的需要。大学生职业生涯规划的目的决不仅是帮助个人按照自己的资历条件找到一份合适的工作,更重要的是帮助个人真正了解自己,为自己定下事业大计,筹划未来,拟定一生的职业生涯发展方向。每个人都应当审时度势,为自己筹划未来。有了事业上的目标,生活才有方向;有了事业上的追求,生活才有动力。对自己的职业生涯进行规划就是将自己的理想化为现实的人生,把对未来事业发展的预期转变为明确的行动步骤。

二、大学生职业生涯目标选择的方法和原则

职业生涯目标包括人生目标、长期目标、中期目标和短期目标。人生目标是我们的最终理想。一个人能否成就一番事业,很大程度上取决于是否有正确而适当的人生目标,没有人生目标,或者选错了人生目标,就很难取得事业上的成功。因而,进行职业生涯规划首先应该确立人生目标。

(一)确定职业目标的方法

在确定职业目标之前,大家首先要明确什么是职业目标。职业目标是你在职业上的追求、期望,如人力资源总监就是一个职业目标,而人力资源方面的工作就不是职业目标,而只是一个职业发展方向。确定职业目标有五种方法,我们用五个词来归纳就是:理论、想像、情

境、实践和榜样。

1. 理论。就是在了解众多职业后,根据自己的想法树立一个职业目标。一个简单的操作是,你可以去一些大的招聘网站,看看那里所招聘的职位都有什么,一定要具体了解职位,在察看了职位描述和职位工作内容之后就可以初步确定目标了。此种方式只是在理论上确定了,其树立的目标并不一定是你所想要的,所以要大量阅读职位信息、与职位要求对照。

2. 想像。这里的想像是指以你在生活中对所接触、所听闻的职业的不完全了解来确定一个职业目标,具有很大的随意性和局限性,但这也是让你有一个职业目标的方法。

3. 情境。是指你在参加具体的职业活动、行业活动、社会活动中所形成的职业目标。在现实活动下,你可能会因为自己的一时冲动或受其启发,或颇有感受等,确定一个职业目标。用这种方法,可以多去参加各种活动,以增加见识和阅历。

4. 实践。是指你在实习、实践中真实地体验到职业之后的感想,从而因为喜欢、刺激、感悟等来确定一个职业目标。这个过程中要实实在在地做事、做工作。

5. 榜样。在大学生的生活世界里,成长过程中,职业榜样是不可或缺的重要元素。英国教育思想家洛克曾指出,在各种教育方法中,榜样是"最简明、最容易又最有效的办法","没有什么事情能像榜样这么能够温和而又深刻地打进人们的心里"。职业榜样的精神感召力、行为带动力和心理共鸣力可引发大学生产生尊崇心理,进而效仿和学习。更可以引导大学生明确自己的职业目标。

(二)大学生职业生涯目标选择的原则

大学生职业生涯目标的制定要具体、便于操作,要详细列出实现目标的具体时间和达到的程度,与之相应的其他目标也要明确具体,同时要做到互相配合、共同作用,促进个人的身心、生活和事业的全面发展。我们会有多种多样的目标,设立的目标高低应适度,职业生涯目标要与生活目标结合考虑,兼顾平衡。人生除了事业目标外,还有财富、婚姻、健康等问题。这些问题都直接影响着人生事业的发展和生活质量。所以,我们在制定职业生涯目标时也应兼顾这些因素。

大学生确定职业生涯目标的过程,不是凭空的想像,而是要遵循一些原则,以使职业目标更科学,更合理。美国的 Peterson 教授的"目标设立 ABC",值得我们借鉴:

A. 可行的(achievable)。意思是说针对你的能力和特点而言,实现这个目标是现实的、可能的。

B. 可信的(believable)。是指你真的相信自己能够完成这个目标,对自己的能力非常有信心,相信自己能够在设立的时间之内完成。

C. 可控的(controllable)。是指你对一些可能会最终影响到实现目标的因素的控制能力。

D. 可界定的(definable)。是指你的目标必须是以普通人都能理解的口头语言或书面语言进行表达。

E. 明确的(explicit)。是指你只陈述某一特定的目标,并且在一段时间内只集中于这一个目标。

F. 属于你自己的(for yourself)。是指你制定的目标应该是自己真正想去做的事情,而不是别人强加给你的。

G. 促进成长的(growth-facilitating)。是指你的目标应该是对自己和他人均无伤害性或破坏性的。

Q. 可量化的(quantifiable)。是指你的目标尽量以一种能够用数字加以衡量的方式来表达,而尽量不用宽泛的、一般的、模糊的或抽象的形式。

三、大学生职业生涯目标的分解

职业生涯目标的实现可以用一系列的阶段目标来表示,为了顺利进入每一个新阶段,应根据新阶段的特点制定分目标。目标分解就是根据观念、知识、能力差距,将职业生涯长期的远大目标分解为有时间规定的长、中、短期分目标,直至将目标分解为某确定日期可以采取的具体步骤。目标分解从最远、最高的目标开始,一直分解到最近的目标。实现一个远大的目标必须分解成若干个易于达到的阶段性目标,目标分解是将目标清晰化、具体化的过程,是将目标量化成可操作的实施方案的有效手段。

（一）按时间分解目标

按时间分解是最常用的目标分解方法,也很容易掌握。这里重要的是区分最终目标与阶段目标。

1. 最终目标。选择了职业生涯路线,并确定了总体目标,这个总体目标就是我们的最终目标或人生目标。最终目标取决于一个人的价值观、知识储备、能力水平,是对自身条件、社会环境、组织环境等主客观因素进行大量分析之后得到的结果。心理越成熟的人,往往越早地确定下自己的最终目标,并朝着这个目标前进。最终目标只有与自己的价值观相符,才是有效的,并且最终目标一经确立就不要再频繁更改。接下来,还要把最终目标分解为若干个阶段目标,每一阶段都有一个具体的目标。

2. 阶段目标。阶段目标可以分为长期目标、中期目标和短期目标三种。最终目标以几十年为期限,长期目标一般以十年为期限,中期目标一般以五年为期限,短期目标的时间为一、二年,而近期目标就可以短至几个月。对于短期和近期目标,应详细规定实现的时间。

（1）长期目标。长期目标是需要认真选择的,一方面要符合自己的价值观,另一方面要和社会发展的需求相结合。既要有实现的可能,又要具有挑战性。长期目标的制订,使得人们对目标实现充满渴望,立志改造环境,并坚持不懈,以致最终实现。

（2）中期目标。中期目标主要是结合自身的意志和组织的环境及要求制订目标,能够符合自身的价值观。中期目标应该能够切合实际并有所创新,能用明确的语言定量说明,并使用比较明确的时间,在适当之时可作适当的调整,这样便可以较容易实现。

（3）短期目标。短期目标可能是自己主动选择的,也可能是通过外力安排的,被动接受的,未必由自己的价值观决定,但是可以接受。短期目标总体上要切合实际,具备可操作性。由于对实现目标较有把握,可以适时根据环境的变化实现短期目标。

（二）按性质分解目标

根据外职业生涯和内职业生涯的内容,我们可以把职业生涯目标分解成具体的外职业生涯目标和内职业生涯目标。

1. 外职业生涯目标。外职业生涯是指从事职业时的工作单位、工作地点、工作内容、工作职务、工作环境、工资待遇等因素的组合及其变化过程。外职业生涯的构成因素通常是由别人给予的,也容易被别人收回。一般来说,外职业生涯目标主要包括以下几项。

（1）职务目标。职务目标应当具体明确。

（2）经济目标。我们从事一项工作,获得经济收入是一大目的,毕竟我们谁也离不开生存的物质基础。在职业生涯规划中列入收入期望无可非议。你要注意的是切合实际和自己的能力素质,然后大胆地规划一个具体的数目,不要含糊不清,或者压根儿就不敢写。

（3）工作内容目标。在现实生活中,能够爬到高层职位的毕竟是少数。位置越高,留给我们可以选择的机会也就越少,而且,能不能晋升,很大程度上并不取决于我们自己。所以,我们不要只盯着职务目标的晋升,而应把外职业生涯目标规划的重心移到工作内容目标上来。

(4)工作地点和工作环境目标。如果你对工作地点和工作环境有特殊要求就要在规划中列出这两项内容。

2.内职业生涯目标。只追求外职业生涯目标会让人遭遇很强的挫折感,怀疑上级对自己不公,上班太远累得慌,辛苦半天没拿多少钱,评优晋级没我的份儿,每天都生活在抑郁之中。其实,我们还有一笔重要的财富不容忽略,那就是丰富的知识经验的积累,观念、能力的提高以及由此带来的快乐成就感。内职业生涯修炼到位了,不愁机会不来找你。因此,我们在分解和组合自己的职业生涯目标时,外职业生涯目标与内职业生涯目标应该是同时进行的,而内职业生涯目标是尤其应该重点把握的内容。

(1)工作成果目标。在很多组织里,工作成果都是进行绩效考核的一个重要指标,扎实的工作成果会带给我们极大的荣誉感和成就感,也搭建了通往晋升之途的阶梯。

(2)工作能力目标。工作能力是对处理职业生涯中各种工作问题的能力的统称,如策划能力、管理能力、研究创新能力、与领导无障碍沟通的能力、与同事协调合作的能力等。必要的工作能力积累是达到职务目标和收入目标的前提。所以,我们在制定个人职业生涯规划时,工作能力目标应当优先于职务目标。工作能力目标应当切合实际,具有挑战性,并与该阶段的职务职称目标所要求具备的条件相对应。

(3)心理素质目标。心理素质在当今社会越来越受到人们的重视,在职业生涯途中,有人成功达到目标,有人半途而废,区别其实不在机遇和外部条件。每个人的职业生涯发展过程中都会遇到这样那样的困难,只有心理素质合格的人才能正视现实,努力去克服困难。而心理素质差的人只会怨天尤人、自暴自弃。为了你的职业生涯规划蓝图能够化为现实,需要不断提高你的心理素质。提高心理素质目标包括经受挫折、包容他人,也包括在暂时的成功面前保持清醒冷静。

四、大学生职业生涯目标的组合

目标组合是处理不同目标相互关系的有效措施。如果只看到目标之间的排斥性,就只能在不同目标之间作出排他性选择。如果能看到目标之间的因果关系与互补性,就能够积极进行不同目标的组合。

(一)时间的目标组合

职业生涯目标在时间上的组合可以分为并进和连续两种情况。

1.并进。是指同时着手实现两个平行的工作目标或建立和实现与目前工作内容不相关的预备职业生涯目标。有时候,外部环境给予我们的机会很多,这让我们面临多个选择,会出现两个或多个不同方向的职业生涯目标。只要处理得好,在一定时期内,是可以做到鱼与熊掌兼得的。当然,前提条件是你有足够的精力和能力来应对,对普通年轻人,我们仍然建议在一段时间内只定一个大目标。职业生涯目标的并进有利于我们开启潜能,在同样的时间内迎接更大的挑战;浓缩生命,发挥更大的价值。

2.连续。是指用时间坐标做纽结,将各个目标前后连接起来,实现一个目标再进行下一个。一般来说,较短期目标是实现较长期目标的支持条件。目标的期限性是相对的,随着时间的推移,长期目标成为中期目标,中期目标成为短期目标,短期目标成为近期目标。只有完成好每一个近期目标和短期目标,最终目标才有可能实现。职业生涯目标分为最终目标和阶段目标，各个阶段目标的设定大体与最终目标一致并互相关联，阶段目标是在一段特定的时间内要达到的结果。如果将职业生涯的阶段目标转变为职业生涯最终目标，只需将各个阶段目标连接起来，加上一个时间表，再加上一个衡量目标达成结果的评估方式。

（二）功能的目标组合

很多职业生涯目标在功能上可以存在因果关系或互补关系。

1. 因果关系。是反映有些目标之间存在着明显的因果关系，如前面提到的工作能力目标与职务目标和收入目标，前者是因，后者为果。具体表现为工作能力提高，促使职务提升，导致收入增加。通常情况下，内职业生涯目标是原因，外职业生涯目标是结果。

2. 互补关系。是指有些目标之间具有救济或互助的性质，是一种共生的目标群体。如一个大学生希望在成为优秀学生干部的同时，还要学习进步取得奖学金，这两个目标之间存在着直接的互补作用。学生管理工作为大学专业学习提供实践的经验体会；而专业学习又为实际的工作提供理论支持和方法指导。

（三）全方位目标组合

全方位组合已超越出职业的范畴，它涵盖了人生的全部活动。全方位组合指职业生涯、家庭和个人事业的均衡发展，相互促进。事业不是生活的全部，任何一个人都不能离开家庭和休闲娱乐，完美的职业生涯规划不应把生活中的其他内容排斥在外。

目标组合可以超越狭隘的职业生涯范围，将全部的人生活动联系协调起来。制订职业目标的过程就是一个分解、选择、有机整合的过程。目标分解是为了使目标明晰，目标选择是为了使目标集中，目标组合是为了寻找目标因果关系。规划者一旦学会了制订职业生涯的目标，就迈出了将美好理想变为现实的最坚实的一步。

第三节　大学生职业生涯路线选择

职业生涯路线是指大学生在确定职业生涯目标后从什么方向上实现自己的职业目标，他包括了由低级向高级步步上升的职业发展阶梯，使我们可以逐步迈向设定的职业目标。大学生通过选择和规划合理的职业生涯路线，可以推动职业生涯目标的实现。

一、大学生职业生涯路线选择的要素

大学生在职业生涯路线选择的过程中，可以针对下面三个问题询问自己：我想往哪一条路线发展？我可以往哪一条路线发展？我适合往哪一条路线发展？这三个问题也就是职业生涯路线选择的三要素，我们可以将其归纳为"想、能、行"。

"我想做什么"，是个人希望向哪一条路线发展，主要是通过对职业价值观、职业兴趣、成就动机的自我探索，真正找到自己想要的职业生涯发展目标。

"我能做什么"，是个人能够向哪一条路线发展，主要是通过个性特质、技能因素、社会经验的自我探索，找到自己能发挥最大潜能的职业生涯发展路线。

"我做什么行"，是个人适合向哪一条路线发展，主要分析社会的政治经济环境、行业发展因素、组织环境因素，找到自己的机会所在，最大可能性地趋利避害，实现自我价值。

对这三个要素反复地进行综合分析，才能最终选择自己的职业生涯路线，并且这三个要素是缺一不可的，在职业生涯路线的选择上都是一票否决的。

二、大学生职业生涯路线选择的方向

不同的职业生涯路线，有着不同的职业发展情景，对大学生的能力素质要求是不同的，这没有绝对的好与坏，只存在是否适合的问题。有的人适合搞科学研究，能够在研究领域求得突破；有的人适合做领导工作，可以成为一名优秀的管理人才；有的人适合自我创业，可以成为一名优秀的企业家……

（一）专业技术型发展方向

专业技术型发展方向是指工程、财会、生产、法律、教育、医疗等职能性专业发展方向。其共同特点是：都要求有一定的专门技术性知识与能力，并需要有较好的理论研究和分析判断能力，这些能力必须经过长期的培训与锻炼才能具备。如果你对专业技术内容及其活动本身感兴趣，并追求这方面的提高和成就，喜欢独立思考，并不喜欢从事管理活动，专业技术型发展道路就是你最好的选择。相应的发展阶梯是技术职称的晋升、技术性成就的认可，以及奖励等级的提高和物质待遇的改善。如果你虽然在开始时选择了专业技术方向，但仍然对管理有兴趣，并且希望在管理领域做出一番事业，也完全可以采取跨越式发展。也就是说，一开始从事某种技术性专业，不断积累充实自己的专业知识，打下坚实的技术基础，然后在适当的时候，转向专业技术部门的管理职位。

（二）行政管理型发展方向

如果你很喜欢与人打交道，处理起人际关系问题总是感到得心应手，并且由衷地热爱管理，考虑问题比较理智，善于从宏观角度考虑问题，并善于影响、控制他人，追求权力，行政管理型发展道路就是你最恰当的选择。把管理这个职业本身视为自己的目标，相应的发展阶梯一般是从基层职能部门开始，然后向中级职能部门及高级职能部门逐步提升。随着管理职位的上升，管理的权限会越来越大，承担的相应责任也会越来越大，其前提条件是你的才能与业绩不断地积累提高，达到了相应层次职位的要求。行政管理型发展路线对个人素质、人际关系技巧的要求很高。那些既有思维能力又善于处理人际关系的人，总是能够成为任职部门的主管干部，甚至做到总经理、总裁、院长、厂长等高层职位；而那些虽然善于处理人际关系，却欠缺思维分析力，以及感情耐受力较差的人，却只能停留在低层领导岗位上。由此可见，不断地学习使自我的综合素质得到提升是多么重要。

（三）自我创业型发展方向

随着我国现代化社会的高速发展，越来越多的大学生开始选择自主创业的道路。大学生创业自有快乐，但创业途中的艰难也不是常人能够想像的。从客观上来讲，要有良好的机会和适宜的土壤，主观上，创业人不仅要有强烈的创造与成就愿望，而且心理素质要好，要能够承受巨大的心理压力和承担风险能力，还要有新思维，善于开拓新领域，开发新产品。并且，要想获得创业的成功，必须先到社会组织中锤炼，学习如何做企业，然后再自己创业。

综上所述，不管你选择哪种职业生涯发展路线，最重要的是一定要结合实际，综合考虑自己的个性、价值观、兴趣、能力等自身条件和社会组织环境，反复权衡后再予以确定。

三、大学生职业生涯路线选择的注意事项

大学生在确立自己的职业目标和选择自己的职业生涯路线之后，可能会存在两种错误的认识：一是可能认为未来发展是不确定的，目标与路线是无意义的，因此投入精力不够，执行起来则更为不力；二是可能会固守自己确立的目标和选择的路线，而不考虑自身与环境的改

变,从而影响职业目标的实现。因此,大学生在选择职业生涯路线过程中,尤其应当考虑不同企业的职业生涯阶梯设置模式和新的职业发展路线的拓展方法。

(一)要与组织职业生涯阶梯保持一致

职业生涯发展阶梯是组织为内部雇员设计的自我认知、成长和晋升的人力资源管理方案,决定组织内部人员晋升的不同条件、方式和程序的政策组合。组织的职业生涯发展阶梯模式的设置,为组织内的各类员工提供可能的发展通道,尽最大可能调动员工的积极性和创造性,提高员工对组织的忠诚度,促进组织的可持续发展。

了解组织的职业生涯阶梯的设置模式,对于大学生职业生涯路线的选择与实施有着重要的意义。大学生在职业选择时,要了解组织的职业生涯阶梯设置模式,并尽可能选择职业生涯阶梯设置科学合理的、可为员工提供多通道职业发展路线的组织,为个人提供更多职业发展机遇,这样才更有利于自身的发展。同时,职业生涯路线的选择不是一劳永逸、固定不变的,可能在一定时期出现交叉与转换,个人必须根据自身实际和具体情境作出选择与转换。

(二)要不断拓展自己的职业发展路线

大学生在未来实施职业生涯路线的进程中,可以根据不同的实际情况,不断构建自己的实用技能,通过继续教育或培训充电的方式进入新领域,选择从事第二职业,在公司内部谋求新机会,进入新的职业发展领域等形式拓展职业发展路线。

1. 构建实用操作技能。这是职业生涯发展的基础。如果你掌握一些核心技能和知识,并擅长运用它们,就可以考虑把它们延伸到不同的行业和领域。

2. 回到学校进行充电。当你希望进入一个新的领域,而这个领域有别于你原有的知识背景,取得相应的新领域的教育证书将对你的职业生涯有所帮助。

3. 兼职,从事第二职业。当你感到目前的工作不能满足要求的时候,也可以在继续目前工作的同时,选择一份新的工作,也就是我们通常所说的第二职业。但这样做存在着风险,因为大多数公司对员工从事第二职业并不赞同,你如果想保留现有工作,同时在业余时间做第二职业,就要当心不要让你的老板对你的工作表现不满,产生反感。

4. 公司内部谋求新职。在公司内部谋求新的职业发展机会,适合于喜欢现在的公司、希望在公司内部开辟新的发展路径的员工。你可以尝试在完成自己负责工作的基础上,志愿去做一些分外的工作,而这些通常是其他同事不愿意做的,这样你就可以抓住机会进入一个新的领域,扩充你的技能,并获得晋升。

5. 开拓新的职业领域。这个方法适用于那些对现有工作已经非常厌倦的人。对他们来说,痛快地离开,并进入一个新的领域可能是个机会。特别是对那些短期内没有经济、生活压力的人来说,更是如此。

【阅读拓展】 大学生职业决策中常见非理性信念的误区

克朗伯兹的社会学习理论认为,在个人的职业生涯决策中,受遗传和特殊能力、环境与重要事件、学习经验和任务取向技能这四个因素的影响,其交互作用的结果形成了个人对自我和世界的推论或信念。这些推论或信念不一定是完全正确的,要视个人的学习经验而定。人们往往以偏概全,在一两次深刻经历的基础上得出一些刻板的印象和先入为主的偏见,这就形成了所谓的"非理性信念"。非理性信念会对大学生职业生涯决策产生重大的影响。这些非理性的信念对我们的情绪与行为所产生的影响,就像催眠师加给被催眠者心中的否定暗示作用一样,会使我们无法发挥出原有的力量,最终自己打败自己。下面列举出一些大学生职业决策中常见非理性信念的误区。

误区1:做了决定之后,绝对不能后悔!

非理性估念:既然选择了一个专业或职业就不能改变,否则会被别人看不起。

理性的想法:做抉择是有风险的,就像投资一样,没有包赚不亏的。职业生涯规划中的决定可以随时进行调整。

误区2:我一定要马上决定!

非理性信念:迟迟无法决定是懦弱、不成熟的表现。别人都知道自己要做什么,只有我太差劲,我应该立即作决定。

理性的想法:不作决定是可以接受的,与我个人是否懦弱无关。只要我能多了解自己,充实和储备人生的资源,机会来到时我会作最好的选择。

误区3:兴趣是万能的!

非理性信念:只要找到我的兴趣,我就一定能够成功。

理性的想法:找到自己的兴趣,不见得一定能成功,但至少做起来快乐。如果培养做自己感兴趣的事情的能力,将会提高成功概率。兴趣和能力是两个不同的概念。有兴趣而无能力,只会增加挫折感;无兴趣而有能力,心中缺乏满足与喜悦。因此,兴趣和能力要同时考虑,应该了解自己的兴趣,增强自己的能力。

误区4:职业生涯规划没有必要!

非理性信念:船到桥头自然直。这世界变化太快,职业生涯规划只是一时的流行,很多事情既然无法预测,再规划也是枉然。

理性的想法:职业生涯规划的目的不在于你能很快地找到自己的人生目标,很快作个决定,而在于对自己和环境的不断探索。通过生涯探索,更多地了解自己和环境,那就可能作更充分的准备,也更可能有意识地发挥出自己的潜能。以积极准备的态度面对人生,随时知时知势知己,自己才不会被淘汰。

误区5:现在好好进行职业生涯规划,以后就不用了!

非理性信念:现在趁着大学里的空余时间多,多花些时间在职业生涯规划上,省得以后也要去做。

理性的想法:由于时代在变,自我也在变,所以对环境及自我的探索是不可能一劳永逸的。职业生涯规划除了探索、抉择和行动之外,还有一个重要的环节,那就是生涯反馈与调整。正确的职业生涯规划是盯紧近期目标,远望长期目标,在必要时及时调整中长期目标。所以职业生涯规划的最终目的不在于你有多么完美的人生目标,而在于你了解自己和环境的多少,实现近期目标的多少,积累人生资源的多少。

误区6:我现在很忙,没有时间去做职业生涯规划!

非理性信念:职业生涯规划肯定要花一些时间,而且要静下心来。我现在学习和社会工作都很多,没有时间来顾及它。

理性的想法:随波逐流,被动生活也可能成功。就像砍树,不磨刀,也可以砍树。如果事先研究了树的纹理和结构,把刀磨好了,看起来是晚一步砍树,然而更早更好地完成任务的概率增加了许多。

因此,大学生在进行职业生涯规划,特别是在职业决策的过程中,必须时刻思考自己情绪与行为背后的信念因素,注意辨别出自身存在的一些非理性信念,转变消极的生涯想法,以使自己不受这些信念的蒙骗而错估了自己,贬低了自己,或是束缚自己的职业生涯行动。

【实践与应用】

1. 参照教材中的案例样式结合自身情况制定职业生涯决策平衡单

职业生涯决策平衡单样表

考虑因素	选择项目 / 加权分数	重要性的权数(1~5倍)	选择一 +	选择一 −	选择二 +	选择二 −	选择三 +	选择三 −
个人物质方面的得失	1. 收入							
	2. 工作的难易程度							
	3. 升迁的机会							
	4. 工作环境的安全							
	5. 休闲时间							
	6. 生活变化							
	7. 对健康的影响							
	8. 就业机会							
	其他……							
他人物质方面的得失	1. 家庭经济							
	2. 家庭地位							
	3. 与家人相处的时间							
	其他……							
个人精神方面的得失	1. 生活方式的改变							
	2. 成就感							
	3. 自我实现的程度							
	4. 兴趣的满足							
	5. 挑战性							
	6. 社会声望的提高							
	其他……							
他人精神方面的得失	1. 父母							
	2. 师长							
	3. 配偶							
	其他……							
	加权后合计							
	加权后得失差数							

2. 运用SWOT分析法,分析自己的优势、劣势以及职业选择中面临的机遇与威胁

【思考与练习】
1. 你的职业定位是什么?选择一种决策技术,作出你的第一份工作选择。
2. 大学生职业生涯目标确立的基本过程是什么?

第六章 职业生涯设计与评估

【本章要点】

1. 大学生生涯规划方案的制定
2. 大学生生涯规划方案的评估与修正
3. 大学生生涯规划书的撰写

第一节 制定大学生职业生涯规划的实施方案

一、确定职业生涯目标

目标帮助我们走向未来，戴维·坎贝尔（美国）指出："目标之所以有用，仅仅是因为它能帮助我们从现在走向未来。"这就是说要明确自己未来到底应该成为一个工业技术员、教授、科学家，还是成为工程师和企业家？只有明确了目标，才会激励自己努力奋斗，并积极去创造条件实现目标。

一个人的职业选择和职业生涯总规划与个人的理想兴趣、素质能力以及与各种环境有密切关系。所以，确定个人职业发展总目标，要考虑个人的目标取向、能力取向和机会取向的有机结合。

目标取向是通过对个人理想、成就动机、兴趣和价值观的分析，解决自己想往哪一条路线发展。

能力取向是通过对自己的智能、技能、情商、性格优劣势分析，了解自己适合那条发展路线。

机会取向是通过对政治环境、社会环境、组织环境、经济环境给自己带来的挑战与机会的分析，明白自己可以往哪一条路线发展。

因此，大学生要有明确的目标，应当从大学出发，以人生为终点，以职业为站点，以大学四年为绳索，将大学、人生、职业串起来，制定大学生生涯规划。

【案例】　　　　　　　　　　混沌虚度，影响职业人生

黄某，成都某211工程大学毕业生，由于读大学时不喜欢父亲帮他填报的通信工程专业，大一大二基本上是混过来的。

大学毕业后，性格外向、沟通能力较强的他幸运地在上海一家公司找到了工作。但在工作的过程中他发现，在这个公司里，90%以上的人都是硕士研究生以上学历，所以主要的技

术工作都是由人家牵头,自己只能做一个配角。有时候工龄长的司机也会对他指手画脚,让他深受刺激。

在工作一年后,"长大"了的他毅然地辞去工作,潜心复习外语,准备出国深造。结果在联系国外学校时才发现,由于自己大一大二时的懒散,学习成绩不理想,不少课程都是挂科(即补考才通过),所以他的大学平均分过低,以致国外好一点的学校都拒绝录取他。对他造成了极大的打击。他感叹道:"自己当时真的不该那样,如果早一点懂得规划自己的大学生涯就好了!"

二、制定在校期间的生涯规划

确定了职业发展目标后,行动是关键。而在行动前,需要制定一套周密的行动计划,并辅以考核措施,以确保目标的实现。这里所指的行动主要是落成实际目标的具体措施:主要包括学业规划、生活成长规划、社会实践规划三个方面。

(一)学业规划

进入大学后,我们究竟应该干什么?一些大学生对此感到十分迷惑。还是那句老话:大学生的天职是学习,大学是学习的天堂。人生也许很长,但只有大学这几年是可以让人充分学习的时期,过了这个阶段就再也难找了。参加工作后,要么有心情没时间,要么有时间没心情。因此,决不可以为学的东西暂时没有发挥作用,或者自己不喜欢这个专业而不去学习。同学们要根据社会需要、社会发展趋势和个人的兴趣、特长及所学专业等确立自己大学期间努力的目标。并根据确立的目标,做好切实可行的生涯规划。然后根据制定的规划,及早准备,付诸行动。

1. 学业规划选定

首先,分析自己的兴趣爱好,认定自己想干什么。兴趣是理想产生的基础,兴趣与成功机率有着明显的正相关性。要择己所爱,选择自己喜欢的专业方向和研究领域进行钻研和学习。其次,分析自己的能力、特长,确定自己能干什么。能力是人的综合素质在现实行动中的表现,是正确驾驭某种活动的实际本领、能量和熟练水平。能力是实现人的价值的一种有效方式,也是支配人生命运的一种主导性的积极力量。因为任何一种职业都要求从业者掌握一定的技能,具备一定的条件,所以结合自己的兴趣爱好,在认定自己想干什么的基础上确定已经具备的能力和应该培养的能力。再次,分析未来,确定社会要求干什么。着眼将来、预测趋势,立足于社会不断发展变化的需求。避免盲目跟风,因为最热门的并非是最好的。选择社会需要又最适合发挥自身优势的专业方向和研究领域才是最好的。要把自己的兴趣爱好、能力特长同社会需要结合起来,把想干什么、能干什么、社会要求干什么有机地结合起来。几方面的结合点和链接处正是我们学业规划的关键所在。

2. 强化学业规划

当学业规划选定以后,很多大学生或者束之高阁或者虎头蛇尾,结果导致有了学业规划却不能实施或实施后不能持久,最终无法实现既定的学业。这些现象的出现是因为大学生在制定学业规划时缺少一个重要环节,即对学业规划的强化。强化学业规划就是规划执行者在执行之前充分运用想像,详细地罗列出达成学业规划的好处,从而培养出积极的心态,进而增强动力、产生更大的执行力,确保学业规划顺利完成。

3. 学业规划分解

学业总目标制定出以后,要能自上而下地分解,即制订学习计划。以本科四年为例,可以按照以下的思路进行:四年的总学习目标———一年的学习目标———学期的学习目标———一月的学习目标———一周的学习目标———一日的学习目标。使得学业规划落实到学习生活的每一天,确保学业规划的严格执行。

4. 学业规划评估与反馈

在实施过程中,要及时地对环境和条件作出评价和估计,对自己的执行情况作出评估。由于现实生活中种种不确定因素的存在,学业规划的设计必须具有一定的弹性,因此评估结果出来以后应进行反馈,以便自己及时反省和修正学业目标,变更实施措施与计划。同时应做到定期评估与反馈:每年、每学期、每月、每日进行检查评估与反馈,进而分析原因和障碍,找出改进的方法和措施。

5. 激励与惩罚

激励措施能将人的潜能和积极性激发出来,惩罚可以防止惰性的产生。一定要制定出完成阶段目标后对自己的奖励和惩罚措施:完成后怎样奖励自己,完不成将怎样惩罚自己。

(二) 生活成长规划

1. 健康管理

实践证明,身心健康是一个人事业有成的基础。有一个好的身体是做好一切工作的起点,良好的生活习惯是保持身体健康的重要手段。国家心血管病科研领导小组组长洪绍光教授认为,人体健康的四大基石是"第一,合理膳食;第二,适量运动;第三,戒烟限酒;第四,心理平衡"。对于广大大学生而言,有意识地进行健康管理是生活成长规划不可或缺的部分。

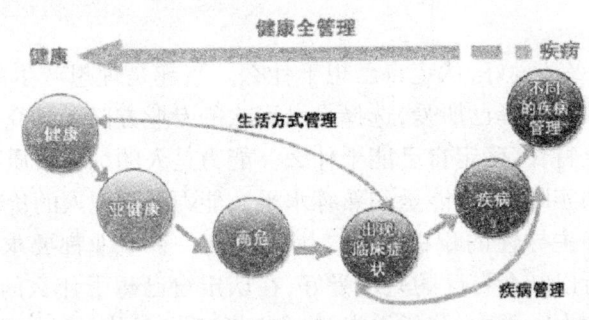

图 6-1

健康管理是指一种对个人或人群的健康危险因素进行全面管理的过程。其宗旨是调动个人及集体的积极性,有效地利用有限的资源来达到最大的健康效果。健康管理包括以下内容:

(1) 增进健康。指导和组织人群正确摄取营养,合理安排劳动与休息,积极参加体育锻炼等措施,以增强免疫力,提高适应环境功能。通过健康教育和健康咨询提高人群的健康行为和健康意识,培养健康习惯,使他们积极主动地去消除危害健康的不利因素,维护健康。

(2) 特殊预防。用接种的方法预防某些传染病。对遗传病、营养缺乏病、生活和劳动中的灾害事故采取有针对性的预防措施。性别、年龄和职业是特殊预防的重要参考因素。

(3) 早期发现疾病,及时治疗。当健康状态遭到破坏时,及早发现,迅速治疗,健康往往可以得到恢复,这样做又可缩短患病时间、减少合并症和后遗症。如局限在粘膜的早期阶段胃癌,若能及早发现基本上可以得到治愈。若能早期发现某些严重疾病的前驱疾病,及时治疗则可防止该病发生。健康检诊是早期发现疾病的重要方法。

(4)防止发生残疾。中断合理的治疗往往是造成残疾或重症化的原因，如很多脑卒中患者是在中断高血压治疗后发生的。有时，健全的保健医疗网和转诊制度是防止残疾发生的重要保证。

(5)康复。病伤所致残疾或先天性残疾，均可致躯体上或精神上一定程度的障碍。康复医疗的目的是开发机体残存的功能使它最大限度地发挥作用，以保证患者能生活自理和参加社会活动，随着社会人口向老龄发展，残疾人数会相应增加，老年残疾的康复将成为健康管理的重要内容。

2. 财务管理

"财商"作为当今社会必备的技能之一，已经越来越受到大学生们的重视。如今在大学校园里，各类理财社团活动开展得如火如荼，反映了大学生们对理财知识的强烈渴求。然而理财是包括财务规划在内的综合课程。从初级阶段的财务规划意识到中级阶段的完善理财理论知识并初步实践，到高级阶段进行实战投资，大学生理财应逐步实现"三级跳"，做好财务规划。

合理的理财，大多数在事业上有成就的企业家都表示了支持和肯定的态度。理财这个字眼一时间成为众人瞩目的话题。然而对于没有固定收入、"无财可理"的大学生来说，对"理财"的理解，不能局限在对已经拥有的资产的使用上，而应该包括获得资产的方法。理财是通过科学而合理的方法获得财富，并通过对这些财富的正确使用以达到财富的增值。也就是说，大学生理财，既要开源，创造收入；也要节流，对收入加以恰当的使用。

【案例】李某是来自河北承德的一名初中毕业生，1992年他考上了当地的平泉师范学校，入学报到的时候，父亲给他50元钱，对他说："这是你上中师的生活费，家里只有这么多了。"李某通过自身的努力，边上学边打工，一直到师范毕业，没有向家里要一分钱，并以优异的成绩获得保送河北师范大学的资格。1995年开始就读河北师范大学数学系。就读期间，他积极开源，创造收入，通过不懈努力，在毕业时，他已是双星集团石家庄市总代理。

3. 时间管理

最成功和最不成功的人一样，一天都只有24小时，但区别就在于他们如何利用这所拥有的24小时。哲学家这样说："时间是物质运动的顺序性和持续性，其特点是一维性，是一种特殊的资源。"

要想能够真正地了解时间并且管理"时间"，我们有必要对时间的本质有深刻的认识。首先让我们先了解时间的四项独特性：

(1)供给毫无弹性。时间的供给量是固定不变的，在任何情况下不会增加、也不会减少，每天都是24小时，所以我们无法开源。

(2)无法蓄积。时间不像人力、财力、物力和技术那样被积蓄储藏。不论愿不愿意，我们都必须消费时间，所以我们无法节流。

(3)无法取代。任何一项活动都有赖于时间的堆砌，这就是说，时间是任何活动所不可缺少的基本资源。因此，时间是无法取代的。

(4)无法失而复得。时间无法像失物一样失而复得。它一旦丧失，则会永远丧失。花费了金钱，尚可赚回，但倘若挥霍了时间，任何人都无力挽回。

"时间管理"所探索的是如何减少时间浪费，以便有效地完成既定目标。由于时间所具备的四个独特性,所以时间管理的对象不是"时间",它是指面对时间而进行的"自管理者的管理"。时间管理规划要遵循六项基本原则:第一,明确目标;第二,有计划、有组织地进行工作;第三,分清工作的轻重缓急;第四,合理地分配时间;第五,与别人的时间取得协作;第六,制定规则,遵守纪律。

4. 人脉管理

大学是人际关系走向社会化的一个重要转折时期。踏入大学,就会遇到各方面的人际关系。面对如此众多的人际关系,有的同学因为处理不当,整日郁郁寡欢,心情沮丧;有的同学因为人际关系紧张,精神压力很大,导致不同的心理病症;而更多的同学则由于不知如何处理复杂的人际关系,而经常苦闷。可见,如何处理好人际关系,做好人脉规划,对于几年大学生活和未来事业的成就至关重要。

大学生要学会竞争,学会与人相处,善于听取意见,树立良好的团队协作精神,规划好自己的人脉关系。与人交往要遵循以下原则:诚实守信原则;平等互利原则;宽容原则;真诚原则;遵纪守法原则。

(三)社会实践规划

1. 顶岗实习

顶岗实习是大中专院校实践教学的重要组成部分,也是学生勤工助学的一种形式。有利于毕业生适应就业制度改革,拓宽就业渠道;有利于学生融入社会,适应工作岗位作好准备;有利于用人单位通过毕业实习发现并选用优秀人才,也有利于用人单位与毕业生之间相互了解、相互考察、双向选择。因此,作为大学生应该在自己的生涯规划中认真规划自己顶岗实习。

2. 社团活动

大学生社团与大学生素质拓展活动有着十分密切的关系,是大学生培养能力、增长知识、提高素质的一条重要途径。同学们可以根据自己的特点和爱好、时间和精力积极参加各种活动,合理安排课余生活,锻炼组织和交往能力。

3. 志愿服务社会公益

志愿服务公益是高校开展社会实践活动的重要途径。公益活动是指涉及科学、教育、文化艺术、体育、医疗卫生、环保、社会福利、社区服务,以及其他一切关心社会的活动。通过志愿服务公益活动,培养大学生热心公益、自觉承担社会责任的观念,培育市场经济环境下的公益意识。

【实践与应用】　　　　大学生志愿者服务的态度与意向调查

第1题:请问您的年级是

A. 大一　B. 大二　C. 大三　D. 大四　E. 研究生

第2题:你是否参加过志愿者活动?(选择B直接跳到第10题)

A. 是　B. 否

第3题:如果你参加过志愿者活动,一般是(　　)一次

A. 一周　B. 约一个月　C. 约三个月　D. 半年　E. 一年及其以上

第4题:请问您曾参加过参加哪种形式的志愿者活动?

A. 社区咨询服务　B. 助老扶残　C. 支教助学　D. 为大型社会活动(如西博会)提供服务

E. 扶贫济困　F. 义务献血　G. 其他

第5题:您主要通过什么渠道获得志愿者服务参加信息的?

A. 海报招募   B. 同学或熟人介绍   C. 学校有关部门或组织   D. 专门的志愿者组织
E. 网络或者媒体

第6题：你认为志愿者活动重要吗？
A. 很重要   B. 一般   C. 无所谓

第7题：你认为自己参加志愿者活动的时间安排程度怎样？
A. 很宽松，不会影响到自己学习、实习等   B. 一般，会有一定影响，但还能应付
C. 很紧张，志愿者活动会让自己时间安排不过来

第8题：你认为大学生参加志愿者活动的动因有
A. 承担社会责任以帮助社会弱势群体   B. 锻炼自己，丰富人生经历   C. 结交朋友
D. 展现个人能力及运用专业知识   E. 获取学分、荣誉   F. 从众心理   G. 消磨时间
H. 被学校规定参加   I. 其他_____

第9题：你最希望在志愿者活动中培养锻炼自己哪方面能力？
A. 吃苦耐劳、适应环境的能力   B. 运用自己专业技能知识帮助别人解决问题的能力
C. 团队合作、组织协调能力   D. 交流沟通能力   E. 其他

第10题：你更希望参加哪种形式的志愿者活动？
A. 社区咨询服务   B. 助老扶残   C. 支教助学   D. 为大型社会活动（如西博会）提供服务
E. 扶贫济困   F. 义务献血   G. 其他

第11题：你所了解或参加过的社区志愿者服务形式有哪些？
A. 敬老院、孤儿院服务   B. 社区小学义务辅导   C. 疾病、消防等知识的宣传   D. 留守儿童关爱活动   E. 指导社区开展文体活动   F. 科普知识咨询服务   G. 其他

第12题：你认为当今大学生社区志愿者活动中存在什么问题？
A. 社会各界对社区志愿服务活动不够了解   B. 学校、社区重视和支持不足   C. 资金不足   D. 存在着盲目性和临时性，缺乏长效   E. 活动形式单一，创新性不足   F. 志愿者缺乏相应的培训   G. 缺乏良好的激励机制和氛围   8. 其他

第13题：如果有更多的机会及新平台让您将自己的专业知识运用到社区志愿服务中，您愿意参加这种形式的社区服务吗？
A. 愿意   B. 不愿意   C. 无所谓

第14题：如果你愿意参加这种社区服务，在时间安排上你觉得怎样的频率才比较合适？
A. 约一周一次   B. 半个月一次   C. 一个月一次   D. 一个学期一次   E. 一年一次

第15题：如果您愿意利用自己的专业知识参加社区志愿者服务，您能够提供哪方面的服务？
A. 个人理财规划   B. 保险业务咨询   C. 金融投资常识   D. 固定资产（如房地产）投资   E. 计算机常识   F. 其他_____

【小资料】　　大学本科生四年的职业生涯规划重点和主要任务

阶段	规划重点	主要任务
大学一年级	明确大学四年的专业目标和职业发展方向，制定科学生活、学习和职业发展规划。	①真正明白读大学，读什么，怎么读。 ②深入了解自己的专业和将来的职业方向。 ③建立学习新模式：大学的学习属于典型的"自助式学习"。学什么，怎样学，完全由大学生自己决定，你可以完全按本专业的课程设置去学，也可以根据自己的职业兴趣和爱好，跨学科、跨专业地去学。大学学习新模式的特点是，紧紧围绕自己的人生目标和职业方向，有目的地、主动地、有选择地学习和积累知识、能力。 ④制定大学生活、学习和职业发展的具体规划和实施步骤。
大学二年级	修炼职业人应具备的基本职业素质和职业技能。	根据大一制定的职业发展规划，结合自己的职业方向，从成为一个合格的职业人入手，开始主动地积累职业人应该具备的基本职业素质和技能。 ①职业人应该具备的基本职业素质：人际交往与沟通能力。通过人际交往和沟通，从中学会与人交往、与人有效沟通的规则和技巧。通过人际交往和沟通，培养自己的情商，建立自己的人脉网。 ②职业人应该修炼的基本职业技能：时间管理和目标管理。通过ABC分析法、帕累托原理、工作效率曲线的学习和修炼，成为时间管理的高手。
大学三年级	清晰的职业定位、全面深入的职业体验，更多地了解希望从事的职业和职位，进一步补充和优化专业知识和积累职业所需的核心技能。	①清晰的职业定位，使学习更加有目标、有动力。有了明确的职业定位，大学后两年的学习就有了更加具体的目标和努力的方向，也更便于根据职业定位来进行职业技能和工作经验的积累。 ②职业体验，深入了解职业的最佳途径和方式。在确定了自己的职业定位后，应该围绕选择的职业，制定职业体验计划，对今后欲从事的职业和职位进行更深入的了解和体验。通过短期的职业体验，对这个行业和相关的职位进一步分析和了解，熟悉这一职位所要求的职业技能和职业素质。根据职业体验的结果，进一步修订和完善原来的职业规划目标。职业体验后，根据该职业的具体要求，有目的地、针对性地进行专业知识的补充和职业技能专项的培养和训练。

续表

大学四年级	科学规划实习、强化和提升职业核心竞争能力、择业面试早准备。	①科学规划实习。通过有规划、有目的地实习，大学生要逐渐完成由校园到社会的过渡，学会与企业发展同步，学会融入到企业发展之中，实现由社会人到企业人的过渡。 ②优化、完善、提升职业的核心竞争力。大学生的职业核心竞争力包括：工作经验、团队精神、解决问题的思路和方法、某一方面的专业技能等内容。 ③择业面试早准备，我的职业我做主。认真做好求职的准备，有目的、有规划地设计自己的简历和求职书，同时注重面试技巧和面试礼仪。

大学专科生三年的职业生涯规划重点和主要任务

阶段	规划重点	主要任务
大学一年级	明确大学三年的专业目标和职业发展方向，制定科学生活、学习和职业发展规划。	①真正明白读大学，读什么，怎么读。 ②对自己专业方向、职业目标进行深入了解和认识。 ③建立学习新模式：大学的学习属于典型的"自助式学习"，紧紧围绕自己的人生目标和职业方向，有目的地、主动地、有选择地学习和积累知识、能力。 ④制定清晰的大学生活、学习和职业发展规划和实施的具体步骤。
大学二年级	职业定位、职业体验，职业人应该具备的基本职业素质和技能积累。	①确定清晰的职业定位，使学习更加有目标、有动力。 ②进行职业体验，是深入了解职业的最佳途径和方式。通过短期的职业体验，对这个行业和相关的职位进一步分析和了解，熟悉这一职位所要求的职业技能和职业素质。根据职业体验的结果，进一步修订和完善原来的职业规划目标。职业体验后，根据该职业的具体要求，有目的地、针对性地进行专业知识的补充和职业技能专项的培养和训练。 ③自身职业发展的重点：修炼职业人应具备的基本职业素质和职业技能。应该具备的基本职业素质：语言表达与人际交往沟通能力；应修炼的基本职业技能：时间管理和目标管理。

续表

大学三年级	科学规划实习、强化和提升职业核心竞争能力、择业面试准备。	①科学规划实习。通过有规划、有目的的实习，要逐渐完成由校园到社会的过渡，学会与企业发展同步，学会融入到企业发展之中，实现由社会人到企业人的过渡。 ②优化、完善、提升职业的核心竞争力。职业核心竞争力包括：工作经验、团队精神、解决问题的思路和方法、某一方面的专业技能等内容。 ③择业面试早准备，我的职业我做主。认真做好求职的准备，有目的、有规划地设计自己的简历和求职书，同时注重面试技巧和面试礼仪。

第二节 大学生职业生涯规划方案的评估与修正

影响职业生涯规划的因素很多，有的变化因素可以预测，还有很多因素是无法预测的，因此，要使职业生涯实施方案行之有效，就需要根据自我发展、社会变迁以及其他不可预测的因素，在目标完成时间到来时或在此期间要主动适应各种变化，及时评估，灵活调整，不断修正、优化自己的职业生涯规划。反馈评估的重点是目标计划的完成情况，要将注意力放在结果上。反馈修正不仅是职业规划的最后环节，更要确立新一轮的目标，开始下一个职业生涯规划的循环。

一、反馈评估的必要性

一个人的每一种经历、每一种职业体验，都会导致对自我的重新认识，校正自己的职业抱负。大学生需要根据实际情况自觉地总结经验和教训，修正自我的认知和最终职业目标。研究表明，许多人都是在经过了一段时间的尝试和寻找之后，才了解自己到底适合于从事什么领域的工作，这段时间在缺乏反馈和修正的情况下可能长达十几年。而且，人的技能和要求会随着时间的推移发生变化，人们有必要据此不断重新思考当初的职业选择，并在合适的条件下做出必要的职业变动。

即使在自我定位和目标设定正确时，反馈和修正可以纠正最终职业目标与分阶段职业目标的偏差，保证职业生涯规划的行之有效，同时可以极大地增强实现目标的信心。

二、反馈评估的要点

评估可以参照各类短期、中期预定目标和实际结果比照而行。一般说来，任何形式的评估都可以归结为自我素质和行为对现实环境的适应性判断，分析自己现状，特别是针对变化的环境，找出偏差所在，并做出修正。

（一）抓住最重要的内容

猎人如果同时瞄准几只兔子，那他可能一只兔子也打不到。同样的，在我们的评估过程中也不必面面俱到，而是抓住一两个关键的目标和最主要的策略方案进行追踪。在大学阶段，总有一个最重要的目标，其他目标都是指向这个核心的，你完全可以通过优先排序，重点评估那些可能达到这个核心目标的主要策略执行的效果。

（二）分离出最新的需求

针对变化了的内外环境，要善于发掘最新的趋势和影响。俗话说"跟上形势"，对于新的变化和需求，怎样的策略才是最有效而且最有新意的。

（三）找到突破的方向

有时候，在某一点上取得突破性的进展将使整个局面发生意想不到的改变。想一想，先前规划中的策略方案，哪一条对于目标的达成应该有突破性的影响？达到了吗？为什么没达到？如何寻求新的突破？

（四）关注最弱点

管理学中有个著名的木桶理论，即一只沿口不齐的木桶，其容量的大小，不取决于最长的那块木板，而取决于最短的那块木板。在反馈评估过程中，当然要肯定自己取得的成绩与长处，但更重要的是切合变化的环境，发现自己的素质与策略的"短木板"，然后想办法修正，或者把这块短木板换掉，或者接补增长，惟有如此，你的职业生涯这只桶才能有更大的容量。

你可以回过头来，看看你在制定实施策略前，通过SWOT分析发现的弱势点如今是否通过阶段行动的努力而有所改观？如果没有，为什么会行而无效，或者行不通？差距又在哪里？一般来说，你的短期目标可能存在于下列方面：

（1）观念差距。观念陈旧往往会造成策略的失误，导致行动失效。

（2）知识差距。按照实施策略所积累的知识仍然不够？还是学错方向了？

（3）能力差距。环境在变化，对人的能力要求也是在不断变化的。彼一时你通过种种努力提高了某些能力，但此一时可能又会出现新的差距。另外，前一阶段是否坚持按计划措施来提高能力了？提高了多少？遇到什么困难？这对以后都是一个重要的启发。

（4）心理素质差距。很多时候，我们没有取得预期的进步，并不是规划得不够好，或者措施不够得当，而是心理素质不够。一个人职业生涯发展，首先是心理素质的成长过程。

三、反馈评估的方法

（一）全方位反馈评估

全方位反馈评估是将你的家人、好友、老师、同学、邻居、社团伙伴等与你联系密切接触的人员，与大学生自我的评估结合起来，全面评价。它又可称为多源评估或多评价者评估。

大学生在进行职业生涯评估时，也可以利用这种模式。也就是说，在反馈评估过程中，尽可能打开窗户，向其他人征求意见。这些人可以是学校的老师、同学，也可以是亲朋好友。其中，来自老师和同学的意见极为重要，因为他们每天与你共处的时间最长，联系非常密切，他们往往能够在第一时间发现你的变化，捕捉到你的失误点。及时有效的沟通和全面的信息交流对大学生职业生涯的发展是非常重要的。

（二）SWOT分析

SWOT分析是一种功能强大的分析工具，是检查你的技能、能力、职业、喜好和职业机会的有用工具。通过它，你会很容易知道自己现有的个人优点和弱点在哪里，并且你会仔细地评估出自己所感兴趣的不同职业道路的机会和威胁所在，并根据分析的结果对职业生涯规划的内容进行相应的调整。其中S代表Strength（优势），W代表Weakness（弱势),O代表opportunity(机会),T代表threat(威胁),其中,S、W是内部因素,O、T是外部因素。

1. 优势。你自己比较出色的方面,尤其是与竞争对手相比,具有优势的方面。如沟通能力、组织能力、亲和力、同情心等。

2. 弱势。你自己不喜欢做的事情和对你的职业选择不利的短处,尤其是与竞争对手相比处于落后的地方。如不善于社交,缺乏创新能力,团队合作能力比竞争对手差等。

3. 机会。有利于职业选择和职业发展的一些新机会。如与专业对口的行业国家加大扶持力度,急缺人才;你一直向往的某知名企业需要招聘新员工等。

4. 威胁。存在潜在危险的方面。如所在行业走向衰落,来了一个强劲的新对手,所在公司业绩一直在下滑等等。

运用SWOT分析方法进行反馈评估职业生涯发展机会时,你要穷尽所有选择来评估各种的职业生涯发展机会,全面分析各种机会,选择最优职业发展机会,及时有效地调整职业目标,走向成功的职业生涯。

四、行动方案的调整

接下来,就要根据评估的结果进行目标和策略方案的调整。调整的内容包括:职业的重新选择;职业生涯路线的选择;阶段目标修正;实施措施与行动计划的变更。

通过反馈评估和修正,应该达到下列目的:

(1)知道自己的优势是什么。

(2)对自己发展的环境有一个清晰的了解,知道自己有哪些地方还有待改进。

(3)找出关键的有待改进之处。

(4)为这些改进之处制定详细的行动改变计划。

(5)实施你的行动计划,确保你能够取得显著的进步和商业成就。

总之,大学生职业生涯规划是一个持续动态的过程,有效的职业生涯规划需要对生涯目标进行评估和作出适当的调整,才能使之更好地符合自身发展和社会发展的需要并作为下一轮规划时的参考。

第三节　大学生职业生涯规划书的撰写

一、大学生职业生涯规划书的基本格式

(一)常见格式

1. 表格式

这种格式的规划书为不完整的职业生涯规划书。常常仅写有最简单的目标、分段实现时间、职业机会评估和发展策略等几个项目,有的只相当于一份完整的职业生涯规划书的计划实施方案表。适合作为日常警示使用。

2. 条列式

这种格式的规划书具有职业生涯规划的主要内容,似多只是作简单的表述,没有详细的材料分析和评估。文章精练,但逻辑性和说理性不强。

3. 复合式

就是表格式与条列式的综合。

4. 论文格式

一份优秀的论文格式的职业生涯规划书能够对一个人职业生涯规划做全面、详细的分析和阐述,是最完整的职业生涯规划书。

(二) 大学生职业生涯规划书的基本内容

职业生涯规划书是对职业生涯规划的书面化呈现,不仅能呈现大学生的宏观职业生涯规划,还能对具体的学习和工作起到指导及鞭策作用。大学生职业生涯规划书的基本内容主要有:

(1)扉页。包括题目、目录、姓名及基本情况介绍、年限、起止日期等。

(2)职业方向及总体目标。

(3)社会环境分析结果。包括对政治环境、经济环境、法律环境、职业环境的分析。

(4)组织分析结果。包括对行业、组织制度、组织文化、领导人、组织运行机制、发展领域等的分析。

(5)自我分析。对家庭因素、学校因素、自身条件及性格、潜力等的测评结果。

(6)角色及其建议。记录对自己职业生涯影响最大的一些人的建议。

(7)目标定位以及目标的分解和组合。包括发展策略、发展路径。

(8)成功的标准。

(9)差距。即自身现实状况与要实现的目标之间的差距。

(10)缩小差距的方法及实施计划和方案。

(11)评估调整预测。评估的内容、评估的时间、规划调整的原则。

(三) 大学生职业生涯规划书的基本要求

1. 资料翔实,步骤齐全

收集资料有多种途径,可以通过访谈、从报刊图书中摘抄、上网下载等方式获取资料,要尽可能注明资料的出处,并多运用图表数据来说明问题,以提高资料来源的可信度和说服力。步骤主要分为四步:

第一步,分析需求,分析条件及目标设定;

第二步,分析阻碍和可行性研究;

第三步,设计方案和提升(改变)计划;

第四步,制订详细的实施计划和措施。

2. 论证有据,分析到位

要了解有关的测评理论及知识,认真审视并思考自己的测评报告并对照自我认识与测评结果的异同,分析与测评结果形成差距的原因,从而确定自我评估结果,达到"知己";要理清自己所处的地理环境(包括居住的地方、喜欢的地方、亲朋的意见等),明确自己最大兴趣是什么、最喜欢与之共事的人的类型、最重视的价值与目标、最喜欢的工作条件是什么,再通过目前环境评估(社会影响、家庭影响、学校因素、就业形势等)和当前社会环境分析(组织环境分析、技术的发展、经济的兴衰、政策法规的影响等)来确定自己的职业方向,做到说理有据,层层深入。

3. 言简意赅、结构紧凑、重点突出、逻辑严密

语言朴实简洁,用词精练准确,行文流畅,条理清楚,这是最基本的写作要求。撰写时还应密切注意整篇文章的结构和重心所在。职业生涯规划书一般包含:对职业规划的认识,对自我的剖析,对所学专业的认识,对职业方向的探索及确定目标并制订计划,这五个方面的内容。在对这些内容进行分析阐述时,必须紧紧围绕职业目标这条主线来展开,从而体现文章论述的逻辑性和连贯性。要将重点放在自我评估、环境评估、目标实施上。职业生涯规划是自己将来的规划,这个规划只有建立在对自我和职业的充分认识的基础上才能体现出它的科学性和可行性。

4. 目标明确,合理适中

撰写职业生涯规划书应围绕论述的中心展开,职业生涯目标不能过于理想化,应"择己所爱"、"择己所长"、"择世所需"、"择己所利"。职业生涯规划书是否成功,在很大程度上取决于有无正确适当、切实可行的目标。

5. 分解合理,组合科学,措施具体

目标分解、实现路径选择要有理论依据,而且备用路径之间要有内在联系性。目标组合要注意时间上的并进、连续,功能上的因果、互补作用,全方位的组合要涵盖职业生涯、家庭生活、个人事务等方面。

6. 格式清晰,图文并茂。

(四)大学生职业生涯规划书范文

1. 封面

署上作品名称和年月日,可以在封面插入图片和警示格言。

2. 扉页

个人资料:

真实姓名:×××

笔名:× ×

性别:×

年龄:× ×岁

籍贯:× ×省× ×市/县

身份证号码:×××××××××××××××××

所在学校及学院:× ×大学× ×学院

班级及专业:×××级× ×专业

学号:×××

联系地址:×××××××××××

邮编:×××××

联系电话:×××××××××

E - mail:××××××××××××

3. 目录

总论(引言)

第一章 认识自我

(1)个人基本情况

(2)职业兴趣

(3)职业能力及适应性

(4)个人特质
(5)职业价值观
(6)胜任能力
自我分析小结
第二章 职业生涯条件分析
(1)家庭环境分析
(2)学校环境分析
(3)社会环境分析
(4)职业环境分析
职业生涯条件分析小结
第三章 职业目标定位及其分解组合
(1)职业目标的确定
(2)职业目标的分解与组合
第四章 具体执行计划
第五章 评估调整
(1)评估的内容
(2)评估的时间
(3)规划调整的原则
结束语
附:参考书目
4.正文
总论(引言)
第一章 认识自我
结合相关的人才测评报告对自己进行全方位、多角度的分析。
(1)个人基本情况
(2)职业兴趣——喜欢干什么
在我的人才素质测评报告中,职业兴趣前三项是××型(×分)、××型(×分)和××型(×分)。我的具体情况是……
(3)职业能力及适应性——能够干什么
我的人才素质测评报告结果显示,××能力得分较高(×分),××能力得分较低(×分)。我的具体情况是……
(4)个人特质——适合干什么
我的人才素质测评报告结果显示……我的具体情况是……
(5)职业价值观——最看重什么
我的人才素质测评报告结果显示前三项是××取向(×分)、××取向(×分)和××取向(×分)。我的具体情况是……
(6)胜任能力——优劣势是什么
自我分析小结
第二章 职业生涯条件分析

参考人才素质测评报告建议,我对影响职业选择的相关外部环境进行了较为系统的分析。
(1)家庭环境分析
如经济状况、家人期望、家族文化等以及对本人的影响
(2)学校环境分析
如学校特色、专业学习、实践经验等
(3)社会环境分析
如就业形势、就业政策、竞争对手等
(4)职业环境分析
①行业分析
(如××行业现状及发展趋势,人业匹配分析)
②职业分析
(如××职业的工作内容、工作要求、发展前景,人岗匹配分析)
③企业分析
(如××单位类型、企业文化、发展前景、发展阶段、产品服务、员工素质、工作氛围等,人企匹配分析)
④地域分析
(如××工作城市的发展前景、文化特点、气候水土、人际关系等,人城匹配分析)
职业生涯条件分析小结。
第三章 职业目标定位及其分解组合
(1)职业目标的确定
综合第一部分(自我分析)及第二部分(职业生涯条件分析)的主要内容得出本人职业定位的 SWOT 分析:

	优势因素(S)	弱势因素(W)
内部环境因素		
外部环境因素	机会因素(O)	威胁因素(T)

SWOT 分析:
结论:职业目标——将来从事(××行业的)××职业
职业发展策略——进入××类型的组织(到××地区发展)
职业发展路线——走专家路线(管理路线等)
(2)职业目标的分解与组合
把职业目标分成三个规划期,即:近期规划、中期规划和远期规划,并对各个规划期及其要实现的目标进行分解。

第六章 职业生涯设计与评估

职业生涯规划总表

计划名称	时间跨度	总目标	分目标	计划内容	策略和措施	备注
短期计划（大学计划）	2006年~20××年	如大学毕业时要达到……	如：大一要达到……大二要达到……或在××方面要达到……	如专业学习、职业技能培养、职业素质提升、职业实践计划等	如大一以适应大学生活为主，大二以专业学习和掌握职业技能为主……或为了实现××目标我要……	大学生职业规划的重点
中期计划（毕业后五年计划）	20××年~20××年计划	如毕业后第五年时要达到……	如毕业后第一年要……第二年要……或在××方面要达到……	如职场适应、三脉积累（知脉、人脉、金脉）、岗位转换及升迁等	……	大学生职业规划的重点
长期计划（毕业后十年或以上计划）	20××年~20××年计划	如退休时要达到……	如毕业十年要达到……二十年要达到……	如事业发展、工作、生活关系，健康、心灵成长、子女教育、慈善等	……	方向性规划

具体路径：××员——初级××——中级××——高级××

第四章 具体执行计划

（1）短期目标的具体实施计划

本人现正就读大学×年级，我的大学计划分为四个阶段

（2）中期目标的具体实施计划

（3）长期目标的具体实施计划

（4）人生总目标的具体实施计划

第五章 评估调整

职业生涯规划是一个动态的过程，必须根据实施结果的情况以及变化情况进行及时的评

估与修正。

(1) 评估的内容

①职业目标评估。(是否需要重新选择职业?)假如一直……那么我将……

②职业路径评估。(是否需要调整发展方向?)当出现……的时候,我就……

③实施策略评估。(是否需要改变行动策略?)如果……我就……

④其他因素评估。(身体、家庭、经济状况以及机遇、意外情况的及时评估。)

(2) 评估的时间

在一般情况下,我定期(半年或一年)评估规划;

当出现特殊情况时,我会随时评估并进行相应的调整。

(3) 规划调整的原则

结束语

附:参考书目

【思考与练习】

1. 请根据本章内容拟定一份你的大学期间学业、生活以及社会活动规划。

2. 讨论如何制定职业生涯规划的实施方案。

3. 按照第三节所讲内容,制定一份论文格式的职业生涯规划书。

第七章 职业素质训练

【本章要点】
1. 职业素质的内涵和基本内容
2. 通用职业能力的培养
3. 沟通力、执行力、核心竞争力的训练

第一节 职业素质与职业能力

一、目标职业对专业技能的要求

【分组】

人数:8人/组

组合形式:自由组合

要求:

1. 组员中必须由不同性别组成
2. 组员中必须由不同宿舍组成
3. 组名自定,自行约定守则
4. 内部选举组长一名
5. 名单一旦确定,中途不作更改
6. 小组共同完成课堂任务,成果共享

讨论:(15分钟)

相识相知(学校、工作身份、个人特质……)

组长,组名,标志,口号

我们希望……

我们准备付出……

我们的约定……

签名……

讨论后,由每组的代表上台展示。

专业知识技能并非只能通过正式专业教育才能获得。它的获取途径包括:学校课程课外培训、辅导班、资格认证、考试专业会议、讲座或研讨会、自学爱好、娱乐休闲、社会实践、社团活动、上岗培训等。

　　由各组成员总结：自己专业的目标职业有哪些，目标职业对专业技能的要求。

　　例：市场营销专业

　　市场营销是指在以顾客需求为中心的思想指导下，企业所进行的有关产品生产、流通和售后服务等与市场有关的一系列经营活动。市场营销活动包括企业为影响对其产品的需求而做的任何事情，包括产品（product）策略、价格（price）策略、分销（place）策略和促销（promotion）策略，即"4P"。比如"三鹿奶粉"事件对整个奶粉业的影响很大，为其他中国奶粉企业设计走出困境的方法就是市场营销。

　　其次，直销和传销的区别？直销是指直销企业招募直销员，由直销员在固定营业场所之外直接向最终消费者推销产品的经销方式；直销企业（如安利、戴尔等）是指依照相关规定经批准采取直销方式销售产品的企业。传销是非法的直销，具体是指组织者或者经营者发展人员，通过对被发展人员以其直接或者间接发展的人员数量或者销售业绩为依据计算和给付报酬，或者要求被发展人员以交纳一定费用为条件取得加入资格等方式牟取非法利益，扰乱经济秩序，影响社会稳定的行为。传销企业是没有依照规定经批准采取直销方式销售产品的企业，销售的产品得不到保障，可能构成非法经营罪。

　　再次，认为市场营销专业的学生的目标是做职业经理人。因为职业经理人在企业中处于领导地位，对内是其他员工的榜样，对外是代表企业形象，所以要多关注细节，细节决定成败，比如迟到早退、头发乱七八糟、衣着不美观等都会影响职业经理人事业的发展。同时职业经理人还要与时俱进，随时充实自己，比如多看看《中国经营报》、《销售与市场》、《哈佛商业评论》等。

　　最后，建议市场营销专业的学生要立志，觉得自己在哪个方面比较在行，比较感兴趣，就去实践，比如有志于汽车销售行业的可以去4S店，即一家集整车销售（sale）、零配件（spare part）、售后服务（service）、信息反馈（survey）为一体的特约服务站，去看看别人的操作模式，有意识收集不同汽车品牌，同时锻炼自己的沟通能力，积累人脉。

二、目标职业对通用技能的要求

　　通用技能也称为可迁移技能，如教学、组织、设计、帮助等。通用职业技能是人们职业生涯中除岗位专业能力之外的基本能力，个人最能持续运用和最能够依靠的技能。知识技能的运用都是在可迁移技能的基础上，它适用于各种职业，适应岗位的不断变换，是伴随人终生的可持续发展能力，包括以下十项技能：①自我管理能力；②学习和适应能力；③解决问题能力；④创新能力；⑤团队工作能力；⑥语言表达能力；⑦信息处理能力；⑧人际交往能力；⑨系统化工作能力；⑩自我规划能力。

　　通用能力训练（自我规划、时间管理、工作沟通、运用沟通能力解决工作中与人交往的问题）：

1. 创新游戏：幸运数字

形式：人数不限，全体同学

类型：领导力、破冰、课程导入

时间：5分钟

材料和道具：笔和纸（同学生数）、白板和白板笔

场地：室内

游戏目的:让管理者明白优秀的团队领导人应该具备怎样的素质和能力。活跃课堂气氛,加深学生记忆,让学生快速进入培训状态。

操作程序:

(1)教师对所有学生说:"你们每个人知道自己今年多大了吗?(学生:知道),你们每个人有没有自己的幸运数字(学生:有),请你们把自己的年龄和幸运数字在心中默念,不要说出来或者告诉其他人,接下来我们进行一个小小的数字游戏,等一下看看有什么奇迹出现。"

(2)教师在白板(或者口述)上写下这样一个算式:(个人的幸运数字)×2 = ? + 5 = 15 × 50 = 750 + (个人的周岁年龄) + 365 = ……写完以后,要求所有学生在自己的笔记本(白纸)上,用30秒~1分钟的时间把自己心中默念的年龄和幸运数字结合算式得出答案(在学生开始做以前教师可以举例说明,比如:幸运数字是5,年龄是37岁,用以上算式得出结果:1152,把结果写在白板上)。

(3)学生得出答案后,教师要求所有学生找到身边任一学生进行交换,把交换后的数字减去615,就可以知道旁边学生的幸运数字和年龄了,(如:1152 - 615 = 537)。教师问所有学生:"你们问一问刚刚和你交换数字的学生,得出的最后答案是不是他们的年龄和幸运数字?如果是的话,拍拍手给你身旁的学生鼓励一下?"

(4)教师开始提问以及组织学生进行讨论。

注意事项:①教师在讲述优秀管理者必备的素质和能力之前开始进行这个游戏。②如果单纯作为破冰游戏,可不做讨论。

有关讨论:

(1)这个算式中"×2"对于管理者意味着什么?教师归纳/引导方向:无论一个部门或者说一个团队,其部门的领导者都要付出比别人加倍的努力。这是一个领导者自己应尽的责任。

(2)"+5"又表示什么意思呢?教师归纳/引导方向:其实,你在付出的同时也有回报,"+5"就是你所努力的增值的回报。

(3)"×50"呢?教师归纳/引导方向:通过你自身的努力所取得的回报是有限的,最重要的是要使你所领导的部门或团队获得几何级数的绩效增长。领导者一般分为三类:第一类是只会用自己的高级士兵,但却不是真正意义上的管理者,他不知道如何分配、如何授权、如何评价一个人的绩效。第二类是会用别人的领导者。他明白,每个人的力量都是有限的,你不可能在所有方面都成功。这类人是业务上的高手,也是管理的专家,会用人。第三类是最聪明的领导,这类领导不仅仅会用个别的人才,还会用整个组织、整个团队。

(4)"+365"呢?教师归纳/引导方向:意味着一年中的365天,一个好的理论需要每天去实践。

(5)从游戏中领悟到优秀的管理者必须具备怎样的素质和能力?可能答案/教师归纳:①言行一致。②坚持原则,成为员工的表率。③为员工制定明确的具体目标;告诉员工一定时期内的工作前景。④较好地掌握了交际和沟通的艺术。⑤让下属感到公平;给下属一种主人翁的感觉。⑥善解人意,体贴别人;能够尽可能多地给员工一些帮助。⑦善于决策,具有有效地解决问题的能力。⑧意志顽强;和下属一起分担风险。⑨致力于创新。⑩不断提高自身的人格魅力。

2.案例分析

李总在工作中常常面临着处理一些问题，他经常为这些问题而烦恼。某周一，李总要对他所面对的问题做出一个紧急/重要性分析。他认为周一他应该处理上周人力资源部门提出的员工因为薪资的问题提出要加薪或增加各种福利，否则他们就要进行罢工或辞职。周二他认为应该处理建立一个学习型的团队的问题，但是他觉得这种团队建设的事情是急不来的，所以周二一天他就处理了几个客户的投诉的问题。周三上午他又对老客户进行电话拜访，下午对是否应该发展员工的问题，开了一个会议。周四他又处理了一些突发性的设备损害问题。周五他对工作做总结的时候，发现自己这一周的时间怎么过得那么快，但是他又觉得他什么事情都没干。问题到底出在哪里呢？

根据以上的情况，请回答下面的问题。

(1)上述案例说明，李总认为"员工加薪的事情"属于紧迫性/重要性哪一个优先级？（　　）

A 重要而紧迫　　　　　　B 紧迫但不重要
C 不紧迫也不重要　　　　D 不紧迫但重要

(2)上述案例中，属于重要但不紧迫的事情是（　　）

A 团队建设　　　　　　　B 处理投诉电话
C 客户拜访　　　　　　　D 突发性设备损害事件

(3)在紧迫性/重要性矩阵中，要想处理优先级 A 的事情，最好的方法是（　　）

A 通过预测危机，提前进行计划　　　B 可以放在一边，不用管它
C 将它划为优先级 D 的问题　　　　D 优先处理它

(4)根据紧迫性/重要性矩阵所划分的象限和优先级别，正确的做法是在下面哪一个优先级的象限内应该花费大量的时间？（　　）

A 优先级 B　　　　B 优先级 A　　　　C 优先级 C　　　　D 优先级 D

(5)如果你是李总，对于周一要解决的问题，在出现问题之前可以通过下面哪些方法避免这种危机问题的发生？（　　）

A 对于这种问题可以安排其他人解决
B 对这种问题最好延迟解决
C 视为违反相关的制度，应该受到严厉批评
D 通过预先安排减轻危机的程度，将它尽量地变为优先级 B 的问题

三、目标职业对个人素质的要求

个人素质的内涵很广；包含多个方面，包括学习能力、总结能力、学识经验、进取精神、社交能力、责任心、自我控制、成就动机、灵活性、创造性潜力、管理潜力、工作态度、诚实水平等等。关键是根据自身特点发挥自己的特长，同时要有过硬扎实基本功的真才实学。专业技能强、上进、好学、有职业操守；真诚、敬业、守时；有团队合作意识、良好的沟通能力和亲和力；善于学习，积极主动解决困难的态度和能力；良好组织能力和协调管理能力等等。

职业能力包括：(1)一般智力。主要指学习能力，即获取、领会和理解外界信息的能力，以及分析、推理和判断的能力。(2)表达能力。以语言或文字方式有效地进行交流、表达的能力。(3)计算能力。准确而有目的地运用数字进行运算的能力。(4)空间感。凭思维想像几何形体和将简单三维物体表现为二维图像的能力。(5)形体知觉。觉察物体、图画或图形资

料中有关细部的能力。(6)色觉。辨别颜色的能力。(7)手指灵活性。迅速、准确、灵活地运用手指完成既定操作的能力。(8)手臂灵活性。熟练、准确、稳定地运用手臂完成既定操作的能力。(9)动作协调性。根据视觉信息协调眼、手、足及身体其他部位,迅速、准确、协调地作出反应,完成既定操作的能力。

要提高自己的职业能力需要从以下两个方面入手:

第一,选择与决策。这是人生存的基本技能。作出明智的选择是一项与每个人的成长、生活息息相关的基本生存技能,我们的每一个决定,影响、左右了我们的职业生涯发展和个人生活质量。在我们的一生中,需要花费无数的时间与精力来选择或作出决定,小到选乘公交车,大到求学、择业,还有恋爱与婚姻……的确,成功与幸福很大程度上取决于我们在"十字路口"上的某个决定。

影响职业选择有三大因素:(1)发现与探索自我。帮助大学生了解自己的职业需要,即自己想从事什么职业;了解自己的气质与个性特点,分析自己适合从事什么职业;了解自己的职业能力及其倾向,看看自己从事什么样的职业才能最充分地发挥潜能、实现自我价值。(2)认识职业世界。以动态、发展的眼光看待职业世界,认清职业社会发展的趋势,了解相关职业的特性及其对就业者的要求。(3)寻求最佳的人职匹配。在正确估价自己和全面认识职业世界的基础上,大学生客观地给自己定位,明确恰当的就业期望;在充分获取信息的基础上,选择既能满足自己需要、适合自己个性特征,又能促进自己潜能发挥的职业。

第二,职业适应与自我塑造。法国哲学家狄德罗曾说过:知道事物应该是什么样,说明你是聪明人;知道事物实际是什么样,说明你是有经验的人;知道如何使事物变得更好,说明你是有才能的人。显然,要想获得职业上的成功,首先是学会适应职业环境,就像大自然中的千年动物,能够随着自然环境的变化而调整、改变自己,避免成为"娇贵"的恐龙!

一般而言,踏入职场的最初三年,是新人适应社会的阶段。主要任务是:弄懂、搞清职场游戏规则,接受他人有关如何最好完成工作的智慧与指导,承受对新生活想像和实际情况有落差的现实,克服某些方面比别人差的不安,等等。

随着市场竞争的加剧,企业倒闭、转业、兼并的可能性越来越大;受其影响,职业的供给数量、市场价格也在不断变化。另外,因择业者的才能、素质水平存在着差异,以及求职预期与现实社会的矛盾,择业者要想得到一份满意、适合自己的职业变得越来越困难。因此,建议更多的"我"能不断调整自己的求职预期与职业定位,提高自己在职业社会中的生存与发展能力。

第二节 执行力与核心竞争力

大家有没有过这样的经历,计划做得很好,却往往不能达到目标。其实,这涉及到执行力和核心竞争力的问题。今天,我们就来共同探讨执行力和核心竞争力。

一、执行力

(一)概念:执行力就是保质保量按时完成工作任务的能力。执行力是职业生涯从规划到结果的推进器,往往决定最终职业的成败。

(二)决定因素:个人能力及工作方法、态度。
(三)提高个人执行力的方式
1. 增强个人工作能力:前述
2. 寻找到较好的工作方法
(1)将自己不愿完成又不得不完成或自觉难以完成的任务进行分解
(2)寻求他人或有类似工作经验者的帮助
3. 积极的工作态度
(1)积极主动,自动自发
主动出击而不是得过且过:大学生在校园有很高的自由度,没有家长和老师的监督,为实现职业生涯规划,更需要高度的自觉性。
(2)停止抱怨,不找借口
(3)加强沟通,执行到位
有好的理解力,才会有好的执行力。好的沟通是成功的一半。通过沟通,群策群力集思广益可以在执行中分清战略的条条框框。
(四)执行力逻辑公式
员工执行力 = 态度 + 方法 + 条件
员工执行力 = 愿做 + 会做 + 可做
员工执行力提升 = 端正态度 + 掌握方法 + 改善条件
个人执行力 = 意愿变现实的能力
个人执行力提升 = 思路 + 态度 + 套路
组织执行力 = 目标变现实的能力
组织执行力提升 = 目标 + 态度 + 方法
(五)员工执行力提升的五个环节:想、说、听、做、见
想:想明白 > 1. 想到哪里去? 2. 现在在哪里? 3. 如何从现在的位置到达想要去的地方? 4. 态度是否积极? 5. 行动方案是否可行? 6. 完成任务的条件是否基本具备?
说:说清楚 > 1. 什么事情? 2. 由谁去完成? 如果几个人共同去做谁负责? 谁配合? 3. 要求多长时间完成? 4. 质量要求? 5. 完成任务的预算?
听:听详尽 > 1. 什么事情? 2. 我或我们干什么? 3. 领导是谁? 如何分工协作? 4. 我应该干什么? 多长时间完成? 5. 质量要求? 6. 完成任务的基本条件?
做:做到位 > 1. 按时完成了没有? 2. 工作是否全部完成? 3. 已经完成的工作有没有疏漏,检查了没有? 4. 工作质量是否达到了规定的要求?
见:见结果 > 1. 该项工作是否符合目标要求? 2. 该项工作是否全面完成? 3. 该项工作是否按时完成? 4. 该项工作是否达到质量要求? 5. 该项工作有无遗留问题?
(六)个人执行力训练:每个小组组织一个活动,每名成员都要参与(利用现有条件,演讲、小品、销售、猜谜等均可)。

二、核心竞争力

(一)概念:即职业方面的特长个体能够长期获得竞争优势的能力。是特有的、能够经得起时间考验的、竞争对手难以模仿的技术或能力。

个人所拥有的核心竞争力应当是其他人所不具备的,或者是其他人暂不具备的,即他拥有的在某一项工作中的思维能力和实践能力至少应当领先于其他人,才能成为其成功发展的关键因素。

核心竞争力包括:不可被取代的专业能力;非常受欢迎的性格特质;可转化的综合能力。

基本判断标准:你在不在有何不同?

(二)他人的核心竞争力:1.俊男美女的核心竞争力;2.张业新专门研究开锁,他为那些丢了钥匙的粗心市民开了上万把锁,结果被长沙市公安局110报警服务中心聘为专职开锁员,被市民誉为长沙"开锁大王";3.沃伦·巴菲特专门研究股票,结果成了股票投资专家、亿万富翁。

(三)所学专业的核心竞争力(分组讨论)

(四)如何提高自己的核心竞争力

1．明确自身优势

认识你自己,通过SWOT分析等方法,与竞争对手有所区分,做到差异化。

2．增加内存

在大学中首先要把自己的专业知识掌握牢固,专业知识就好像盖大楼需要地基一样,如果地基没有打好,再高、再华丽的大楼都会成为危房。所以从这个角度可以看出专业知识的重要性。只有将自己的专业课学好,才能在日后其他的学习中有所发展。

(1)方法:本专业的核心课程要学好。自己感兴趣的专业选修课程要选完。

(2)内存量大小的外在判断标志:知识的广度;三好学生或奖学金;选修课程的种类及门数;相关专业证书。在校期间发表论文数。

3．扩充外存

知识的深度拓展、确认并有效管理人脉资源,建立良好形象,增加自己被利用的价值,乐于与别人分享,学习关怀别人。

(1)方法:尽可能多参加社会活动,在活动过程中表现突出。与活动组织者经常保持联系;经常联系你的同学,了解外面情况为以后毕业作准备。

(2)标志:你收集到的名片数或联系电话数;节假日期间你发给贺信的人数及收到的回信数。

4．打造个人品牌

具有鲜明突出的个性,树立起个人的品牌效应。

分析自己有无核心竞争力,如果没有,从哪方面努力,如果有,请分析自己的核心竞争力。

【实践与应用】　　　　　大学生核心竞争力测评

您的性别:＊男 女

第一部分:专业知识水平

您认为自己:

1.具有较为扎实的本专业必需的自然科学基础知识,如高等数学、大学物理等

2.能系统地掌握本专业较扎实的技术基础理论知识和必要的专业理论知识 ＊

3.具有较好的计算机软硬件基础知识和较强的计算机应用能力 ＊

4.较好地掌握远动控制、电力电子技术、信息处理、建筑智能化技术等方面的知识 ＊

5.对电气工程及其自动化和电子信息领域的新技术、新动态有一定的了解 ＊

6.具有较宽广的工作适应性,能适应各种领域的电气工程及其自动化和电子信息方面的科技与管理工作 *

7.能独立完成专业相关实验、实习等,并借此加深对理论知识的理解 *

8.经常参加各种科研、科技竞赛,不断提高自己的创新能力和动手能力 *

第二部分:组织管理能力和就业面试能力

您认为自己:

1.当我所属的团队正在计划一项活动时,我愿意亲自策划,而不只是协助别人或是完全由别人组织 *

2.在大学期间组织过一次或多次活动,并取得了较好的效果 *

3.会通过更多渠道自主学习组织管理方面的知识并运用于校园生活中 *

4.能为团队稳定、组织开展活动牺牲个人利益 *

5.对就业现状及趋势有一定了解,能很好把握自己的就业方向 *

6.具备一定的自信及口头表达能力,从容应对面试 *

7.能制作符合招聘者要求的简历 *

第三部分:文体素质及公益素质

您认为自己:

1.具有较好的英语综合能力,达到国家英语四级或以上水平 *

2.具有一定的人文社会科学、经济管理知识及相关的工程技术知识 *

3.坚持锻炼身体,拥有较好的身体素质 *

4.关注公益事业,自愿参加社会公益组织,为社会贡献自己的一份力量 *

5.在公益活动中服从管理,较好地完成本职任务 *

第三节　团队合作与有效沟通

(导入)撕纸游戏

目的:是要大家懂得上级与下级沟通的重要性。同样的指令,不同的人有不同的理解,执行起来会有不同的结果。

●操作程序:

请大家拿出一张纸,闭上眼睛,听老师的指令完成以下操作:

1.把纸按顺时针方向旋转180度;

2.把纸对折;

3.重复1;

4.重复2;

5.把纸按顺时针方向旋转90度;

6.在纸的右上角撕去一个1厘米左右见方的正方形;

7.重复5;

8.在纸的左上角撕去一个1厘米左右半径的四分之一圆。

9. 然后请大家睁开眼睛,展开手中的纸,教师来检查功课。大家左右一看,奇了怪了,怎么听同样的指令做出来的手工活会是五花八门的呢!有的是中间一个方的孔,四个角成凹弧形,培训称之为"孔方兄";有的没孔,角也都在,但是四边各有一个缺口;还有的是一边有两个矩形缺口,另一边有两个半圆的缺口,教师称之为"城墙"。("城墙"是标准答案)并与做出"城墙"来的学生握手,恭喜他们答对了。

10. 教师让大家睁大眼睛跟着他再做一遍这个游戏。所有学生会发现执行指令时出偏差的原因:有的人在旋转纸片时没有转对方向;有的人折纸的方向不对,在第二次对折时想当然地朝与第一次垂直的方向折了,实际上是把纸片多转了90度;还有的人一开始就错了,对折时教师是按矩形纸的长度方向,而很多人是按宽度方向折的。

● 有关讨论:

在下级都是认真办事的人的前提下,上级指令被执行后未能达到预期结果的原因:

1. 上级的指令不够精确,有的地方模棱两可。(游戏中教师没有规定一开始时纸张的方向。)

2. 下级没有精确地按要求办事,有时会想当然、按自己的习惯办。(游戏中有的人第二次折纸时的方向不对,多转了90度,而教师并没有发出这样的指令。)

3. 下级没有正确理解上级的指令。(游戏中教师要求把纸片旋转180度时是指平面上的角度,有的人拿着纸片在空中旋转。)

4. 下级在没搞清上级的意图时没有及时请示。(游戏开始时没有人问教师纸张的方向应该如何。)

5. 上级在指令被执行的各阶段中没有及时检查,及时沟通。

结论:

1. 人与人之间的沟通非常重要,在上下级之间、上下辈之间、朋友之间、夫妻之间、邻里之间、买卖方之间或是装修新房子时主人与装修工人之间都是如此。

2. 要做到真正的沟通不是想像中那么容易,误解是正常的,理解是宝贵的。

3. 要办好一件事,有关人员之间必须时时保持沟通的状态。

刚才我们做了个关于沟通的游戏,使大家认识到沟通的重要性。今天我们要讲的专题是团队合作和有效沟通。我们先来理解一下团队。

一、团队合作

(一)团队

团队是一群为达到共同目标而一起工作的人员。团队广泛存在于组织当中,团队的建立和成熟需要一定的过程,这种过程不是自动的,必须通过有意识的发展和培养,团队才能够成熟。

团队的优势:

(1)协作。团队成员具有共同的目标,一个真正的团队能够完成的工作并不是团队成员各自工作的简单叠加。

(2)效率提高。随着团队找到最有效的工作方式,工作效率必将随之提高。

(3)使命感更强。随着团队的成熟,团队成员具有更强的使命感,并能相互约束。

(4)技能与技术的使用更充分。安排成员做他们擅长的工作。

(5)决策更合理。更多的人参与讨论并发表意见。
(6)能较灵活地适应快速变化的环境。与个人相比较,团队的工作方式有更大的变化范围。
(7)加强工作的整体协调性。不同成员互相配合完成工作。

(二)优秀团队的特征

1. 目标明确

优秀团队清楚他们要达到的目标,所有成员都致力于他们的目标。如果目标是由团队成员共同参与而制定的,则团队成员具有更高的责任感。作为团队领导,最主要的工作任务就是提醒团队成员时刻牢记目标。

2. 广泛的技能与经验

优秀团队能够利用多种多样的技能完成工作。优秀团队一般会具有多种角色的人员——如"思想活跃的人"、"积极进取的人"、"吃苦耐劳的人"等,这些角色互补与协作有助于团队实现其自身功能。

3. 信任与支持

在优秀团队中,相互信任的氛围十分浓厚。正因为如此,团队成员才会全身心地参与并相互支持。

4. 公开交流

优秀团队可以公开交流,每个团队成员都能随时提供其他人需要的信息。

5. 合理利用冲突

优秀团队十分重视出现的冲突,并能够以积极的态度对待和利用冲突。

6. 透明程序

优秀团队中团队成员对工作方式和方法都非常清楚,在团队工作中的信息和程序也都是可以公开的。

7. 定期检查

优秀团队会定期举行"自我检查",以对他们的目标进行校正,从失误中吸取教训。

团队游戏:地雷阵

目标:使学生在活动中建立及加强对伙伴的信任感。

教具:界限绳一条、障碍物若干

规则:用绳子在一块空地圈出一定范围,撒满各式玩具(如娃娃、球等)作障碍物。学生两人一组,一人指挥,另一人蒙住眼睛,听着同伴的指挥通过地雷阵,过程中只要踩到任何东西就要重新开始。指挥者只能在线外,不能进入地雷阵中,也不能用手扶伙伴。

讨论:

1. 请问各位在通过地雷阵的时候有什么感觉?
2. 平时你在跟其他人互动时是否需要刚才所讲的想法、做法?
3. 若再有一次机会,我们还可以加强些什么?

注意:

1. 不可用尖锐或坚硬物作障碍物。
2. 不可在湿滑地面进行。
3. 需注意两位蒙眼者是否对撞。

【案例分析】T团队是某企业的一个临时项目研发团队,这个团队总共有六名成员组成。

团队成员的基本素质是很高的,他们的学历都在大学本科以上,所以他们都很自信,觉得没有他们做不好的事情,他们的业绩也一直比较好。A是此项目负责人,B和C是经常能给团队提供各种想法的人,他们经常为不同的想法争论不休,但是C与B又有所不同,他能够经常将想法的可行性做出周密的分析;D是能够进行周密计划的人;E对交代的工作能够及时准确完成;F能够将各种想法做出调查,并能作出评估。令A苦恼的是,虽然这些人员都非常优秀,他们能够提出各种非常合理的方法,但是他们召开了一个又一个会议,每个人都各抒己见,在一些细节问题上纠缠不休,最后还是没能得出结论。

根据以上情况,请回答下面问题:

1. 上述案例说明,造成这种情况的原因是此项目缺少( )角色。
A 协调人员　　　B 创造性人员　　　C 实施人员　　　D 分析人员

2. 如果团队能够顺利地发展,那么团队中的人员的角色应该是( )。
A 互补的　　　B 平行的　　　C 独特的　　　D 多样的

3. 对于上述案例中召开的团队会议,项目负责人 A 主持会议时,犯了( )错误。
A 脱离会议目标　　　　　B 项目组人员不应都参加
C 没有限制人员的想法　　D 团队会议不正式

4. 如果项目负责人 A 没有做出改变,团队将会发生( )方面的问题。
A 此团队受到别的团队排斥　　B 团队人员产生冲突
C 对整体组织目标的实现有影响　D 以上都可能

(三)有效沟通

1. 无效沟通案例:

子:上学真是无聊透了!

父:怎么回事?

子:学的都是些不实用的东西。

父:现在的确看不出好处来,我当年也有同样的想法,可是现在觉得那些知识还是蛮有用的,你就忍耐一下吧

子:我已经耗了十年了,难道那些 X 加 Y 能让我学会修车吗?

父:修车?别开玩笑了。子:我不是开玩笑,我的同学王明辍学学修车,现在月收入不少,这才有用啊!

父:现在或许如此,以后他后悔就来不及了。你不会喜欢修车的。好好念书,将来不怕找不到更好的工作。

子:我不知道,可是王明现在很成功。

父:你已尽了全力了吗?这所高中是名校,应该差不到哪儿去。

子:可是同学们都有同感。

父:你知道不知道,把你养到这么大,妈妈和我牺牲了多少?已经读到高二了,不许你半途而废。

子:我知道你们牺牲很大,可是不值得。

父:你应该多读书,少看电视!

子:爸,唉,算了,多说也没用……

2. 有效沟通对比

子：上学真是无聊透顶了！

父：你对上学有很深的挫折感。

子：没错，学校教的东西根本不实用。

父：你觉得读书对你没有什么用。

子：对，学校教的不一定对我有用。你看王明，他现在修车技术一流，这才实用。

父：你觉得他的选择正确？

子：从某个角度看确实如此。现在他收入不错，可是几年后，或许会后悔。

父：你认为将来他会觉得当年做错了决定。

子：一定会的，现在的社会里，教育程度不高是会吃亏的。

父：你认为教育很重要？

子：如果高中都没毕业，上不了大学，也找不到工作。有件事我真的很担心，你不会告诉妈妈吧？

父：你不想让你妈妈知道吧？

子：跟她说也无妨，反正她迟早会知道的。今天学校举行阅读能力测验，结果我只有小学程度，可是我已经高二了！

父：我有个构想，也许你可以上补习班加强阅读能力。

子：我已经打听过了，可是每个星期要耗掉几个晚上！

父：补习的代价太高了。

子：而且我答应同学，晚上另有节目。

父：你不想食言。

子：不过补习如果真的有效，我可以想办法跟同学改期。

父：你其实很想多下点功夫，又担心补习没用。

子：你觉得会有效吗？

很多时候语言的力量真的神奇，你找到了方法，事半功倍，举重若轻。方法不对，努力白费。人与人的关系没有公式可言，只能以关心为出发点，为双方都留下空间，设想他们所想要、所需求的东西，他们能做的事及他们自己的生活。也就是说，人与人之间只是关心仍是不够的！还需要爱，需要对于别人的处境感同身受。有了同理心，我们将不会处处挑剔对方，抱怨、责怪、嘲笑、讥讽也便大大减少；取而代之的是赞赏、鼓励、谅解、扶持。这样一来，人与人的相处便变得愉快、和谐。

有个英国谚语说："要想知道别人的鞋子合不合脚，穿上别人的鞋子走一英里。"如果能用同理心换位思考，许多看似无法解决的事情很快就迎刃而解。同理心是人际交往的基础，也是进行有效沟通的基石。一旦具备同理心就更容易获得他人的信任，这种信任并不是对个人能力、专业技能的信任，而是对人格、价值观、态度的信任。有了这些做基础，人们才可以真心交流，顺畅沟通，从而合作顺利，取得成功。

【思考与练习】

1. 职业能力与职业价值观发生冲突条件下，个体该如何处理？
2. 大学生如何加强沟通力，与他人进行有效沟通？

第八章 职业道德

【本章要点】

1. 道德与职业道德
2. 职业道德在职业发展中的作用
3. 职业道德的基本内涵

大学生是一个特殊的社会群体，他们面临着由学生向职业人的转变，大学往往是他们走向社会的最后训练基地。因此，对大学生进行职业道德教育，有助于他们在当前确立正确的就业意识和择业取向，在将来具备较强的敬业精神和奉献精神。成功的大学生职业道德教育可以为大学生走上工作岗位、解决人生重大课题打下良好的基础。

第一节 道德与职业道德

【案例】

道德起源的实验

实验人员把 5 只猴子关在一个笼子里，上头有一串香蕉，实验人员装了一个自动装置，一旦侦测到有猴子要去拿香蕉，马上就会有水喷向笼子，而这 5 只猴子都会淋一身湿。先是有只猴子想去拿香蕉，当然，结果就是每只猴子都被淋湿了。之后每只猴子在经过几次尝试后，发现莫不如此，于是猴子们达成一个共识：不要去拿香蕉，以避免被水淋到。后来实验人员把其中一只猴子释放，换成一只新猴子 A。猴子 A 看到香蕉，马上想要去拿，结果，被其他 4 只猴子打了一顿，因为其他 4 只猴子认为猴子 A 会害得它们被水淋到，所以制止它去拿香蕉。A 尝试了几次，虽被打得满头大包，却依然没有拿到香蕉，当然，这 5 只猴子也没有被水喷到。不久，实验人员又把一只旧猴子释放，换上另外一只新猴子 B。猴子 B 看到香蕉，也是迫不及待要去拿。当然，一如刚才发生的情形，其他 4 只猴子打了 B 一顿，尤其是猴子 A 打得特别用力。这叫媳妇熬成婆。猴子 B 试了几次总是被打得很惨，只好作罢。后来，慢慢的一只一只的，所有的旧猴子都换成新猴子了，大家都不敢去动那串香蕉，但是它们都不知道为什么，只知道去动香蕉就会挨打。这就是人们为了寻找道德起源的实验。

人们为何在社会生活中讲道德，道德的本源、基础是什么？古今中外，众说纷纭。上面的实验也只是对道德起源的一种解释。马克思主义认为，道德属于上层建筑的范畴，是一种特殊的社会意识形态。它通过社会舆论、传统习俗和人们的内心信念来维系，是对人们的行为进行善恶评价的心理意识、原则规范和行为活动的总和。了解道德的起源、本质、功能，有助于我们更好地理解职业道德，树立良好的职业道德观。

一、道德

(一)道德的起源

马克思主义认为，道德作为一种社会现象是人类特有的，其产生需具有多方面的条件，是在长期的历史过程中形成的。

首先，社会关系的形成是道德赖以产生的客观条件。只要仔细考察一下道德现象，我们就会发现，道德是一种社会意识现象，是一种通过道德意识、道德情感、道德意志来影响、制约社会个体，使社会个体与整个社会协调一致，亦即调整社会个体之间、社会个体与社会之间的关系，使社会生活本身和谐进行的意识活动，因而它所反映的是社会关系和人与人之间的关系，是社会生活内部矛盾发展的产物。因此，道德现象产生的客观条件就是全部社会生活本身。

其次，人类自我意识的形成与发展是道德产生的主观条件。人作为社会性动物，必然存在集体劳动，而集体劳动必须有分工协作，彼此要相互了解，个人的活动必须服从集体的目的。这就要求个体必须清楚地认识到自己同他人、集体的关系，并反思自己的行动及其结果是否有利于群体的协作。可以说，反思就是自我意识的开始。当人们认识到自己作为社会成员与其他动物的根本区别，意识到自己与他人或集体的不同利益关系以及产生了调解利益矛盾的迫切要求时，道德就产生了。因此，道德现象产生的主观条件就是人类自我意识的形成和发展。

除此之外，我们还要看到主客观得以统一的前提条件是生产实践，也就是劳动。劳动创造了人和人类社会，同时，人们也是在劳动中结成的生产关系。所以说劳动使人成为道德的主体，促成了人的道德需要，创造了道德产生的必要性和动力。生产劳动是道德得以起源的社会基础和决定因素。

(二)道德的本质

道德作为一种特殊的社会意识形式，是社会经济关系的反映，归根到底是由经济基础决定的。其表现为，首先，社会经济关系的性质决定着各种道德的基本原则和主要规范。其次，社会经济关系所表现出来的利益决定着各种道德的基本原则和主要规范。再次，在阶级社会里，社会经济关系主要表现为阶级关系，因此，道德也必然带有阶级属性。最后，社会经济关系的变化必然引起道德的变化。

道德对社会经济关系的反映不是被动的，它对社会经济关系具有反作用。道德可以帮助人们识别社会发展的方向，形成自己关于责任和义务的观念，确立自己的道德理想，自觉地扬善抑恶，从而保持社会和个人的健康发展。

(三)道德的内容

按道德的调节领域，道德可以分为三部分：社会公德、家庭美德和职业道德。

社会公德是指一个社会的全体公民在社会公共生活中，为了维护社会正常的生活秩序而共同遵守的最简单、最起码的行为准则。《公民道德建设实施纲要》对社会公德的主要内容和要求作了明确规范，即"文明礼貌、助人为乐、爱护公物、保护环境、遵纪守法"。社会公德对维护公共利益、公共秩序和社会稳定方面起着突出的作用，是公民个人道德修养和社会文明程度的重要表现。

家庭美德是调节家庭内部成员以及与家庭生活密切相关的人际关系的行为规范,是每个公民在家庭生活中应该遵守的行为准则。家庭美德的主要内容是"尊老爱幼、男女平等、夫妻和睦、勤俭持家、邻里团结"。家庭美德在维系和谐美满的婚姻家庭关系中具有十分重要而独特的功能。

职业道德是指从事一定职业的人在职业生活中应当遵循的具有职业特征的道德要求和行为准则。它包括"爱岗敬业、诚实守信、办事公道、服务群众、奉献社会"等内容。职业道德除了对各行各业的从业者具有心理和约束作用外,也是保证社会持续、健康、有序发展的必要条件。

二、职业道德

(一)职业道德的形成过程

职业道德与职业是密切结合在一起的,两者作为一种社会现象,不是从来就有的,它们的产生和发展,有着自己的客观基础和原因,这就是人类社会生产力发展而引发的社会大分工。职业道德萌芽于原始社会,经历了奴隶社会、封建社会和资本主义社会等历史形态的演变,才发展到今天的社会主义职业道德。

1. 原始社会是职业道德的萌芽时期

没有分工就没有职业,没有职业道德。职业道德的萌芽是伴随人类历史上的三次社会大分工开始的。第一次社会大分工是畜牧业与农业的分离,这时候,大分工主要是部落内部和部落间简单的物品交换。第二次社会大分工是手工业和农业的分离,农业为手工业提供谷物、水果、植物油等,手工业则为农业提供纺织品、各种金属工具、陶器等。这样交换产品成了社会生活的必要手段,不同的职业集团开始形成。人们长期从事不同的职业实践,就形成了不同的劳动习惯、生活习惯,产生了各自的职业利益和需要,形成了因行业不同而产生的职业联系和职业关系,萌发了调节、指导、约束人们职业行为的职业道德。由于原始社会分工简单,所以原始社会的职业道德处于萌芽时期。

2. 奴隶社会是职业道德的形成时期

奴隶社会生产力进一步发展,生产的剩余产品日益增多,于是出现了第三次社会大分工,即农业和商业以及脑力劳动和体力劳动的分离。这次社会大分工形成了更多的职业,出现了调整行业和职业关系的职业道德。

《周礼·考工记》中记载,当时的职业分工,大的方面有六种,即王公、士大夫、百工、商旅、农夫、妇功。其中王公的职责是"坐而论道";士大夫的职责是"作而行之";百工的职责是"审曲面势,以五才,以辨民器";商旅的职责是"通四方之珍异";农夫的职责是"力以长地材";妇功的职责是"治丝麻以成治"。这其中的百工之中又分为攻木之工七种,攻金之工六种,攻皮之工五种,设色之工五种,刮摩之工五种。攻木之工等下面还有更为细致的分类。奴隶社会这种不同职业的分工就有了不同的职业道德要求。奴隶社会是职业道德的形成时期。

3. 封建社会是职业道德初步发展时期

职业道德在封建社会得到初步发展。在封建社会中农民占多数,所以农民的职业道德成为封建社会职业道德的主体。除了农民这个主要的社会职业外,其他行业在封建社会也有了进一步发展。清末国学大师章太炎把这一时期的职业分为16种,即农人、工人、稗贩、坐贾、学究、艺士、通人、行伍、胥徒、幕客、职商、京朝官、方面官、军官、差除官、雇译人。这说明随着社会生产的发展,社会分工越来越细,职业越来越多。所以,封建社会是职业道德的初步发展时期。

4. 资本主义社会是职业道德的快速发展时期

18世纪开始的资本工业革命,是机器工业大发展时期,资本主义工业的快速发展,使社会分工和生产部门内部的分工越来越明确和具体,这就形成了大规模的职业活动,社会上出现了很多新的职业,比如工程师、记者、律师等等。新的职业成千上万出现,促成了一系列新的职业道德规范的形成。所以说,资本主义社会是职业道德的快速发展时期。

5. 社会主义社会是职业道德发展的新时期

社会主义制度的建立使职业活动的性质和意义发生了根本的变化,为职业道德的发展提供了更为广阔的空间,职业道德进入了新的发展阶段。在社会主义条件下,职业成为体现人际平等、人格尊严和人的价值的重要舞台。尽管社会主义社会还是存在因生产力水平的限制而产生的分工不同,但是各行各业的从业者和从业者与服务对象之间的根本利益是一致的,也就是说分工有不同,但地位无高下之分。我们在后面所谈的职业道德,指的就是社会主义条件下的职业道德。

(二)职业道德的概念

职业道德的概念有广义和狭义之分。广义的职业道德是指从业人员在职业活动中应该遵循的行为准则,涵盖了从业人员与服务对象、职业与职工、职业与职业之间的关系。狭义的职业道德是指在一定职业活动中应遵循的、体现一定职业特征的、调整一定职业关系的职业行为准则和规范。不同职业的人员在特定的职业活动中形成了特殊的职业关系,包括职业主体与职业服务对象之间的关系、职业团体之间的关系、同一职业团体内部人与人之间的关系,以及职业劳动者、职业团体与国家之间的关系,等等。为了协调这些复杂的、特殊的社会关系,除了需要政治的、行政的、法律的、经济的规范和手段之外,还需要一种适应职业生活特点的调节职业社会关系的规范和手段,由此形成了不同职业人员的道德规范,即职业道德。如医生的职业道德是救死扶伤、治病救人、实行人道主义;法官的职业道德是清正廉明、刚直不阿;商人的职业道德是买卖公平、童叟无欺;注册会计师的职业道德是独立、客观、公正;军人的职业道德是服从命令、不怕牺牲。这些职业道德规范用来指导和约束职业行为,以保证职业活动的正常进行。

(三)职业道德的特点

1. 适用范围的有限性。每种职业都担负着特定的职业责任和职业义务。由于各种职业的职业责任和义务不同,从而形成各自特定的职业道德的具体规范,比如:教师有师德,医生有医德,商业工作者有商德,艺术工作者有艺德等。

2. 表达形式的多样性。职业道德既具体,又比较灵活。表达形式多种多样,既可以是通过严格程序而制定的制度、规则,比如检察官职业道德就是一个检察系统上下、动员各方面的力量、通过正式程序发布的职业道德;也可以用誓言、条例,甚至标语口号之类的形式来表达。口号等表达具有针对性强、通俗易懂、朗朗上口、易于领会、便于操作等特点。比如"顾客就是上帝"、"火警就是命令"、"教书育人,为人师表"等。

3. 强烈的行为规范性。职业道德也是一种行为规范,既要求人们能自觉遵守,具有道德色彩;又带有强制性,具有一定的法律的要求,从业人员必须遵守,甚至有相关的惩罚措施安排,以保证职业道德能够得到普遍推行。

三、道德和职业道德的关系

任何社会的职业道德总要受到该社会占统治地位的一般社会道德的影响和制约,它们之间在一定意义上是共性与个性的关系。在阶级社会中,一般社会道德总是一定阶级的道德。作为意识形态的特殊形式的职业道德,总是一定社会的经济关系的反映,并体现一定阶级的要求和愿望,为一定阶级的利益服务。这是因为阶级社会中的职业最终都与一定阶级的实践活动相联系,并受本阶级的道德原则所制约。不同阶级的人们必然会把本阶级的观点和情感带进自己的职业生活中,形成不同的职业观和职业道德。剥削阶级总是把一些职业看作是"高贵"的,把另一些职业看作是"卑贱"的。那些所谓高贵职业的职业道德,往往更直接体现剥削阶级的利益和剥削阶级道德原则的精神,而劳动人民从事的那些所谓卑贱职业的职业道德,往往具有反抗剥削阶级的要求,同剥削阶级的道德原则相对立。但由于不同职业与统治阶级联系的远近、疏密程度不同,因而不同的职业道德受统治阶级道德影响的程度也不一样。不过,即使是医疗、体育、科学研究等这些并非直接隶属于统治阶级的职业的职业道德,也因其从业人员的职业活动不能摆脱该社会经济、政治制度和统治阶级道德原则的制约和影响,所以也具有一定的阶级性。

第二节 职业道德在职业发展中的作用

职业道德是社会道德体系的重要组成部分,它具有社会道德的共性,同时职业道德又具有自身的特殊性,具体表现在对社会、行业、企业和个人的作用上。

一、对社会的作用

1. 良好的职业道德有助于提高全社会的道德水平。这是因为职业道德是整个社会道德的主要内容。职业道德一方面涉及到每个从业者如何对待职业,如何对待工作,同时也是一个从业人员的生活态度、价值观念的表现;是一个人的道德意识、道德行为发展的成熟阶段,具有较强的稳定性和连续性。另一方面,职业道德也是一个职业集体、甚至一个行业全体人员的行为表现,如果每个行业、每个职业集体都具备优良的道德,对整个社会道德水平的提高肯定会发挥重要作用。

2. 良好的职业道德能够保证社会经济的健康有序发展。在社会主义市场经济条件下,追求利益最大化起着主导作用。有些单位和个人,为了获得更多的金钱不择手段,各种缺德、违法犯罪的事件屡屡出现,坑蒙拐骗、假冒伪劣、以次充好、缺斤短两、污染环境等现象不断发生,使经济不能良好运行。如果各行各业都能严格遵守职业道德,那么整个社会风气就会非常良好,人与人、人与自然之间就能和谐相处,我们的社会经济发展就能更有序、健康地向前发展。

二、对行业和企业的作用

从行业来看,良好的职业道德是行业效率与形象的有效保证。

1. 有助于维护和提高本行业的信誉。一个行业、一个企业的信誉,也就是它们的形象、信用和声誉,是指企业及其产品与服务在社会公众中的信任程度,提高企业的信誉主要靠产品的质量和服务质量,而从业人员职业道德水平高是产品质量和服务质量的有效保证。若从业人员职业道德水平不高,很难生产出优质的产品和提供优质的服务。

2. 促进本行业的发展。行业、企业的发展有赖于高的经济效益,而高的经济效益源于高的员工素质。员工素质主要包含知识、能力、责任心三个方面,其中责任心是最重要的。而职业道德水平高的从业人员其责任心是极强的,因此,职业道德能促进本行业的发展。

3. 调节职业交往中从业人员内部以及从业人员与服务对象间的关系。职业道德的基本职能是调节职能。它一方面可以调节从业人员内部的关系,即运用职业道德规范约束职业内部人员的行为,促进职业内部人员的团结与合作。如职业道德规范要求各行各业的从业人员,都要团结、互助、爱岗、敬业、齐心协力地为发展本行业、本职业服务。另一方面,职业道德又可以调节从业人员和服务对象之间的关系。如职业道德规定了制造产品的工人要怎样对用户负责;营销人员怎样对顾客负责;医生怎样对病人负责;教师怎样对学生负责等等。

【案例】　　　　　　　　违背诚信的"欧典地板"

2006年3月15日,消费者权益保护日。在"3·15"晚会上,主持人揭开了"欧典地板"欺骗消费者的内幕,号称行销全球80多个国家,源自德国,著名品牌地板德国欧典总部,其实根本不存在,存在严重欺诈消费者行为,顿时舆论哗然。

"欧典地板,2008元一平方米,全球同步上市"。从2004年7月开始,写有这样内容的绿色巨幅地板广告牌,出现在全国许多大中城市。欧典地板专卖店销售人员称,欧典敢于卖出每平方米2008元的价格,除了德国制造,选材苛刻,最主要的原因就是德国品牌。

欧典企业提供的印制精美的宣传册上写着:德国欧典创建于1903年,在欧洲拥有一个研发中心,五个生产基地,产品行销全球80多个国家。此外,在德国巴伐利亚州罗森海姆市拥有占地50万平方米的办公和生产厂区。

而知情人向"3·15"提供了一个信息:德国欧典总部根本不存在。对此,欧典企业总裁闫培金予以否认,称欧典德国总部在罗森海姆市。为了弄清真相,央视驻德国记者前往该市进行调查。当地工商管理部门告知,在他们的登记资料中并没有一家叫欧典的企业。央视记者调查发现,欧典宣称的所谓德国总部,其实是当地一家木产品企业汉姆贝格公司。但这家公司声明与欧典没有任何产权隶属关系。

不仅德国欧典不存在,记者在国内工商部门查询时发现,被欧典公司在网站宣传材料上频频使用的"欧典(中国)有限公司"也根本没有注册过。经查询得知,欧典这个商标在2000年才正式注册,注册人是1998年成立的北京欧德装饰材料有限公司。

欧典还号称,在北京建立了合资地板加工基地,地址在通州工业区。但是记者调查发现,欧典地板正在通州的地板生产企业"吉林森工"内生产和包装,而产品标签上却没有注明真实的生产厂家。欧典地板还曾在北京门头沟工业区某厂、大兴某小厂、湖北、杭州等地生产过,除部分包装上标注"欧典(中国)生产基地"外,其他大部分都没有标注过生产厂家和地址。

欧典负责人表示,他们的地板是世界上最好的地板。但"3·15"期间,却遭到全国各地多位消费者的投诉,一位先生买了半年之后,地板就开始缩水变形,而且投诉也变成了长达一年的扯皮。

欧典公司的负责人及销售人员不遵守诚实守信的职业道德基本规范,欺骗消费者,他们能欺骗一时,但不能欺骗一世,经"3·15"晚会一曝光,他们的名誉和形象就一落千丈,全国各地封杀欧典地板,受骗的消费者要维护自身的合法权益,欧典公司会受到各种应有的惩罚,这就是他们违背诚信所付出的巨大代价!

三、对个人发展的作用

一位哲人曾说过:"一个人要想在任何领域取得一定的成功,具备良好的职业道德是必备因素。"这句名言道出了职业道德在人生发展中的地位、价值。一个成功的职场人是在从事职业劳动的过程中塑造出来的,决定他成功的因素,是他所具备的职业道德,是对职业及职业活动的态度和行为。比如,一名医生就应该视救死扶伤为己任,毫不犹豫地将自己的聪明才智贡献给医疗事业。当出现意外时,总是首先出于职业良心而担负起自己应该承担的责任。无论在什么情况下,他总是认定这种职业是有意义和有价值的,是值得为之付出体力、智力和时间的。这实际上也就是一种对职业的美好情感。

(一)良好的职业道德可以提高个人的综合素质

人才的竞争,归根到底是劳动者素质的竞争。高级专门人才的作用当然重要,但是毕竟从事物质生产和社会服务的第一线人员占绝大多数,只有高素质的劳动者才能生产出高质量的产品,提供高质量的服务。大学生在校期间,除了要掌握专业的知识和技能外,必须有意识地通过德育和就业等课程,提高自己的综合素质,防止出现"木桶效应"。

(二)良好的职业道德是从业者职业技能的形成和发挥的前提

职业技能是指各行各业专门的知识、学问和技术能力。现代职业技能一般包括以下三个层次:(1)与职业相关的科学文化知识和专业理论知识;(2)符合职业要求的操作技能;(3)一定的理论再学习和技术创新能力。一个人如果没有职业技能,就很难从事职业活动;如果职业技能水平低下,那么只能从事一些简单劳动。面对激烈的职业竞争,每个从业者必须牢固树立职业技能是立身之本的思想,充分认识到提高职业技能水平是自己最重要的职业保障。

当今社会竞争日益激烈,没有职业道德的人是不会有前途的,不敬业、乐业的人是不会有成就的,不要因为渺小就回避进取,不要因为平凡就拒绝奉献,不要因为低微就不敢仰望蓝天,不要因为生命短暂就不去创造精彩的瞬间。把职业当做自己的事业,用乐业和敬业为事业插上腾飞的翅膀。

(三)良好的职业道德是从业者自我价值实现的重要保证

职业道德有助于从业者正确定位人生理想追求。如果一个人将人生理想定位在纯粹的个人利益追求上,那么,他可能一辈子因无法满足自己的欲望而苦恼。一个人只有将人生理想定位在为社会贡献力量的方向上,他才能拥有豁达的情怀和良好的心态,才有可能在为社会作出贡献中使自我价值真正得以实现。一个从业者如果仅仅把职业道德看成是对自己的约束,那遵守职业道德就是一件让人痛苦的事;相反,如果一个从业者能够认识到遵守职业道德不是自我牺牲,而是自我实现,那么遵守职业道德就是对美好境界的一种追求。

实际上,一个从业者提高自己的道德和职业道德素养,既是社会的需要,更是个人的内在需要。我们要生存,就要使自己的行为符合社会需要;我们要自尊,就要使自己的行为得到社会认同;我们要有所成就,就要使自己的行为得到社会嘉许。从这个意义上讲,职业道德不是外在的规范,而是从业者人格在工作中的自然流露。正是这种自然的流露过程,使从业者的个人价值在社会中得以实现,人的品性得到升华。

【案例】　　　　　　　　　爱岗敬业的打工妹

欣雨从小生活在贵州省一个边远的小县城,她爸爸患病多年、卧床不起,只有她妈妈一人挣钱养家。为了分担妈妈的压力,欣雨18岁刚过,就辍学来到温州阿外楼大酒店当服务员。

培训期间,她就学得特别用心,三个月后,她被分到餐饮部的东大厅做服务员,主管三个包厢。她爱岗敬业、尽职尽责,无论是卫生,还是礼仪,她都是一丝不苟,始终如一。阿外楼大酒店主体风格古典,楼里楼外有很多木雕,外观上很好看,但却增加了服务员搞卫生的难度。大多数服务员对打扫地面以及一些明显的地方还比较认真,对木雕里面就不管了。而欣雨每次都仔细清扫,木雕里面她就用特备的布条一点儿一点儿地去擦,不留一丝死角,她每天比别人早去晚走,一同做事的好友说她傻,对她说:"你这是何苦?你这样做,谁知道呢?又有谁会说你好、给你加工资呢?"欣雨只是笑笑,她不管别人怎么说怎么做,她一直都这样做,因为她热爱这份工作,她认认真真干好自己的工作,心里特别充实快乐。

不久,在一次擦木雕的时候,有一个妇人一直站在大厅里看着她,欣雨以为她是顾客,就很礼貌地告诉她现在还不是上班时间,如果有什么事她可以转告。那位妇人问她是不是每天都提前来搞卫生,欣雨说是的,妇人又问她为什么这样做?她说:"这是我负责的地方,就该尽职尽责地做好,擦得干干净净的,顾客看着清爽,自己看着也高兴。"欣雨没想到这是老板夫人,从那一天开始,老板夫人接手了酒店的管理工作。她调看了欣雨的所有资料,得知她是顾客好评最多、卫生评定成绩全优的员工,老板娘把欣雨提升为领班,月工资涨了1000元。欣雨关心照顾员工,为顾客着想,几个月后,她又被提拔为主管,又增加了工资。

这样,欣雨就成了阿外楼大酒店进店时间最短、提升最快、年龄最小、工资最高的外来打工妹。别人说她幸运,其实,她之所以有这样的"好运",是因为她爱岗敬业、尽职尽责地努力干好自己分内的工作。任何一个从业者,只要爱岗敬业,就没有做不好的事情,把工作做出突出成绩来,也会得到提拔重用,也就会有"好运气"。如果连自己分内的工作都不热爱、不去尽心尽力干好,怎么可能有"好运"降临呢?

任何人,通过敬业都可以找到实现自己价值的平台。凭这个口碑就可以走遍天下,成为个人的护身符、无价之宝,永远都不会失业。当一个人把敬业变成一种习惯,在多干活、干好活的过程中学到更多知识,积累更多经验,体验到干好活的乐趣,就能从全身心投入的工作中、从思想与业务同进的过程中享受到快乐。管理学家陈鸿桥有言:"敬业是快乐的,敬业的口碑是职业生涯的最大财富。"奉行实用主义,只追求眼前实惠的人,常误以为敬业是提升了公司的价值,对老板有更大的好处,殊不知敬业最大的受益者是自己。不敬业只"敬钱","钱"也难以惠顾你。因为"钱"要依附于"业","业"不强何以生"钱"。

第三节　职业道德的主要内容

中共中央2001年9月20日印发的《公民道德建设实施纲要》中明确指出:"要大力倡导以爱岗敬业、诚实守信、办事公道、服务群众、奉献社会为主要内容的职业道德,鼓励人们在工作中做一个好建设者。"因此,我国现阶段各行各业普遍适用的职业道德的基本内容,即"爱岗敬业、诚实守信、办事公道、服务群众、奉献社会"。

一、爱岗敬业

爱岗敬业是对人们工作态度的一种普遍要求,是职业道德的基本精神。爱岗就是热爱自己的工作岗位,热爱本职工作,能够为做好本职工作尽心尽力,职业工作者以正确的态度对待各种职业劳动,努力培养热爱自己所从事的工作的幸福感、荣誉感。敬业是从业人员在特定的社会形态中,认真履行所从事的社会事务,尽职尽责、一丝不苟的行为,就是用一种严肃的态度对待自己的工作。爱岗与敬业精神是相通的,是相互联系在一起的。爱岗是敬业的基础,敬业是爱岗的具体表现,不爱岗就很难做到敬业,不敬业也很难说是真正的爱岗。爱岗敬业是为人民服务和集体主义精神的具体体现,是社会主义职业道德一切基本规范的基础。

如何树立爱岗敬业的精神呢?

首先,要做到"四心"即专心、细心、诚心和爱心。专心就是要专心致志地做好自己的本职工作,不见异思迁,这山望着那山高。细心就是一丝不苟地对待工作。诚心就是要诚心实意地做工作。爱心就是要打心眼里喜爱自己的工作。

其次,要做到爱岗敬业贯穿到工作中的每一天。昨天是过去,明天是未来,只有今天是现在。我们不能老是在遗憾过去和畅想未来中蹉跎了现在。无论在什么岗位,只要在岗一天,就要抓住时间,做好自己的本职工作。

【案例】 感动中国人物——王顺友

"他朴实得像一块石头,一个人,一匹马,一段世界邮政史上的传奇。他过滩涉水,越岭翻山,用一个人的长征传邮万里,用二十年的跋涉飞雪传薪。路的尽头还有路,山的那边还是山,近邻尚得百里远,世上最亲邮递员。"这是感动中国2005年度获奖者王顺友的颁奖词。

王顺友是大山深处的邮递员,这个大山就是木里,地处四川凉山州西北角,中国仅有的两个藏族自治县之一。地势险,平地少。多少年来,邮件传递也只能靠乡邮员步行背送。直到1960年,境况才有所改变,乡邮员开始配马——马班邮路由此而生。王顺友就是马班邮路上的邮递员。二十年,每年至少330天,在苍凉孤寂的深山峡谷里踽踽独行;二十年,步行26万公里,足可重走长征路21回,环绕地球六圈半;二十年,没延误一个班期,没丢失一封邮件,投递准确率100%。

1995年的一天,邮路上骡子受惊后腿乱踢,王顺友的肠子被踢破了。他捧着肚子,连走9天,终于送完邮件。当王顺友被老乡架到医院时,人已气若悬丝,奄奄一息。1988年7月,雅砻江上溜索绳突然绷断,王顺友摔在江岸上,邮件弹入水中,顺江而去。王顺友跳进江中,把邮包拖上岸。

除了送邮包,王还自掏腰包,从城里带回了良种送给深山中的乡民,现在,深山里不仅庄稼亩产上升,冬天这里都能吃上新鲜蔬菜。

没有豪言壮语,没有惊天动地,正是在这样平凡的工作中,王顺友表现出的是坚定的责任感和使命感,折射出的是强烈的爱岗敬业精神。

二、诚实守信

诚实,就是忠诚老实,不讲假话。诚实的人能忠实于事物的本来面目,不歪曲、不篡改事实,同时也不隐瞒自己的真实思想,光明磊落,言语真切,处事实在。诚实的人反对投机取巧,趋炎附势,吹拍逢迎,见风使舵,争功诿过,弄虚作假,口是心非。守信,就是信守诺言,说话算数,讲信誉,重信用,履行自己应承担的义务。

诚实和守信两者意思是相通的,是互相联系在一起的。诚实是守信的基础,守信是诚实的具体表现,不诚实很难做到守信,不守信也很难说是真正的诚实。"诚实"是真实不欺,

"守信"也是真实不欺。诚实侧重于对客观事实的反映是真实的,对自己内心的思想、情感的表达是真实的。守信侧重于对自己应承担、履行的责任和义务的忠实,毫无保留地实践自己的诺言。诚实守信是忠诚老实,信守诺言,是为人处世的一种美德。

要做到诚实守信,不仅是要认识到诚实守信的重要性,更主要的是要践行。职业中的诚信主要包括:一是保质保量为客户提供产品和劳务;二是按时为客户提交产品和劳务;三是按时交付所欠的款项;四是严格履行合同,不欺诈蒙骗客户。

【案例】　　　　　　中国留学生在欧洲逃票之后

欧洲某些国家的公共交通系统的售票处是自助的,也就是你想到哪个地方,根据目的地自行买票,没有检票员,甚至连随机性的抽查都非常少。一位中国留学生发现了这个管理上的漏洞,或者说以他的思维方式看来是漏洞。他很乐意不用买票而坐车到处溜达,在留学的几年期间,他一共因逃票被抓了三次。

他毕业后,试图在当地寻找工作。他向许多跨国大公司投了自己的资料,因为他知道这些公司都在积极地开发亚太市场,可都被拒绝了,一次次的失败,使他愤怒。他认为一定是这些公司有种族歧视的倾向,排斥中国人。最后一次,他冲进了人力资源部经理的办公室,要求经理对于不予录用他给出一个合理的理由。

下面的一段对话很令人玩味。

先生,我们并不是歧视你,相反,我们很重视你。因为我们公司一直在开发中国市场,我们需要一些优秀的本土人才来协助我们完成这个工作,所以你一来求职的时候,我们对你的教育背景和学术水平很感兴趣,老实说,从工作能力上,你就是我们所要找的人。

那为什么不收天下英才为贵公司所用?

因为我们查了你的信用记录,发现你有三次乘公车逃票被处罚的记录。

我不否认这个。但为了这点小事,你们就放弃了一个多次在学报上发表过论文的人才?

小事?我们并不认为这是小事。我们注意到,第一次逃票是在你来我们国家后的第一个星期,检查人员相信了你的解释,因为你说自己还不熟悉自助售票系统,只是给你补了票。但在这之后,你又两次逃票。

那时刚好我口袋中没有零钱。

不、不,先生。我不同意你这种解释,你在怀疑我的智商。我相信在被查获前,你可能有数百次逃票的经历。

那也罪不至死吧?干吗那么较真?以后改还不行?

不、不,先生。此事证明了两点:一、你不尊重规则,不仅如此,你擅于发现规则中的漏洞并恶意使用;二、你不值得信任,而我们公司的许多工作的进行是必须依靠信任进行的,因为如果你负责了某个地区的市场开发,公司将赋予你许多职权。为了节约成本,我们没有办法设置复杂的监督机构,正如我们的公共交通系统一样。所以我们没有办法雇佣你,可以确切地说,在这个国家甚至整个欧盟,你可能找不到雇佣你的公司,因为没人会冒这个险的。

三、办事公道

办事公道是指我们在办事情、处理问题时,要站在公正的立场上,对当事双方公平合理、不偏不倚,不论对谁都是按照一个标准办事。公道与公平、公正,含义大致相同,意指坚持原则,按照一定的社会标准实事求是地待人处事。

人们生活在世界上，就要与人打交道，就要处理各种关系，这就存在办事是否公道的问题，每个从业人员都有一个办事公道的问题。

要做到办事公道，第一，要热爱真理，追求正义。办事是否公道关系到一个以什么为衡量标准的问题。要办事公道就要以科学真理为标准，要有正确的是非观，公道就是要合乎公认的道理，合乎正义。不追求真理、不追求正义的人办事很难会合乎公道。而现实生活中，许多人是非观念非常淡漠，在他们眼中无所谓对与错，只有自己喜欢不喜欢，把自己摆在一个非常突出的地位。第二，要坚持原则，不徇私情。只停留在知道是非善恶的标准是不够的，还必须在处理事情时坚持标准，坚持原则。为了个人私情不坚持原则，是做不到办事公道的。第三，要不谋私利，反腐倡廉。俗话说："利令智昏。"私利能使人丧失原则，丧失立场，从古至今有多少人拜倒在金钱的脚下。拿了人家的钱就要替人家办事，那是无法做到办事公道的。因此，只有不谋私利，才能光明正大，廉洁无私，才能主持正义、公道。第四，要办事公道，就必然会有压力，会碰上各种干扰，特别会碰上那些不讲原则、不奉公守法的有权有势者的干扰。这时更要坚持大公无私，不计个人得失，不怕权势，坚持办事公道。

四、服务群众

服务群众就是为人民群众服务。时时刻刻为群众着想，急群众所急，忧群众所忧，乐群众所乐。服务群众的含义，应注意两个方面：

1. 服务群众是对各级领导及各级领导机关、各级公务员的一种要求。领导干部、各级公务员一定要真心诚意服务于群众，绝不能践踏人民的利益，不能利用人民赋予的权力随心所欲，谋取私利。服务群众是党的群众路线在社会主义职业道德方面的具体表现，这也是社会主义职业道德与以往私有制社会职业道德的根本分水岭。

2. 服务群众是对所有从业人员的要求。每个从业人员都是群众中的一员，既是为别人服务的主体，又是被别人服务的对象。每个人都有权享受他人的职业服务，同时又承担着为他人作出职业服务的义务。因此，服务群众作为职业道德，不仅仅是对领导及公务员的要求，而且是对所有从业者的要求。

服务群众的具体要求是在所从事的职业工作中，把为人民服务作为人生的追求目的，以人民的利益为是非善恶的判断标准，并在行动上尊重他人，尊重人民群众。

【案例】 杨善洲：不负群众的草鞋书记

颁奖词：绿了荒山，白了头发，他志在造福百姓；老骥伏枥，意气风发，他心向未来。清廉，自上任时起；奉献，直到最后一天。六十年里的一切作为，就是为了不辜负人民的期望。

推选委员陈淮说：一个人能够给历史，给民族，给子孙留下些什么？杨善洲留下的是一片绿荫和一种精神！

杨善洲从事革命工作近四十年，生前曾任保山地委书记。在任期间，面对家属"农转非"的多次机会，杨善洲要么直接推脱，要么将申请表藏进抽屉，直到去世后才被发现。"大家都去吃居民粮了，谁来种庄稼？我们全家都乐意和8亿农民同甘共苦建设家乡。"到了退休的年纪，组织上想安排杨善洲去昆明安享晚年，他又一次婉言谢绝。

长期乱砍滥伐，大亮山生态遭到破坏，水土流失严重。"我要为百姓做几件实实在在的事情。"冲着这句承诺，杨善洲在卸任后一头扎进了荒草丛生的大亮山，住竹篾搭的屋子，睡树桩搭的床，他希望给乡亲们再造山清水秀。

自那以后，杨善洲与林场职工同吃同住，每天从早忙到晚，雨季植树造林，旱季巡山防火。创业初期资金短缺，老书记把平时种下的几十盆盆景全部移栽到大亮山上，他甚至跑到大街上去捡别人丢弃的果核，积少成多，用马驮上山。

担任林场负责人的二十多年间，杨善洲不要分文报酬，只肯接受每月70元的伙食补助。他为林场争取了近千万资金，却从未私自动过一分钱。走了不知多少路，吃了不知多少苦，杨善洲带领工人植树造林7万多亩，林场林木覆盖率超过87%，修建18公里的林区公路，架设4公里多的输电线路。

五、奉献社会

奉献社会，就是全心全意为社会作贡献。奉献就是不计较个人得失，兢兢业业，任劳任怨。一个人不论从事什么行业的工作，不论在什么岗位，都可以做到奉献社会。奉献社会是一种人生境界，是一种融在一生事业中的高尚人格。

奉献社会与爱岗敬业、诚实守信、办事公道、服务群众这四项规范相比较，是职业道德中的最高境界，同时也是做人的最高境界。爱岗敬业、诚实守信是对从业人员的职业行为的基础要求，是首先应当做到的。做不到这两项要求，就很难做好工作。办事公道、服务群众比前两项要求高了一些，需要有一定的道德修养做基础。奉献社会，则是这五项要求中最高的境界。一个人只要达到一心为社会做奉献的境界，他的工作就必然能做得很好，这就是全心全意为人民服务了。

第四节　主要行业的职业道德规范

一、干部职业道德

干部职业道德是党和国家以及其他社会组织的各级领导及工作人员所应遵循的道德准则。自从人类社会有了原始部落氏族首领以来，各种社会就逐步有了对领导者的道德要求。在剥削阶级社会中，这种道德要求是为剥削阶级的狭隘利益服务的。在社会主义条件下，无产阶级政党和国家机关以及其他社会组织的领导和工作人员所应遵守的职业道德较之旧社会，有着不同的本质和全新的内容。人民公仆、全心全意为人民服务，就是独具特色的道德规范。干部职业道德所反映的是在社会主义社会中，干群之间、领导与被领导之间、干部与干部之间的新型关系，以及各级干部在处理公与私、得与失的关系时所表现出的高尚的思想道德风貌。它同其他各行各业的职业道德一样，面向社会，为社会服务。干部职业道德的主要内容包括：(1)要有牢固的"社会公仆"意识，正确运用手中权力，一切向人民负责，为社会整体谋利益。(2)要有强烈的社会主义事业心；善于学习，勤奋工作，信念坚定，开拓前进。(3)要有高尚的情操，廉洁奉公，遵纪守法。不以权谋私，不假公济私。(4)要有良好的思想作风和工作作风，坚持原则，实事求是，公道正派，勇于开展批评和自我批评，坚持真理，修正错误，敢于同一切坏人坏事作斗争。(5)最重要的一条，要自觉坚持"一个中心、两个基本点"，坚持反对资产阶级自由化，这是我们的事业永不变色的根本保证。在全国各行各业的职业道德建设中，干部职业道德建设最为重要。古语云："其身正，不令而行；其身不正，虽令不从。"(《论语·子路》)因此,加强干部职业道德建设,是加强整个社会道德和职业道德的关键。

二、工人职业道德

指工人从事具体职业生活所应遵循的道德规范,是社会道德在工人职业上的体现,是社会主义职业道德之一。工人职业道德是在长期工业生产实践中形成的。工人阶级是最先进的生产力的代表,最有远见,大公无私,最有组织性、纪律性和革命彻底性。工人阶级的先进性,决定了工人职业道德的先进性。在社会主义条件下,工人不仅是工业生产资料的主人,而且是国家的主人。因此,工人职业道德,具有主人翁的责任感,具有时代的特征。其基本内容是:树立共产主义远大理想,树立共产主义的世界观和人生观;热爱祖国、热爱社会主义、热爱共产党、热爱集体事业、热爱本职工作;努力学习科学文化知识,不断提高技术和业务水平。积极做好本职工作;充分发挥主动性、积极性和创造性,热爱劳动、各尽所能、发扬共产主义劳动态度;遵守劳动纪律。维护生产秩序,服从生产指挥,爱护生产设备,坚持文明生产;关心集体,关心同志,尊师爱徒,团结互爱;积极参加企业民主管理,讲求工作实效,提高产品质量,降低生产成本;顾全大局,勇挑重担,个人利益服从集体利益和国家利益,暂时利益服从长远利益,局部利益服从整体利益。工人职业道德,实质上就是工人阶级道德,即共产主义道德。工人职业道德比一般共产主义道德更具体,有较大的适用性,更易于实践。工人职业道德的水平如何,对社会主义现代化建设,对整个社会风气影响很大。

三、农业劳动者职业道德

指农业劳动者在生产活动中所应遵循的道德规范,是社会主义职业道德之一。在社会分工出现以后,农业是一种最广泛的生产劳动,农业劳动是最基本的劳动职业。在长期的生产劳动中,农业劳动者道德有着悠久的发展历史和丰富的道德遗产。主要表现为:吃苦耐劳、老实忠厚、朴实善良、勇敢正直、勤俭节约、敬老爱幼、扶贫济困、憎恨剥削、厌恶淫逸、要求平等、渴望自由、反抗侵略等。这些所形成的独特的道德观念和行为准则,集中地体现了整个中华民族的道德精神。在社会主义阶段,农业劳动者成了国家的主人,成了社会主义建设的重要力量。农业劳动者不但继承了传统的道德规范和品质,而且根据共产主义道德要求不断提高道德水准。社会主义农业劳动者职业道德的要求是:热爱祖国、热爱社会主义、热爱共产党、坚持走社会主义道路;热爱农业,以农为荣,努力增产,按时完成国家计划,满足人民的生活需要;学习文化科学知识,掌握现代农业科学技术,做到科学种田,保护土地、山林水利等农业资源,发展现代农业;热爱集体,兼顾国家、集体和个人的利益,团结互助,共同富裕;勤俭节约,艰苦奋斗,移风易俗,美化家乡,建设社会主义新农村。农业劳动者的职业道德,是社会主义道德规范的重要组成部分,在我国,8亿农民在农村,因此,必须重视社会主义农业劳动者的职业道德教育。

四、知识分子职业道德

指有一定科学文化知识的脑力劳动者在其工作实践中所应遵循的基本道德规范,是社会主义职业道德之一。知识分子作为有一定科学文化知识的脑力劳动者,如教授、工程师、医生、会计师、科技工作者、编辑、记者、文艺工作者等,随着社会分工的发展和社会划分为阶级而产生的,在社会生产和历史进程中,有重要作用。知识分子不是一个独立的阶级,它分属并依附于不同的阶级。各个阶级都有自己的知识分子。依附于剥削阶级的知识分子，为维护和巩固剥削阶级的统治服务。在革命运动中，代表先进阶级的觉悟的知识分子起着先锋和桥梁作用。毛泽东指出："没有知识分子的参加，革命的胜利是不可能的。"(《毛泽东选集》第二版第2卷第618页)。在社会主义阶段，知识分子同工人、农民一起，是建设社会主义的三支基本社会力量。知识分子从总体上讲是工人阶级的一部分，在社会主义物质文明和精神文明建设中有着特别重要的作用。知识分子职业道德的主要内容是：(1)热爱共产主义、热爱社会主义，坚持四项基本原则，积极为社会主义现代化建设服务。(2)实事求是，严谨治学，一丝不苟；认真钻研文化知识，对技术精益求精，勇攀科技、艺术高峰。(3)团结互助、尊重别人、乐于协作，同工人、农民及其他劳动者交朋友，充分用自己的一技之长为社会、为他人服务。(4)正确处理个人利益、集体利益与国家利益的关系，一切以集体利益和国家利益为重。知识分子是科学文化知识的创造者和传播者，也是思想建设的重要力量。因此，加强知识分子的职业道德建设非常重要。

五、科研工作者职业道德

科研工作者职业道德是从事科学技术工作的人们在其职业活动中所应遵循的基本道德规范。科研工作者的职业道德是人们在长期的实践中逐步建立和发展起来的，有一定的历史继承性和阶级性。社会主义社会中的科研工作者的职业道德是社会主义道德、共产主义道德在科研工作者身上的具体化。它继承了以往科研道德的优良传统，在新的历史条件下，又有了新的发展，提出了更高的要求。其主要内容是：(1)热爱祖国，忠于人民，坚持四项基本原则，为社会主义物质文明和精神文明建设服务。(2)热爱科学，追求真理，刻苦钻研，勇于创新，为科学事业的发展而献身。(3)谦虚谨慎，勤奋好学，发扬学术民主，坚持百家争鸣，虚心听取批评，坚持真理，修正错误。(4)尊重别人，乐于协作，团结互助，同工人农民交朋友，充分发挥自己的技术专长。建设社会主义现代化强国，关键是科学技术现代化。要实现科学现代化，科研工作者不仅要接受和坚持党的领导，具备必须的物质条件，而且要有高尚的道德。科研工作者只有加强职业道德修养，才能更好地发现真理，攀登新的科学高峰，为促进我国科技事业的发展贡献自己的力量。

六、医务工作者职业道德

指医务工作者在医疗实践活动中所应遵循的道德规范，是知识分子职业道德之一。医德是随着医学的出现而产生的。中国最早的医书《黄帝内经》中就有《疏五过》、《征四失》等论述医德的专著。唐代名医孙思邈在他的巨著《千金要方》中有一章专门写医德，系统地提出了医生的道德准则。他在书中要求医者不避艰险，尽心竭力，治病救人，不怕脏臭，不分贵贱贫富、长幼妍蚩、一视同仁；不以一技之长，掠取民众财物。这些要求，长期以来被奉为医务人员的道德箴言。医德同其他社会职业道德一样，在实践中不断充实、发展，形成稳定的职业心理和习惯，世代相传。在社会主义条件下，广大医务工作者对以往传统的医德有继承的一面，但又有很大的区别。它的宗旨是全心全意为人民服务，救死扶伤，实行革命的人道主义。具体内容主要是：(1)忠于社会主义医疗事业，热爱本职工作，处处关心病人的疾苦，把维护人民的生命，增进人民的健康，同疾病作斗争，作为自己崇高的职责。(2)认真钻研医务技术，对技术精益求精，勇于攻克疑难病症，积极进行革新创造，不断开拓医学新领域。(3)对工作极端负责任，对病人极端热情，一视同仁，时刻想到病人的痛苦和安危，养成严谨细致的医疗作风,平等待人,不收礼,不"走后门"。(4)服务细致,谨慎周到,一丝不苟,诊断准确无误,勇敢果断,敢于负责。(5)保守病人病情"秘密",举止文雅,端庄可亲,不利用工作之便,侵害病人权利。广大医务工作者应加强医德修养,更好地为人民的健康服务。

七、新闻工作者职业道德

指从事新闻报道、宣传工作人员所应遵循的基本道德规范,是知识分子职业道德之一。新闻记者的职业守则,最初在20世纪20年代初期开始系统编纂。各国的新闻职业守则在形式和范围上大不相同。在阶级社会,新闻工作者职业道德带有鲜明的阶级性。在资本主义制度下,新闻工作者的职业道德是建立在生产资料私有制基础上的,是受资产阶级道德的基本原则利己主义所支配的,是为维护资产阶级的统治服务的。无产阶级新闻道德与资产阶级的新闻道德有本质区别。在社会主义条件下,新闻工作者的宗旨是为党、为社会主义、为工人阶级、为广大人民群众而工作。新闻职业道德是在共产主义道德原则指导下的先进的道德规范。其主要内容是:(1)热爱党、热爱社会主义祖国,坚持四项基本原则,坚持新闻的党性与人民性的统一。(2)坚持新闻的真实性,忠于事实,不搞虚假报道,以人民利益为准绳,宣传党的政策,反映群众的心声,克服新闻报道中的客观主义倾向。(3)热情讴歌正义与光明,无情揭露邪恶和黑暗,主持公道,坚持正义,不畏惧任何压力,时刻同群众保持密切的联系。(4)严格要求自己,廉洁奉公,不利用工作之便谋私利,不拿版面做交易,吃苦耐劳,深入基层,有良好的新闻意识,遵守新闻纪律。(5)热情为广大读者服务,提供有益身心健康的稿件,甘当无名英雄,同行之间,相互尊重,相互学习。(6)认真学习马克思主义基本理论和党的路线方针政策,树立共产主义理想、信念,掌握丰富的科学文化知识,加强职业修养,勇于献身新闻事业。

八、文艺工作者职业道德

指从事文化艺术工作的人在工作中所应遵循的基本道德规范,是作家、艺术家、演员、艺人等在艺术实践中的行为准则。文艺工作者的道德情操,直接影响精神产品的质量和社会效果。在中国历史上,许多进步作家和艺术家都主张道德和艺术兼优。这一优良传统被近代、现代的许多作家、艺术家所继承和发展。在社会主义条件下,文艺工作者的职业道德同文学艺术史上种种为剥削阶级服务的文艺道德不同。社会主义文艺工作者应具备的职业道德是:(1)热爱社会主义祖国,热爱中国共产党,全心全意为人民服务,为社会主义服务,始终坚持文艺为社会主义服务的方向。(2)正确贯彻"百花齐放,百家争鸣"的方针,坚持四项基本原则,反对资产阶级自由化倾向。(3)加强社会责任感,创造高尚的艺术作品和艺术形象,坚持健康的艺术趣味,反对"铜臭"污染艺术,不用荒诞离奇、低级庸俗的作品毒害人民群众,特别是广大青少年的心灵。(4)自觉加强艺术修养,刻苦磨炼艺术技巧,批判地学习中外文化艺术的优秀遗产,不断提高专业水平。(5)以严肃认真的态度对待创作和演出,要维护艺术的纯真,讲究艺术质量,不用低劣的粗制滥造的作品应付观众。(6)要严格要求自己,树立高尚情操,注意生活作风,同行间相互学习,切磋技艺,取长补短,反对门户之见,不计名利。(7)树立正确的世界观,正确对待文艺批评,虚心听取各种不同的意见。文艺工作者只有加强自身道德修养,才能创造出思想性、艺术性相统一的艺术成果,更好地为社会主义精神文明建设贡献力量。

九、体育工作者职业道德

指从事体育工作者的教练员、裁判员、运动员等在体育竞技活动中所应遵循的基本道德规范。在社会主义条件下，体育运动已不再是少数剥削者玩乐与赚钱的工具，而是广大劳动人民生活中的一个不可分割的组成部分，是国家强盛的一个重要标志，也是社会主义精神文明的一个重要方面。社会主义体育工作者的职业道德要求主要是：(1)热爱祖国，热爱体育事业，有为国争光的崇高理想和荣誉感。(2)坚持刻苦训练，提高竞技水平，不怕吃苦，钻研技术，顽强拼搏，坚毅不屈，勇攀高峰，献身于体育事业。(3)在比赛中正确对待荣誉和失利，赛出风格，赛出水平，讲友谊，反对锦标主义，既能打胜仗，又不怕打败仗。(4)讲文明，有礼貌，尊重对方，尊重裁判，尊重观众。(5)树立集体观念和全局观念，反对以我为中心的个人主义，不计名利地位和个人得失，不为金钱所动。(6)光明正大，公正无私，遵守纪律，执行规则。(7)在国际交往中，注意国格、人格。

十、外贸工作者职业道德

指对外经济贸易工作人员在外贸活动中所应遵循的基本道德规范。对外经济贸易是我国国民经济的一个重要组成部分，是连接国内外经济往来的桥梁。积极发展对外经济贸易，是我们党和政府一贯坚持的方针，是对外开放的具体体现。外贸工作既有经济，又有外事；既是经济工作，又是政治性很强的工作；既面向国内生产企业，又面向国际市场；既同钱物打交道，又同资本家打交道；既受到社会上错误思想和非法活动的冲击，又面对复杂的国际经济、政治斗争。因此，外贸工作的好坏，不仅关系到我国对外经济贸易事业的发展，而且关系到我国的对外声誉和国际影响。作为一个外贸工作者，在外贸实践中，他的一切言行、办事能力，往往代表整个中国。许多外商往往就是通过我们的外贸人员，认识中国经济、认识中国的。社会主义外贸工作者的职业道德要求是：(1)热爱社会主义祖国，忠于祖国，有强烈的民族自豪感和自信心，全心全意为社会主义现代化建设服务。(2)在对外交往中热情友好，严肃郑重，不卑不亢，落落大方，举止端庄，礼貌待人。(3)重合同，讲履约，守信用，取信于全世界的贸易伙伴，维护我国社会主义商业信誉。(4)工作认真负责，服务周到热情，办事讲究效率，破除官僚主义和官商作风。(5)严格执行外贸工作政策和纪律，廉洁奉公，拒腐防变，不索礼，不受贿，不以工作之便谋私利。(6)坚决同违反、破坏外贸政策的现象，同一切违法乱纪现象作斗争，自觉维护国家的经济利益，维护民族的尊严，维护党和国家的声誉。(7)刻苦钻研业务技术，加强职业技能修养，不断增长才干，为社会主义外贸工作，为进一步改革开放作做出贡献。

十一、商业工作者职业道德

指从事商业工作人员在经商活动中所应遵循的基本道德规范，是商业工作者在处理自己同消费者、服务对象的关系，处理个人同企业和国家的关系时应遵守的行为准则。商业道德是随着商业的出现而逐步形成的。旧时代商业道德提出的具体规范是：讲究货物质地，遵守度量衡标准，保持信用，童叟无欺，勤俭节约，不尚奢侈等。旧时代商业道德，特别是资本主义商业道德突出反映利己主义的阶级本质，造成的商德二重性极为典型，他们表面上讲什么"质量第一"、"货真价实"、"童叟无欺"等，实际上奉行的是欺骗顾客、弄虚作假、尔虞我诈。社会主义商业道德是历史上进步的商业道德的继续。它以生产资料公有制为基础，同资本主义和其他落后的商业道德有本质区别,是共产主义道德在商业这个特殊领域的表现。社会主义商业经营的目的是为社会主义建设服务,为人民生活服务。因此,商业道德的基本要求是:(1)热爱商业工作,确立职业的责任感与荣誉感,摒弃轻视商业和服务性工作的陈旧观念。(2)严守商业信用,诚信无欺,公平交易,实事求是介绍商品,严格执行国家价格政策。(3)优质服务,文明经商,对顾客一视同仁,出售商品货真价实,不以次充好,不缺斤短两,态度和蔼,待客热情,服务周到,方便群众。(4)爱护商品,讲究卫生,不出售变质的食品、药品。(5)严格执行有关规定,不私买私卖,不以营业权谋私利,接受群众监督,欢迎群众批评,坚决同商业领域的不正之风作斗争。

【实践与应用】

大学生对照第四节中主要行业职业道德规范制定自己的职业道德培养规划。

【思考与练习】

1. 简述职业道德的形成和发展。
2. 简述道德与职业道德的关系。
3. 简述培养职业道德对当代大学生的重要意义。
4. 良好的职业道德如何使个人从中获益?
5. 职业道德的主要内容是什么?

第九章 求职心理

【本章要点】

1. 了解大学毕业生在求职过程中普遍存在的心理问题
2. 掌握求职过程中常见心理问题的解决思路和方法

大学生求职心理是指大学生在求职择业过程中表现出来的一般心理特征。求职是大学生迈出校门走向社会的第一步,是大学生人生中的一次重大选择。就业制度的深刻变革,既为大学生提供了公平竞争和施展才华的机会,也对大学生的心理素质提出了新的挑战。特别是伴随着高等教育大众化,就业矛盾日益突出,面对日趋激烈的就业竞争,一些大学生在求职过程中出现了种种心理问题,有的甚至产生了严重的求职心理障碍,影响了他们的顺利就业。因此,认真分析大学生求职中的心理问题,采取有效措施缓解大学生求职心理压力,引导大学生自觉地进行心理调适,对于帮助大学生成功就业、主动适应社会,是十分重要和紧迫的。

第一节 大学毕业生在求职中普遍存在的心理问题

一、大学生心理素质

(一)心理素质的概念

心理素质是指人在认知、情绪情感、意志、性格、自我意识、价值观及社会交往与适应能力等方面的素养。它是在环境的熏陶下,个体经过长期的修养、逐步内化出的一种心理结果。

通常我们说的心理素质与心理健康是有联系又有区别的,心理素质是指人心理品质,心理健康是指一个人积极适应环境的能力或状态。良好的心理素质是使心理保持健康状态的基础,而健康的心理状态又是培养良好心理素质的基本条件,二者互为因果关系。

(二)良好心理素质的标志

1. 智力正常

主要因素包括观察力、记忆力、想像力、思维能力、注意力和创造力。

2. 意志健全

意志是实现人的活动目标过程中的心理素质。意志健全表现为:

(1)行为目的明确而合理,自觉性高。
(2)意志顽强,能自觉克服前进道路上的各种困难和挫折,不实现奋斗目标誓不罢休。
(3)善于冷静、客观地分析情况,处事果断。
(4)自制力好,忍耐性强,能有效地控制自己。

3. 情绪稳定

情绪反应适度,积极乐观。无论成功或失败,都能适时自我调整情绪,正确支配自己的情感与行动,对周围环境和外界刺激作出合适的反应。

4. 行为适度

行为是心理品质在具体活动中的表现。行为适度指行为符合年龄特点,对外界刺激能作出符合社会认可的反应。

5. 人格统一

人格是指个体区别于他人的比较稳定的心理特征的总和。人格统一主要表现是:
(1)性格乐观开朗。
(2)有较强的自我意识。
(3)有积极的价值取向。
(4)人格结构中无明显的冲突与分裂的现象。

6. 人际关系和谐

人际关系和谐主要表现在:乐于与人交往,在心理上能够接纳大多数人,积极主动地广交朋友;在与人交往中能够保持独立而完整的人格,不依赖别人,也不驾驭别人,不卑不亢,言谈举止与自己所扮演的社会角色相符;严于律己、宽以待人、正直诚实、乐于助人、与人相处和谐愉快,使人有安全感。

二、大学生求职心理障碍的主要表现

心理障碍是指一切心理不健康的现象或倾向,它是由心理压力和心理承受力相互作用,使人失去了应有的心理平衡的结果。心理障碍表现十分复杂,程度亦有轻重之分,主要表现有:

(一)情绪障碍

1. 焦虑

在择业过程中,大多数毕业生多会出现不同程度的焦虑心理,有20%的毕业生在择业中出现明显的焦虑状态。主要是由自己理想能否实现等一些问题引起,表现为情绪烦躁、心神不安、意志消沉、萎靡不振,严重影响正常的学习和生活,影响正常择业。

【案例】王茜是个面容清秀、聪明伶俐的女孩,按说不是就业的困难一族。但是就业困扰确实侵扰着她的每一天。小茜的妈妈告诉记者,其实小茜这一年来成熟了很多,很多事情会从家庭的角度考虑问题了,有时候爸爸妈妈生病,她也学会了嘘寒问暖。但是正因为如此,她在就业的问题上,显得有点急于求成,一旦和预想有点不一样,就会显得很焦虑,时常在自负和不自信中徘徊。据小茜介绍,现在同学中有焦虑症状的还不在少数。据说有的同学焦虑到头发大把大把地掉。

从学校步入社会,确实是一道坎。在学校,尽管有升学的压力,但是只要努力,就如走在扶梯上,方向是既定而明确的。但是步入社会就不一样了,目标要自己定,方法要自己摸索,而且规则太多,没有循一而终的方法。大学生就业前,适当的焦虑对他们也许不无益处。

如果焦虑过度，还是要适当减减压。

2. 急躁

大学生择业中常常出现忧心忡忡、烦躁不安、心理紧张、无所适从等现象。表现在对用人单位了解较少的情况下，就匆匆签约，一旦发现未能如愿，又后悔莫及。急躁是一种不良的心境，它使人缺乏自我控制能力，会导致事倍功半甚至事与愿违的结果。

（二）自我认知障碍

1. 自卑

自卑现象多见于自我意识发展不健全的大学生，特别是部分女大学生、性格内向或有生理缺陷的大学生。在求职择业中，他们往往缺乏自信心，缺乏勇气，不敢竞争，尤其在遇到挫折时，这些大学生很容易产生强烈的自卑心理，胆小、畏缩，觉得自己事事不如人，自卑不仅使人悲观失望、忧郁孤僻、不思进取，而且有碍于自身聪明才智的正常发挥。

【案例】某师范大学学生王平，他平时学习成绩中等，但他内心有一种深深的自卑感，觉得自己什么都不如别人，在择业时看到其他同学在面试，他就躲得远远的，不要说和别人竞争，就是和其他同学一起面试也缺乏勇气。最终，临近毕业典礼，大多数同学都有了就业岗位，可他还没有和用人单位签约。

分析：自卑导致了他就业的失败。自卑心理的大学生自我评价过低，在择业过程中对自己缺乏信心，不敢参与市场竞争，错失良机。

2. 自傲

这部分学生自认为高人一等，傲气十足；或认为自己学习成绩好，各方面条件也不错，应该有好的归宿，在择业时，他们往往好高骛远，期望值过高，对用人单位横挑鼻子竖挑眼，很难找到自己满意的工作。一旦产生自傲心理，很容易脱离实际，以幻想代替现实，在自己择业目标和现实产生反差时，则情绪会一落千丈，从而产生孤独、失落、烦躁、抑郁等心理现象。

【案例】小王非常优秀，临近毕业有十分远大的抱负。因此，一般的单位给予的面试机会他根本不重视，总是马虎应付了事。他希望等待一个最适合他的机会，但是这个机会迟迟不来……

分析：小王虽然非常优秀，但也遇到了心理障碍的困扰，属于"自我认知障碍"，一般表现为"自傲"和"自卑"两种极端心态。小王很明显属于过分自负。对于这类大学生，在择业时，他们往往好高骛远，期望值很高，对用人单位横挑鼻子竖挑眼，很难找到自己满意的工作。

（三）人际心理障碍

1. 怯懦

怯懦是一种胆小、脆弱的性格特征。有些学生在求职择业过程中过于怯懦，有一种"丑媳妇怕见公婆"的心理。这种怯懦心理也多见于一些女生和性格内向或抑郁气质类型的学生。

2. 冷漠

冷漠是遇到挫折后的一种消极心理反应，逃避现实、缺乏斗志。当一些学生因在择业中受到挫折而感到无能为力、失去信心时，会出现不思进取、情绪低落、情感淡漠、意志麻木等反应。他们自认为看破红尘、心灰意冷，决计听天由命，任凭发落。冷漠心理的一种特殊表现是逃避，他们对前途失去信心，不再想主动争取就业机会，这种反应是与当今的就业竞争机制不相适应的。

3. 问题行为

问题行为,即违背社会行为规范的不良的行为。毕业前一些学生因某些主体需要不能满足或有强度较大的挫折感,加之平日缺乏应有的品德与个性修养,可能发生各种各样的问题行为。常见的有:逃课、损坏东西、对抗、报复、迁怒于人、拒绝交往或进行不良交往、过度消费、嗜烟、嗜酒等等。问题行为的存在,不仅会影响学生顺利择业,还可能导致严重违纪与违法而受到制裁。

三、求职心理障碍的原因分析

(一)社会原因

1. 就业形势严峻。一方面,我国目前正处于经济转型的关键时期,机构精简、结构调整、企业改制等问题,使传统的以接受毕业生为主渠道吸纳就业的容量减少;另一方面,随着城镇新增劳动力、下岗待业人员的不断增加,高等学校扩招后毕业生人数的增加以及农村大量劳动力向城镇的转移,使就业市场呈现了多峰叠加的态势。严峻的就业形势,使毕业生面临着巨大的就业压力。

2. 就业体制和就业市场体系还不够完善。大学生就业制度改革和劳动人事制度改革还不够配套,在落实促进大学生就业的相关政策、措施等方面,教育、劳动、人事等部门还不够协调一致,一些城市甚至还存在限制毕业生就业的政策性障碍。同时,就业市场"交易"秩序缺乏有效的政策支持,法制化的就业市场尚未形成,公平竞争的就业环境还未完全形成,就业需求信息和招聘活动的公开、公平不够的现象依然存在。此外,社会不正之风对大学生的求职择业也产生了一定的负面影响。

(二)学校教育原因

1. 社会实践不足。我国目前依然是相对封闭的教育体制,大部分大学生多数时间都是在教室——宿舍——食堂"三点一线"中度过。这种教育模式的结果,使大学生与社会脱节,缺乏对不同职业特点的了解,更严重的是缺乏在实践中磨炼自己、检验自己和提高自己的机会。

2. 就业指导不到位。目前,上海就业促进中心公布的一份针对应届毕业生的调查报告显示,在回答"你觉得自己最大的就业困惑和担心在哪儿"时,41%的应届毕业生认为"缺乏明确的求职目标和规划"。调查显示,近70%的大学生希望能够得到有关职业规划方面的指导,但目前高等学校的就业指导课程远不能满足大学生的需求。多数高等学校仍是由就业指导中心负责就业规划教育,通常只是针对毕业生的求职技巧进行一些培训,或者邀请一些成功校友作经验交流讲座。而对职业规划教育的分层次、多渠道和实行导师团制度等几乎是空白。而且,这方面的师资严重匮乏,也没有开发相应的课程和教材,缺乏专业性和系统性。目前我国高等学校普遍存在着就业指导教师队伍不稳,从教人员素质不高,难以达到专业化、专家化和职业化的要求。就业指导的方法、手段和条件无法做到科学化、系统化和个性化。尤其是就业心理咨询明显滞后于学生求职心理的发展变化。

(三)大学生自身原因

1. 心理矛盾突出。大学生正处于心理成长的"断乳期",心理发展还不平衡、不稳定,生理与心理的发展有明显的不同步性。他们满怀激情,追求理想,但知识、经验方面的积累还不够,不善于客观地认识和面对现实,容易使理想与现实相脱节;他们强烈希望摆脱家庭与学校的束缚,融入社会,但自身尚未完全成熟,在许多方面需要家庭、学校、社会的帮助;另外,由于他们身心发育未完全成熟,情绪易波动,自控能力较差,在求职时,面对理想与现实、独立与依赖、情感与理智的矛盾交织，容易产生心理症结，造成心理障碍。

2.求职心理准备不足。求职择业必须做好一定的心理准备，毕业生在择业中出现心理偏差和心理障碍往往是因为仓促上阵、缺乏必要的心理准备造成的。主要表现有：自我认识不清，评价过高，自傲自大；有时评价过低，自卑自贱；在面对择业现实时，不能把握自我，顺利时，忘乎所以；遇到挫折时，烦躁苦闷，自暴自弃，不能冷静、理智地对待现实；对就业形势认识不足，有些毕业生缺乏对国情、经济发展状况的深刻了解，特别是对当前就业所面临的形势认识不足，就业观念陈旧，就业期望值过高，不切实际；缺乏艰苦创业的精神，一些毕业生缺乏长远发展眼光，过分地看重眼前的工作环境、工资收入、社会地位等，不想通过自己的艰苦奋斗干出一番事业来，想走捷径，坐享其成，在困难和挫折面前，常会怨天尤人，缺乏积极竞争精神和勇气。

第二节　求职过程中常见心理问题的解决思路和方法

好的习惯，只是对抗压力的第一步，毕竟在求职这样激烈的竞争中，出现暂时的心态失衡其实是十分正常的，你不必羞于启齿与面对，应该积极地调整自己，冷静下来，振作精神重新踏上求职之路。

一、客观、准确的自我认识

在求职过程中，如果对自己的主观评价与社会对自己的客观评价趋于一致，就容易成功；如果主观评价偏高于社会的客观评价，往往会导致碰壁、失败；如果主观评价偏低于社会的客观评价，往往会导致信心不足，犹豫不决，很可能会错失良机。因此，认识自我是成功走向社会的必要条件。我们应先了解自己的气质、性格、能力等，以便确定切合实际的求职目标。

1.可以通过自我剖析来认识自己。要经常对自己的心理、行为进行剖析，使自我评价逐步接近客观实际。自负者要经常作自我批评；自卑者要看到自己的长处，增强自信心。

2.可以通过比较来认识自己。有比较才有鉴别，事实上，人们往往是通过与别人的比较来认识自己的。一是与同学比较来认识自己，不仅比考试分数，更应注重实际能力的比较。通过比较，可以认识自己的长处和不足，认清自己在相比较的人群中所处的位置，以便扬长避短。二是通过别人的态度来认识自己，当然，别人的态度不一定能全面评价一个人，但大多数人的态度总能说明某些问题的。一个求职者如果不注意与共同竞争者相比较，就很难判断出自己的成功概率。

3.可以通过咨询来了解自己。可向就业指导教师和辅导员咨询，也可征求同学、家长和熟悉自己的人的意见。长期学习、生活在一起的人对自己的言行看在眼里，印象很深，对自己的评价会更公正、更客观。

二、培养自信心

自信应该是每个人必须具备的心理素质，它是前进的动力、成功的保障。古今中外，凡是有所成就的人，尽管各自的出身、经历、思想、性格、兴趣、处境等不同，但他们对自己的才能、事业和追求都充满必胜的信心。自信能积极适应环境，以艰苦的奋斗改变自己的命运，实现自己的人生价值。培养自信可以从两个方面着手。

1. 要相信自己的能力。每个人都有相当大的潜在能力。当一个人面临求职,忧心忡忡、担心失败的时候,多半不是真的不行。自己条件可能并不过硬,但别人也不见得比你强。每个人都有自己的优势,都有可能在求职竞争中占据主动地位。

2. 要积累自信的资本。自信要有扎实的基础、良好的素质做资本,以雄厚的实力做后盾。如果具备了真才实学,就自然会对自己的选择充满信心。

三、在求职中提高受挫能力

挫折对于理性的求职者来说,往往是求职成功的先导,失败是成功之母讲的就是这个道理;对非理性的求职者来讲,挫折往往是灾难性的,可能从此一蹶不振。求职受挫折后产生的紧张状态、焦虑情绪等行为反应是正常的现象,你应该拿出自己的自信,冷静地看待暂时的失败,以积极、进取的心态继续努力,从挫折中吸取经验教训,调整自己的策略与定位,最终实现职业生涯目标。

1. 视挫折为鞭策。古今中外多少仁人志士,没有哪一个不是从坎坷与挫折中走过来的。一时受挫并不说明永远失败,挫折是一种鞭策,它对失败者并不是淘汰和鄙视,相反能促使失败者振作起来。面对挫折,正确的态度应该是具有面对失败的不屈性,勇对挫折、冷对挫折、智对挫折,成为战胜挫折的强者,把挫折看作是锻炼意志、提高能力的机会。

2. 调整期望值。期望值是指要获取的工作岗位在物质上、精神上的需要满足的程度,如工资收入、福利待遇如何,能力、抱负、特长能否得以施展等。能否就业,个人的才能、机遇等因素固然重要,但求职期望值的高低也将起一定作用。求职期望值过高,其结果不是因超越现实而失败,就是侥幸就业后因自身能力不足,无法胜任工作需要而处于被动。在求职过程中遭受挫折,应放下包袱,从主观、客观两方面仔细寻找失败的原因,实事求是地剖析自己的长处和不足,通过别的途径来达到目标,或者降低就业起点,只要持之以恒,定会实现自己的理想。

3. 进行心理调节。求职遇到挫折后要运用控制、激励自己的方法和技巧,进行心理调节与控制,尽快摆脱不良情绪,重新树立起信心。建议参加一些有意义的娱乐活动,换换环境,放松一下自己;向亲人和朋友倾诉苦衷,合理宣泄,听取他们的劝告,这样可以得到较快的恢复;或进行积极的心理调节,使用心理暗示的方法,进行自我激励。

四、针对具体的问题,采取相应措施

求职中还常常会出现下面这些心态变化,你应该注意自己的状态与认识是否客观、自信,及时发现自己的心态失衡而作出合理的调整。

1. 克服盲目从众心理。在现实生活中,事业有成者通常都有很强的独立思维能力,他们能发现一般人不能发现的问题,能捕捉到更多的成才机遇。在毕业生求职问题上,从众心理表现在愿意到大城市、事业单位去工作,不太愿意到基层、到乡镇去工作。其实,到大城市、事业单位工作并不一定是每个毕业生最佳的选择,应从社会需要、自身条件以及今后的发展等方面考虑自己的职业,果断地选择自己的求职道路。

2. 克服盲目攀比心理。在求职过程中,这山望着那山高,见异思迁,过多地把注意力集中在他人的就业取向上,自己的既定目标受到他人的干扰,这无异于逼着自己与他人共走独木桥,很难成功。一旦选准职业后就不要再与他人盲目攀比。

3. 克服自卑与自负心理。有的同学总觉得求职人群中强手如林,条件比自己优越的比比

皆是，于是自甘落后，听天由命，形成了自卑心理。要摆脱这种心态要注意三点：首先，要善于发掘自己的长处，要相信别人能做的事，自己经过努力也能做到；其次，要大胆地表现自己，多做一些力所能及、把握较大的事，任何成功都会增强自信心；再次，要不断完善自己。勤能补拙，知道自己某方面不足，通过勤奋努力，才可填平这方面的缺陷。在市场经济条件下，只有鼓起勇气积极地参加求职竞争，才有出路。有的毕业生对自己估计过高，自以为高人一等，非常傲慢，对单位横挑鼻子竖挑眼，最终一事无成，这类同学应重新认识自己，降低求职的期望值。

4. 克服贪图虚荣心理。虚荣心强的人，求职时往往把注意力集中到大城市社会知名度高、经济效益好的单位。这类同学在求职中的失败，往往是由于不从发挥自己的优势出发，不考虑自己的竞争力，不顾及自己的专业、特长、爱好，他们求职的目的是为了让别人羡慕，而不是为自己寻找用武之地。

5. 克服嫉妒心理。在求职过程中，如果发现平时与自己能力相当，甚至于不如自己的人略胜自己一筹时，应当注意采取积极的态度，变嫉妒为羡慕，奋起直追，你行我也行，我比你更行，通过不懈的努力，缩小差距。克服嫉妒心理，主要靠加强自我修养，提高道德水平。其中最重要的是做到两点：其一是真诚待人；其二是学会互助互爱。如果感觉到自己产生了嫉妒心，就要通过自我有意识的控制、调节，及时把这种不良意识排除。

6. 克服消极依赖心理。作为毕业生应该意识到现实社会是一个激烈竞争的社会，是一个需要每个社会成员积极参与竞争的社会。充分认识到自己是求职的主体，要发挥自身的主观能动性。

【拓展阅读】　　大学生不同求职阶段的心理表现

求职是对大学生综合能力和心理素质的一个全方位的考验。而求职心理是一个涉及多方面的复杂的心理活动，并且表现出一定的阶段性。在求职前、求职中、求职失败、求职成功这四个不同阶段，其心理特点和表现是不同的。正确理解不同求职阶段的心理特点，可以让大学生很好地了解自己，不断调节自己的心态，同时也可以让高校有针对性地开展就业指导。

一、求职前的心理特点及择业价值观的形成

（一）求职前的心理特点

从步入大学到正式求职前，大学生都处于就业的心理准备阶段。他们开始关注就业方面的信息，逐步加深对自己的能力兴趣、专业发展前景、现实就业形势等方面的了解。其中，现实的就业形势对大学生的心理影响最大，例如，2008年为559万；2009年为610万；2010年为630万，2011年为660万，2012年达到了680万，2013年更是达到699万人，逼近700万。日益增加的毕业生人数，对于每位大学生都是一个强大的心理考验。严峻的就业形势，使大学生在求职的准备阶段产生了矛盾、焦虑和依赖的心理。矛盾的心理表现为一方面希望自己能够早点毕业工作，在与日俱增的毕业生中脱颖而出，尽早在社会中找到自己的位置，例如一些大学生通过兼职的方式来增加自己的阅历，也是为了将来的择业早作准备；而另一方面又对求职产生畏惧的情绪，害怕自己求职失败，希望自己永远留在学校里。求职的焦虑心理是对如何求职以及求职结果的一种担忧，会贯穿于求职的各个阶段。一些求职动机过强的学生容易产生焦虑的心理，他们把获得一份理想的工作看作是自己惟一的追求，在大学期间整日忧心忡忡，担心自己是否能顺利找到工作。这种求职的功利心理，加重了大学生就业的焦虑情绪，而一旦求职失败，对其打击比其他人要大。求职前适度的焦虑会增强大学生的危机意识,督促他们夯实专业知识和技能、考取各种专业证书、参加各种活动,为将来的就业作好准备。除了矛盾和焦虑的心理,一些学生的依赖心理也很明显,表现为对就业毫不关心,过度依赖家庭和社会。他们认为个人的能力对就业的影响不大,自己完全不需要对职业进行规划,父母和学校会帮助自己解决就业问题。由于对于从事什么样的工作没有明确的认识,导致在大学期间许多学生放松对自己的要求,真正求职时,就会逃避现实,甚至不愿意就业。

此外,在求职前的准备阶段,大学生的观望心理也很明显。大学生的观望心理包括两个方面:一方面是关注以往毕业生的就业情况,了解本专业的就业方向;另一方面关注本届同学的就业情况,在找工作的最初阶段,一些学生对就业信息的搜集以及工作的定位并不是很明确,所以开始关注周边的同学,从别人的就业中来明确自己该做什么、找什么样的工作、该怎样找工作。

(二)求职前择业价值观的形成

在择业之前的准备阶段,通过对就业情况和形势的了解,大学生逐渐形成了自己的择业价值观,其中包括对工作地区、岗位性质、薪资待遇、发展前景以及个人能力兴趣等方面的认识。调查表明,大学生的择业价值观在近几年内发生了很大的变化。在就业地区上,2003年研究表明,80%的学生选择在经济发达地区。而2010关于大学生择业观的网络调查却显示,大学生对大城市的热情有所降低,有接近1/3的毕业生选择到中西部城市就业,因为大城市严峻的就业形势和日益增大的生活压力,让毕业生把生存问题放在了首要位置。2005年的调查表明,在对工作的选择上,大学生把高收入放到了第一位,其次是工作的前景和个人的兴趣。而2010年的调查发现,越来越多的大学生更关注工作的稳定性。在单位的性质选择上,政府、国企和事业单位仍是毕业生的首选。调查同时显示,在高就业压力下,毕业生较少关注个人能力和兴趣,在薪资的需求上也越来越实际,本科生的期望是2 000~3 000元,而且先就业后择业的比例占所有毕业生的61%。

(以下略)

【实践与应用】

(一)大学生求职心理测试

这个测试是菲尔博士在著名的奥普拉(OprahWinfrey)的节目里做的。答复是依现在的您,不要依过去的您。这是一个目前很多大公司人事部门实际采用的测试。

各位做好测试题后,如果愿意的话,请把你的分数告诉大家。

1. 你何时感觉最好?

  a)早晨   b)下午及傍晚   c)夜里

2. 你走路时是……

  a)大步的快走 b)小步的快走 c)不快,仰着头面对着世界

  d)不快,低着头 e)很慢

3. 和人说话时,你……

  a)手臂交叠的站着 b)双手紧握着 c)一只手或两手放在臀部

  d)碰着或推着与你说话的人 e)玩着你的耳朵、摸着你的下巴、或用手整理头发

4. 坐着休息时,你的……

  a)两膝盖并拢 b)两腿交叉 c)两腿伸直 d)一腿蜷在身下

5. 碰到你感到发笑的事时,你的反应是……

a)一个欣赏的大笑　　　　b)笑着,但不大声　　　c)轻声的咯咯地笑　　　　d)羞怯的微笑

6.当你去一个派对或社交场合时,你……
   a)很大声地入场以引起注意　　　b)安静地入场,找你认识的人　　　c)非常安静地入场,尽量保持不被注意

7.当你非常专心工作时,有人打断你,你会……
   a)欢迎他　　　b)感到非常恼怒　　　c)在上面两个极端之间

8.下列颜色中,你最喜欢哪一种颜色?
   a)红或橘色　　　　b)黑色　　　　c)黄或浅蓝色　　　　d)绿色
   e)深蓝或紫色　　　f)白色　　　　g)棕或灰色

9.临入睡的前几分钟,你在床上的姿势是……
   a)仰躺,伸直　　　b)俯躺,伸直　　　c)侧躺,微蜷　　　d)头睡在一只手臂上
   e)被盖过头

10.你经常梦到你在……
   a)落下　　　　b)打架或挣扎　　　c)找东西或人　　　　d)飞或漂浮
   e)你平常不做梦　　　f)你的梦都是愉快的

现在将所有分数相加,再对照后面的分析

分　数:
1.(a) 2 (b) 4 (c) 6
2.(a) 6 (b) 4 (c) 7 (d) 2 (e) 1
3.(a) 4 (b) 2 (c) 5 (d) 7 (e) 6
4.(a) 4 (b) 6 (c) 2 (d) 1
5.(a) 6 (b) 4 (c) 3 (d) 5
6.(a) 6 (b) 4 (c) 2
7.(a) 6 (b) 2 (c) 4
8.(a) 6 (b) 7 (c) 5 (d) 4 (e) 3 (f) 2 (g) 1
9.(a) 7 (b) 6 (c) 4 (d) 2 (e) 1
10.(a) 4 (b) 2 (c) 3 (d) 5 (e) 6 (f) 1

低于 21 分:内向的悲观者
　　人们认为你是一个害羞的、神经质的、优柔寡断的,是需人照顾、永远要别人为你做决定、不想与任何事或任何人有关。他们认为你是一个杞人忧天者,一个永远看到不存在的问题的人。有些人认为你令人乏味,只有那些深知你的人知道你不是这样的人。

21 分到 30 分:缺乏信心的挑剔者
　　你的朋友认为你勤勉刻苦、很挑剔。他们认为你是一个谨慎的、十分小心的人,一个缓慢而稳定辛勤工作的人。如果你做任何冲动的事或无准备的事,你会令他们大吃一惊。他们认为你会从各个角度仔细地检查一切之后仍经常决定不做。他们认为对你的这种反应一部分是因为你的小心的天性所引起的。

31 分到 40 分:以牙还牙的自我保护者
　　别人认为你是一个明智、谨慎、注重实效的人,也认为你是一个伶俐、有天赋有才干且谦虚

的人。你不会很快、很容易和人成为朋友,但是一个对朋友非常忠诚的人,同时要求朋友对你也有忠诚的回报。那些真正有机会了解你的人会知道要动摇你对朋友的信任是很难的,但相等的,一旦这信任被破坏,会使你很难熬过。

41分到50分:平衡的中道

别人认为你是一个新鲜的、有活力的、有魅力的、好玩的、讲究实际的、而永远有趣的人;你经常是群众注意力的焦点,但是你是一个足够平衡的人,不至于因此而昏了头。他们也认为你亲切、和蔼、体贴、能谅解人;一个永远会使人高兴起来并会帮助别人的人。

51分到60分:吸引人的冒险家

别人认为你是一个令人兴奋的、高度活泼的、相当易冲动的人;你是一个天生的领袖、一个会很快做决定的人,虽然你的决定不总是对的。他们认为你是大胆的和冒险的,会愿意试做任何事至少一次;是一个愿意尝试机会而欣赏冒险的人。因为你散发的刺激,他们喜欢跟你在一起。

60分以上:傲慢的孤独者

别人认为对你必须"小心处理"。在别人的眼中,你是自负的、以自我为中心的、是个极端有支配欲、统治欲的人。别人可能钦佩你,希望能多像你一点,但不会永远相信你,会对与你更深入的来往有所踌躇及犹豫。世界本来就是层层嵌套,周而复始,不以任何人的意志而改变。

(二)请分析以下十句话,反映出大学生求职中怎样的心理问题,并设想其后果。

1."我一定要在北京找一家单位!"
2."我一定要进像世界500强的企业!"
3."我一定要比某某找到更好的单位!"
4."凭什么他就进了这家单位!"
5."我才不去干这种工作呢!"
6."怎么还没有消息呢?E-mail没有,短信也没有……"
7."哎,我又被拒了,烦死了。"
8."我真没用,真没用……全搞砸了!"
9."想也不用想,他们不可能要我们这样普通学校的学生的。"
10."等爸爸、妈妈想办法吧,自己折腾不出什么名堂的。"

【思考与练习】

1. 大学生求职中存在哪些心理问题?
2. 结合自身实际分析自己存在的心理问题。
3. 现在很多单位企业在招聘时采用一些心理测试题的方式考察应聘人,请查找相关的测试题,并交流所得结论。

第十章 求职信与简历

【本章要点】

1. 求职信和简历的格式与内容
2. 书写求职信和简历的技巧及注意事项

目前,高校毕业生就业已经步入市场化轨道,已初步形成了以市场为导向、国家宏观调控、学校和各级政府提供就业指导和服务、毕业生和用人单位双向选择为特点的新型的高校毕业生就业体制。"双向选择"的过程,实际上就是毕业生和用人单位相互认识、相互了解、相互认可的过程。而毕业生要让用人单位认识自己、了解自己、选择自己,就需要利用各种途径和方法正确地宣传自己、展示自己、推销自己,这就需要进入自荐、面试、录用的环节。自荐是就业的基础,面试是就业的必经过程,被单位录用是求职的目的。本章重点介绍求职材料的准备。

求职材料一般包括简历、求职信、获奖证书、资格证书等相关证书、自己的成果以及必要的证明材料和学校的推荐表等。鉴于大学生就业后,跳槽率较高,目前有关方面正在强化诚信就业的措施,强调员工的职业信用,要求大学毕业生在提交求职材料时,必须出具大学生职业信用档案,该档案记录了大学生在校期间的表现、奖惩情况、参加社团活动及社会活动的表现、见习实习期间的表现。在当今社会信用体系正处于建设阶段的时候,如果能够提供一份个人职业信用档案,那无疑会增加求职者的面试机会。求职材料是毕业生提供给用人单位的"名片",它在很大程度上决定自己是否能够获得进一步面试的机会。实际上,用人单位收到你的求职材料时已经对你进行了一次不见面的"面试",这次面试对用人单位是否把你作为可能的人选并决定是否与你进一步接触有着不可低估的作用。所以,每一个毕业生都要认真准备求职的材料。

第一节 求职信

求职信又称"自荐信"或"自荐书",是求职人向用人单位介绍自己情况以求录用的专用性文书。

写求职信是求职的普遍形式之一。许多用人单位越来越多地通过报刊、广播、电视、网络等途径发布招聘广告,要求求职者首先寄送自我介绍材料,然后对求职者的材料进行筛选,在此基础上确定进一步面试的对象。在这种情况下,求职信就成了是否参与面试的第一个依据。写好求职信,是求职者引起对方注意的重要条件之一。

[小调查]最近中华英才网上有一份网上调查:"人事经理,您对求职信的关注程度如何?"34%参与调查的人事经理表示非常重视求职信,54%的人事经理表示将求职信作为重要参考,只有11%的人事经理根本不看求职信。

一、求职信的格式

求职信属于专用信函,书写时一定要符合书信的书写格式和书信语言的礼仪规范。求职者以书面形式与用人单位进行的第一次接触,是"双向选择"的桥梁,是用人单位决定取舍的首要依据。求职信写得如何事关求职的成败,所以要把握求职信的撰写要点,注意求职信的写作技巧,写出高质量的求职信,接受用人单位对自己的一次非正式考核。

求职信一般由标题、称呼、正文、结尾、落款和附件等要素组成。

1. 标题。标题是求职信的标志和称谓,要求醒目、简洁。要用较大字体在上方标注"求职信"(或"自荐信")三个字,在字体及字号的选择上应显得大方、美观。

2. 称呼。求职信不同于一般的私人书信,它带有"私"事"公"办的意味,故称呼时应严谨,它是应聘方与招聘方的第一关联,要礼貌,不能生硬,并且要正规、准确,忌用"××前辈、又×师傅、xx师兄"等不正规的称呼,可以用"尊敬的先生/女士"或"尊敬的领导"。若用人单位明确,比如写给国家机关或事业单位的人事部门负责人,可用"尊敬的××处长"称呼;如果是企业人力资源部,则用"尊敬的××经理"。

3. 正文。即求职信写作的重点,在交代你求职的原因之后应着重介绍你应聘的自身条件,尤其要注意表现你的主要成绩、突出你的优势,甚至突出你的个性或"闪光点",让人了解到你自身条件中的吸引人之处。

4. 结尾。主要是强调你的愿望和要求。如希望对方给你一个面试的机会,或盼望得到肯定的答复,或静候对方发回音等。最后写上"此致"、"敬礼"的字样即可。

5. 落款。包括署名和日期。(1)署名:一般可直接写为"自荐人××"的字样。当然你也可以什么都不写,直接签上自己的名字。(2)日期:应在署名的下方,规范的写法是用阿拉伯数字,并应写全年、月、日。

6. 附件。即证明材料(如你学的各门专业课程成绩登记表等),应随信附寄,并应有必要的签名和盖章,有说服力的附件是对求职者的鉴定的凭证。所以求职信的附件是不可忽视的组成部分。

附件可在信的结尾处注明。如:附件1.××××× 2.××××× 3.×××××……然后将附件的复印件单独订在一起随信寄出。附件不需太多,但必须有分量,足以证明你的才华和能力。

二、求职信的内容

正文是求职信的核心部分,形式可以多样,但要对内容的措辞和行文风格进行反复揣摩,力求打动用人单位。

1. 个人基本情况。简要介绍个人的基本情况,这部分情况可在个人简历中详细说明,所以一句话带过即可。例如"我是××学院经济管理系金融学专业××届本科毕业生",简明扼要,一目了然。

2. 说明用人消息的来源。如果求职目标很明确,应尽可能地说明用人消息的来源,这样用人单位看到后会很高兴。同时要说明你对该单位的印象,表示希望到该单位从事某种职业的愿望。

3. 申请的工作岗位。用人单位往往为多个岗位招聘人才,因此要写清应聘的工作岗位,否则对方将无法回复。如果不知道对方需要什么样的人才,可以自己说明希望获得哪一类工作岗位。为了扩大求职的范围,可以附带说明,除某类工作外还愿意并能胜任何种工作。

4. 说明胜任应聘岗位的理由。这是求职信的核心部分。主要向对方说明自己的知识、经验、专业技能,有与和应聘岗位工作相符的特长、性格及能力,并简要介绍自己在校期间的表现和获奖情况。总之就是让对方感到:无论从哪个角度看你都能胜任这一工作。

一定要做到突出重点,针对性强。如向图书馆或档案馆求职,这是"好静"的工作,介绍自己就不能过多地说自己性格开朗活泼、爱好文艺获得大赛一等奖……而应多介绍自己细心、耐心,工作认真,等等;再如用人单位如果招聘的是"营销人员",介绍自己就不能说自己是如何的文静和内向了。

5. 介绍自己的潜力。进一步给对方增加印象,有针对性地介绍自己曾经担任过的各种社会工作及取得的成绩,预示自己是可塑造的,有培养和发展的前途。如在谋求会计工作时,应介绍自己使用珠算和计算机的熟练程度;向宣传或公关部门推荐自己时,要介绍自己爱好文艺、书法、摄影等特长,而且一定要与上部分的内容做到相辅相成。

6. 表示面谈的愿望。一般应写明希望对方给予答复,并盼望能有机会参加面试。如"我热切盼望您的答复"或者"我希望能获得与您面谈的机会"等。不要给对方施加压力,也不必过于谦虚,自始至终要注意刻画自己的形象。

三、求职信实例

【例一】

求职信

尊敬的领导:

您好!感谢您在百忙中翻阅我的求职信!

我是××学院经济管理系会计学专业2012届本科毕业生,2012年7月我将顺利毕业并获得学士学位。从《××日报》获知贵公司正在招聘人才,我自信经过我大学四年的学习后自己能胜任这一职位。

今天我与贵公司人事部的××先生谈话,得知贵公司目前需要一名会计。经过了解贵公司的情况,我相信我的工作能力符合这项会计工作的要求。

大学里,我学习会计专业,并参加过计算机操作技能的培训和训练。我相信能够在贵公司这样高度专业化和现代化的公司里,熟练地应用计算机处理各种会计业务。而商业写作、人际关系和心理学方面的训练,将会帮助我与公司客户建立密切而融洽的业务联系。

由于贵公司专门研究税收保护项目,我想我在这一专业领域内的工作经验亦会对贵公司有所贡献。我曾在一家证券经纪公司做过两年的业余簿记工作,随后被提升到社会投资部任财务投资主管。

此外,我具有较强的领导和组织能力,曾是学校会计协会副主席和市慈善活动团体的筹资部部长,能与人密切合作的能力对我做好会计工作也将十分有益。随信附上我的简历。希望能有机会与您面谈,谢谢。

此致

敬礼!

联系电话:×××××××××××

×××

2012年3月18日

第十章 求职信与简历

评价:

(1)第一段立即切入主题,我想应聘的岗位是什么(如会计),还有一点用得非常的巧妙,即今天"我"与贵公司的××交谈得知,从侧面说明"我"是由本公司内的人推荐而来的,而且这还是第一手资料,肥水不流外人田,一般好的职位都会留给公司员工推荐的朋友、亲人之类的,所以这里就已经争取到了很大的机会。

(2)简单介绍了自己大学里的所学,请注意,这里列出的所学东西都是与要应聘岗位有莫大关系的,会计也是需要跟人有很多交流的,所以心理学和人际关系对这个岗位有很大的帮助,商业写作更不用说了。其他无关的课程就不要写了,比如物理,因其对会计没有作用,写多了反而会使招聘者抓不住重点。

(3)第3段阐述,表明了应聘者对该公司有过调查和了解,而且也明确地表示出"我"对你们公司在那些方面将会有所贡献,能为公司创造利益。

(4)由于应聘者是应聘会计总监,所以领导能力很重要,这在第4段中有介绍,并且应聘者还重点强调了他是大学时慈善活动团体的筹资部部长,筹资对于他的岗位尤其重要,通过这一点说明应聘者有很好的能力来承担这个职位。

综上所述,应聘者介绍很简单,但是所有对于自己的表述都是与岗位有关的,寥寥数字就已经表明应聘者的能力,使招聘者看后有一种非用他不可的感觉。这里再次强调字数一定要少,招聘者看每份自荐信的时间一般为两分钟,写多了也没用,而抓住重点最重要。

【例二】

求职信

××公司人力资源部主任:

您好!我是××××××学院汽车工程专业2012年毕业生,在我即将开始职业生涯之际,从××××网站看到了贵公司的招聘启事,特申请到贵公司做一名销售部营销员。

在校期间,我主修了汽车构造、汽车维修、工艺规程编制及工装设计、工业企业管理、营销学、计算机应用等课程,成绩一直名列前四名;已取得汽车中级维修工技术等级证、汽车驾驶执照、计算机操作二级等级证。在搞好专业学习的同时,我积极参加社会实践活动和第二课堂活动,担任过学院团支部书记、校广播站的播音员、编辑,曾获得校演讲比赛二等奖;连续三次被学院评为优秀学生干部;2011年6月光荣加入中国共产党。

我来自农村,踏实勤奋、责任心强,性格开朗、善于沟通交流,有良好的人际关系。去年暑假在××机电市场实习,从事汽车销售工作,表现较佳。现已在××桑塔纳汽车维修中心实习6周,对桑塔纳轿车维修有一定的经验。以上单位的实习鉴定能证明我实习的表现。

贵公司是我省轿车销售与维修行业的佼佼者,我仰慕已久。如能到贵公司从事汽车营销工作,我将非常荣幸。我一定能爱岗敬业、竭尽所能,为公司的发展作出贡献。

我的通信地址是:××市××路××号

邮编:×××××

联系电话:×××××××××

此致

敬礼!

学生:×××
2012年3月18日

附件：1. 汽车中级维修工等级证、驾驶证、计算机操作等级证（二级）、实习鉴定
    2. 优秀学生干部证书、演讲比赛获奖证书
    3. 个人简历

【例三】
机械电子工程专业自荐书

贵公司领导：
您好！
我是××大学机械电子工程专业××××届毕业生，我真心希望加入贵公司，竭尽我所能为贵公司的发展出一份力量。

我自2008年进入××大学以来，凭借自身扎实的基础和顽强拼搏的奋斗精神，经过几年不断的学习，在各方面都取得了长足的发展。在专业知识的学习上，我本着实事求是的态度，努力培养自己的实践动手能力。综合积分为××××分，在整个学院名列前茅，并于2009年通过了国家英语四级考试和吉林省计算机二级考试，并取得优秀。在此基础上，又通过了全国计算机二级考试，为今后外语和计算机的学习打下了坚实基础；在专业外语上，有一定的实践基础，有较强的翻译能力。在业余时间，相继学习了WINDOWS98/NT、C语言、FORTRAN语言及OFFICE97、AUTOCADR14、CAM、WORD、PHOTOSHOP5.0、ME等应用软件，同时具有较强的硬件基础。工业PC机编程能力强，能设计PC机程序控制系统，熟悉MCS-51系列单片机实用接口技术。在专业方面，具有扎实的专业基础，我的各门专业课都在80分以上，大部分过了90分，对机电液一体化设计有浓厚的兴趣，特别是在动力传动系统及控制方面有丰富的实践经验和理论基础。现刚接过导师分给的"微机控制的多功能全智能化实验台及液压动力控制系统设计"课题，为下学期的毕业设计收集参数。望贵公司领导相信，我有决心，也有能力把领导交给的工作做好。

思想上，我积极要求进步，2009年被确定为入党积极分子，并参加了"邓小平理论研究小组"及党校学习班，现已毕业，并获2008~2009年度"优秀共青团员"称号，2009年被确定为重点积极分子；2010年被列为预备党员发展计划。在校期间，我踊跃参加各项体育、文娱活动，以此培养团结协作精神，并发展自己的才华。我长期担任班级干部，设计并组织过多项活动，有一定的组织能力。稳重但不缺乏热情，锐意进取又能与人和睦相处，这是年轻的我的真实写照，愿成为贵公司的一员，凭借我的热情和才能，不遗余力地和大家一起为贵公司的腾飞作贡献。我相信，这对我们双方，都将是一次正确的选择。

此致
    敬礼！

×××
2011年11月11日

四、求职信写作技巧

（一）给人印象要深刻

求职信是提供给对方认识求职者形象的工具，是求职者给对方的第一印象，实践和理论研究都证明，第一印象的作用是十分重要的，它甚至可以成为被录用的条件或被淘汰的理由。通过求职信给对方以良好的第一印象，对争取面试及面试成功无疑是重要的。看信人最

先看到的不是信的内容,而是信的外观形式。因此求职信的工整、清洁、美观,让人感到愉快和舒服,就是给人以良好印象的第一步。走好这一步,首先要求格式规范、条理清楚、内容充实;其次要选用质地好的信纸,文字布局自然、和谐、优美,不能出现错别字,不能有污点墨迹;再次要选择标准信封,收信人的地址和名称要准确清楚。信封样式乃至邮票图案对引起对方注意都有一定作用。

(二)针对性要强

求职信的种类很多,但大体有三种情况:第一种是具有高度针对性的信,是针对某一单位的某一个人或该单位的某一具体职位而写的。寄一封文情并茂的求职信给用人单位负责人,是一种有效的求职方式。第二种信可称为"广谱信",适用于不同的对象,优点是可以大量复制,到处投递,节省精力和时间,但内容缺乏针对性,求职效果不好。第三种综合了以上两种的特点,可称为"混合型"。信的主体部分固定不变,只是开头和结尾根据不同的对象安排不同的内容和措辞。

第一种求职信是最有效的,因为它不仅仅是建立在对自己了解的基础上,而且是建立在对招聘单位了解的基础上的。要想通过信件让对方对你感到满意,仅仅把文字组织好表达好是远远不够的,还必须深入了解招聘单位以及所要应聘工作的情况,针对所应聘工作的性质、需要和特点,有针对性地介绍自己的能力和特长。有时甚至要了解招聘者的兴趣爱好和个性特点,使对方感到你的信有一种亲切感。

(三)重点要突出

求职信要突出那些能引起对方兴趣、有助于获得工作的内容,主要包括专业知识、工作经验、特长和个性特点等。

在介绍专业知识和学历时切忌过分强调自己的学习成绩。用人单位更重视的是经验和实践能力,所以要一般地写所学的专业知识和学历而重点写工作经验和能力。

刚毕业的学生资历浅,工作经验还不多,但并不能因此而认为自己没有经验,任何单位都不会欣赏毫无工作经验的人,事实上任何人都有一定的工作经验,只要与做好这一工作有关的事情或活动,都属于这方面的经验,如与人相处或管理人的经验、假期社会调查和社会实践活动的经验,甚至旅游的体验也是值得一提的。介绍经验不能太空泛,要把它写得具体、真实、可信、有说服力,要始终围绕着能胜任工作这个中心来介绍自己的学历和经验。同样,在写自己的特长时,也要求真实、具体且需要表现出谦恭的态度,最好让事实说话,如搞过什么设计、有何发明、获过什么奖或开发过什么新产品,附上一些具体材料,会大大增加可信度和说服力,切勿高谈阔论,以免给人以狂妄自大、目中无人的印象。有人在陈述自己的特长时,爱用类似"有很强的组织能力"等语言,缺乏具体事例,使人感到空泛不实,会敬而远之。几乎所有用人单位都希望录用具有良好个性的人,特别喜欢充满热情和活力的个性。因此在求职信的字里行间要反映出你的热情和活力。可以用具体事例直接表明自己是一个充满活力的人,如克服困难的意志、助人为乐的品质、努力积累了工作经验的经历等。表现个性要适度,点到为止,不要过分渲染。

(四)篇幅要简短

求职信以两页500~800字左右为好。篇幅过长,对方没有时间看,也容易感到烦躁。如果确实有内容的话,可以作为附件或留作面谈时再说。也不能太短,否则说不清问题,没有特点,显得没有诚意,自然也就缺乏影响力。决定其篇幅的因素包括有职业、企业、工作经历、教育和造诣程度等等。最重要的就是,履历中的每一个字都要能够推销自己。

（五）附加材料

由于受到篇幅的限制,不可能把所有材料都写进去,但为了证明你的能力,可以另外准备一些材料,作为附加材料随求职信一起寄给对方。附加材料大体可以包括以下几方面：

A 学历证明或获奖证书；

B 发表过的文章或虽未发表但有一定水平的论文；

C 社会实践活动资料、照片等；

D 老师的推荐材料。

这些附加材料对于争取面试机会是非常重要的,但要根据具体情况有选择地使用,要选择最有代表性的、最能说明问题的材料。

【小资料】　　　　**在写求职自荐信之前须考虑的5个问题**

1. 未来的雇主需要的是什么？在你期望得到的职位中什么样的技能、知识和经历是最重要的？

2. 你的目标是什么？你写求职自荐信的目的是什么,是想获得一个具体的职务,一次面试的机会或仅仅希望有人通过电话花10～15分钟与你谈一下有关机构的总的情况。

3. 你可以为此雇主或职位提供的三至五个优点或优势。如果你是针对某个具体的职位而写此信,那么所列的你的优点应该就是招聘广告上需求的；如果你不是针对具体的职位的话,就按通常的所需知识和经历来考虑。

4. 如何把你的经历与此职位挂钩？请列举两个具体的你曾获得的成就,它们能证明你在第三问中所提的你的优点。

5. 你为什么想为此机构或雇主服务？你对他们的了解有多少？包括他们的产品或服务、任务、企业文化、目标、宗旨等一切与你自己的背景、价值观和目标相关联的东西。

当你对以上5个问题考虑成熟之后,就可以开始写求职自荐信了。

五、写求职信的注意事项

（一）格式规范言简意赅

求职信的格式和一般书信的格式大致相同,由称呼、正文、结尾和落款等几个部分组成。核心内容就是:你是谁？你怎么知道目标企业的？你要申请什么职位？你了解目标企业吗？你为什么适合这个职位？（围绕岗位需要的专业课程、业绩、能力、优势、特长等方面来陈述）表明希望得到面试机会的态度,注明你的联系方式。（强调最重要的信息,重视细节）

现在的求职信绝大多数是用电脑打印的,但如果你的字写得很好,也可以亲笔书写,这样不仅给人以亲切之感,还可以向用人单位展示你的特长。不管采用何种方式,行文都应该言简意赅,切忌废话连篇。

（二）不要"饥不择食"

有的学生临近毕业,找工作心切,于是找来一本电话号码簿或企业通讯录,从中随便找一些单位就匆匆发出求职信。这种"饥不择食"的做法,一是使收到求职信的单位没有任何准备,无法在短期内对你有所考查而将信将疑；二是你对单位也不是很了解,工作之后才发现不理想,悔之晚矣。

（三）避免简写引歧义

与朋友谈话时人们习惯简称自己的学校或者所修专业,但在求职中应该避免这样做。用简写词语一是显得随便、不够庄重,可能会引起读信人的反感;二是一些简称只有在特定的地方、特定的交往范围中才能被准确地理解,超出这一范围,人们可能就会不知所言,甚至产生误解。比如"中大",在广东人们都会明白它是指中山大学,但是在广东以外的地方,则很少有人明白它的意思。"人大"、"华师"、"政经"等词都很容易被误解,最好不用。

(四)不能眉毛胡子一把抓

有的求职信就像记流水账,想到哪里就写到哪里,既没有逻辑性,抓不住要领,又没有针对性,显得条理不清。这不仅显现出一个人文字功底差,而且也使求职信本身失去了效用。语言表达的逻辑性、条理性、明确性是写求职信最起码的要求。

(五)做到"适度推销",绝不可夸大其辞

在求职信中应尽量避免使用"一定"、"肯定"、"最好"、"第一"、"绝对"、"完全可以"、"保证"等词,以及类似"有很强的组织能力"、"有很强的活动能力"之类的语句。然而,有的求职者惟恐对方不用自己而一味地吹嘘、炫耀自己博学多才,甚至贬低别人,抬高自己,似乎不录用他,对方就会遭受不可弥补的损失,这种做法是十分错误的。

(六)称呼要恰当,如不恰当会显得俗气

求职信不同于一般私人书信,受信人未曾见过面,所以称谓要恰当,郑重其事。

有一位女生在写给某公司的求职信中的称呼是"叔叔、阿姨",还有一位女大学生写给某单位人事处工作人员的求职信的称呼是"大哥、大姐",这样的称呼是不恰当的,求职信的称呼应该正式、规范。

六、写求职信的四个误区

通过写信求职是一种常见方式,但必须避免以下四种失误以提高求职命中率。

(一)不够自信,过于谦虚

求职者应当在信中强调自己的强项,即使不可避免地要说明自己的弱项,也没有必要那么坦率。

(二)主观意愿,推理不当

许多求职者为了取悦于招聘单位,再三强调自己的成绩,而不知有关经验与能力对职位的重要性。

(三)语气过于主观

对于招聘单位来讲,他们大都喜欢待人处世比较客观与实际的人,因而求职者在信中尽量要避免用我认为、我觉得、我看、我想等字眼。

(四)措词不当,造成反感

写求职信最忌用词不当,例如:有我这样的人才前来应聘,你们定会大喜过望。对方看到这样的词语,怎么会不反感呢?

【趣味阅读】　　　　　　　万能的个人求职信

尊敬的领导:

您好!

我是××××大学××××××系的一名学生,即将面临毕业。

四年来,在师友的严格教益及个人的努力下,我具备了扎实的专业基础知识,系统地掌握了××××、××××等有关理论;熟悉涉外工作常用礼仪;具备较好的英语听、说、读、

写、译等能力;能熟练操作计算机办公软件。同时,我利用课余时间广泛地涉猎了大量书籍,不但充实了自己,也培养了自己多方面的技能。

此外,我还积极地参加各种社会活动,抓住每一个机会,锻炼自己。大学四年,我深深地感受到,与优秀学生共事,使我在竞争中获益;向实际困难挑战,让我在挫折中成长。我热爱贵单位所从事的事业,殷切地期望能够在您的领导下,为这一光荣的事业添砖加瓦;并且在实践中不断学习、进步。

收笔之际,郑重地提一个小小的要求:无论您是否选择我,尊敬的领导,希望您能够接受我诚恳的谢意!

祝愿贵单位事业蒸蒸日上!

署名
日期

七、写求职信的礼仪技巧

(一)称呼要准确,要有礼貌

求职信往往是首次交往,未必对用人单位有关人员的姓名熟悉,所以在求职信件中可以直接称职务头衔等,如"上海煤气总公司负责人"、"国发公司经理"、"北京配件厂厂长"。求职信的目的在于求职,带有"私"事公办的意味,因而称呼要求严肃谨慎,不可过分亲切,以免给人以"套近乎"或者阿谀、唐突之嫌。当然,礼貌性的致辞还是可以适当使用的。

(二)问候要真诚

无论是经常通信的还是素昧平生的,信的开头应有问候语。向对方问候一声,是必不可少的礼仪。问候语可长可短,即使短到"您好"两字,也体现出写信人的一片真诚,而不是"应景文章"。问候要契合双方关系,交浅不宜言深,以简捷、自然为宜。

(三)祝颂要热诚

笺文的最后,要署上写信人的名字和写信日期,为表示礼貌,在名字之前加上相应的"弟子"、"受业";给用人单位领导写信,可写"求职者"或"您未来的部下"。名字之下,还要选用适当的礼告敬辞,如对尊长,在署名后应加"叩上"、"敬亲"、"叩禀"、"拜上"、"敬启"、"肃上"等;对平辈在署名后加"敬白"、"谨启"、"敬上"、"拜启"等。

(四)信皮称呼用尊称

信皮(封文)的主要内容除要清楚、准确地写明收信人地址及邮政编码、收信人姓名、发信人地址及姓名以外,还要恰当地选用对收信人的礼貌语词。首先要注意收信人的称呼。封皮是写给邮递员看的,因此应根据收信人的职衔、年龄等,写上"经理(或总经理)"、"厂长"、"人事资源部部长"、"人事经理"或"先生"、"同志"、"女士"等。其次,要讲究"启封辞"、"缄封辞"的选择。"启封辞"是请收信人拆封的礼貌语词,它表示发信人对收信人的感情和态度。一般对高龄长者用"安启"、"福启",对其他长辈用"钧启""赐启";对平辈,可依照受信人的身份、性别,分别用"力启"(对军人)、"文启"(对教师)、"芳启"(对女士);"缄"字的用法也有讲究。给长辈的信宜用"谨缄",对平辈用"缄"。明信片、贺年卡等因无封套,因而无所谓"启"和"缄"。求职者须注意,切忌用挂号或快件寄信。

【课堂交流】

企业 HR 会对什么样的求职信一见钟情?

第二节 简 历

面试的成功是以良好的自我介绍为基础的。在写好求职信的同时,有必要附上自己的一份简历。写好简历对谋职十分重要,因为用人单位要从个人简历中了解求职者的学业与资历、能力与水平、兴趣与特长。简历的作用等于是将自己的一切情况表现在一张纸或一张表格上,让素未谋面的用人单位决定对你的取舍。简历,顾名思义,就是对个人学历、经历、特长、爱好及其他有关情况所作的简明扼要的书面介绍。简历是个人形象,包括资历与能力的书面表述,对于求职者而言,是必不可少的一种应用文。

【小调查】　　　　　　　　企业 HR 对于简历的态度

我们不希望看到那种详细罗列的工作记录"表",也不愿意看到申请者与多少人有过工作关系。我们想确定的就是他们能为我们的工作提供什么样的技能。申请者的业绩与贡献应该是主要的参照依据。申请者应该说明他曾取得什么样的成绩,而不是简单地说"曾经做过"什么,应该说明他们是如何运用所掌握的技能——这些内容才是公司要求的"精华"。

一、简历的内容及格式

怎样设计制作个人简历呢?简历的内容、式样设计方案,仁者见仁,智者见智,然而最关键的是要记住:"突出个性、与众不同"是你设计个人简历成功的法宝。没有哪个人事主管会逐一仔细阅读求职者的简历,而是用一种"扫描"的方式浏览,每一份简历所花费的时间一般都不超过二分钟。无法吸引他们注意的简历很可能被忽略而过,永久地沉睡在纸堆里。

(一)简历的内容

简历包含了求职者和应聘职位的相关信息,因个人情况不同,其内容有所差异,但是一般应包括以下方面的内容:

1.标题。常用"简历"、"个人简历"或"求职简历"为标题。

2.个人基本情况。包括姓名、年龄(出生年月)、性别、籍贯、民族、学历、政治面貌、学校、专业、毕业时间等等。但个人基本情况的介绍并非越详细越好,有的项目用人单位没有特别要求可以省略。

3.联系方式。一定要清楚地表明怎样才能找到你,写清楚区号、电话号码、E－mail 地址。有的毕业生喜欢频繁地变换手机号码、E－mail,当用人单位需要和他取得联系的最关键时候,往往无法迅速找到,在用人单位感到遗憾的同时,恐怕最遗憾的应该是毕业生本人。

4.求职意向。简短清晰地表明本人对什么岗位、行业感兴趣。

5.个人履历。主要是个人从高中阶段至就业前所获最高学历阶段之间的经历,应该前后年月相接。

6.个人的学习经历。主要列出大学阶段的主修、辅修与选修课科目及成绩,尤其是要体现与个人所谋求的职位有关的教育科目、专业知识。不必面面俱到(如果用人单位对个人在学校的学习成绩感兴趣,可以提供给他全面的成绩单,而用不着在求职简历中过多描述这些东西),要突出重点,有针对性,使个人的学历、知识结构让用人单位感到与其招聘条件相吻合。

7.实习实训经历及所获得的技能。这是简历的核心部分,是反映高职生生产实践能力和岗位适应能力的。因此在简历中要把实习实训的项目名称、时间、地点及收获等简要写出来,把在企业顶岗实习经历、实习单位的评价等写出来,也要把课余时间参加的技能培训项目、时间、地点及所获取的技能等级等注明。用人单位从这些经历中可以全面了解求职者的实践技能和工作能力。

8. 实践活动和社会工作经历。这也是简历的重要组成部分,可以与上面的内容合并在一起写。许多用人单位特别是大型企业,对毕业生综合素质的要求不断提高,虽然知道大部分毕业生都没有多少工作经验,但非常看重在校期间担任的社会工作、职务、组织(参加)活动的情况。勤工助学、课外活动、义务工作、参加各种各样的团体组织等等经历都足以让用人单位从中发现求职者的志向、爱好、组织能力、领导能力、团队协作精神和吃苦耐劳精神等。

9. 外语、计算机和其他水平。外语作为一种工具,计算机水平作为一种技能,越来越被用人单位重视。因此,毕业生除了在简历中写明已达到学校相关的教学要求外,也别忘了对取得的资质等级证书,或在某方面的过人之处进行自我评价。如果已取得驾驶证,也可注明。

10. 在校期间所获奖励。包括奖学金、三好学生、优秀学生干部、优秀团员、社会实践优秀个人、优秀社团负责人等获得的时间、地点、级别。

11. 附件。附件主要包括各种技能等级证书、荣誉证书及发表的论文等复印件。有的单位要求有加盖学校确认章的成绩单。

(二)简历的基本构架

招聘者不可能对每一份简历逐一研究,也不可能给每一个求职者同样的面试机会。一般来说,招聘者会按照公司和岗位的要求,把简历中具有相关技能的先挑选出来,重点看求职者相关的实习实训经历、学科成绩、在校活动情况。因此,合理安排简历的内容,撰写出一份"突出个性"的简历就尤为重要。

1. 基本情况栏。把个人的基本情况放在最前头。

2. 在个人基本情况之后,应该写上求职意向,可以是工作岗位,也可以是工作范围。

3. 学习经历栏。可以列上几门最主要的、有特色的课程。通常情况下,一般的公共课、基础课不必写上。

4. 实践经验及技能栏。接下去就是简历上最重要的部分:工作经历。对于初出茅庐的学生来说,这部分包括实习实训经历、勤工助学、课外活动、义务工作、参加各种各样的团体组织等等。这部分内容要写得详细些,指明你在实践技能方面、社团活动中做了哪些工作,取得了什么样的技能和成绩。用人单位要通过求职者的这些经历考查你的岗位适应能力、团队精神、组织协调能力等。

5. 特长、兴趣爱好。最好也要列出两三项,用人单位可以就此考查应聘者的综合素质。

6. 简历上的照片。简历上并非一定要贴照片,若有要注意照片不要复印。一般应是二寸彩色照片,男生要穿西装打领带,头发梳理整洁;女生最好化淡妆,穿正式一点的服装。

(三)个人简历的格式

个人简历一般有表格式简历、时间顺序式简历、学习工作经历式简历、个性化简历等多种形式。

表格式是用表格的形式列出自己的基本情况及学习、工作的经历,使人一目了然。时间顺序式是按年月顺序,列出自己的学习、工作经历,条理清楚。

学习工作经历式是根据需要有选择地列出自己的学习和工作经历,充分表现自己的技能和品德。对于即将毕业的大学生来说,采用表格式和学习工作经历式最好。

个性化简历目前有多种类型,如名片简历、视频简历、图谱式简历等,是巧妙运用各种媒介手段或图谱等来展现自己的一种简历,常常令人有耳目一新的感觉。对于即将毕业的大学生来说,采用表格式和时间顺序式能较全面地展示自己,而运用一些个性化的简历则更能突出自己。

简历格式示例:
1. 学习工作经历式的简历
(1)第一种格式
个人简历
姓名: 性别:
出生年月:_年_月   民族: 贴照片
籍贯: 政治面貌:
家庭住址: 健康状况:
毕业院校及专业: 学制:
毕业时间: 学历:
通讯地址: 邮编:
联系电话: E – mail:
个人专长:
求职意向:
在校学习的主要课程:
骨干基础课:
专业基础课:
专业课:
在校进行的实习实训:
_年_月至_年_月,在学校进行_实习;
_年_月至_年_月,在学校进行_实训;
_年_月至_年_月,在学校进行_培训,后经职业技能鉴定考试,取得_中级(高级)工资格证书;
_年_月至_年_月,在公司_岗位顶岗实习;
实践活动和社会活动经历:
_年_月至_年_月,一直担任_职务,组织开展了_活动,取得了_成绩;_年_月至_月,利用假期在_ 进行社会调查,写出了关于_的调查报告,并被评为_奖;
_年_月,参加_组织的舞蹈大赛,取得了第_名;
_年_月至_年_月,利用业余时间担任_单位(个人)的推销员(辅导员),取得了成绩。
外语、计算机及其他:
英语水平:_年通过国家大学英语四级考试。_年通过国家大学英语六级考试。有较强的阅读、写作能力。
计算机水平:熟悉office办公软件、Internet互联网的基本操作,掌握CAD、Pro/E等绘图软件。通过了全国(或_省)计算机等级考试,取得了_级证书。_年_月还考取了汽车驾驶证_

证,可以驾驶_类型的车。

兴趣、爱好、特长:

喜爱舞蹈,曾担任校文艺队队长和领舞,并率队参加多次比赛。曾获得_比赛_名的好成绩。

获奖情况:

_年_月获得国家(学校)_等综合奖学金;

_年_月被评为_年度三好学生(优秀学生干部、优秀团员);_年_月参加大赛,获得_奖;

_年_月获得社会实践征文比赛_奖。

附件:(各类证书复印件)。

(2)第二种格式

中文姓名:

通信地址:　　　　　　　　贴照片

固定电话:　　　　　　　　手机:

电子邮箱:

求职意向:到企业从事技术管理

教育背景:

20_年_月至20_年_月,在学院专业学习,_学历,_学位。专业排名:_名次/专业人数。

主修课程(主要是专业课和专业基础课):

获奖情况:

20_至20_学年获_奖学金(奖励全校前_名);20_年_月获_大赛_奖;

20_年_月获20_至20_学年度"三好学生"称号;

20_年_月获得社会实践征文比赛_奖;

20_年_月至20_年_月担任学生会主席(班长、团支书等)。实践经历:

20_年_月至20_年_月,在学校进行实训;

20_年_月至20_年_月,在学校进行培训,后经职业技能鉴定考试,取得_中级(高级)工资格证书;

20_年_月至20_年_月,在公司岗位顶岗实习;

20_年_月至_月,家教,辅导_名初中三年级学生物理、数学等课程,自己制定辅导计划,每天辅导2小时,在_月的辅导中,这几名学生的成绩明显提高。

个人专长:

*专业技能:

*英语技能:

*计算机软件应用技能:

获得证书情况:

大学英语四级证书,全国计算机二级证书,汽车驾驶证C本,中级数控加工中心操作资格证书等。

个人爱好:

附件:

第十章 求职信与简历

简历案例:

简 历

姓名×××　性别　　男

学历　本科　　政治面貌　　团员　　　　　籍贯××××　出生年月 1984 年 10 月

电话 137×××××××　邮箱××××@126.com　　身高 175cm　　民族　汉

求职意向　a. IE 工程师(人机工程分析改进)　b. 产品设计开发　c. 现场管理

爱好及特长:

CAD 制图、篮球、乒乓球、象棋等

教育背景:2004 年 9 月~2008 年 7 月××大学机电工程学院工业工程专业

技能总结:

①英语水平良好,以 557 分通过国家四级考试

②精通 AUTOCAD,能熟练运用常用设计工具,且了解一些汽车常规产品设计要求和国家标准

③熟练掌握人机工程学原理和现代化企业工厂物流控制,并在实习期间进一步验证和参与实际改进活动

社会实践与实习:

2006.5 长春一汽轻型汽车有限责任公司实习,学习了解汽车装配生产线均衡生产的设计理念,提高了对人机工程原理的认识

2007.10 长春一汽轻型汽车有限责任公司实习,学习了解了车间物流控制和现场 6S,积累了对准时化生产的物流控制要求和规划的经验

2008.3 吉林省吉化集团制造有限责任公司生产实习,参与某车间现场班组的 CQC 改进活动,并作为毕业设计项目,获得"2008 年毕业生优秀设计奖"

主修课程:

工业工程导论,人机工程学,物流工程,物料设施与搬运,成本管理,生产计划与控制,质量管理,先进制造系统,机械制图,工程力学,工程材料与加工,几何量公差与检测,机械设计基础,数据结构和数据库,工程项目管理,现代设备管理技术,电子与电工技术,运筹学

自我评价:

①有扎实的专业理论知识和现代化企业的实习经验,并参与实际工作

②英语能力良好,能快速阅读英文工业知识的书籍,能与外籍人士进行日常交流

③通过国家计算机二级 C 评议考试,精通办公自动化,能独立操作并及时高效地完成日常办公文档的编辑工作

④业余爱好广泛,在 2007 年学院组织的"青年杯乒乓球比赛"中荣获个人第六名

以上内容,可以结合应聘者自身的情况和招聘单位的要求进行有针对性的调整。各种证书等材料的复印件可以附在后面。

2. 表格式简历

个 人 简 历

姓名	×××	性别	女	出生年月	1995年2月	
籍贯	河北省廊坊市	民族	汉族	政治面貌	团员	
学历	大专	专业	文秘	毕业院校	廊坊职业技术学院	
在校担任职务	学生会秘书长	特长	速录、书法	专业能力	办公自动化、公文写作	
求职意向	文秘、经理助理	联系方式	手机:152××××6526 QQ邮箱:10××397200@qq.com E-mail:re×××aohui824@163.com			
主修课程	秘书学、秘书实务、办公室事务管理。人力资源管理、文书档案管理、应用文写作。基础会计、办公自动化、公共关系学。中文速录、文秘英语、社会交际礼仪学、书法。					
奖励情况	荣获第二届全国大学生规范汉字书写大赛(硬、软)一等奖、优秀奖 荣获廊坊市国际经济贸易洽谈会优秀志愿者奖 荣获学院第二届煜鑫鸿业杯大专辩论赛亚军选手 荣获学院第四届大学生文化艺术节经典诵读大赛二等奖					
获得证书	获得北京教委颁发英语口语证书 获得计算机应用技术证书两项 获得文秘三级证书					
社会实践	2008年暑假曾在一家餐厅做了两个月的服务生 2009年暑假曾在一家公司做过电话销售并帮助公司签下业务 2009年寒假曾在北京苏宁电器做液晶电视销售并得到领导的肯定					
自我评价	有一定的沟通协调能力,做事认真,有责任心,适应能力比较强					

上面是廊坊职业技术学院一名毕业生设计的表格式简历,简历整洁大方,清楚地向用人单位介绍自己,并表达了自己的求职意向。

二、撰写简历的原则

(一)要围绕一个求职目标

雇主们都想知道你可以为他们做什么,他们在寻找的是适合某特定职位的人。含糊的、笼统的、毫无针对性的简历会使你失去很多机会。如果你有多个目标,最好写上多份不同的简历,在每一份上突出重点。如果简历的陈述没有工作和职位重点,或是把你描写成一个适合于所有职位的求职者,你很可能将无法在任何求职竞争中胜出。

(二)把简历看作一份推销你自己的广告

最成功的广告通常要求简短而且富有感召力,并且能够突出重要信息。简历也要像广告那样简短而又能吸引别人的眼球，要注意用独特的内容和格式来突出你的卖点。具体说来就是：你的简历应该限制在一页以内，工作介绍不要以段落的形式出现，尽量运用动作性短语使语言鲜活有力。

（三）陈述有利信息，争取成功机会

应尽量避免在简历阶段就遭到拒绝。招聘单位为面试阶段所进行的简历筛选过程，就是一个删除不合适人选的过程。招聘者对理想的应聘者有要求：相应的教育背景、工作经历以及技术水平。简历中不要有其他无关信息，以免影响招聘者对你的看法。写作时要强调工作目标和重点。一份理想的简历应该在有限的时间内向招聘者传达最为有效的信息。最好的办法是了解招聘单位的需求，对症下药，准确地介绍自己的相关优势。

（四）消灭错误，惜墨如金

撰写求职简历也是一个人工作作风的体现，因此简历的制作一定要严谨、认真，避免出现印刷错误、语法错误及标点符号错误。简历虽短，但却是对求职者驾驭语言能力的一种考验。要注意以下三点：一是避免段落过长（每段不应超过6至7行）；二是多用动词，省略第一人称"我"，避免过于主观的"宣布式"口气；三是写一个长一点的初稿，仔细推敲每一个词，然后删改、删改、再删改。对于不能很好证明你工作能力的词语，删掉它。

（五）赏心悦目，文如其人

要让你的简历看上去很舒服。简历的总体形象将会影响雇主对你的看法。留白可以使页面显得干净整洁。避免求新求异，字体的选择最好能具有专业水准，你可以使用不同的字体、字号，很好地设计版式，使用优质的纸张。制作完简历后，你要不断地问自己三个问题：你写的简历是否布局合理？是否干净利索而且看上去很专业？它是否利用了整张纸？简历是求职者的脸面，用人单位通常会以此判断是否向求职者发出面试通知。高水准的简历，总是把简历中的个性描述与全文的形式、内容统一起来。

三、撰写简历技巧

（一）简洁

简历要简洁醒目。最好在一页纸内完成，因为用人单位的 HR 每天要接收数百封简历，他用在你简历上的时间据介绍一般只需要 8 秒，不超过 20 秒，所以你写的简历就必须在 20 秒内能让他了解你。

如果你需要用两页纸来完成简历，请清楚、完整地把你的经历和取得的成绩表现出来。不要压缩版面，不要把字体缩小到别人难以阅读的程度。

（二）理出针对求职目标的应聘优势

这是你的简历的纲要，用事实简要列举个人素质的概括描述作为应聘的优势。此描述应为目标单位所关注的，符合目标职位任职资格。

（三）根据求职目标修改简历

你有几个版本的简历？你发出去的简历是千人一面，还是各个不同？每一份简历，都是根据所申请职位度身制作的吗？在每一份简历上，都出现了应聘单位的名字或者产品吗？你把招聘单位的 LOGO 拷贝到自己简历的页眉上了吗？在简历的页脚简单描述了你对其产品和服务的认知了吗？

在找工作的过程中，次次修改简历会使你感觉无比的辛苦。尤其是经历了无数的简历没

回音、笔试被废、面试被拒之后,你可能会非常气馁,从而只是机械地把千篇一律的简历海投出去。但过程永远没有结果重要!如果你想增加自己简历的成功概率,记住,一定要根据求职目标修改简历!而且去应聘某一单位时,只带这一份简历,否则会弄巧成拙。

任何时候只要你试图泡制一份万能简历,投递给所有的雇主,你的简历将会遭遇到的大部分结果将是,被招聘经理扔进废纸筐。每一个老板都希望你专门为他们准备一份简历。他们期望你明确无误地展现,在他们的这个特殊的团体里,为什么你适合他们招聘的职位,以及你将如何去适应这个职位。

【案例】有一天,小王接到了面试通知,兴冲冲地按约去面试。轮到他面试的时候,他当着面试官的面从他的包里拿出了一叠简历,并从中挑选出一份给面试官。看到这种情况,面试官只问了他一句:"你究竟想应聘什么岗位?准备了几种简历?"面试就此匆匆结束,给小王上了生动的一课。

(四)内容真实

虽然要"王婆卖瓜,自卖自夸",但是不要虚构业绩和经历。简历最重要、最基本的要求是真实。诚实地记录和描述自己入学期间的经历和所获得的成绩,能够使阅读者产生信任感,用人单位对于求职应聘者的最基本要求就是诚实。阅历丰富的HR,对简历有敏锐的分析能力,遮遮掩掩或夸大其辞,终究会露出破绽,何况还有面试的考验。与其费尽心机,适得其反,不如老老实实,真实而全面地反映自己的情况。

(五)注意不能出现错别字

简历最忌讳错别字。许多HR说:"当我发现错别字时,我就会停止阅读。"简历中有错别字就说明你的素质不够高。

(六)简历没有特别有效的统一格式

大家一定要注意一点,即没有确保万能的简历格式,简历的模板大家可以从互联网下载很多种,哪一种适合自己由自己定。有人作过这种调查,他拿一些已经被甲单位录用的人员的简历给另外单位的HR,那些HR看到这样的简历,用不屑的口气说道:没人会录用此人!实际上这只说明每个企业的HR对简历的要求是不一样的。

【小链接】某男,21岁,初中文化,从事销售工作六年,主要销售保健品、化妆品,有会议营销经验。要求月薪5000元以上。

这样一份简历,吸引了某企业负责人的关注,他亲自打电话问这位求职者,"你初中文化,这么年轻,凭什么要求这么高的底薪?"那位应聘者给出了满意的答案,为此他获得了该企业的销售经理职位。

四、撰写简历禁忌

(一)忌过于繁琐

现在有些毕业生的简历存在这样的误区:为把自己全面地展示出来,在简历上长篇大论,于是简历就成了二三十页的大作。实际从招聘者的角度看,最受欢迎的是一页纸就把关键信息说清楚的简历。因为每年的校园招聘季节,招聘单位每天都要处理上百份甚至上千份简历,如此大的工作量,当然希望应聘者的简历言简意赅。冗长的简历是在考验招聘主管的耐心,也说明应聘者的工作风格不够干练。

(二)忌简单雷同

用人单位发现,有些学校同一个班级学生的简历格式、内容都大同小异,缺乏细节,反映不出每个学生的个人特点与优势所在,对用人单位没有吸引力。在这种情况下,求职的成功率是极低的。对于一名有经验的招聘人员来说,通过简历可以初步了解应聘者的受教育背景、学习能力、工作经验、社会阅历、技能特长、兴趣爱好及其综合能力。

招聘经理需要详细知道你以前都做了些什么,你在这个行业有多熟练,例如:A 曾在一家餐厅工作;B 曾在一家餐厅工作,雇用并培训、督导超过 20 名员工,取得了两百万元的年销售额。两者都表述了同样的经历,但是充满重要细节的 B 却能更吸引招聘经理的眼球。

(三)忌设计过分华丽

在简历的设计、用纸及打印方式上可以有自己的特色,但有些简历过分奢华,造成造价过高,不仅在经济上浪费,反而还造成用人单位觉得你太会包装自己,把功夫都用在了表面上。

(四)忌写明薪资待遇的要求

建议不要在简历中写明自己的最低薪水要求,否则你可能失去面试机会。因为你写得过高,招聘单位可能接受不了;写得太低,招聘单位可能觉得你的能力不够或没有自信心。总之,对于薪资待遇这个比较敏感的部分最好不要在简历中体现,而应在争取到面试机会的时候,以面谈为宜。

五、撰写简历的注意事项

简历写作是为了让用人单位全面了解自己,从而为自己创造面试的机会,最终达到就业的目的。在撰写时应注意以下几个方面。

(一)一定要写上求职的岗位

求职简历上一定要注明求职的岗位。每份简历都要根据你所申请的岗位来设计,突出你在这方面的优点,不能把自己说成是一个全才,任何职位都适合。不要只准备一份简历,要根据工作性质和岗位有侧重地表现自己,如果你认为一家单位有两个岗位都适合你,可以向该单位同时投两份简历。

(二)要力求简洁明朗

简历应该在第一时间向招聘者呈现你的"亮点"。而这"亮点"是教育背景还是实践经历或者是技能水平,就要根据企业和应聘职位要求来决定。决定了"亮点",你就该把最优的位置和最大的篇幅分配给它。

(三)要充分展示自己的特长

首先要将那些与应聘的工作、岗位相应的教育经历、实践经历、技能水平、外语和计算机水平等专业特长填写清楚;其次将自己的一般特长,诸如会唱歌跳舞、善于交际、擅长某一运动项目等,根据用人单位的性质和需要有选择地填写。

(四)一定要真实客观

简历一定要按照实际情况填写,任何虚假的内容都不要写。要牢记"诚信值千金",在简历中做手脚,无异于拿自己的人格和前途做赌注。即使有的人靠含有水分的简历得到面试的机会,但面试时也会露出马脚的,那时就不只是不会被录用的事情了。

(五)不要过分谦虚

简历中不要"注水"并不等于把自己的一切,包括弱项都要写进去。有的学生在简历里特别注明自己某项能力不强,这就是过分谦虚了,实际上不写这些并不代表说假话。有的求职学生在简历上写道:"我刚刚走入社会,没有工作经验,愿意从事贵公司任何基层工作。"这也是过分谦虚的表现。另外，对于自己的"亮点"，应该"亮充分"，"亮充分"就需要依靠数据和事实。例如，获得某奖学金。这一亮点没有什么特色，应聘的学生中有太多获得过奖学金的。获得奖学金说明你优秀，却不能说明你到底多优秀。如果你能用数字描述一下奖学金，招聘者就能对你的优秀程度一目了然。比如说明该奖学金整个院系才13人拿，该奖学金的获得者是年级排名"TOP10"等等。

（六）要注意修饰和字符大小

在撰写简历时，不要因为省钱而去使用低廉质粗的纸张，还要检查一下是否有排版、语法错误，甚至咖啡渍。在使用文字处理软件时，使用拼写检查项并请你的朋友来检查你可能忽略的错误。要注意字符大小，如果你需要用两页纸来完成简历，请清楚、完整地把你的经历和取得的成绩表现出来。不要压缩版面，不要把字体缩小到别人难以阅读的程度。对于重要的内容，如姓名、专业、求职意向、联系方式等，要用醒目的字体标出，比如加黑、加粗，使用不同于简历其他部分的字体等。

（七）可精心挑选合适的照片贴在简历上

简历往往是一个人与招聘单位的第一次沟通，但是面对大量的求职简历，招聘人员不可能对所有的简历都仔细地翻阅，而一张经过精心挑选，看起来富有个性、干练的照片，很可能会吸引住招聘人员的目光，从而多留意你的简历，增加你面试的机会。还要记住：照片不能复印在简历上面。因为这不只是一个对单位尊重的礼仪问题。

六、微简历

微简历是最近刚兴起的一种新的简历模式，鉴于移动互联网技术是"十二五"期间国家重点发展的项目，而微博目前是青年学生使用最多的工具之一，所以用微博发布的微简历可能成为今后简历发展的一种趋势，值得同学们关注。

【小链接】 118字写满实践经验体会 大学生靠"微简历"进腾讯

所谓的"微简历"就是用微博写简历。微博的字数限制在140个字符之内，所以简历必须精炼。近日，华中科技大学武昌分校新闻系大三学生胡超凭借一份118个字的网络"微简历"，从两万名求职者中脱颖而出，提前被腾讯公司录取为产品经理。这代表一种新的潮流和趋势，大学生们应该引起重视。20××年3月，胡超在网上看到一则"微简历大赛"的消息，称"撰写简历优秀者将有机会赢得腾讯公司实习或工作机会"。这让有过多次营销比赛经验的他跃跃欲试。"我喜欢互联网，课余时间还学习过代码知识，编过网络杂志，建过个人网站，技术上肯定没问题。"胡超自信地说。

为了在微博所限的140个字以内最充分地展现自己的优势，胡超绞尽脑汁。"我把自己实践经历中和产品经理这个职位相匹配的部分在草稿纸上列出来，然后一遍又一遍地尝试用最简洁的语言来概括。"为了让自己的表现更加突出，他还精心设计了一份电子版的"一张纸简历"——将自己的基本资料、个人技能等浓缩在一张纸上——链接在微博后。"'产品开发速度'、'回报率'这些词在我的简历里很常见，它们也让我看起来更专业。"

微博发出后第二天，腾讯公司人力资源部的工作人员就联系上了胡超，并就一些技术问题在电话里对他进行了三轮面试。4月1日，胡超接到录取通知，成为该公司的一名产品经理。

"我现在才上大三，在这个职位上还有较长的实习时间，但我相信我能做好。"胡超总结自己的求职经验时说，求职需要认真，但也要有技巧。"简历制作并不是越厚越好，而要针对职位需求列举自身对应优势,各个击破。我的观点是,自己就是商品,需要成功地营销和运营。"

微简历摘录:经历1次创业,2个网站,3个项目,4次实习,5年规划,6年tx产品使用,7种基本技能,8年触网经验。专注时间管理;产品体验狂;网络营销和数据分析;PRD、BRD逻辑图和DEMO设计经验……(楚天金报记者梅莹,通讯员唐晓柯,实习生高燕)

【拓展阅读】如何塑造自己的亮点

一、从共性中找个性

1.我对本专业的学习是否深入

同一个学校,同一个专业,看起来没有什么不同,大家都在同一个起跑线上,学习同样的专业课程,确实没有什么差异。但是学有专攻,成绩有优劣,对专业知识学习的深度一定有差距。如果你的成绩很好,扎实的理论就是一种差异,这一定是你的一个亮点,所以你的成绩单一定要秀出来。有的同学偏科,或者说成绩不太理想,但是否有一两科成绩特好的?如果有,你就把它秀出来(别的学科成绩就别提了),同时应该就这个学科发表一些见解,或许这门学科就是招聘单位在意的(当然一定要是专业课程,选修课就不重要了)。如果你的专业课基本上都只是处在一个及格水平,成绩单不拿出来也罢。因为你在这方面没有亮点,太普通的成绩只会让人觉得你学习不认真,所以成绩不好。

好成绩固然是一个亮点,对应届生而言,招聘单位多数还是希望看到你的专业课程设置以及你的学习成绩,因为这是招聘单位常用的筛选条件。如果你还抱着"60分万岁"的思想,就意味着找工作你已经输人一筹。大学四年或是三年,是人生最难得的黄金学习时间,我们要充分利用这个时间去学习,而且要把它学精。四年时间就学那么十几本书,不学精就对不起自己,不学精就是对自己不负责任。战国时期纵横家苏秦若没有"头悬梁,锥刺股"的寒窗苦读,又何以掌得六国相印?很多同学,在面试的时候不能快速说出学了哪些专业课程,这是一件很糟糕的事情。

先别说动手能力,连基本的理论知识都不过关,你不被拒之门外,那位人事经理就离失业不远了。所以,快速熟练地说出你的专业课程和重点内容,是你第一大亮点,它能证明你的理论知识学得很扎实。理论要学得扎实,不仅仅是考试成绩,而是要能娴熟地讲解,能把每一个章节清晰地讲解出来,你不妨将"能熟练讲解"作为一个理论掌握的衡量标准。

你用不着谦虚地说:"我只知道一点理论知识,没有工作经验。"你递出简历就已经告诉别人了,你没有工作经验,但有扎实的理论知识。你目前的最大优势是学历、理论知识,那就先问问自己理论学好了没有?吃透了没有?有没有把知识转化为生产力的能力?这才是关键,这是招聘单位最关心的问题,也是企业招聘应届生首选的要件。

如果你的成绩非常优秀,完全可以自豪而坚定地对面试官说:"我有扎实的理论基础,我的各科成绩都在90分以上,如果贵公司能给我三个月的实践锻炼机会,再加上部门主管和同事的适当指导,我想我一定能胜任这个工作。"如果成绩实在拿不出手,这将是你的一根软肋。你必须转移焦点,从其他地方寻找突破口。

2.我的知识面是否仅限于本专业

有些企业在招聘时,会进行一些综合知识测评,不只考核专业知识,也有一些企业针对各种岗位设计了专业知识试题。但考核综合知识的还是比较多的,尤其是针对应届毕业生,不管专业和岗位,通考一份试卷。这类试卷往往考核的不是专业知识,而是基本的数理、推理和语文知识,目的是鉴别你的思维能力、理解能力和辨别能力,以及社会综合性知识。最具代表性的是国家公务员综合知识测试题,可以上网搜索一下,这也可以为将来面试做一些准备。建议理科类学生平时看看文学、历史和哲学方面的书籍,文科类学生也适当到图书馆翻翻数理书籍。总之,扩大知识面不是坏事情,博学才能多才多艺,就算就业时作用不大,但参加工作了你的优势会非常明显。就知识面而言,如果能选修一个第二专业,你的就业筹码无疑明显高出别人。拥有两个专业,不仅择业范围扩大了,而且你给招聘单位一个强烈的信号,你是学习型人才。企业最需要的就是学习型人才和综合性人才。但就业时,还是应该以第一专业为主,第二专业作为同业竞争的筹码,以满足有些企业"一才多用"的期望。

我们的专业课程毕竟有限,而且学校进行课程设置时,并非只针对企业而设置,尤其不同的企业有不同的需求,学校也无法同时满足这些要求。所以有些专业课程可能到了企业用不上,而企业需要的知识也许我们又没学,这是一个现实的矛盾。大学生应该具有自学能力,应该利用课余时间多自学一些本专业相关的知识,本着专业基础,自学本专业相关知识并不是一件费力的事情。除了专业知识,我们还应该学习人际沟通、演讲口才、日常礼仪等方面的知识,这是一个人综合素质的表现,得体的言谈举止和恰到好处的礼节礼仪,会让人对你刮目相看。

理科类学生尤其要注重写作的练习,很多理科生不会写工作报告或工作计划。这些在实际工作当中是很平常的事,而且在企业看来是一件很简单的事。尤其是对一个大学生来说,如果你的文笔不好,应该利用在校期间好好补习,这也是一个让你超越竞争对手的杀招。

至于第二专业,不要跨度太大,否则会造成学习的难度,而且跨度太大两个专业不能形成互补,也很难有明显优势。所以,选择第二专业一定要取决于是否对第一专业形成互补,即是否能够产生对第一专业增加就业筹码的作用。比如,学计算机专业的如果是偏重硬件的,去自学一些软件知识;学设计制造的,再学习企业管理专业;学营销的,再学习外贸英语或金融专业等。这都能对第一专业形成补充态势,从而增强你的就业筹码。除了基本理论知识,我们还可以多学习一些企业基本管理知识,比如质量管理体系方面的知识、现场管理知识、质量统计技术等,并结合自己的就业方向,多了解企业职能部门职责,这也有利于面试时的交流。企业招聘应届生,首先关注专业理论基础知识,其次是综合素质,再次是心态。综合素质一方面是我们的心理道德修养,一方面是博学。所以拓宽知识面也是你求职的一个亮点。

3.除了专业知识我还有哪些长处

目前,综合性人才备受企业欢迎,综合素质能让你轻松就业。如果你硬笔字写得很好,一定要在简历上写上一段自我评价,哪怕是自己的家庭住址。醉翁之意不在酒,目的是告诉对方你的字写得很漂亮。这或许让很多人不屑一顾,但如今电脑时代,我们的汉字艺术正在年轻一代身上衰退。作为一个大学生,连字都写不端正,你的"素质"已经在人事经理心中打了折扣。如果阁下的字真的拿不出手,建议好好补一课。

法国19世纪浪漫主义作家大仲马,年轻时因为没有学历也没有技能,找工作四处碰壁。有一次在应聘一家报馆工作时,别人只是敷衍他叫他留下联系方式,他写下了联系方式后,面试官立即通知他明天开始上班,因为他的字写得很漂亮(这大概是有些天赋)。大仲马有了工作之后,发现自己知识匮乏而发愤学习,最后成了一名著名的小说家。我并非强调能写一手好字就能找到一份好工作,但在时下能找出写得好字的学生不容易。如果你的字写得漂亮，这绝对是你的一个差异化优势。在企业招聘时，遇到这样一件事，有个学生应聘检测中心的工作，其专业完全符合岗位需要，但质保经理拒绝录用，非常诧异。质保经理给出的理由很简单，这位同学字写得太差，连个小学生都不如。很遗憾，企业在招聘时，如果职能部门经理不同意录用，人事经理是不会勉强的。

交流沟通是一件很重要的事情，如果拙于言表，你肯定吃亏。不善表达，语无伦次，在面试官看来是一种智力障碍。善于表达，是思路清晰的表现。这在面试时非常重要，不要怕**说话**，清晰完整地回答面试官的提问，这将大大提高你的成功概率。如果你参加过校园演讲比赛或辩论赛，别忘了写在你的简历中显眼的位置。

现在很多企业都很关注员工的业余生活，因此具有文体爱好和专长的人很受企业欢迎。业余专长同样会成为你与众不同的亮点，比如篮球、乒乓球、足球、象棋、舞蹈、唱歌、主持等。当然，不要仅仅是"爱好"或"喜欢"，是要比别人更突出，比如参加过什么比赛，得过什么奖，在什么刊物上发表过什么文章，或主持过什么晚会，组织过什么社会活动，担任过什么教练等。某公司每年都举办篮球比赛，而且是以部门为单位，这是部门之间的竞赛，谁也不甘落后。所以各部门在招聘人时，都有业余爱好的选择倾向，热爱篮球运动的人就成了首选。类似情形在很多企业都存在，尤其是具有一定规模，且关注员工业余生活的企业。

4. 我的性格是否有助于工作

一个人的个性有些是先天形成的，有些却是后天培养的，这跟人的成长环境有关。一个人的性格决定了他的行为习惯，一个人的行为习惯决定了他的工作结果，有些企业招聘时就存在以"性格"取人。

有很多人力资源软件可以测试个人的性格倾向，性格反映了一个人的工作兴趣。人的工作绩效也在很大程度上受到兴趣影响。我们从小学到大学，不难发现一个现实，成绩好的同学不一定是最聪明的，为什么会这样？这在很大程度上取决于我们对读书的兴趣。

创造型的人适合从事设计开发工作，爱较真的人适合检验监督工作，协调型的人适合做公关行政工作，数字概念强而且对时事敏感的人适合从事资讯工作，不好动的人适合办公室文员工作。如果你性格内向，或者你流露出不习惯出差，业务经理可能不会录用你。我们可以进行一些性格测试，在很多人才市场都有开展这种业务。有时在面试时也会遇到被问及性格类型，实际上是面试官在测试你的性格是否适合从事当前的工作。

一个人的性格很难掩饰，有经验的人事经理从你的言谈举止和眼神表情就能判断出你的**性格特征**。何况还有很多五花八门的性格测试题等着你。其实只要我们保持积极向上的心态、开放真诚的心胸，性格外向还是内向并不重要，因为不同的性格会对不同的工作有利，并不是非要某种性格不行。当然，如果有人指出你的性格过于偏执狂妄、狭隘自私，就应该多交朋友历练气度，多参加集体活动锻炼自己的融入团队的能力，否则对就业和将来的人生都会有负面的影响。

性格也反映了一种态度和能力。比如开朗活泼的性格，协调性比较好；随和大方的性格，合作性比较好。准确把握自己的性格特征，对我们择业会有很大帮助，在面试时可以从你的性格倾向说明你对应聘的岗位的适合性。也可以在网上去搜索一些测试题，如"职业倾向测试"、"性格类型测试"等。

二、从专业中找专长

1. 本专业的核心是什么

大学在进行专业设置时，是经过一定标准评估的，为什么设置这个专业？这个专业设置哪些课程？这个专业将为社会输送什么样的人才？这个专业在特定领域有什么影响力？我们很多学生不明白，或者说不清楚。不知道本专业的设置目的，就不会知道自己将何去何从，就不知道自己的先天优势。就好像我们在推销产品时，不知道这个产品的优势一样，你一直在鼓动三寸不烂之舌，哀求顾客"买下吧、买下吧"。顾客凭什么买呀？你总得给顾客一个买下的理由吧。

本专业的重点，首先要从学校的社会知名度了解，这个专业在特定领域有哪些名师？这个专业在特定领域有过哪些重大贡献？在同类大学或专业中有什么优势？搞清楚这些问题，你要做的就是认真钻研学习这个专业有影响力的课程，力争在同班同学中抢占制高点，同时也可以在同类专业中占据制高点，这就是专业中的专长。

不同学校的相同专业，主干课程是一样的，专业基础理论课程也基本一致，但其他课程一般有五六门课程会不一样，所以主干课最具有可比性。如果你真有实力，尽可能在主干课上同竞争对手一拼高下。

除了主干课程，不同学校有些不同的专业特色课程，这些课程往往因适合不同企业而具有核心竞争力。比如同样是机械设计制造及其自动化专业，有的学校开设《液压传动与控制》课程，如果应聘液压传动产品制造企业，或拥有大型的或较多的液压设备的企业，你就具有明显竞争力，千万不要忽视专业中的特色课程。

2. 本专业适合从事什么样的工作

搞清楚了上面的问题，你才能知道自己将来可以做什么，在哪里更能发挥你的才能和智慧。大多数学生不了解企业是做什么的？企业里的职能部门担当什么样的工作？如果是网上应聘，一定要从企业网站中了解这个企业做什么产品，招聘岗位对应聘者有什么要求，很多岗位虽然罗列了一大堆的要求，但关键要求可能只有一条。如果我们应聘某个企业的设计开发岗位，应该适当了解这个产品的技术标准和常规性能指标以及技术发展趋势，这样要求可能过高了，但是不这样你又如何能与众不同呢？如果参加现场招聘会，应该询问了解这个岗位进行哪些工作，询问一下是否有企业网站，在正式面试前，应该了解这个企业的基本情况，比如产品类别、生产规模、厂区面积、职工人数、经营情况、企业文化等。

当然，有很多工作并不需要太高深的专业知识，或者说，因为有些工作与本专业的内在联系，我们也可以从事看似与专业不吻合的工作。即使这样，我们还是应该针对市场岗位认真分析，将自己可以从事的岗位分类，确定首选什么岗位，其次选什么岗位。因为现实中往往觉得招聘岗位压根就不适合我们。虽然很多人从事与本专业不相干的工作也做得很好，但我还是建议大家不要轻易丢了专业。毕竟花费了很多心血钻研过，在哪里投资就应该在哪里受益，专业丢了很可惜。同时，由于你跳开本专业，在别的专业领域将要受到专业对手的竞争，你的从业压力会很大，这会让我们的职业道路走得很费力。

面试失败，很大原因是应聘者对应聘岗位不了解，病急乱投医。我们可以通过老师去了解，也可以请一些企业的人力资源经理作专题介绍，这样才能有的放矢。如果对应聘岗位把握准确，你的优势刚好是企业最需要的，那些盲目应聘者就会被你轻松地挤出。

3. 本专业课程中我学得最好的是什么

企业招聘应届大学生，一般对工作经验要求不高（除非他明确拒绝应届毕业生），主要是考察专业相关以及基础专业知识掌握情况。前面已经讲过，了解你的专业核心课程，努力学习钻研，取得好成绩，这将是你在人群中发光的资本。所谓学有专攻，人需要有一技之长，没有长处的人当然就是一个普通人，学生掌握的仅限于理论知识，但理论知识必须学精。理论知识通过老师的教导和自学，是可以掌控的，经验只能靠实做。对于绝大多数应届生而言，没有工作经验这一点大家是相同的，都没有任何优势，惟一可以突破的是学习成绩，这是你的绝招，这是比较容易找出亮点的地方。我们很难保证每门功课都学得很好，却可以集中精力把核心课程和特色课程学好，并到图书馆查阅、自学更多的关联知识。

把简单的招式练到极致就是绝招。

学好一门功课不仅指考试成绩，而且要知识延伸。因为我们的专业课程毕竟深度有限，你需要了解企业实际工作中的知识要求，比如模具设计，单就冲压模具来说，仅知道怎么设计模具是不够的，还应该懂得模具材料选用，冲压件所用的金属材料特性等，这是实际工作中所要面临的基本问题，企业面试也可能被询问。知识的延伸就好比是光秃秃的树干上长出茂密的树叶，枝叶茂盛的风景树一定能吸引更多的游客拍照留念。

没有必要十八般武艺样样精通，有一样武艺练到极致就足以称霸武林。如果有一两门功课成绩名列前茅，你足以炫耀一下，这是你在同专业的人当中的专长优势。但要注意的是：一是要有知识深度，不要只懂些皮毛；二是要找对地方，伤风感冒的病人对再好的跌打药也不感兴趣。

4. 本专业相关的辅助技能是什么

知识是人类对客观事物及其规律的认识。特定专业所学的专业知识是一种理论科学，是特定领域的技术论述或原理研究，使我们明白道理，或者获得解决特定问题的能力。专业知识使我们知道了"其然"，并知道"其所以然"，从而达到了"读书明理"的目的。但仅知道这些道理是不够的，要解决实际问题，还要依赖一些实际工具。比如，我们知道枪可以射杀猎物，但你必须会使用枪才可以射杀猎物。掌握一些必要的技能工具，可以增大你的专业价值。

如果是机械设计制造专业或模具设计专业以及与设计有关的专业，你必须熟练掌握CAD设计软件，CAD是企业里常用的产品和模具设计软件。除此之外，还有UG和PRO/E，仅知道或"学习过"还不行，一定要非常熟练地操作，应该利用到网吧打游戏的时间多练习这些软件的应用。企业在招聘这类人员时，往往会直接让你上机操作，给你一个工件，让你绘出图纸来。此时你的设计理念、专业知识可能已经不重要了，谁操作计算机熟练机会就是谁的。

对于国际贸易专业，专业知识反而没有英语口语重要，如果你的英语口语非常标准流利，其他专业课成绩不突出也没有什么问题。

会计类专业学生，一定要熟练掌握会计电算化。有条件的话，应该学习掌握一些财务软件，如用友财务软件、金蝶财务软件等，因为越来越多的企业实施了财务系统软件，而且很多企业实施了ERP系统，这是当前财务管理发展趋势和潮流。Office办公软件已经是企业常用的办公工具，你不能不会。因为太普通，所以你不仅要会，而且要熟练、精通。写一份报告、制作一张表格你要能快速完成，而且编辑合理，否则你的综合素质会被打折扣。

你的技能最好用数字或事实来说明某种程度，否则在别人看来你只是略懂一点皮毛。比如某种技能证书或获得什么特别的奖励等。

三、从弱势中找优势

骏马能历险，犁田不如牛；坚车能载重，渡河不如舟。人何尝不是这样呢？

每一个人都有他最适合的工作，适合就是最好的。我们一直在强调做好本职工作，做好本职工作的基础就是选好自己的工作，找到那个最适合自己的。如果你做的工作不适合自己，即使再怎么努力也不太容易成功，就像骏马再怎么骠悍也不可能比牛耕地好。学校名气不大、专业不是热门、学科成绩不理想、没有受过奖励、学习成绩普通、没有工作经验、个人形象不佳等，这是我们很多同学的弱势。但这种弱势并不会成为你就业的障碍，北大、清华的学生就业领域跟普通高校学生就业领域是不一样的，中小型企业一般不会录用北大、清华的学生，他怕留不住人。而普通高校的毕业生，到中小型企业就职就比较有优势，而且同样会有很好的个人发展。

企业对大学毕业生也会进行分类，现在企业招聘都非常理性，只选自己需要的，不选所谓最好的，"择优录用"是有前提范围的。企业在招聘时对学历和能力的要求与岗位需求的匹配，一般也是有清晰定位的。

总之，奔驰和宝马只能卖给消费奔驰和宝马的人，桑塔纳和富康只能卖给消费桑塔纳和富康的人，奔驰抢不了桑塔纳的生意。只要我们给自己一个正确的定位，摆正自己的心态，取长补短，变弱势为优势，依然可以横空出世笑傲江湖。下面我们就从几个自认为是弱势的方面来分析一下如何找到亮点。

1. 学校没有名气

高考时我们都希望能进入一流学府，一是可以接受更好的教育，二是将来可借以找到一份好工作。但是更多的人最终还是进入了普通高校。只是因为学校历史、名人、规模、科研成果等，使社会产生了不同的认同度，所以在当今社会上有了名校一说。历史悠久和名人辈出的高等学府确实在社会上有着先天的影响优势，但好学校也有低能力的学生，普通高校也有出类拔萃的人才，这也是不争的事实。普通高校在名气上确实不能同北大、清华相比，但不同学校专业设置和对学生的培养方向是不一样的，如果我们对自己的工作定位不明确，看到什么好单位、好岗位都想应聘，普通高校毕业生很可能就处在弱势，会徒劳无功，甚至还因此打击自己的信心。要相信不同的产品有不同的市场，只要满足市场需求，聪明的商家不论在哪个市场，都可以赚到大钱。

如果学校名气很大，就可以将学校名气作为个人优势，这是品牌效应；如果学校没有名气，就要从专业课程提炼个人优势，这是技术优势；如果专业也没有名气，就要从个人自身发掘优势，突出个人实力，这是质量优势。总之，并非毕业于名校就占有绝对优势，大型国有企业和世界知名企业，也许冲着学校名气招聘，但中小企业往往有着小庙养不起大和尚的思想，而不愿意招聘名校的学生，这时普通高校反而是一种优势。所以，优势也是相对特定区域而言的，同一属性在这个区域是优势，在另一个区域也许就是弱势，就像打仗时坦克在平原作战是优势，在山林巷道作战就是弱势。我们一定要明白这个道理，找到合适的地方去发挥。

2. 专业比较冷门

所谓"热门专业"和"冷门专业"本身是相对的。各行各业为主动适应市场经济发展的需要，急需各种专门人才，这种需求的变化，反映到高等学校招生中，出现所谓"热门"与"冷门"的情况，"冷"与"热"不是一成不变的，专业本身更没有好坏之分。

随着改革开放的不断深入，各行业对外向型人才的需求加大，如国际经济与贸易、涉外会计、英语、法学、金融学、建筑学、计算机科学与技术等热门专业。但近几年随着高校扩招，几年前的"热门"专业，现在却变成了"冷门"的专业。从就业的角度讲，"热门"与"冷门"的区别首先在于市场需求量，其次是供求关系。市场需求量大，择业机会就多。只要求大于供，就会"皇帝女儿不愁嫁"。但若严重供大于求，所谓"热门专业"也变成了冷门专业。

值得注意的是，需求量少的专业未必是"冷门专业"。一些急需的人才，如石油工程、边防管理学等专业，由于其专业性强，就业面相对较窄，高校招生并不多，可因为是社会急需人才，资源量小于市场需求量，就业率反而高，因此仍不失为"热门专业"。对于就业面较窄的专业学生，因为受专业领域的限制，一定要锁定专业市场，跳开这个市场就没有优势。如果就业人数出现供大于求，或这个就业市场选聘不透明，就业基本靠托关系走后门，那对于农村孩子无异于雪上加霜。在这种情况下，最好选修或自修一个第二专业，作为求职的杀手锏。当然不要跨度太大，还是要立足专业领域的扩展。比如为国家行政事业单位培养的专业，如果能自修一个人力资源或企业管理专业，将来到企业就职，依然有很大的优势。

有些"热门专业"社会需求量的确较大，在一段时间内炙手可热。可是，由于各学校纷纷开设热门专业，最终缩短了这些专业的"热度"周期，使原本的长期需求变成了短期需求，庞大的需求在短期就被满足了。我们面临着需求萎缩或百人竞一的局面，这种情况，要么你打败别人，要么你被淘汰出局，被迫低就改行。

专业没有优势，必须在其他方面具有特别的优势。在很多外资企业，英语作为招聘的第一要件，只要英语呱呱叫，专业水平要求并不高，甚至根本不在乎专业水平。所以冷门专业的学生，在全面客观分析一些外资企业的招聘要求后，如果对专业知识要求不高，完全可以凭借优秀的外语能力去碰运气。可以说，英语是任何冷门专业求职时的救命仙丹。即使是热门专业，也是如此。

记住，如果专业冷门就必须有专业以外的绝对优势，一点点优势不足以弥补专业弱势。

3. 专业供大于求

据很多地方人才市场就业供求统计，结论都是供大于求。使得我们一些应届毕业生本来就很脆弱的心灵备受打击，求职压力更大了。

2013年全国高校毕业生规模达699万人，我国受宏观经济放缓、就业总量持续增加和结构性矛盾突出三重压力，就业形式相当严峻。从行业情况看，医疗卫生、咨询、电子商务、旅游、文化体育等行业用人略有增加，但机械、采矿、能源、建筑等行业需求量减少。为此国家除了出台一系列的创业与就业优惠政策外，还将征兵工作作了调整，鼓励大学生参军，以减轻部分就业压力。

对当前就业形势，你看到的是什么？是供大于求的就业形势，还是市场需求的机会呢？有一个故事，讲的是两个人各有一块饼，当两人各吃掉一半后，甲说："唉，只剩下半个饼了。"乙说："嗨，咱还有半个饼。"结果是一样的，但却有两种绝然不同的想法。前者是消极悲观的看法的结果，后者是积极乐观的看法的结果，如果是你呢？你会怎么想？

不要被社会舆论和夸大其词的宣传蒙蔽了你的双眼，各地人才市场的统计，除了经济贫困落后的地区，几乎都在说供大于求。我们暂且不讨论统计的准确性，从某些报道数据来看，"1万4千家单位参加招聘，29万多人次达成就业意向"。这是市场需求，首先我们应该看到这个巨大的需求，你的能力、你的竞争力是否能满足市场需求，只要你比对手强大，只要你有显著的个人优势，供大于求又算什么？其次，市场只要有需求，只要有机会，我们就有生存空间。不管你的专业是否过剩，不管就业市场多么严峻，毕竟有短缺需求，有增长需求，我们要在这种新的需求中寻找和创造优势。再说，供大于求是个笼统概念，市场供大于求不代表专业供大于求，专业供大于求毕竟还有需求。一定要正确乐观看待市场需求。否则就会被"供大于求"吓倒。如果无法突破现况，确实没有专业之外的特别优势，我们还可以开辟新的就业市场另谋出路。到中小城市或新的经济开发区就业，避开激烈的人才竞争；或是到企业从操作工开始做，再逐步往技术或管理岗位或其他岗位发展，这同样是一种战略优势。因为在企业，只要了解产品、制造过程和生产技术、现场管理，再往其他岗位发展就占有很大优势，这是"欲进先退"的策略。

4. 学习成绩普通

好成绩固然是一种优势，但普通的学习成绩也大有人在，有相当一部分企业并不是很在意学生成绩和在学校是否受过奖励，而是很注重你的态度，诚恳和务实非常重要。对于学生而言，成绩也代表着一种能力，但只是一个方面。学习成绩如果普遍都是60多分，的确是一个很大的弱势。客观地讲，你应该受到批评。弥补这个弱势，最好的办法是锻炼你的动手能力，所谓勤能补拙。我们应该更早地融入社会，自己去寻找锻炼的机会，以弥补成绩弱势。

某学院一位大专学历的机械设计制造专业的学生，因为家境贫困，平时勤工俭学影响了学业，成绩都不太好，因为他简历中附了成绩单，而且参加面试的还有几位本科生，所以某公司准备拒绝录用。但他诚恳地向某公司说明了他的情况，并说为了能在机械制造行业找到一份跟专业有关的工作，在大三暑假期间到一家金属制品厂做操作工，而且能准确说出这个产品的检验项目和检验标准，并且他在第二个月，生产效率在车间名列前茅，还提供了证明人。他是拿着高中毕业证去的，就说自己是高中毕业生，人家也没多问。还能说什么呢？这个人不仅能吃苦，而且对机械产品加工很有悟性，做事很用心，我想这个人对产品设计和现场主管的岗位都可以考虑。所谓"有智吃智，无智吃力"，当你的理论知识处于劣势的时候，你必须用动手能力来弥补。倘若"文武"都不行，那只能当个小卒了。

5. 没有工作经验

很多企业在招聘时都提出需要工作经验，很多同学认为这是一种歧视。其实这是你对企业不了解，是对客户心理不了解。企业为什么有工作经验需求，大体有以下原因：

(1) 企业急功近利，不愿培训新员工，应届生到企业确实还需要培训。
(2) 企业对应届生没有安全感，担心出错。
(3) 应届生就业后不稳定，短期离职率太高，对企业失去诚信。
(4) 特种岗位只需一人，且没有人能对你培训。
(5) 企业希望借助有经验的人学习别的企业的经验。
(6) 有些管理岗位特别是主管岗位，需要有协调经验和管人的经验。
(7) 有些技术岗位培养起来需要较长时间，企业等不及。
(8) 其他特殊原因。

有人说，经验是人们对事物发展过程存在规律正确认识的总结。但就实际工作而言，"经验"大致可以分为两类，一类是技术性经验，是特定产品的制造技术、工艺以及技术标准的掌握程度；另一类是事务性经验，是处理或实施特定事务的工作流程、方法、技巧的能力。对企业的工作经验要求，最好能了解是基于什么原因，分析这个"经验"的含义。因此要多了解企业，了解企业就是了解客户需求，这个要求你能不能克服，你有什么优势可以弥补。比如你要应聘业务员，业务员的经验主要是对销售渠道的了解，对市场行情的了解，对产品的熟悉，如果你对这个企业产品了解，并做过这个（这类）产品的市场调研，尤其是跟行业的销售人员打过交道，了解销售门道和要点，你大可以克服这个经验要求。要知道，经验不是一个单纯的时间概念，而是一种驾驭能力。

为了能更多更实际地了解企业，可建议学校组织一些专题讲座，请一些职业经理人或人力资源总监向学生介绍一些企业情况，企业有哪些部门，是担当什么样的职能，这些岗位对应聘者有些什么样的要求。也可以请老师联系一些往届的同学，召开座谈会，介绍就业后的情况，这都能让我们更直观地了解企业，只有充分了解企业，你才能准确把握经验要求意味着什么，从而巧妙地穿过雷区。

对于"工作经验"，还有一个不同的看法。很多应届毕业生一面临"工作经验"的问题，就会手足无措，"自认理亏"。其实不然，我们不是有实习吗？实习是不是工作？有人觉得实习时间太短，老实说也没学到什么东西。这要从我们自身找原因，你有没有用心去学？是你把实习当作了一个"走过场"，还是实习单位不准你随意走动？

其实，到工厂实习就是一段工作经历，只是很多人没有正确对待它。到企业实习是由学校组织的，你不需要面试就可以进去，没有任何门槛，而且往往是一些管理规范、经营效益好的企业。无论时间长短，只要你用心去请教、积极融入到实际工作当中，是完全可以学习到实践知识的。世上无难事，只怕有心人。你是有心人吗？实习前你想好了将来要做什么吗？实习的时候你有认真去实践吗？你有主动去帮助别人做些什么吗？实习结束的时候，你哪些方面得到了提高？如果这五个问题的答案都是肯定的，实习怎么就学不到东西？这跟时间长短有什么关系呢？就算工作一年，你每天都在混日子又能怎样？

我们早早地去找工作，倒不如参加实习去锻炼一下，积累了实际工作经验再去找，这比一点工作经验没有要好得多，尤其是实习不要走过场。如果将来想做销售，就去实习单位销售部门帮业务人员做点事情，多请教一些开发客户和建立销售网络的实务经验；如果将来想做车间管理，就去找到车间主任跟他形影不离，看他每天从上班到下班做些什么，车间的人机料法量环是怎么管控的；如果将来想做设计开发，就去设计部门找到一位开发人员，了解新产品的开发流程和开发过程控制，以及产品的国家标准……很多企业都想了解别的企业的管理和技术，实习生是最好的间谍。你不是去窃取别人的有形资产，而是去学习无形的知识，以便将来工作中运用，而且也是求职时的一个竞争筹码。作为一个应届毕业生，这与职业道德无关。

6. 找不到实习单位

有一个充实而对口的实习经历，无疑对大学生求职有着莫大的帮助，但现在很多学校并不统一安排实习，或实习单位要学生自己去找，这让很多人一筹莫展。招聘单位有实习经历的要求，无非是希望求职者对应聘岗位而言具备一定的入门知识，或者你有一点过去的"经验"能为其所用。如果你觉得实习经历对你来说真的很重要，可以从以下三个方面去寻找实习单位。

（1）经熟人介绍

首先，找熟人介绍。如果有条件以大学生的身份去"实习"，当然再好不过。但很多企业不接受实习生，而且我们很多人找不到这种有介绍能力的人。怎么办呢？拿出你的高中毕业证，去当一名普通工人，尤其是工科的学生，一段普通的一线工人的工作经历会让你学到很多东西。诸如现场管理、质量管理、某些设备的操作技能、某种产品的制造技术、工厂的管理制度等。如果能进一家有一定规模或管理比较规范的企业，只要你用心去观察了解和体验，一定能积累所谓的"工作经验"。

(2)到劳务市场求职

一般来说，很多地方人才市场都有两类。一类是所谓的"人才市场"，即管理人才或技术人才的招聘市场；另一类是"劳务市场"，专门招聘普通操作工的市场，这里招聘要求几乎只限于"初中以上学历、身体健康、无肢体残缺"的要求，一张高中毕业证就非常有竞争力了，而且没有你所担心的那种大浪淘沙的面试。如果你表现出色，看准时机再亮出底牌，很有可能就很快转正录用，并享受大学生待遇了。

(3)劳务中介

现在，很多地方有劳务中介公司，专门受一些企业委托招聘一线工人，他们会收取200～500元不等的"介绍费"，有的可能更高。但这种公司因与很多企业长期合作，往往介绍成功率比较高，这也是我们可以考虑的一条捷径。只要有了一段在企业工作的经历，我们就可以作为"实习经历"，再去应聘心仪的理想岗位。在求职时，不必介绍你是如何去实习的，至于你从事的是什么工作，也没有必要"以实相告"。一般来说，企业对应届大学生的"工作背景"不会去做调查，也没有这个必要。只是因为你有了"实习经历"，你将会因此而引发面试官更多的提问，要有所准备。

记住，经验是做出来的，它是一种驾驭能力，不是时间概念。

7. 贫苦家庭出身

原籍农村和家庭困难，严格地说不是什么弱势，但是看到城市同学见多识广，穿着时髦和无忧无虑，我们有时会有一种相形见绌的自卑感。我们缺乏城市人脉、没有家庭背景，觉得找工作缺少帮手。如果想独自创业或进国企、行政事业单位，或许处在弱势，但要想进一家管理规范的外资企业或民营企业，则是一种优势。做企业的人都是实干家，所以家境贫困或农民子弟反而是一种优势，只要你肯吃苦，愿意从基层工作干起，不要眼高手低，还是很受企业欢迎的。企业老板都经历过创业的艰辛，职业经理人也同样有过凭本事吃饭的经历，因此更懂得用什么样的人。娇生惯养和衣食无忧的年轻人，到企业求职反倒是一种弱势。但若本身家庭经济状况不好，又不愿到企业基层锻炼，一心想着做官发财、既清闲又高薪，那将是更加弱势了。

如果有勤工俭学的经历，完全可以当作实习经历写入简历中，勤工俭学很多人从事的是一些不起眼的"粗活"，这种工作虽然对很多人未来的工作可能没有直接的帮助，但足以锻炼一个人的工作态度，以及"愿从基层干起"的从业心态，同时也说明了你这个人不依赖父母的独立能力，这在求职过程中有时能起到关键作用。对勤工俭学不要只是一笔带过，起码应该说明做什么？从中有什么收获？对自己的成长有什么帮助？

记住，家庭贫困或缺乏社会背景，在行政事业单位或者所谓"官场"可能是一种弱势，但在企业绝对不会。不要把家庭贫困当作心理负担，到企业求职反而是优势。

8. 个人形象不佳

对于这个问题，我可能会伤害一些人的自尊心，但在实际招聘工作过程中，确实有一些对自己身体条件不自信的人。比如身材矮小或有生理缺陷的，尤其有些女生明明没有什么问题，但老觉得自己不漂亮，也自认矮人一截。

企业是要做事的，不是摆花瓶的地方，不是社会名流交际的地方，但不排除有些个别岗位会对个人形象有所取舍，比如公关接待工作。如果你觉得有形象弱势，这类岗位最好不要去应聘。

其次，对于企业在招聘时是否有个人形象选择倾向，有些企业可能也存在这种情况。如果身体条件不好，应该有效地规避这些弱势，下面从几个方面谈一点笔者个人看法。

对于身材矮小的人，尽量不要应聘可能需要体力的岗位，这样对于身材健壮的竞争对手会处在弱势。同时，要有诸如学习成绩和其他专长来弥补。重度近视者，在面试时不要盯着人看，你会不自觉地眯起眼睛，这样会给人一种"藐视"别人的感觉，让人不舒服。如果五官有缺陷，就不要应聘需要与外部打交道的岗位。企业在考虑用人时，有时会以貌取人。如果四肢有缺陷，首先不妨巧妙掩饰，如果无法掩饰的，尤其面试官提及或有疑惑，应该坦诚以对，寻找有说服力的优势来弥补。

总之，生理弱势没法改变，但可以寻找其他优势来弥补，也可以暂时适当放弃可能"以貌取人"的岗位。只要有才，个人形象欠佳就不算什么了。

四、从被动中找主动

找工作看似是一件很被动的事情，投简历、面试、听通知，企业录用不录用是企业说了算，我们没有主动权。但从以下几个方面注意细节，依然可以主动出击，让你成竹在胸，变被动为主动。

1. 简历的个性

找工作离不开一份简历，简历一定要"简"，突出个人优势，秀出亮点。应届毕业生因为没有工作经历，严格地说并不是简历，而是个人简介。简历的作用在于向企业介绍自己，就是你这个人的"产品说明书"，制作简历要像制作一件工艺品一样精雕细琢，条理清晰、布局合理、主次分明、亮点突出。

作为学生简历，除了姓名、年龄、专业介绍之外，应该突出以下几个重点：

（1）专业课程——核心课程排前，突出专业优势。

（2）选修课程——代表知识面。

（3）专业培养方向——以学校介绍为准，结合企业招聘要求，有的放矢。

（4）组织或参加过的学术活动或社会活动——参加勤工俭学一定要写清楚做了什么，有什么收获。

（5）实习经历——通过实习你增加了什么价值，这也算是"经验"。

（6）奖励——特别的或惟一的才是个人优势。

（7）个人自评——职业定位、优势介绍、自我推荐。

（8）附上照片——企业在最后甄选时能想起你。

简历中还要注意以下几个地方：

（1）电话号码适当加粗，如果有邮箱也要留下，起到保险作用。我们在招聘时经常有同学因为联系不上而放弃录用。

（2）照片一定要精神，头像不可太大也不可太小，照片就是你的名片，大半身或全身的生活照会适得其反。不要用复印的照片，有时会因为不清晰而倒人胃口。

（3）不要只写学校地址，还应该写上原籍县市，企业招聘时有时会有地域选择。

（4）个人自评应该客观评价自己具备什么能力，能胜任什么样的工作，不要谦虚地自称是"一张白纸"。

（5）千万不要出现错别字，到企业填写应聘登记表也一样，这是低级而可能致命的错误。

（6）不要写个人的价值观，如果跟企业文化有冲突，就会适得其反。当然，制作简历，突出亮点，前提是你要有点可亮，这取决于大学你是否已经开始准备了？瞒天过海之计不太容易奏效，因为你经不起推敲和盘问，有经验的面试官很快能找出破绽，人事经理大凡都是文科出身，咬文嚼字、推理论证、辨别真伪是他们的专长。毕竟作假不是一件容易的事情，何况你还涉世未深，忽悠人事经理的智商你肯定嫩了点。就算你侥幸过关，1~3个月的试用期可能面临"退货"，活下来的还可能被打入"冷宫"，活出来的也可能"夭折"。

标准简历在很多人才网站中可以搜索，不一定非要格式化的，但从上到下一定要有层次感，且一张纸较适宜，叙述式长篇大论的决不能用，附件也不要太多。

投放简历一定要有的放矢，无论是参加招聘会还是网上应聘，无谓地投放简历会增加你的择业成本，并浪费你的精力。

如果你想应聘两种不同岗位的工作，不妨制作两份简历，突出不同的兴趣爱好和特长，以及自我评价，这样更有针对性。

2. 形象的个性

无论是参加现场招聘会还是到企业参加面试，个人形象很重要。首先，着装要简练朴素，不要穿名牌服装，假名牌就更没必要了，因为你目前只是一个地道的"无产阶级"。否则，只能理解你有一个富爸爸或者官爸爸，要么你就是不顾父母死活的人。奇装异服更不能穿，目前处在有录用决定权岗位上的人，基本上是70年代的人，也有一些60年代的人，这些人都相对比较保守和庄重，80年代的翅膀还没有硬，你穿着太张扬只怕引起排斥，这可能会成为你被拒绝的潜在理由。

男生肯定不能留长发，更不能剃光头，否则就有黑道小混之嫌。短发让人感觉有精神，头发凌乱会让人认为是不修边幅，工作中你一样会不严谨。胡子一定要刮干净，出门也要照照镜子，看看有没有鼻毛探头探脑。女生参加招聘会或面试，可以化一点淡妆，尤其应聘办公室文员和业务助理工作的女生，这能彰显个人气质，但绝不能太浓，以不仔细看就看不出为宜，同时性感花哨的衣服决不能穿。

企业不是娱乐圈，不是名利场，是一个中规中矩的地方，当然也有一些外资企业比较自由，上班也不用穿工作服，但毕竟是少数。很多外资企业和民营企业还是要穿工作服上班的，只要是规定穿工作服上班的地方，就一定比较正统，对个人形象有着潜在的职业要求。总之，个人形象的重点在于塑造出"精神"，体现积极向上的健康状态。

3. 征服面试官

你对面的人事经理是一个面相大师，他从你的举止和三言两语就会断定你是不是他要录用的人，你会觉得他太武断和草率，但他不这么认为。

个人气质非常重要，人的外在气质是内在品质的表现，是一个人"精、气、神"的组合，年轻人应该精神焕发，无论参加现场招聘会还是面试，都应该事前保证充足的睡眠，不要带着疲倦去面试，面试时是绝对不能打哈欠的，这是对面试官不尊重。面谈要不卑不亢，你不是在乞讨企业收留你，而是希望能为企业出一份力。在谈判桌上，无论你坐在什么位置，双方都是平等的。谦虚而要自信，从容而要谨慎，重礼而不卑微，这是你的气质，这是你的个人魅力。微笑和自信是一张贵宾席门票，傲慢与无知便是孤芳自赏。

面试除了测试就是交流，你的言谈举止几乎是面试的全部，恰到好处地回答面试官的提问,你就离录用不远了。常见的面试问题要懂得提问的目的,并巧妙地应答。

另外,与人交流一定要平视对方,不要低头私语,也不要环顾左右。天真是你本来的特性,不要装出一副老江湖的样子,这与你的身份不相称。如果是单独走进一间洽谈室面试,进门要先敲门,这是礼仪。如果你先进洽谈室坐等面试官,不要斜坐或歪坐,面试官看到你这个样子,心里会有阴影,接下来他可能草草结束面谈让你回去等消息。离开面试考官时,应该微笑地说声谢谢或再见,这是基本礼仪。记住,中国是个礼仪之邦,你的礼仪修养会结下人缘。

无论是人事经理还是职能部门经理,只要他参与招聘,都希望招聘到一个自己满意的人才。不论他询问什么,不论他多么挑剔,他不仅是对公司负责,更主要的也是对自己负责。如果经他面试招聘的人工作能力一般或出现与公司岗位要求不符,在他们看来不是你不行,而是他面试眼力不行,这一点是我们很多应聘者乃至工作多年的人所不察觉的。尤其是人事经理,找了一个不能胜任工作的人,他会觉得很没面子,反之如果招来的人能在工作岗位上作出突出的成绩,对人事经理来说也是一件很开心的事情。所以征服面试官,有三点很重要:

一是亮点突出,给人以安全感,你能胜任工作;

二是坦诚亲和,展现合作精神,你需要融入团队;

三是务实好学,企业学习力就是成长力,学习力比学历更重要。

思考与练习

1. 现有一大型国有企业招聘,招聘岗位包括会计、文员、机械制造等诸多岗位,请根据自己的专业撰写一份简历,要求紧密联系专业。

2. 你从朋友处了解到某企业正在招聘计算机编程员,请结合个人情况,给该企业人力资源部主管写一封自荐信。

第十一章 求职途径与求职礼仪

【本章要点】

1. 求职途径：求职的原则；求职的策略；就业信息的搜集和加工处理；求职的具体途径

2. 求职礼仪：明确礼仪与求职礼仪的含义；了解礼仪与求职的关系；掌握面试前、面试中、面试后的相关礼仪

第一节 求职途径

【案例】

在某大学毕业生宿舍，小赵在计算机前不停地查找着各种 HR 网站的信息，如智联招聘、前程无忧……他根据自己的专业和兴趣选择就业岗位。而他邻床的杨阳早已胸有成竹，手中早就握着几个单位的就业意向书，从国企到民企，虽然犹疑不决，但脸上有种灿烂的神情。

是什么让同一个专业和同一个宿舍的他们在就业的重要关头面临不同的情况呢？经过采访记者发现，原因在于他们对于就业信息掌握的情况不同。

小赵只是单一地将搜集就业信息定位在传统的网站搜索，杨阳则有更多的想法，他说："我觉得自己能在就业上脱颖而出，主要是因为手头有很多就业信息可以选择。从综合学校就业指导中心提供的就业信息，到自己去心仪的企业网站链接上搜集招聘信息……我是赢在了起跑线上。"

一、求职的基本原则

（一）从实际出发原则

根据社会职业岗位的客观情况进行选择，这是求职的第一原则。

你有自己的兴趣爱好，你有自己的才华专长，你有自己的职业选择意愿，这是合情合理的。从自己的意愿出发进行就业选择时，你应该看看，社会上哪些职业与你的意愿接近，了解社会上与你竞争同样职业的人有多少等等。面对市场的就业机会，你还应该考虑以下几方面的背景，要珍惜每一个可能的选择：(1)我国经济正在发展与改革之中，有些新的需要人的产业在发展，但需要人员的数量是有限的。(2)我国的经济体制改革促使用人单位的劳动生产率提高、经济效益增加，这正在使不少企业的富余人员陆续转岗，需要重新安排。(3)我国人口多，每年都有几百万城镇青年进入就业年龄，但是由于经济发展水平的制约，能提供新

的职业岗位数量有限,就业压力还是很大。

如果你的职业意愿目前还不能满足,应该怎么办呢?以下是你应该采取的做法:(1)根据社会需要作出新的选择,走另一条职业道路。(2)选择一种与原来的理想职业相类似的职业方向,再接受这种新职业的培训,创造在新岗位上工作的条件。(3)先在社会上容易就业的岗位上工作一段时间,再根据自己在这个岗位上的情况和以后的社会职业需要情况,决定是否进行职业的再选择。

(二)人职匹配原则

每个职业岗位都有特定的工作内容、岗位规范和对从业者的素质要求,每个求职者也都有自己的从业条件和个人意愿。你的个人择业意愿,决定了你所看中的职业类别,但是你个人从业条件是否与这种职业相适应,是非常重要的。

请对比一下职业岗位要求与你个人条件是否相适应。

(三)主动就业原则

积极的生活态度,对于人的生涯发展、对于事业取得成就,大有益处。主动就业,是市场经济体制就业的重要原则,它包括以下方面:

(1)主动留心搜集各种职业知识、用人信息。

(2)主动到职业介绍机构进行咨询,了解就业情况,寻找就业机会。

(3)主动与有可能招聘的单位进行联系,"毛遂自荐"。

(4)主动求得家中父母兄长、亲友同学、学校教师的各种帮助。

(5)主动参加各种职业技能培训,为就业创造条件。

(6)主动开拓就业岗位,自谋职业,成就自己的事业。

(四)比较择优原则

当你面对几个可能录用你的职业岗位、面对各种就业机会时,如何处理?

甲职业有这种优点,乙职业又有那种优点、这种缺点,你拿不定主意时,如何选择呢?应当知道,选择职业时要有主有次、有取有舍。在你的职业选择的各项标准中,有些是合理的希望,有些是"非分之想",有的是现实、客观因素,有的是虚幻、主观因素,有的的确非常重要,有的则是不必要的和可以舍弃的。须知,要想事事周全、样样满意是不可能的,你必须抓住主要之处,有舍才有取。

在这里需要注意的是,你对不同职业的比较中,要有自己的人生设计,要有自己的人生大目标,把职业作为实现自己最大价值的手段。

二、求职策略

为了得到一个理想的职业,在你着手设计职业生涯时,在你已经处于选择职业时,都要仔细考虑、认真分析,讲求策略性,根据你对客观实际情况的判断,采用合理的方法,寻求有效的途径,从而达到选择的成功和整个生涯的顺利。

你在求职问题上应注意以下策略:

1.广泛撒网。你应当广泛收集社会上各种职业岗位用人信息,广开眼界,在拟定求职目标单位时,宁宽勿严。在初定若干家求职单位以后,考虑到社会上还有众多的竞争者,这些单位可能选中别人而不录用你。所以你应当和这些单位保持一定的联系,而不要轻易否决某一个可能的就业单位。

2. 重点集中。你要对自己所相中的招聘单位多下功夫,主动打电话询问,主动上门"毛遂自荐",寻找熟悉该单位的人了解情况,并根据该单位的需求情况、招聘条件是什么,从而进行必要的准备。这样的重点目标最好有三、五个。

3. 目标灵活。尽管你的职业条件是既定的,尽管你有自己的职业理想,有很具体的职业目标和单位目标,当你到人才市场去找职业或者参加一个单位的招聘时,你可能发现现实的职业岗位情况、现实的工作单位要求和你的要求差距很大。这时,你就应当不拘一格地调整职业目标,修正自己的生涯道路。

4. 方法机动。不同的招聘单位、不同的招聘"考官"、要招聘人的不同岗位,有着不同的招聘方法。所以,你就应当有不同的应聘对策,在应聘时尤其是面试时要随机应变,充分展示自己的条件、特长和优势,抓住面试官、打动面试官,求得较好的应聘效果。

三、就业信息的搜集和加工处理

就业信息搜集是大学生择业的第一步,它直接关系到择业最终能否实现。毕业生在搜集就业信息时,只要按照准确真实、适用、系统连续与计划条理清晰原则,采用地毯式拜访、连锁介绍和供需见面等方法,就一定能获取大量有益的就业信息,为顺利实现就业打下良好的基础。

求职者谋取一个理想职业岗位,不仅仅要取决于自己的学识、技术和能力以及社会经济的宏观需求等因素,也取决于求职者能掌握的就业信息的多寡。如果一个求职者,掌握了大量就业信息,视野就比较广阔,就能取得主动权而不失时机地选择适合自己的职位,比较稳妥地掌握自己的命运。如果一个求职者,耳目闭塞、信息不灵,择业就如同盲人骑瞎马,选择面窄,不是发出"生不逢时"就业何其难的感叹,就是让适合自己的职位从身边溜走。

就业信息是择业的基础。谁获得的信息数量多,就职的选择面就宽;谁获得的信息质量高,求职的把握性就大;谁获得的信息及时,求职的主动性就高。

(一)就业信息的搜集

就业信息有多种来源,各种来源的信息是互补的。往往很难从单一渠道获得,需要求职者从多种渠道去搜集。在搜集信息的过程中,要注意投入和产出的关系,不同类型和不同层次的求职者,应当尽量选择适合自己的搜集求职信息的渠道,降低求职成本。搜集就业信息的渠道主要有以下6个:

1. 招聘洽谈会。这种方式的优点是供需直接见面,信息相对集中,个人的直接投入是门票与印制个人简历。缺点是由于洽谈会时间和地理位置的限制,导致求职成本和时间投入的增加。各种招聘洽谈会的规模、层次相差悬殊,有的洽谈会有四、五百个招聘单位参加,既有国家机关、事业单位、外商独资、中外合资单位参加,也有国有大中型企业和民营企业参加。而且由人事部门、劳动部门对参加招聘的用人单位进行资格审查;有的洽谈会只有几十家甚至十几家用人单位参加。有些洽谈会是专场性质的,专门面向某一类求职者,或专门由某一招聘单位参加。求职者应在参加洽谈会前,注意主办单位,选择有一定规模、服务好的招聘洽谈会。

2. 新闻媒介的招聘广告。有些报纸、电视、广播电台经常刊登、播发招聘广告。这是一种省钱又省时间的收集就业信息的方法,而且信息量大、覆盖面广、选择机会多。缺点是广告篇幅有限,登广告的用人单位又大多谢绝来访打电话,只是要求求职者寄出个人简历和各种证明复印件,使求职者对招聘单位了解甚少,而且因用人单位的知名度和所用媒体的影响面,有些广告虽然只招聘几个人却能收到成百上千份简历。求职者可采用"广撒网"的方式,向多个登广告的招聘单位发出简历,到回函的单位参加面试,并借机深入了解这些单位的情况,再做出自己的择业决定。

3. 网络。网络求职者以现代科技手段为依托,是劳动力市场的发展方向。管理运营好的网络对求职者来说,是成本低、成功率高的方式,求职者的惟一投入就是上网费。

很多职业中介网站已建立用人单位与求职者之间的便捷联系,任何人在任何地方,只要拥有计算机,就能将自己的应聘求职信息发布上网,而且可以查阅各类企业随时发布的招聘信息,并在网上与用人单位建立联系。

4. 拜访和观察。求职者直接到用人单位拜访或写信给用人单位,也可打电话给用人单位的人事管理部门。这种方式的主动性强,但盲目性大,可能被回绝。然而,拜访和观察是全面了解用人单位的情况的重要手段,特别是你已初步选中这个单位,而对此单位所知甚少的情况下,拜访这个单位是十分必要的。这种访问,既可正式拜访,也可非正式拜访,还可在门口等下班出来的职工,礼貌地向他们求教,并观察此单位的内、外环境以及宣传栏等。

5. 通过亲友、邻居、校友的连锁介绍。通过这种方式得到的信息,既准确迅速,又真实可靠。

6. 学校的就业指导处。许多用人单位往往直接到职业院校招聘,不少职业院校也与一批用人单位建立了固定的联系。因此,通过这条渠道得到的就业信息,既十分准确可靠,又比较详细全面。就业政策也能从此渠道获得。

对于职业院校毕业生来说,应该收集两类信息:一类是具体的就业信息,如哪些用人单位在招聘,每一个用人单位的招聘数量、专业种类和招聘方式,这些单位的具体情况等。另一类是宏观的就业信息,如党和国家有关经济发展的决定、规划,有关就业和人才流动的政策、法规,本地区劳动力供求情况和变动趋势等。只掌握具体的就业信息,不了解就业的宏观情况,很可能作出目光短浅的错误选择。只掌握宏观的就业信息,不了解就业的具体情况,信息就没有价值。收集就业信息,与收集其他信息一样,越全面价值就越高,数量少、内容简单的信息,利用价值就比较低。对于就业信息而言,如果能按具体、宏观两类去收集,又有一定的数量,对作出正确而有效的抉择将十分有利。

(二)就业信息的加工处理

搜集信息只是使用信息的基础程序,无论是任何信息,如不进行加工处理,使用价值就不大。信息处理要达到的目的有三个:一是把原始信息变换成便于观察、传输、分析的形式;二是对初始信息进行去粗取精的筛选,并加以分类、整理、编辑、浓缩、提炼以及做必要的统计;三是把某些信息集中并存贮起来。

信息处理要求及时、准确、适用和经济。信息处理程序包括六个步骤:收集、加工、传输、存贮、检索和输出。

现以从报纸上刊登的招聘广告和有关就业情况报道为例,说明就业信息处理的方式:

第一,购买或向他人索取刊登广告和就业政策的报纸,此为收集原始信息的阶段。

第二,将与你有关的广告和报道用笔圈出或剪下来,此为去粗取精的筛选。

第三,将剪报分为具体就业信息和宏观就业信息两大类,此为分类阶段。

第四,将具体就业信息整理、编辑为三种:用人单位直接招聘的广告,招聘洽谈会的广告,中介机构的广告。

第五,用红笔在广告和报道上,将与你关系最密切的句子或段落勾划出来,此为浓缩、提炼。

第六,把经过加工的剪报,分门别类地装订或粘贴起来,存好备查,此为存贮阶段。

以此剪报的分类编辑为主线,再将其他渠道收集来的信息补充进去,就建立了一个对你求职很有意义的"信息库"。

如果你在就业训练的过程中,学会了接受和处理信息的方法,养成了收集信息和处理信息的习惯,一辈子受益无穷。

四、求职的具体途径

求职就是一场特殊的马拉松,因为它只有终点,没有起点和路线。选择怎样的路线以及一个好的起点就是胜出的关键。通常我们可以选择的求职途径包括以下几种。

(一)网络招聘

目前很多企业在专业人才网站公开招聘,而像IBM等一些企业还注明只收网上投递的简历。在互联网时代,充分利用网上招聘信息、把自己的简历挂到网站人才库中、通过电子邮件投递简历到相关企业争取更多机会,已是非常值得毕业生们充分重视的求职方式。

下面提供一些网站,供大家参考。

(1)河北省大中专毕业生就业服务信息网:

http://www.hbxsc.org

(2)中国高校毕业生就业服务信息网:

http://www.myjob.edu.m

(3)中国大学生就业网:

http://www.myjob.edu.cn

(4)大学生志愿服务西部计划:

http://xibu.youth.cn

(5)中华英才网校园招聘:

http://campus.chinahr.com

(6)校园招聘:

http://www.xyzp.net/index.html

(7)智联招聘:

http://www.zhaop/n.com

(8)前程无忧:

http://www.51job.com

(9)中国人才:

http://www.cjol.com

(10)猎才网:

http://www.liecai.com

(11)外企服务公司FESCO:

http://www.fesco.com.cn

(12)制造业人才网:

http://www.maderhr.com

（13）中国创业网：
http://www.buildingchina.com
（14）卓博人才网：
http://www.jobcn.com
（15）上海猎才网：
http://www.job263.com

平时应多浏览各大公司网站的招聘主页，某些公司每年都会集中招募实习生，此时投递简历是最好的办法。最常用的方式是网申。投递过程有两种方式：(1) 发送简历到指定邮箱。(2) 填写对方公司的网申表格。三大招聘网站和 HiAll 求职社区都是很好的网申信息获取途径。网申时必须海投，如果只投了一两家很感兴趣的公司职位，那能够面试的机会就微乎其微。

（二）参加招聘会

招聘会分为校园招聘会和社会招聘会。校园招聘会上的参展单位通常都是和学校的诸多专业非常对口的，而且都是针对应届生的，应聘成功几率非常大，大家可以多去参与。而对于社会招聘会，不仅参展单位、需求职位良莠不一，而且应聘者也鱼龙混杂，应聘同一职位的应聘者就有很多社会经验丰富、年龄比较大的社会人士，对于初入社会的应届生而言，一般应聘效果不太理想。

找工作时，应有选择地参加校外专场招聘会，像那种较大规模的分科类招聘会，如师范类、综合类、理工类、医药类、外语外贸类等；或是分行业的小型专场招聘会，如金融、电子、电力、交通建筑等小规模的招聘会。为避免千军万马盲目"赶场"，还应事先看用人单位是否依据有关高校、专业和层次来发放门票，以提高"命中率"，因为用人单位都是抱着招人的目标而来，确有用人需求，所以用人信息真实有效。而一般人才中介机构举办的招聘会中的招聘单位主要是以招有工作经验的人才为主，希望招来的人才立刻上岗工作，即使号称是毕业生专场，仍可能混杂有一些并不招应届生的单位。院校内部的小型供需见面会也要重视，因为这种直接到学校特别是院系的招人方式，是最有针对性，也是最容易使双方达成协议的，而且持续时间也最长，可选择范围较广。

（三）实习单位

紧紧抓住在实习单位的机会，努力表现，如果双方合适，当然是最简洁的求职方式。同时经过一段时间的实习，对单位的领导、同事及各方面的情况都有些了解，正式进入后也便于工作的继续开展。

很多公司都提供实习岗位，而这些表现优秀的实习者都有机会转为正式员工。对于大二、大三的同学都可以利用空余时间或寒暑假去找份实习工作，一方面锻炼自己的业务能力，另一方面增加社会经验，更有机会在毕业之后转为全职。

当然了，很多公司对实习生的要求很高，有些公司，实习生的招聘和全职招聘都是同样的筛选标准，所以求职的竞争已经不仅仅是应届生会面对的，大二、大三同样也会面对这样的压力。早作准备是最好的选择，不要用年级低这样的借口逃避现实。

（四）社会关系

通过亲朋好友打听招聘信息，通过熟人推荐，也是符合目前国情的求职方法。同时有熟人介绍，对单位的状况也会很了解。

可以通过自己的亲朋好友、师兄师姐、学校、同学等关系获得内部推荐机会。这样的推荐通常直接进入面试环节，所以在求职过程中要充分利用身边的一切资源。这也提醒大家，平时一定要注意人脉的积累。内部推荐的成功率非常高。

在请人推荐时，首先要把自己的简历交给对方，并较详细地介绍自己，特别是简历上难以反映的兴趣、爱好、特长等；其次，对被委托人要态度诚恳，不论事情办成与否都应向对方表示诚挚的谢意。如果所托之人就是你所求职单位的领导或与单位领导熟悉的人，对提高求职成功率大有裨益。有些单位特别是外资或中外合资单位，鼓励本单位职工引荐新员工，并专门设立"伯乐奖"。因为这些单位的领导人认为，员工决不会引荐素质不高的人，否则会使自己名誉扫地。前几届毕业的校友，特别是已晋升到某个职位的校友，往往能成为你最好的推荐人。

（五）曲径求职——考研

严峻的就业压力把相当一部分学生"逼上梁山"，而期望通过考研来获得理想职位的人在考研大军中占了很大的比例。但考研之后又怎样？北京师范大学的一名女研究生抱怨地说："当初考研是因为就业不理想，可现在毕业还找不到满意的。"说明就业"砝码"高未必能降低就业难度，却带来了更高的期望值。

如果为了逃避本科生就业难的现实，但三年后依然要面对就业，而这三年来你的就业指数却未必会提高，因为市场并不是因为人才多而提高要求的，而是分配不平衡。

（六）上门自荐

这就是cold visit。如果有足够的自信以及足够的勇气，那就选择这种最直接的方式了。也许会被前台拒绝，但也许就会遇到贵人。除了花费一点时间以外，还有什么损失呢？成功率相对于网申要高很多的。

（七）报纸招聘广告

一般来说，报纸招聘广告的真实有效性较大，因为登广告要花费一定的费用，同时广告版面的大小也可以反映出对人才的需求程度。它的不足之处在于，如果单位好，职位好的话，竞争力会是很大的。

（八）本校的就业指导中心

许多公司在招募应届生时，往往先和校内的就业指导中心进行接触和联系。

（九）商业竞赛

这其实是现在非常流行的招聘方式，通过各类商业策划发掘具有出色商业头脑的学生。如宝洁精英挑战赛，冠军就可以直接拿到宝洁offer，还能出国进行为期数月的培训。非应届生要提前做好准备，多多参加会收获很多的。对学生而言，通过商业竞赛能够认识很多HR，并进行能力展示，获得公司高层的青睐，这将是非常高效的求职路径。HiAll在这方面进行了积极的尝试。就像在2009年暑期举办的DLP（多元领导力）项目，就是以商业竞赛方式提高学生综合竞争力，活动期间玛氏、欧莱雅、阿迪达斯等公司HR都给与了相当大的支持，全程参与、指导了学生们的竞赛活动，让学生收获颇多。

（十）人才服务机构

人才市场等中介机构中都设有委托招聘部等类似部门，一些企业委托这些部门实施招聘,毕业生如果把自己的简历放到这些部门中,也不失为一种途径。

【知识链接】　　　　　　　人才市场主要服务项目

(1)人才招聘。为用人单位和求职者登记查询供求信息,为交流洽谈提供场所、设施及政策法规咨询服务。

(2)信息发布。建立人才信息库、招聘单位信息库、政策法规信息库。征集、整理、储存和发布人才、智力、技术供求信息。

(3)人事代理。接收、管理人事代理单位或个人人事档案、人事关系,并按有关政策规定调整档案工资、计算工龄、出具政审材料和以档案为依据的证明材料。为人事代理单位或个人办理职称评审、引进人才落户、人才素质测评、人事人才规划等项业务。

(4)合同鉴证。用人单位和求职人员在平等、自愿、协商的基础上签订聘用合同,聘用合同需经人才市场依法有偿鉴证。

(5)人才培训。委托高等学校有计划地开发培养地方短缺人才;承担国家公务员培训和专业技术人员继续教育的综合性培训。

(6)社会保障服务。为单位和个人代理缴纳养老保险、大病医疗保险和失业等保险,为单位和个人办理住房公积金缴纳手续。

总之,求职的途径是多种多样的,但要积极主动地合理利用,这样多一种途径便多一种可能。

无论是哪种求职途径,都有失败的可能。在求职择业过程中遇到挫折是十分正常的现象,不必因此而自卑。生活中的挫折是造就强者的必经之路,是锻炼意志、增强能力的好机会,要有经受挫折的心理承受能力。遭受挫折之后,寻找失败的原因,争取下一个机会。

当你向三四个单位表达求职意向,都被拒绝后,你应暂停求职,冷静地思考一下失败的原因,特别是这些用人单位在拒绝你的同时却接纳了别的求职者时,更应从自己身上找原因。可能的原因大致有以下四个:一是职业理想脱离了现实,自己的素质不符合用人单位要求,如学历、身体、相貌以及能力等方面;二是在求职谈话中,对用人单位流露出好高骛远或其他不妥之处;三是在面谈时,礼貌不周、衣冠不整、目中无人;四是表达能力欠佳,没有把自己的长处恰当地展示。

如果自己想不清楚,可向家长、老师、同学求教,把求职过程告诉他们,把自己求职时的言行和对方的态度、表情、语言回顾一遍,请他们帮你分析一下原因。旁观者清,当事者迷,在求职遭到挫折时,请旁人帮你分析一下是有必要的。

找到原因之后,应调整目标,制定新的求职方案,重新踏上求职之路。在劳动力市场供大于求的情况下,如果求职屡遭失败,你可以有两种选择:一是先立足、后创业,即降低求职标准,先在社会上站稳脚,"骑马找马",有机会时再另求发展;二是暂时不就业,找机会提高自己的就业素质,以提高就业竞争力,一旦有了空缺职位,就有可能实现自己的择业愿望。

【实践与应用】

运用本节所学的知识,利用课余时间开始对就业信息的搜集及有效处理,期末全班同学就自己所掌握的就业信息进行一次集中汇报展示。

第二节 求职礼仪

【案例】

某知名公司来学校招聘,才子魏斌信心十足,与同学李兴来到了面试地点。面试地点设在六楼会议室,电梯前有两位女士在等。电梯门开了,两位女士的动作有些慢,魏斌便抢先一步跨了进去。"这破电梯,还吱吱地响,学校收那么多钱也不换换。"魏斌随口说道。到了六楼,下了电梯,魏斌推门进会议室,不巧,一位女生端着一杯水被门一碰洒到了魏斌的鞋上,"对不起",女生马上道歉。魏斌跺了跺脚,狠狠地瞪了女生一眼。这些被一同进来的两位女士看在眼里。面试开始了,面试官居然就是刚才一起来的两位女士。轮到魏斌面试,魏斌像见到老朋友,热情地伸出手去与面试官握手。面试的几个问题,魏斌觉得不难,答得很圆满,但面试结果出来后,30多名录用者中竟没有魏斌的名字。

问题:找出魏斌面试失败的原因。如果是你,在乘电梯、接受道歉、与面试官打招呼的时候怎么做?

获得一份心仪的工作,诚然一个人的实力是很重要的,但是在求职的过程中所体现出的礼仪修养也是必不可少的。

一、礼仪与求职礼仪的含义

礼仪是指人们在社会交往活动中形成并共同遵守的行为规范和准则。它是以一定的约定俗成的程序、方式来表示尊重对方的过程和手段,是在人类历史发展中逐渐形成并积淀下来的一种文化。对个人来说,礼仪是一个人的思想道德水平、文化修养和交际能力的外在表现;对社会来说,礼仪是一个国家和地区生活习惯、道德风尚的综合反映,是社会文明程度的重要标志。所以说,礼仪是一门综合性很强的行为科学。

礼仪的具体表现是礼貌、礼节、仪表、仪式和礼仪器物等。礼貌是指人们在相互交往中表示敬意、友好、得体的行为规范;礼节是指人们在社会交往中表示尊重、祝颂、致意、问候、哀悼等的形式和规范;仪表是指人的外表,是礼仪在个人形象方面的体现,包括容貌、服饰、姿态、举止等;仪式是指在一定场合举行的具有专门程序、规范化的活动,如发奖仪式、签字仪式、开幕仪式等;礼仪器物是指表达敬意、寄托情意的一些物品。

在现代社会中,礼仪可以有效地展现施礼者和受礼者的教养、风度与魅力,它体现着一个人对他人和社会的认知水平和尊重程度,是一个人的学识、修养和价值的外在表现。一个人只有尊重他人,自己才会被他人所尊重,人与人之间的和谐关系就是在这种相互尊重的过程中逐步建立起来的,从这个意义上说,遵守礼仪是一个人获得尊重的重要手段和途径。

求职礼仪是礼仪的一种,它是求职者在求职过程中与招聘单位招聘者接触时应具有的礼貌行为和仪表形态规范。它通过求职者的应聘资料、语言、举止、仪表、着装打扮等方面体现求职者的内在素质和外在形象。求职礼仪的原则是在求职过程中要诚恳、谦恭、不卑不亢。求职礼仪的培养应该是内外兼修的,古语说得好:腹有诗书气自华。内在修养修炼是掌握求职礼仪最根本的途径。

二、礼仪与求职的关系

(一)礼仪是求职应聘的重要条件

在交往活动中每个人总是以一定的仪表、仪容、言谈、举止及某种行为出现。这些因素作用于对方的感官,会给对方留下深刻的第一视觉印象,即第一印象。科学研究证明,第一印象往往是在看到一个人的仪容、表情、举止、穿着和佩件等后三秒钟内形成的,它使人形成一种特殊的心理和情绪定式,无形中影响人们相互交往的进展与深度。这就使我们与人初次见面时,常会产生此人有气质、此人直爽、此人不友善之类的感觉,第一印象形成后往往不易改变,如果给对方的印象有所错觉的话,就很难修正。因此,在求职过程中,第一印象对招聘者的心理影响是很大的,它直接影响到对求职者的看法和评价。如果招聘者对你的第一印象非常好,哪怕在硬件方面你稍有欠缺,他们也会愿意给你机会;如果你的某个细节动作让招聘者产生反感,在今天的买方市场下,他们当然可以去另外选择自己喜欢的人。因此,在求职招聘中,第一印象至关重要。得体大方的衣着,彬彬有礼的举止,良好的精神面貌,温文尔雅的谈吐,都会给招聘者留下深刻美好的第一印象,从而获得信任,得以受聘。

(二)礼仪为你打开事业之门

生活之路,始于"礼";学业之路,始于"礼";就业之路,始于"礼";人生之路,始于"礼"。求职对个人来说是一次非常重要的经历和机会,注重求职礼仪,把握求职对仪容、仪表、举止、谈吐等方面的礼仪要求,做到胸有成竹,就可以最大限度地把握就业机会。那么,如何运用求职礼仪打开你的就业之门呢?

1. 明确礼仪在推销自我形象中的作用

在求职中你的细微举止都会影响用人单位对你的评价。古语云"见微而知著",礼仪能规范你的行为举止,防止因不拘小节而误事。同时,借助礼仪可以展示自己的文化素质、体现自己的道德水准、反映自己的个性,顺利完成面试的全过程。礼仪能给人以美的享受,使用人单位愿意与你交谈,有兴趣和耐心进一步了解你,甚至当发现你与其他应聘者相比有欠缺的地方时,也能给予理解、关怀和鼓励,从而使你的求职事半功倍,脱颖而出。

2. 在求职过程中把握各种礼仪规范

在求职前,要由内而外地"武装"和"包装"自己,学习礼仪知识,掌握礼仪规范,按照礼仪规范来约束自己的行为,真正做到"诚于中而行于外,慧于心而秀于言",把内在的道德品质和外在的礼仪形式有机地统一起来,让言谈、举止、仪表和服饰反映出你的思想修养、文明程度和精神面貌;在求职中要做到举止端庄得体,表现自然大方,不过分拘谨、谦恭、紧张;态度友善积极,不生硬,不过分悲观;主动回答问题,不冷淡,不无话可说;精神焕发,自信开朗,充满朝气和活力,不懒散;说话言简意赅,不滔滔不绝,炫耀口才;回答准确,不答非所问或不着边际;温文尔雅有教养,不言语粗鲁,举止要大方;耐心倾听别人意见,不随便打断别人说话,不急于表现自己;应集中注意力,不东张西望;穿着得体,不能衣冠不整或过分打扮;自我表现适当,不处处强调自己的优点,过分卖弄才干;有幽默感,不言语枯燥故作幽默,不刻意引人发笑。

【案例】某知名企业在招聘时,曾经设计过一道看起来不起眼儿的小题目,使硬件较弱的李勇成功应聘。面试那天,20多位求职者坐满了会议室,招聘名额只有5个。在等待中,一位抱着很多材料的工作人员艰难地从会议室里经过,很需要有人帮助一下,但周围的这些求职者谁也没动,好像没有看到一样。这时候,离这位工作人员较远的李勇过来帮他拿了很多东西并送到了办公室。面试结束后,李勇成为5名被录用者之一。

3. 运用礼仪要端正"求"的心态

无论你的条件多么好,无论人才市场的供求状况对你多么有利,都不能摆出一副舍我其谁的架势;在求职的整个过程中要始终尊重他人,注重礼貌修养。同时,一个懂得如何尊敬别人的人,也定能够懂得如何自尊,即在通过礼仪表达"求"的心态的同时,也要运用礼仪提出和维护自己正当的利益、要求和尊严。因为无论是招聘者还是求职者,都是站在公平、平等、互尊的位置上相互审视和选择的。

4. 把握应聘岗位的礼仪要求,充分展示自身的礼仪素质

现代企业注重企业文化,常把"礼仪"作为录取新职员的重要条件之一,招聘时特别注重应聘者的礼仪素养。作为应聘者,就应对招聘企业文化理念和招聘岗位的礼仪要求全面把握,在应聘中充分展示和运用。经验证明,有些专业基础薄弱或个别专业不对口的应聘者,由于表现出很强的综合分析能力、语言表达能力和礼仪素质而被企业录用。

三、面试前的礼仪

【案例】

赵虹应聘一家星级宾馆的部门经理。面试那天上午风特别大,还下着毛毛细雨,当她头发凌乱地出现在面试现场时,招聘方的负责人对她的印象大打折扣,并对她说:"我们选部门经理,形象是十分重要的,因为这不仅代表着个人,而且代表着公司的整体形象。"说完后简短地提了几个问题,便结束了面试。

上午面试的结果虽然未出,但可想而知。赵虹申请重新面试。当天下午,她再次出现在面试现场。这一次她仪表整洁,举止得体,稳重干练,回答问题自信果断,充分表现出对这份工作的胜任能力和执着追求。面试负责人感到非常满意。赵虹最终赢得了这份工作,当上了这家宾馆的部门经理。

求职者的形象给面试官的印象好坏,关系到能否顺利踏入社会,找到一份合适满意的工作。为此,毕业生在求职前对个人形象进行设计是必要的。

自我形象是指一个人精神面貌、性格特征等方面的具体表现。这种表现能引发他人的某些思想或感情活动。在交往中每个人都会通过自身的形象让他人认识自己,同时,他人也会通过这种形象作出综合的客观评价。自我形象不仅包括一个人的外貌与装扮,还包括言谈举止、表情姿势等能够反映人的内在本质的内容。

自我形象设计是指对个人进行对应环境的包装,是对社会人的不同定位所进行的内在与外在的设计塑造。一般要根据个人的身材、脸形、个性特质以及职业和社会角色等,整体设计出一套包含发型、妆容、服饰、仪表、仪态等在内的装扮形态,既突出个人风格又符合相关场合的造型,以给人留下完美而又得体的印象。

在求职中,自我形象设计是十分重要的。通过一些方法和手段,将自我有声有色地展现在用人单位面前,这种推销自我的方式不仅可以给用人单位一个好的印象,还可以赢得用人单位的信任,从而获得求职的成功。

（一）发型修饰

发型不仅要符合美观、大方、整洁和方便生活、工作的总体原则,而且要与自己的发质、脸

形、体形、年龄、气质、四季服装以及环境等因素很好地结合起来,才能给人以整体美的感觉。

发型设计可以使人活泼年轻,也可以让人变得端庄文雅,起到修饰脸形、协调体形的作用。发型设计应根据不同的脸形因人而异。

1. 椭圆脸形

这是女士中最完美的脸形,采用长发型和短发型都可以,但应注意尽可能把脸显现出来,突出这种脸形协调的美感,而不宜用头发把脸遮盖过多。

2. 圆脸形

应增加发顶的高度,使脸形稍稍拉长,给人以协调、自然的美感。避免面颊两侧的头发隆起,否则会使颧骨部位显得更宽。宜侧分头缝,梳理垂直向下的发型,直发的纵向线条可以在视觉上减弱圆脸的宽度。

3. 长脸形

要用优雅可爱的发式来缓解由于脸长而形成的严肃感。在发型的轮廓上,顶部应平伏,前发宜下垂,使脸部变得圆一些,同时,还要使两侧的发容量增加,以弥补脸颊欠丰满的不足。将头发做成卷曲波浪式,可增加优雅的品位,应选择松动而飘逸、整齐中带点凌乱的发型。

4. 方脸形

这种脸形的梳妆要点是以圆破方,以柔克刚,使脸形的不足得到弥补。前额不宜留齐整的刘海,也不宜全部暴露额部,可以用不对称的刘海破掉宽直的前额边缘线,同时又可增加纵向感。两耳边的头发不要有太大的变化,避免垂至腮帮的直短发。

5. 三角形脸形

根据发型与脸形的比例关系,梳理时要将耳朵以上部分的发丝蓬松起来,用喷发胶或定型剂可以达到这种效果,这样能增加额部的宽度,从而使两腮的宽度相应的减弱。

6. 倒三角形脸形

在梳理时要注意扬长避短,便可达到整洁、美观、大方的效果。适合选择侧分头缝的不对称发式,露出饱满的前额,发梢处可略微粗乱一些,这样能将年轻女士纯情、甜美、可爱等特点直率地表现出来。

7. 菱形脸形

整个脸形的上半部为正三角形,下半部为倒三角形。用发型矫正这种脸形时,上半部可按正三角脸形的方法处理,下半部则按倒三角脸形的方法处理。一般将额上部的头发拉宽,额下部的头发逐步紧缩,靠近颧骨处可设计大弯的卷曲或波浪式的发束,以遮盖其凸出的缺点。

就季节来说,春秋两季的发式可以自由活泼一些,而冬夏季的头发则由于受到气候因素的影响,需要格外地注意。

夏天天气炎热,可留凉爽的短发,如果是长发,则可以梳辫子或将头发盘起。由于多数人夏天面部油脂分泌都很旺盛,面额前的头发过多往往容易使热量不便于散发,反过来更加使面部油光四溢。因此,夏季的发型一定要考虑前额、两颊的头发不能留得过多,应尽量把头发向后向内梳理。同时,搭配一个浅色的上衣领,能够把脸部衬托得光亮鲜活一些。

冬天人们的衣着较厚,衣领高,留长发既美观又保暖。在冬季较爱刮风的地方,参加面试前最好用帽子、头巾或者干脆用发带把头发束缚起来,等到达面试地点后再放松、顺滑下头发,以免途中被风吹乱。

女士如果在头发的适当部位装饰花色款式、质地适合的发夹、发带或头花等饰物,那么就能对整体美起到"画龙点睛"的作用，从而增添无限的魅力和风韵。但要注意饰物不可过多，色彩也不能过于光亮耀眼，形成堆砌，给人一种俗气的感觉，反而失去自然美。

（二）服饰礼仪

【案例】

某家招聘单位根据收到的求职材料约见一位女同学作为预选对象，见面时，这位女同学涂着艳丽的唇彩，烫着时髦的发式，穿着低领、紧身的服装，感觉十分新潮，但给人以一种很轻佻的印象，就是因为这第一印象使她落选了。一位人事总监说："我认为你不可能仅仅由于戴了一条合适的领带而取得一个职位，但是我可以肯定你戴错了领带就会失去一个职位。"

服饰仪容既是一个人审美观的集中表现，也是文化素养的具体反映。求职面试时，给人的第一印象往往是你的仪表服饰。服饰，是指人的服装穿着、饰品佩戴两方面的统一，是人际交往中的主要知觉对象之一。初次见面一定要力争给人以整洁、美观、大方、明快的感觉。

1. 着装的"TPO"原则

在服饰打扮上，必须完全服从国际公认的"TPO"原则。

（1）T（Time）：指时间，即服饰打扮必须根据时间来决定。时间是个广义的概念，既指时令、季节，又指具体月日或星期几，也可具体到一日内的白天、黑夜、钟点、时辰。试想一个在汗流浃背的三伏天，还身着深色长袖制服的人，给人的第一印象不会太好。

（2）P（Place）：指地点、场所、位置、职位，即服饰打扮应与所处的场合相协调。

（3）O（Occasion）：指目的、目标、对象，即试图通过穿着打扮来给对方留下一个什么样的印象，据此有目标地选择服饰。在对方眼里，你的服饰不仅代表你自己的形象，也代表你所在单位的形象。

2. 男士面试服饰礼仪

（1）西装的选择与搭配

在现代社会交往活动中，人们普遍认为"西装革履"是现代职业男士的正规服饰，就求职面试活动而言，穿西装也是最为稳妥和安全的。因此，西装成为多数求职者的首选装束。

①颜色的选择。应聘者最好穿深色的西服，灰色、深绿色和深蓝色都是不错的选择，它们给人以稳重、可靠、忠诚、朴实、干练的印象。

②面料的选择。最好穿天然织物做的衣服，因质地和谐而有一定的亲和感，形状上有较好的"下垂"感，而人造织物的光泽和质地给人一种廉价、漂浮和虚假的感觉。

③不同体型的选择。体型瘦小的人，如果穿着深蓝色或中粗竖条的西装，会露出其纤细、瘦弱的缺憾，而穿米色等浅色调、图案为格子或人字斜纹的西装，身材就会显得较为丰满、强壮。瘦而高的人，宜穿双排扣或三件套西装，面料选用质感温暖的，不宜选用外形细窄而锐利的套装。瘦而矮的人穿西装时，可用胸袋装饰手帕，为增加胸部的厚度，还可在内袋装入钱包、笔记本等物品。体胖的人可穿着深蓝、深灰、深咖啡色等西装，忌米色、银灰等膨胀色，如果是带图案的西装，宜选用竖条纹。西装的款型可选用直线形的美国式，这会显得外形锐利且苗条。

④衬衫的选择。衬衫通常以不带图案或只有条纹的白色或浅色较好。有些深色衬衫与西装明度不同，色系相同，而与皮肤是对比色，也是较好的搭配，且会显得稳重而时尚。花色很明显的衬衫，有些面试者会认为这代表有个性、成功以及自信，但更多人会认为这是炫耀，甚至有点粗俗，最安全的办法就是避开这种张扬。跟西服一样，衬衫的最理想布料也是天然

织物。注意保持领口和袖口的整洁。

⑤领带的选择。有些专家说,在与求职者握手时领带首先受到关注。它可以使一套昂贵的西服显得很廉价,也可使一套普通的西服提高档次。领带的宽度随衣服款式的不同而不同,穿西服时,安全的着装规则就是领带宽度要接近西服翻领的宽度。传统的图案如立体形、条纹、印花绸等都是可以接受的。给领带精心打结,这几年又流行小而紧的领结。系好的领带不要超过你的腰带。

⑥西装与衬衫、领带的搭配。穿西装在颜色、面料的选择和衬衫、领带的搭配上有许多讲究,搭配得好,会为你平添几分风度和魅力。西装、衬衫和领带的搭配一般有三种基本方法:着深色西装,穿浅色衬衫,戴棕色或深色领带;着浅色西装,穿浅色衬衫,戴深色领带;着浅色西服,穿棕色衬衫,戴深色领带。

(2)袜子要够长

袜子的长度使你在叠起双腿时不至于露出有毛的皮肤,而且要有足够的弹性,不至于从腿上滑下或缩成一团。袜子的颜色应当选灰或深棕色,不要穿颜色鲜亮或花格的袜子。

(3)皮鞋要整洁

皮鞋是最容易被忽视又最容易被弄脏的部位,但皮鞋的整洁与否会在第一印象中起到非常重要的作用。因此要特别注意保持鞋面锃亮,边缘干净,鞋跟要结实,系带的皮鞋一定要检查鞋带是否系好,是否干净。

(4)小饰物要简单适宜

①皮夹。一件小巧的皮夹不易使口袋鼓起变形。皮夹里的东西应是必需品,千万不要把各种证件、家庭生活照等塞在里面。

②手表。一块手表不仅是为了计时用的,还是一件装饰品。应在你支付能力范围内选择高质量的并和你的衣服相配的名牌。另外,也不应戴米老鼠之类的卡通手表。

③项链、装饰别针、手镯、耳环等饰物都是男性求职者面试时十分忌讳的。

3.女士面试服饰礼仪

【案例】

去年秋天,齐女士经朋友介绍去一家企业应聘企划主管。她能力不错,企业的老总又是自己朋友的熟人。那位老总看过她的简历后很满意才决定百忙之中亲自面谈的。齐女士对记者说:"当天谈了45分钟,如果人家不满意不会跟我谈那么久。但怎么没成功呢?后来,我分析问题出在衣服上。因为当天我要参加一个活动,所以在衬衫外穿了一件套头的羊毛衫,当时要是穿着开衫服装或许还好一些,而且耳坠稍长了一点。哎!没穿职业装当然显得不够职业,不够精明干练,是我大意啦,人家老总还穿了西装呢。"

面试,有时剑拔弩张,有时就是行云流水一样轻松,面试官和蔼的笑容后面玄机多多,可不能掉以轻心!

女士是爱美的天使,世界因为有了她们而更加绚丽可爱,在这个时尚开放的年代,女士服饰色彩缤纷,仪态万千,因此,其着装问题就显得比男性复杂些。女士着装以整洁美观、稳重大方、协调高雅为总原则,服饰色彩、款式、大小应与自身的年龄、气质、肤色、体态、发型和拟应聘职业协调一致。

(1)服装的选择要得体

女士求职服装一般以西装套裙为宜,这是最常用、最稳妥的着装。不论年龄,一套剪裁合体的西装套裙和一件配色的衬衣或罩衫外加相配的小饰物,会使人看起来优雅而自信,给对方留下良好的印象。夏天,内衣颜色应与外套协调一致,避免透出颜色和轮廓,否则,会让人感到不庄重、不雅致,甚至给人轻佻之感,这是求职之大忌。另外太紧、太透和太露的衣服,如超短裙或短裤,领口过低的衣服都应避免选择。大量的求职实践表明,不论是应聘何种职业,保守的穿着会被视为有潜力的候选人,会比穿着开放的求职者更容易被录用。

(2)鞋子要便利

女士穿鞋也有学问,总的原则是要和整体相协调,颜色和款式与服装相配。面试时,不要穿长而尖的高跟鞋,中跟鞋是最佳选择,既结实又能体现职业女士的尊严。设计新颖的靴子也会显得自信而得体。

(3)袜子很重要

袜子不能有脱丝。时装设计师们都认为,肉色作为商界着装是最适宜的颜色,不论你的腿有多漂亮,都不应在面试时裸露着双腿。

(4)饰物少而精

①公文包或手提小包带一个即可,不要两个都带。面试场合,有时携带公文包比手提小包体现出更多的权威。但不要塞得鼓鼓的。如果你个子较矮小,包则不宜过大,以免显得不协调。

②首饰尽量少戴。应避免像吉卜赛人一样几个手指都戴戒指。拇指戴戒指不能为人接受。耳环应当小巧且不引人注目。为了使你感到舒适、注意力集中,戴的耳环不要过长,以免发出叮当的声响或者触及脖颈,甚至挂到衣服上。朴实无华的项链就挺好,但别戴假珍珠或华丽的人造珠宝。总之,戴首饰的重要原则是:少则美。

③眼镜会使一些人外表增色,也可能使一些人显得不协调。尽量选择适合自己的镜框,式样新颖为好。另外,千万不可戴太阳镜(护目镜)去面试,当然更不能戴反光镜。

④若季节合适,女士穿着便装和流行时装时拥有一条漂亮的围巾有画龙点睛的妙用。尤其是穿蓝灰色衣服往往会使面部发暗,如果配上一条色彩浓郁、风格热烈的围巾,就能达到生气勃勃的效果。但如果穿西服,一般不要配围巾,若一定要配应围一条纯白、小巧的围巾,既能衬托红唇黑眸,又能保持清爽如水的气质,衬托出女士的敏捷和果断。若围巾搭配不当,便会显得土气,甚至呆板。

一个人与他人交往的第一印象很重要,外表是人们踏上社会的第一张名片。不管是男士还是女士,在求职面试时都要注意自己的修饰,注意一些细节。应试出门前先仔细检查一遍自己的整体仪容是否整洁,扣子、拉链是否扣好、拉好,衣缝及袖口是否有破损或者褶皱,鞋子是否干净光亮,鞋底是否有磨损。另外还要注意个人卫生,除了当天脸部清洁外还要特别注意耳朵、脖子等部位的清洁和指甲的修剪。

许多人认为难得有一次面试的机会,一定要大出风头,于是买了许多时髦、前卫的服装。这是个极大的误区。一般正规的企业都很欣赏传统、保守的正装,所以,服装不一定要穿名牌,庄重、得体就好。有的人则不太注重服装,穿着过于随便,也会使招聘人员对你的印象大打折扣。求职时的服饰打扮应该注意稳重、正式。一般来说,套装较为普遍适宜。而且一定要整洁干净,注意尺码一定要合身,大码或小码都会影响穿着效果。衣服的颜色宜选择皮肤的中性色,注重现代感,把握积极的方向。头发要梳理整齐。

另外,不同职位对穿着的要求不同,例如应聘公关职位就要适当地注意时尚,而应聘文秘、财会等职位就应与时尚拉开适当的距离。

四、面试中的礼仪

（一）面试时的基本礼仪

1. 呈送一份好的简历。在求职面试时呈给面试官一份层次分明、干净整洁的个人简历，这也是一种礼节，是一种尊重。

面试前最好多带几份简历。因为交给面试官的简历已经订成厚厚的一沓，可能还需要翻找一些时间，这时若是你拿出提前准备的简历给他，他会觉得很舒服。

2. 准时赴约。一般来讲，面试前最好比原定的面试时间早到5~10分钟，熟悉一下周围环境。若是早到10分钟以上，不要在接待区晃来晃去，可以到洗手间再次检查自己的服装仪容。

在北京等堵车比较严重的大城市，一旦在面试途中堵在路上，应马上打电话给公司前台或约你面试的人，告诉对方，你堵在哪里了，可能迟到多长时间，最重要的是一定要致歉。这样有时反而会让面试人员对求职者的果断的判断力及诚恳的态度留下深刻的印象。

3. 随地保持礼貌。在到达面试会场前，不论是在走廊或电梯里，如果遇到面试公司的职员，都应有礼貌地问候，并注意自己的言行举止。假如有工作人员告诉你面试地点及时间，应当表示感谢。

在等待面试时不要旁若无人，对接待人员不理不睬，自己随心所欲，这会给人留下不好的印象。也许接待人员就是人事部门的主管，他在故意观察你，如果你没有礼貌，在决定是否录用你时，他们是有发言权的。要想给应聘单位留下好的印象，并不仅仅是面对面试官的时候。

4. 入座礼仪。进入面试房间前应先敲两下门，敲门时要注意声音的大小和敲门的速度，不可太用劲，同时问一声："我可以进来吗？"等对方回答"请进"后轻轻地推门进去，然后向对方行点头礼或者鞠躬礼后再用手将门轻轻地合上。如果房间门是虚掩着的，也必须先敲门，千万不可冒冒失失地推门就进，给人鲁莽的感觉。

入门后，当对方请你坐下时，说声"谢谢"再坐下；如对方未请你坐下，应礼貌地询问"我可以坐下吗"，然后等主考官示意后方可落座。如果没有指定的座位，可选择主考官对面的位子坐下。另外，注意坐姿的优美与精神。坐椅子时，最好只坐三分之二，两腿并拢，身体可稍稍前倾。

5. 询问与应答的礼仪。保持积极自信的心态，是面试中智慧语言不断迸发的前提。面谈时，讲话要充满自信。回答问题时尽量详细，要按招聘人员的话题进行交谈。

有的主考官会故意提问一些令你感到受冒犯的问题，用来试探一下你如何对待，目的是考查你的修养和应对多变的能力。因此你一定要冷静，不能意气用事。拒绝回答是可以的，但口气和态度一定要婉转、温和。

应避免与面试官套交情，否则容易让人产生不够成熟的负面印象。

（二）面试中要注意的其他礼仪

1. 递资料时应大方谦逊。求职者求职时必须带上个人简历、各种证件等，面试时应保证不用翻找就可以快速取出所用资料，在递送时，应双手奉上，这样才能表现得大方和谦逊。

2. 尽量不要结伴而行。有的面试者面试时，喜欢带上同学或亲友，便于解除自己的紧张和能随时提醒自己。这会给招聘单位留下极不好的印象，会认为你缺乏自信心、独立性不强、很容易被淘汰。

3. 举止应如何得体

（1）微笑

良好的第一印象最重要的是取决于人的表情。微笑则是表情中最能赋予人好感、增加沟通、愉悦心情的表现方式。一个常对别人微笑的人，更能得到别人的信任。

笑的训练方法：一是放松面部肌肉，然后使嘴角微微向上翘起，让嘴唇略呈弧形。最后，在不牵动鼻子、不发出笑声、不露出牙齿，尤其是不露出牙龈的前提下，轻轻一笑。二是闭上眼睛，调动感情，并发挥想像力，或回忆美好的过去或展望美好的未来，使微笑源自内心，有感而发。三是对着镜子练习，使眉、眼、面部肌肉、口形在笑时和谐统一。四是当众练习法。按照要求，当众练习，使微笑规范、自然、大方，克服羞涩和胆怯的心理。也可以请观众评议后再对不足进行纠正。

试想，如果一位陌生人正对着你微笑，你是不是感觉到有一种无形的力量推着你和对方接近；如果你看到的是一张"苦瓜脸"、"皮笑肉不笑的脸"，肯定会对这种人敬而远之。所以，在面试官眼里，你的微笑无异于一块强大的磁石，一下子能拉近你和他人的距离。

（2）坐姿

面试入座时，不要将两手放在膝盖中间，这样会显得你局促不安。坐下时不要背靠椅子，也不要弓着腰，但并不一定要把腰挺得很直，这样反倒给人留下死板的印象，应该很自然地将腰伸直。

求职者坐姿的基本要求是端庄、文雅、得体、大方。具体要求如下：入座时要轻而缓，走到座位面前转身，轻轻地坐下，不应发出嘈杂的噪声。女士落座前应用双手把裙子向前拢一下。坐下后，上身保持挺直，头部端正，目光平视前方或交谈的面试官。坐稳后，身子一般只占据座位的2/3。两手掌心向下，叠放在两腿之上，两腿自然弯曲，小腿与地面基本垂直，两脚平落地面，两膝间的距离，男子以松开两拳为宜，女士以两膝、两脚并拢为好。无论哪一种坐姿，都要自然放松，面带微笑。

（3）眼神

眼神要自然，如果很紧张不敢直视，可以看面试官的正三角（就是脑门儿到两颊的三角）区域，这时，对方也能感觉到你在直视他，而你其实并没有盯着他的眼睛。但是，万万不可目光呆滞地死盯着面试官看，这样会让他感到很不舒服。如果不只一个面试官在场，你说话的时候要常用目光扫视一下其他人，以示尊重和平等。

和面试官交谈的时候，要保持双方目光的接触，要随着话题内容的转换，采用恰当的目光反馈，使整个交谈融洽而和谐。交谈中当双方都沉默不语时，应该把目光移开，来避免因一时没有话题而感到的尴尬。

（4）握手

一般来说，要是入场之后面试官坐着没有起身的话，就不必与之握手。通常情况下当面试官是男性，求职者是女性时，应该主动向面试官伸手，这在一定程度上体现你的开放和友好，以及乐于与人交往等优点。除此以外，不应该采取主动。尤其是应聘者是男性，面试官是女性的时候，更要等待面试官先伸手。所以说，面试握手对女性而言是"该出手时就出手"，对男性来说是"该出手时才出手"。

4. 自己随身带的文件夹或公文包应如何摆放

自己随身带的物品，不可放在面试官办公桌上。可将物品放置在座位下脚旁边，小些的皮包则放置在椅侧，不可挂在椅背上。

（三）面试将近结束时应注意的礼仪

在面试临近结束的时候，如何能够给面试官留下一个好的印象？因为近因效果的存在，越是离发生的事情近，记得就越清楚。通常有以下几方面的礼节问题应注意：

1. 把自己坐过的椅子轻轻地归为原位。
2. 如果在面试中喝水，那么在离开的时候把你用过的一次性水杯顺手扔到垃圾桶里。
3. 如果在面试即将结束时发现桌子上或者地上有很多纸团等凌乱的东西，要把它们清理好，因为很可能这也是一道考题。
4. 面试结束时，站起身与面试官握手，注意握手的力度要适中，同时要鞠躬，鞠躬要深一点。离开时要采用"后退步"的走法，然后离开。走出面试房间后要适当挥手或行礼才出去。
5. 面试后走出门，转过身来面对着门把门关上，不要背对着门把门关上。

还有很重要的一点，就是一定要在面试结束后走到公司的前台，对前台的服务人员说一声"谢谢"。前台也是个很重要的角色，不要以为走出面试官的门就没有人在看着你了。

五、面试后的礼仪

【案例】

小王刚跨出大学的门槛，便有一家外资公司通知他去面试。那家公司的总经理是个名叫劳根的美国人。经过近半个小时的亲切交谈后，劳根很高兴地给了小王一张名片，并让小王在一周后听候消息。

于是，小王放弃了其他的应聘机会，静候这家公司的回音。但两个星期过去了，那家公司仍杳无音信。无奈中，小王找出劳根的名片，按地址写了一封感谢信，感谢总经理劳根先生给他面试的机会，并期望得到进一步通知。第三天，小王便接到劳根先生的电话。他说："You are employed, congratulation!"（祝贺你被录用了！）

上班后，小王再次见到劳根先生，向他询问最后决定录用自己的原因，劳根笑着说："因为你的那封信让我觉得你是一个有礼貌的人。我们美国面试后有个惯例，要写一封感谢信给那家给予面试机会的公司，而在五十多个应聘者中，你是惟一的一个。"

这个应聘成功的案例告诉我们这样一个道理：每个就业机会，都会遇到竞争对手，在应聘者的能力、素质难分伯仲时，谁能引起招聘方对他的注意，在厚厚一摞应征信中找出他的履历，谁便成功了。可见面试后仍然一如既往地注重礼仪，是吸引招聘单位注意的一个行之有效的好方法。

多数求职者往往只注重面试前的准备和面试中的表现，而忽略了面试后的礼仪。一个明智的求职者应当清醒地认识到：面试结束并不意味着求职过程的完结，面试后仍然与用人单位保持联系更能表现出你的进取心，这将使你比别的候选人更胜一筹。因此，求职者在面试后不应该被动地等待聘用通知的到来，而应该根据情况选择适当的方式主动、及时地与用人单位联系。面试后一定要做好下面两件事。

（一）及时表示感谢

在应聘过程中，为了加深招聘人员对你的印象，增大求职成功的可能性，面试后应采用打电话或写感谢信的方式及时、主动向面试官表示感谢。

1. 电话感谢

在面试后的一两天之内给面试官打个电话表示感谢。电话感谢要简短,最好不要超过3分钟,电话里不要询问面试结果。因为这个电话仅仅是为了表现你的礼貌、让对方加深对你的印象而已。

打电话的时候应当尽量避开的时间段:

(1)工作繁忙时间。通常所说的工作繁忙时间,一是指周一上午和周五下午,因为很多单位习惯在这两个时间段召开例会,即使不开例会,周一上午是新一周的开始,会有许多工作事宜需要安排,周五下午又面临着周末,也会有不少未了的工作需要收尾;二是指每天刚上班的一个小时和下班前的一个小时,因为这两个时间段内不是忙着安排一天的工作就是忙着结束一天的工作。

(2)休息时间。一般指工作日的中午一小时左右的时间和其他私人时间,特别是节假日时间。

(3)用餐时间。在用餐的时间,给人打电话会被视为不礼貌而影响打电话的效果,另外在这个时间打电话往往会找不到人。

(4)生理疲倦时间。这个时间段一般是指中午下班前的半小时左右和下午下班前的一小时左右。

2. 书信感谢

面试官对面试人的记忆是短暂的,写一封简短热情的信表达谢意会加深面试官对你的印象。而事实上这是整个求职过程中最容易被忽视的一步,据调查,十个求职者中有九个不写感谢信。你如果没有忽略这个环节,给面试官或他们的秘书、助理写一封感谢信,或许能使你从众多求职者中脱颖而出。这是因为:

(1)可以证明你有很好的沟通人际关系的技巧。寄出一封感谢信,对面试官的工作表示感谢,这会让人感觉你是一个很有礼貌的人,而且你很善于沟通人际关系。

(2)可以加深面试官对你的印象。在招聘过程中往往会有这种情况:面试时你确实不是面试官的首选对象,可事后回忆一下你还是有很多可取之处的,尤其是在没有发现更好的人选之后,你的形象就会模模糊糊地显现在面试官的脑海里,这时,如果有一封感谢信正好出现在面试官的桌前,那么你的形象就会立刻清晰起来,这会增加他们录用你的机会。

(3)可以与招聘单位建立长久联系。即使此次面试没有被录用,通过书信感谢的形式也可以与面试官建立联系,这也是建立职业关系网的一个重要组成部分,很有可能使你今后仍有机会进入你所心仪的这个单位。

书信感谢可以用电子邮件,也可以用书面感谢信,采用哪种方式,可根据具体情况决定。如果平时是通过电子邮件的途径和公司联系的话,那么在面试结束后,发一封电子感谢信,是既方便又得体的方式

(二)适时询问面试结果

一般情况下,考官组每天面试结束后要进行讨论和投票,然后由人事部门汇总,最后确定录用人选。这个过程可能要用3~5天甚至更长的时间,求职者在这一段时间一定要耐心等候消息,切不可到处打听,更不要托人"刺探",急于求成会适得其反。应当给招聘单位留下足够的考虑时间。如果面试官在面试时明确说了等候回音的大概时段,那么最好等过了这

个时段再联系。如果面试官没说明具体等待期,则至少等一星期后再联络。

如果在一个星期内或者招聘单位做决策所需的一段合理时间之内没有得到任何音信,就应该打电话给招聘单位或面试官,询问是否已做出了决定,询问进展的同时要再把当时面试时一些重要的观点和意见重复一下。

打电话询问面试结果时一定要注意自己的电话形象。所谓电话形象,即人们在通电话的整个过程中的语言、声调、内容、态度、时间感等的集合。它能够真实地体现出个人的素质、待人接物的态度。在电话里,同样的一句话,不同的表达方式,会给人不同的印象:或有礼貌,或显唐突。所以在通话的过程中,自始至终都要尊重自己的通话对象,待人以礼,表现得有礼、有节,树立良好的电话形象。特别是当得知自己没被录用时,也应保持情绪稳定,要冷静地、仍然热情地请教一下未被录用的原因,可以说"对不起,我想请教一下我没有被录用的原因,我好再努力"。谦虚有可能引起对方的好感,而再次给你机会。

需要强调的是,打电话询问面试结果,最多打三次电话询问也就可以了。因为经过前后三个电话询问的周期,即使再复杂的研究程序也早该最后确定了,而且三次的电话询问,也会使对方对你有足够的印象了,如果想聘用你就会直接告诉你或及时和你联系。再多打电话,反而会适得其反。

六、面试礼仪模拟训练

公司名称:××科技集团

考评面试官:人力资源总监齐女士(Q)

应征部门:企划部

应聘职位:营销企划专业人员

应征者简介:

姓名:郑梓翰(Z)

性别:男

年龄:22岁

婚姻:未婚

工作经历:无

专业:××大学市场营销专业

小提示:

· 第一印象产生——决定性关键因素。

· 注意眼神接触,保持微笑。

· 注意礼貌。

Q:从你的简历和求职信来看,你各方面的条件都不错,能不能谈一下你在大学求学期间有没有什么相关的社会活动经验。

Z:我来自××大学市场营销专业,我们专业与社会接触比较多,我平时也比较喜欢参加学校团体活动和社会实践活动,在二年级的时候就是班级的××干部,连续两个暑假参加了加拿大安美森公司主持的国际商务论坛,在该公司做过兼职的市场助理,做一些相关的联络工作……

小提示:

·回答问题要诚实中肯，切忌撒谎和浮夸。
·力争引起对方的共鸣。
·越来越多的公司用英语进行面试，流利的英语口语可以为自己加上浓墨重彩，给用人单位留下深刻印象。
·在英语的口语交谈中，不必太拘泥于语法，大胆表达清楚自己的意思即可。

Q：为什么想到我们公司工作呢？

Z：我在××地方看到贵公司的招聘广告，对贵公司刊登的职位信息做了一些研究，觉得我所学的专业与贵公司的职位要求相符，我还在贵公司的网站上看到贵公司将在三年内大幅度扩大营销队伍的新闻……

小提示：

·搜集公司情报，了解职务内容。
·把握充分展示自己的机会。

Q：如果你获得这个工作机会的话，你可不可以想像五年后的自己？你有没有考虑过自己的职业生涯规划？

Z：虽然这个社会有很多不可预测的事情，但我还是认为自己在这五年里会随着公司一起成长，我在××领域的知识一定会紧紧跟随公司的最新进展，而我在营销策划上一定已经在较高层次上取得了较大的进步……

小提示：

充分表达出自己对工作的热忱和对未来的信心。这是任何有个性的人力资源部经理都喜欢的。

Q：你觉得你有足够的能力来完成这份工作吗？

Z：有。即使有某些经验不完善的地方，但我相信当我逐渐熟悉公司的运作计划和操作环节后，我一定能……

小提示：

回答应表现出高度的自信心及魄力。

Q：你所期望的待遇可能超过了我们公司的预期，我们无法满足你的要求，你能接受吗？

Z：我所提出的期望待遇与国内这个行业的职位薪酬标准相比是属于中等偏上的，当然具体的待遇标准还要由贵公司评估我的表现及资历来最后确定。我愿意在双方达成一个共识的基础上，在一定时期内按贵公司新进入公司的员工待遇标准工作……

小提示：

回答这类问题的方法有很多种，要根据当时面谈的气氛和具体的情境来灵活回答，但基本原则是：

·勇于为自己争取公正的待遇，诚实而不欺瞒。
·以"双赢"的心态去协商。
·保持弹性，让一切充满可能性。

Q：你有没有什么要问的？

Z：有。请允许我询问关于××方面公司的策略是什么？

小提示：

·切忌回答"没有问题"。

第十一章　求职途径与求职礼仪

·传达出争取工作的决心。

·搞清楚有待了解的部分。

Q:郑先生,由于时间的关系,我们今天的面试就到此为止了。由于还有一部分候选人要进行这一轮面试,所以我们要对所有参加面试的候选人进行全面比较、衡量后,才决定合适的人选。有进一步的消息,我们会及时通知你的。谢谢你。

Z:十分感谢齐总监抽出宝贵的时间和我面谈,我从中受益匪浅。希望下次有机会再当面请教。再见。(与齐总监握手道别,并将椅子放回原处后离开。经过前台时,和引导他进入人事部的钱小姐说:"谢谢你,再见。")

小提示:

· 注意,直到离开公司所有人的视野后,你的面试才结束。

·传达完美的人际关系能力。

·注意:如果公司门口有张纸片或小块杂物等,不要视而不见地走过,而要将它捡起来扔到垃圾桶里。因为这很可能是公司故意设计的面试细节,看看每个候选人是不是具有过人的观察力和从我做起的精神。

几天后,郑梓翰按照××科技集团的地址给人力资源总监齐女士发了一封感谢信,表示通过面试更进一步了解了××科技集团的企业文化和高效率,表达了自己仍然很想为该公司服务的愿望,也有信心做好营销企划的工作,希望有机会向齐总监多多学习。

注意事项:

我们通过面试模拟将面试准备过程和面试常见提问浓缩到一起。希望大家通过仔细揣摩模拟训练中的内容和本书其他部分,能较为容易地建立起求职面试礼仪的基本概念。

求职礼仪事实上是每个人在求职过程中所表现出的由内到外的一种涵养,外表的礼仪是对招聘单位和招聘人员最起码的尊重,而内在的礼仪更是一名当代求职者所必备的修养。要记住:凡事预则立,不预则废。有充分的准备,方能战无不胜,攻无不克!

【实践与应用】

师生共同策划、组织一次人才招聘会,进行本章相关知识的模拟表演。

【思考与练习】

1.求职的时候应把握哪些原则?

2.求职的策略有哪些?

3.面试结束后什么时间询问面试结果合适?为什么?

第十二章 笔试和面试

【本章要点】

1. 笔试的内容和类型
2. 掌握面试的技巧

在用人单位招聘人才的整个过程中,笔试和面试无疑是最具决定意义的一个环节,也是难度最大的一环,要想取得招聘成功,每一个应届毕业生都有必须要了解笔试和面试的内容,掌握一定的笔试和面试技巧,顺利通过面试考验。

【案例】

张超是四川一所重点大学毕业生,他专业成绩优异,工作能力突出,语言表达能力极强,在大学里经常代表学校参加辩论赛。

某某公司到学校宣讲,张超先声夺人,条理清晰、抑扬顿挫的发言给HR留下了深刻的印象。宣讲会后,同专业的同学凡是投简历的,大都收到了面试通知,却惟独不见张超的。他感到自己不比其他同学差,经过激烈的思想斗争,决定去"霸王面"。公司的HR婉言拒绝了大多数"霸王面"者,而张超却在他们关门前,硬是挤进大门,又硬着头皮递上简历,自我介绍是昨天宣讲会上第一个发言的某某。HR马上说:"你没收到面试通知吗?我给你补一个。"张超异常开心,内心也从怀疑自己的行为转为深深为自己的积极主动叫好。

接下来的第一轮面试采取的是无领导小组的形式。张超当时就像在主持班会,引导话题,分配工作,作总结,他像一个明显高一级别的领导在跟下属讨论公事。面试下来,他感觉很不错。然而,二轮面试名单里没有他。他找到一位经理询问,经理说:"你很有能力,但我们是一个团队,不是单打独干。"

张超的这段面试经历使他受益匪浅,他说:"积极主动为我赢得了机会,但缺乏团队合作精神又让我一切回归零点。"

案例解读:张超的面试经历对他而言是极好的教训,从中我们也可以得到很大的启发:面试不仅是知识水平和语言表达能力的考核,更是对心理素质、形象气质、处世态度、敬业精神的考核。面试和笔试相比较,具有更大的灵活性和综合性,它不仅能考核一个人的业务水平,而且可以面对面观察求职者的口才和应变能力……所以许多用人单位对这种方式感兴趣。对大多数大学生来说,笔试尚能应付,而面试则因为经历少,常常不知所措。所以学会应对面试,是大学毕业生求职择业时面临的新课题。

第一节 笔 试

笔试主要是以文字为载体,通过应聘者对预先设定的笔试题目的回答,从而判定应聘者是否具备招聘公司要求的一些基本素质和能力,例如逻辑推理及数理分析能力、案例分析及写作能力等。

一、笔试的内容

笔试的内容一般包括以下几个方面:

一是知识面的考核。主要是一些通用性的基础知识和担任某一职务所要求具备的业务知识。

二是智力测试。主要测试毕业生的记忆力、分析观察能力、综合归纳能力、思维反应能力以及对于新知识的学习能力。

三是技能测验。主要是针对受聘者处理问题的速度与质量的测试,检验其对知识和智力运用的程度和能力。

四是性格测试。主要是通过一些精心设计的心理测验试题或一些开放式的问题来考察求职者的个性特征。

【案例】

普华永道的笔试题目为英文写作,两个题目任选一个,其中一场的笔试题目是:1.当神舟五号载人航天飞行成功后,你想到了什么?2.你是否遇到过特别难应付的人,你是如何成功地和他/她沟通的。

不难看出,这样的开放性命题的笔试,对于应试者的能力要求是很高的。总的来说,这样的英文写作的笔试至少考察了你如下几个方面的能力:

第一,分析问题的能力。

第二,多角度分析问题的能力,这主要考察的是思维的发散性和拓展性。

第三,英文的书面表达能力。

二、笔试的类型

(一)企业招聘

在企业针对应届生的校园招聘环节中,笔试是一种相对面试来说比较初级的筛选方式。多数招聘企业在简历筛选之后,采用笔试作为面试之前的筛选方式,其主要目的是为了选出那些具备职位要求的专业知识、符合公司的企业文化、具有招聘公司所希望的思维方式和个人能力的应聘者。

但笔试在招聘环节中也存在一定局限性。首先,笔试中难免有高分低能者或者冒名顶替者。其次,对于很多素质特征通过笔试形式无法考核。最后,如果参加笔试的人数很多,成本较大。所以,笔试并不是每家公司招聘流程中都会涉及的环节。

(二)国家公务员考试

国家机关录用公务员,一律实行考试录用。近年来,国家公务员录用考试的笔试类型及科目为《综合知识》、《行政职业能力倾向测验》、《申论》。其中《综合知识》是测试应试人员作为机关工作人员应具备的知识面,如时事、历史、自然科技知识、行政机构常识等;《行政职业能力倾向测验》主要测试应试者的知觉速度与准确性、语言理解及运用、数量关系、判断推理、资料分析等方面的能力；《申论》则是测试综合分析及文字表达方面的能力。

第二节 面 试

一、面试的概念及内容

面试是一种经过组织者精心设计，在特定场景下，以考官对考生的面对面交谈与观察为主要手段，由表及里测评考生的知识、能力、经验等有关素质的一种考试活动。面试是公司挑选职工的一种重要方法。面试给公司和应聘者提供了进行双向交流的机会，能使公司和应聘者之间相互了解，从而双方都可以更准确地作出聘用与否、受聘与否的决定。

从用人单位来看，有关毕业生各方面的信息始终是面试内容的重点。这些内容是个人简历、兴趣爱好、应聘动机、敬业精神、工作能力、团队精神等。

从毕业生的立场来看，可以通过面试了解用人单位对自己应聘岗位的情况，还可以通过对面试官和其他工作人员的了解、认识，判断用人单位与自己的发展理想是否相符。

二、面试的准备

1. 对用人单位情况及面试过程进行调查研究

要对面试进行准备，你首先应该对用人单位和要对你进行面试的人的情况，以及面试过程做一些调查研究。某单位一旦约定与你见面，你就应该马上进行准备。询问当天对你进行面试的人员的有关情况，还要询问一些其他情况：面试那一天是怎样安排的？我将与谁见面？进午餐时我是否还要与一些人见面？索取可能提供给你的任何说明材料。

2. 使你自己的能力与用人单位此工作所要求的相符合

认真阅读你所收集到的所有信息并牢记它们。尽量使你自己的能力与工作要求相适应。参加面试时，通过显示你对专业知识的理解来表达你希望进入这一行业工作的愿望。

3. 准备一些问题，向面试者请教

你可能希望询问有关用人单位提供的职业学习、技能提高以及继续深造机会等问题。你也可以请求面试者解释一下本单位成功的准则。

4. 对可能遇到的问题进行准备

准备得越充分，你就越有可能圆满地回答问题。

应随时准备回答一些常问问题，如："请做一下自我介绍"；"你对我们这一行业的情况有多深的了解"；"你以前的上司对你个人的最大优点和最大的缺点是如何评价的"等等。

5. 大声朗读你所准备的问题的答案

一旦掌握了那些可能提出的问题，就应把问题的答案记下，并反复大声朗读。请一位朋友或你的导师，来给你进行一次"模拟面试"。请他们对你的表现进行评价，如你对问题的回答如何，你给他们留下了什么样的印象等。

6. 面试时，努力表现自己

你在面试时如何表现自己，这与你是否能够得到这份工作有很大的关系，请牢记以下几点：

（1）你至少应在面试开始前10分钟到达，尽量使自己看上去老练些，穿着要讲究，不要太随便。

（2）多带几份简历（分发给与面试有关人员）。同时，也把证明人（至少三名）的有关资料带上，其中应包括那些证明人的名字、职务、地址、电话号码以及与其进行联系的最佳时间等内容，这些证明人应该与你有学术或职业关系，而不只是私人关系。

（3）你也应该把所有的证明材料带上，如推荐信、毕业证书或出版物、完成的课题等。许多主管人员都希望在面试时了解一下求职人在这方面的情况。

（4）与面试者招呼时应正式而有涵养，与他们握手要有力，并表现自然，在面试期间，你要尽量放松，要充满自信。

7. 当面试结束时进行回顾和总结

许多求职者认为，当面试结束后，面试过程就告一段落了。事实上，并非如此，你还要做以下工作：

（1）面试一结束，你应该对你在面试时遇到的难题进行回顾。重新考虑一下，如果他们再一次向你提问时，你该如何更好地回答这些问题。

（2）尽量把你参加面试的所有细节记下。一定要记下面试时与你交谈的人的名字和职位。

一周之内，向面试者或其他有关人员写一封感谢信。在信中，你应该进一步表达你对得到这份工作的愿望。感谢信是整个面试过程的最后一步，它会给大多数用人单位留下很深的印象。

【小资料】

面试时26个必问问题的最佳回答大盘点

1. 请你自我介绍一下自己好吗？

回答提示：一般人回答这个问题过于平常，只说姓名、年龄、爱好、工作经验，这些在简历上都有。其实，企业最希望知道的是求职者能否胜任工作，包括：最强的技能、最深入研究的知识领域、个性中最积极的部分、做过的最成功的事、主要的成就等，这些都可以和学习无关，也可以和学习有关，但要突出积极的个性和做事的能力，说得合情合理企业才会相信。企业很重视一个人的礼貌，求职者要尊重考官，在回答每个问题之后都说一句"谢谢"，企业喜欢有礼貌的求职者。

2. 你觉得你个性上最大的优点是什么？

回答提示：沉着冷静、条理清楚、立场坚定、顽强向上、乐于助人和关心他人、适应能力和幽默感、乐观和友爱。我经过一到两年的培训及项目实战，加上实习工作，使我适合这份工作。

3. 说说你最大的缺点？

回答提示：这个问题企业问的概率很大，通常不希望听到直接回答的缺点是什么等，如果求职者说自己小心眼、爱忌妒人、非常懒、脾气大、工作效率低，企业肯定不会录用你。绝对不要自作聪明地回答"我最大的缺点是过于追求完美"，有的人以为这样回答会显得自己比较出色，但事实上，他已经岌岌可危了。企业喜欢求职者从自己的优点说起，中间加一些小缺点，最后再把问题转回到优点上，突出优点的部分，企业喜欢聪明的求职者。

4. 你对薪资的要求？

回答提示：如果你对薪酬的要求太低，那显然贬低自己的能力；如果你对薪酬的要求太高，那又会显得你分量过重，公司受用不起。一些雇主通常都事先对求聘的职位定下开支预算，因而他们第一次提出的价钱往往是他们所能给予的最高价钱，他们问你只不过想证实一下这笔钱是否足以引起你对该工作的兴趣。

　　回答样本一:我对工资没有硬性要求,我相信贵公司在处理我的问题上会友善合理。我注重的是找对工作机会,所以只要条件公平,我则不会计较太多。

　　回答样本二:我受过系统的软件编程的训练,不需要进行大量的培训,而且我本人也对编程特别感兴趣。因此,我希望公司能根据我的情况和市场标准的水平,给我合理的薪水。

　　回答样本三:如果你必须自己说出具体数目,请不要说一个宽泛的范围,那样你将只能得到最低限度的数字。最好给出一个具体的数字,这样表明你已经对当今的人才市场作了调查,知道像自己这样学历的雇员有什么样的价值。

5. 你对加班的看法?

　　回答提示:实际上好多公司问这个问题,并不证明一定要加班,只是想测试你是否愿意为公司奉献。

　　回答样本:如果工作需要我会义不容辞加班,我现在单身,没有任何家庭负担,可以全身心地投入工作。但同时我也会提高工作效率,减少不必要的加班。

6. 如果通过这次面试我们录用了你,但工作一段时间却发现你根本不适合这个职位,你怎么办?

　　回答提示:一段时间发现工作不适合你,有两种情况:①如果你确实热爱这个职业,那你就要不断学习,虚心向领导和同事学习业务知识和处事经验,了解这个职业的精神内涵和职业要求,力争减少差距。②你觉得这个职业可有可无,那还是趁早换个职业,去发现适合你的、你热爱的职业,那样你的发展前途也会大点,对单位和个人都有好处。

7. 谈谈你对跳槽的看法?

　　回答提示:①正常的"跳槽"能促进人才合理流动,应该支持。②频繁的跳槽对单位和个人双方都不利,应该反对。

8. 工作中难以和同事、上司相处,你该怎么办?

　　回答提示:①我会服从领导的指挥,配合同事的工作。②我会从自身找原因,仔细分析是不是自己工作做得不好让领导不满意,同事看不惯。还要看看是不是为人处世方面做得不好,如果是这样的话我会努力改正。③如果我找不到原因,我会找机会跟他们沟通,请他们指出我的不足,有问题就及时改正。④作为优秀的员工,应该时刻以大局为重,即使在一段时间内,领导和同事对我不理解,我也会做好本职工作,虚心向他们学习,我相信,他们会看见我在努力,总有一天会对我微笑的。

9. 你对于我们公司了解多少?

　　回答提示:在去公司面试前上网查一下该公司主营业务。

10. 最能概括你自己的三个词是什么?

　　回答提示:常用的三个词是:适应能力强,有责任心和做事有始终,结合具体例子向主考官解释。

11. 你的业余爱好是什么?

　　回答提示:找一些富于团体合作精神的,这里有一个真实的故事:有人被否决掉,因为他的爱好是深海潜水。主考官说:因为这是一项单人活动,我不敢肯定他能否适应团体工作。

12. 作为被面试者给我打一下分?

　　回答提示:试着列出四个优点和一个非常非常非常小的缺点(可以抱怨一下设施,没有明确责任人的缺点是不会有人介意的)。

13. 你为什么要离开原来的公司?

回答提示:①回答这个问题时一定要小心,就算在前一个工作受到再大的委屈,对公司有多少的怨言,都千万不要表现出来,尤其要避免你对公司本身主管的批评,避免面试官的负面情绪及印象。建议此时最好的回答方式是将问题归咎在自己身上,例如觉得工作没有学习发展的空间,自己想在面试工作的相关产业中多加学习,或是前一份工作与自己的生涯规划不合等等,回答的答案最好是积极正面的。②我希望能获得一份更好的工作,如果机会来临,我会抓住。我觉得目前的工作,已经达到顶峰,即没有升迁机会。

14. 你欣赏哪种性格的人?

回答提示:诚实、不死板而且容易相处的人,有"实际行动"的人。

15. 你通常如何对待别人的批评?

回答提示:①沉默是金,不必说什么,否则情况更糟,不过我会接受建设性的批评。②我会等大家冷静下来再讨论。

16. 怎样对待自己的失败?

回答提示:我们大家生来都不是十全十美的,我相信我有第二个机会改正我的错误。

17. 你为什么愿意到我们公司来工作?

回答提示:对于这个问题,你要格外小心,如果你已经对该单位作了研究,你可以回答一些详细的原因,像"公司本身的高技术开发环境很吸引我。""我同公司出生在同样的时代,我希望能够进入一家与我共同成长的公司。""你们公司一直都稳定发展,近几年来在市场上很有竞争力。""我认为贵公司能够给我提供一个与众不同的发展道路。"这都显示出你已经做了一些调查,也说明你对自己的未来有了较为具体的远景规划。

18. 对这项工作,你有哪些可预见的困难?

回答提示:①不宜直接说出具体的困难,否则可能令对方怀疑应聘者不行。②可以尝试迂回战术,说出应聘者对困难所持有的态度——工作中出现一些困难是正常的,也是难免的,但是只要有坚忍不拔的毅力、良好的合作精神以及事前周密而充分的准备,任何困难都是可以克服的。

19. 如果录用了你,你将怎样开展工作?

回答提示:①如果应聘者对于应聘的职位缺乏足够的了解,最好不要直接说出自己开展工作的具体办法。②可以尝试采用迂回战术来回答,如"首先听取领导的指示和要求,然后就有关情况进行了解和熟悉,接下来制定一份近期的工作计划并报领导批准,最后根据计划开展工作"。

分析:这个问题的主要目的也是了解应聘者的工作能力和计划性、条理性,而且重点想要知道细节。如果像思路中所讲的迂回战术,面试官会认为是回避问题,如果引导了几次仍然是回避的话,此人绝对不会被录用了。

20. 你希望与什么样的上级共事?

回答提示:①通过应聘者对上级的"希望"可以判断出应聘者对自我要求的意识,这既是一个陷阱,又是一次机会。②最好回避对上级具体的希望,多谈对自己的要求。③如"作为刚步入社会的新人,我应该多要求自己尽快熟悉环境、适应环境,而不应该对环境提出什么要求,只要能发挥我的专长就可以了。"

分析:这个问题比较好的回答是,希望我的上级能够在工作中对我多指导,对我工作中的错误能够立即指出。总之,从上级指导这个方面谈,不会有大的纰漏。

21. 与上级意见不一时,你将怎么办?

回答提示:①一般可以这样回答:"我会给上级以必要的解释和提醒,在这种情况下,我会服从上级的意见。"②如果面试你的是总经理,而你所应聘的职位另有一位经理,且这位经理当时不在场,可以这样回答:"对于非原则性问题,我会服从上级的意见,对于涉及公司利益的重大问题,我希望能向更高层领导反映。"

分析:这个问题的标准答案是思路①,如果用②的方式回答,必死无疑。你没有摸清楚该公司的内部情况,先想打小报告,这样的人没有人敢要。

22. 为什么选择我们公司?

回答提示:曾经在报章杂志看过关于贵公司的报道,与自己所追求的理念相同。而贵公司在业界的成绩也是有目共睹的,而且对员工的教育训练、升迁等也都很有制度保障。

分析:去面试前先做功课,了解一下该公司的背景,让对方觉得你真的很有心想得到这份工作,而不只是探探路。

23. 谈谈如何适应办公室工作的新环境?

回答提示:①办公室里每个人有各自的岗位与职责,不得擅离岗位。②根据领导指示和工作安排,制定工作计划,提前预备,并按计划完成。③多请示并及时汇报,遇到不明白的要虚心请教。④抓间隙时间,多学习,努力提高自己的政治素质和业务水平。

24. 除了本公司外,还应聘了哪些公司?

回答提示:很奇怪,这是相当多公司会问的问题,其用意是要概略知道应聘者的求职志向,所以这并非绝对是负面答案,就算不便说出公司名称,也应回答"销售同种产品的公司",如果应聘的其他公司是不同业界,容易让人产生无法信任的感觉。

25. 你还有什么问题要问吗?

回答提示:企业的这个问题看上去可有可无,其实很关键,企业不喜欢说"没问题"的人,因为其很注重员工的个性和创新能力。企业不喜欢求职者问个人福利之类的问题,如果有人这样问:贵公司对新入公司的员工有没有什么培训项目,我可以参加吗?或者说贵公司的晋升机制是什么样的?企业将很欢迎,因为体现出你对学习的热情和对公司的忠诚以及你的上进心。

26. 如果你被录用,何时可以到职?

回答提示:大多数企业会关心就职时间,最好是回答"如果被录用的话,到职日可按公司规定上班",但如果还未辞去上一个工作,似乎有些强人所难,因为交接至少要一个月的时间,应进一步说明原因,录取公司应该会通融的。

思考与练习

1. 简述笔试的内容及类型。
2. 简述面试的概念及内容。

第十三章 就业权益保护

【本章要点】
1. 了解劳动法、劳动合同、社会保障法的内容
2. 学会运用有关法律法规保护自己的合法权益

第一节 劳动法

我国劳动者权利保护的依据是《中华人民共和国劳动法》。《劳动法》是由八届全国人大常委会第八次会议于1994年7月5日通过并颁布的综合性劳动法典,《劳动法》适应于中华人民共和国境内的一切用人单位,是我国调整劳动关系的基本法律,是制定其他相关法律规范的依据。

一、劳动者的权利

《劳动法》对劳动者的基本权利作了明确的规定,具体包括以下内容:

1. 享有平等就业和选择职业的权利。
2. 享有取得劳动报酬的权利。国家实行最低工资保障制度。用人单位支付劳动者的工资不得低于当地最低工资标准。
3. 享有休息休假的权利。"国家实行劳动者每日工作时间不超过八小时、平均每周工作时间不超过四十四小时的工时制度;用人单位应当保证劳动者每周至少休息一日;用人单位在元旦、春节、国际劳动节、国庆节、法律、法规规定的其他休假节日,应当依法安排劳动者休假。
4. 享有在劳动中获得劳动安全卫生保护的权利。
5. 享有接受职业技能培训的权利。
6. 享有享受社会保险和福利的权利。
7. 享有提请劳动争议处理的权利。
8. 享法律规定的其他劳动权利。具体包括参加工会,参与企业民主管理,进行科研及技术开发,对劳动过程中违章行为进行监督和批评等权利。

二、劳动者的义务

1. 完成劳动任务。这是劳动者的首要义务，劳动者只有完成其劳动任务，才能受到劳动法对其劳动的保护。
2. 提高职业技能。提高职业技能是完成劳动任务的重要保障，劳动者应该在劳动中不断学习，取得相应的职业技能等级证书。
3. 执行劳动安全卫生规程。劳动者在劳动过程中必须严格执行安全卫生规程，确保安全生产。
4. 遵守劳动纪律和职业道德。劳动者应在劳动中模范地遵守各项劳动纪律，安全生产，文明服务。

第二节 劳动合同及劳动争议处理

一、劳动合同的内容、作用

1. 劳动合同的内容

《中华人民共和国劳动合同法》是由十届全国人大常委会第二十八次会议于2007年6月29日通过并颁布的，根据该法第十七条的规定，劳动合同应当具备：用人单位的名称、住所和法定代表人或者主要负责人；劳动者的姓名、住址和居民身份证或者其他有效身份证件号码；劳动合同期限；工作内容和工作地点；工作时间和休息休假；劳动报酬；社会保险；劳动保护、劳动条件和职业危害防护；法律、法规规定应当纳入劳动合同的其他事项等九项条款。

劳动合同除前款规定的必备条款外，用人单位与劳动者可以约定试用期、培训、保守秘密、补充保险和福利待遇等其他事项。

2. 劳动合同的类型

劳动合同分为固定期限劳动合同、无固定期限劳动合同和以完成一定工作任务为期限的劳动合同。

3. 试用期

试用期是用人单位和劳动者个人之间为了相互了解、确定对方是否符合自己要求而约定的时间，试用期最长不能超过六个月，试用期的时间是根据劳动合同期限来确定的，具体为：

（1）劳动合同期限三个月以上不满一年的，试用期不得超过一个月；劳动合同期限一年以上不满三年的，试用期不得超过二个月；三年以上固定期限和无固定期限的劳动合同，试用期不得超过六个月。

（2）同一用人单位与同一劳动者只能约定一次试用期。

（3）以完成一定工作任务为期限的劳动合同或者劳动合同期限不满三个月的，不得约定试用期。

（4）试用期包含在劳动合同期限内。劳动合同仅约定试用期的，试用期不成立，该期限为劳动合同期限。

【案例】

王先生被招聘到一家民营钢铁公司。入职之后，公司与他签订了二年期的劳动合同，其中规定试用期为六个月。

解析:公司违反了《劳动合同法》第十九条"劳动合同期限一年以上不满三年的,试用期不得超过二个月"的规定,应按照第八十三条规定,按照他试用期满的工资标准向王先生支付四个月工资的赔偿金。

4.劳动合同的作用

(1)有利于劳动者保护自己的合法权益。劳动合同一经签订,劳动者与用人单位之间便建立了一种劳动法律关系,劳动者的权益一旦受到侵害,就可根据合同约定申请法律保护,维护自身的合法权益。

(2)有利于建立和谐稳定的劳动关系。有了合同约定,劳动者和用人单位在劳动过程中相互形成的劳动法律关系便有了规范依据,各自均按照合同行使权利,履行义务,从而可减少许多不必要的争端。

二、劳动合同的签订

签订劳动合同是劳动者与用人单位之间,在平等、自愿、协商的原则上合法订立的,是彼此确认权利和义务关系的书面证明。一旦签订就受法律的保护,因此在签订之前一定要慎重、谨慎。

1.符合法律规定程序。签订劳动合同的程序应符合法律规定,确定用人单位的主体资格,并且采用书面形式予以确认,劳动合同至少应一式两份,双方各执一份。《劳动合同法》规定:用人单位自用工之日起超过一个月不满一年未与劳动者订立书面劳动合同的,应当向劳动者每月支付两倍的工资。用人单位在与劳动者订立劳动合同时,不得强迫劳动者集资、入股,不得向劳动者收取抵押金、抵押物或者其他财物,不得扣押劳动者的有效证件。

2.平等协商。在劳动合同订立的过程中,劳动者与用人单位之间的法律地位是平等的。劳动合同中的每条内容必须经双方协商同意,充分体现合同双方地位的平等性。

3.劳动合同的内容要完整、合法。劳动合同的内容包括法定条款和法定条款之外的事项进行约定的议定条款,尽可能将双方协商的内容,甚至是可能发生的情形都要写进合同里,以免今后发生争议没有解决的依据。但是,双方约定的内容都必须符合法律规定,否则签订的劳动合同不具有法律效力,不受法律的调整和保护。

4.完全理解劳动合同中的条款内容。目前,都是用人单位提供劳动合同的范本,因此劳动者必须完全理解劳动合同中的权利和义务,同时确定合同中关于权利义务叙述的准确、清楚、完整、明白、不存在歧义,以免带来不必要的争议。

三、劳动合同的履行

1.用人单位与劳动者应当按照劳动合同的约定,全面履行各自的义务。用人单位应当按照劳动合同约定和国家规定,向劳动者及时足额支付劳动报酬。用人单位拖欠或者未足额支付劳动报酬的,劳动者可以依法向当地人民法院申请支付令;人民法院应当依法发出支付令。

2.用人单位应当严格执行劳动定额标准,不得强迫或者变相强迫劳动者加班。用人单位安排加班的,应当按照国家有关规定向劳动者支付加班费。劳动者拒绝用人单位管理人员违章指挥、强令冒险作业的,不视为违反劳动合同。

3.劳动者对危害生命安全和身体健康的劳动条件,有权对用人单位提出批评、检举和控告。国家采取措施，建立健全劳动者社会保险关系跨地区转移接续制度。

【案例】

李同学大学毕业，进入公司之后，一直没有签订劳动合同。现在李同学已经在这家公司工作了一年零三个月。李同学应该享受怎样的权利？

解析：根据《劳动合同法》，李同学可以享受如下权利：①李同学满一年后视为签订了无固定期限劳动合同；②自开始用工的第二个月始（含第二个月）至一年内，按每个月的工资标准的双倍主张自己的工资，即可以向公司再要求11个月的工资。

四、劳动合同解除

双方签订劳动合同之后，应当按照劳动合同的约定，全面履行各自的义务。但是在下列情况下，也可以解除签订的劳动合同：

1. 用人单位与劳动者协商一致，可以解除劳动合同。劳动者提前三十日以书面形式通知用人单位，可以解除劳动合同。劳动者在试用期内提前三日通知用人单位，可以解除劳动合同。用人单位有下列情形之一的，劳动者可以解除劳动合同：

（1）未按照劳动合同约定提供劳动保护或者劳动条件的；

（2）未及时足额支付劳动报酬的；

（3）未依法为劳动者缴纳社会保险费的；

（4）用人单位的规章制度违反法律、法规的规定，损害劳动者权益的；

（5）因用人单位过错致使劳动合同无效的；

（6）法律、行政法规规定劳动者可以解除劳动合同的其他情形。

用人单位以暴力、威胁或者非法限制人身自由的手段强迫劳动者劳动的，或者用人单位违章指挥、强令冒险作业危及劳动者人身安全的，劳动者可以立即解除劳动合同，不需事先告知用人单位。

2. 劳动者有下列情形之一的，用人单位可以解除劳动合同：

（1）在试用期间被证明不符合录用条件的；

（2）严重违反用人单位的规章制度的；

（3）严重失职，营私舞弊，给用人单位造成重大损害的；

（4）劳动者同时与其他用人单位建立劳动关系，对完成本单位的工作任务造成严重影响，或者经用人单位提出，拒不改正的；

（5）因劳动者过错致使劳动合同无效的；

（6）被依法追究刑事责任的。

3. 有下列情形之一的，用人单位提前三十日以书面形式通知劳动者本人或者额外支付劳动者一个月工资后，可以解除劳动合同：

（1）劳动者患病或者非因工负伤，在规定的医疗期满后不能从事原工作，也不能从事由用人单位另行安排的工作的；

（2）劳动者不能胜任工作，经过培训或者调整工作岗位，仍不能胜任工作的；

（3）劳动合同订立时所依据的客观情况发生重大变化，致使劳动合同无法履行，经用人单位与劳动者协商，未能就变更劳动合同内容达成协议的。

第十三章 就业权益保护

【案例】

王某是北京某公司上海分公司的销售总监,月薪五万元,在职近六年。入职初,上海分公司没有一个人,五年来,上海分公司已经成为了一家拥有员工六百余人的大公司。但是,其在职时也存在很多问题。其一他违反公司员工守则使用自己的亲戚;其二由于决策失误,在一次谈判时,给公司造成了140余万元的经济损失(但缺乏明显的证据)。2011年5月份,他与公司的劳动合同即将到期。公司有意与他终止合同关系,王先生自己也意识到了这一点,于是开始向公司请长期病假,以图拖延劳动合同期限。

如果您是这家公司的人力资源管理人员,您将如何处理这件事?

解析:如果能够举证,可按照《劳动合同法》第三十九条第(三)款"严重失职,营私舞弊,给用人单位造成重大损害的"的规定解除合同;如无法按照前款举证,则按照第三十九条第(二)款"严重违反用人单位的规章制度的"的规定解除合同,均可不支付经济补偿金。

五、劳动争议处理

根据我国《劳动法》及《企业劳动争议处理条例》的规定,劳动争议处理的基本形式有以下几种:

1. 当事人自行协商解决

当事人自行协商解决是通过劳动关系当事人双方互谅互让自行协商解决纠纷的一种形式。这种形式简单方便,不伤感情,有利于团结。

2. 向劳动争议仲裁委员会申请仲裁

劳动争议发生后,当事人可以向本单位劳动争议调解委员会申请调解,劳动争议调解委员会由职工代表、用人单位代表和工会代表组成。劳动争议调解委员会主任由工会代表担任。劳动争议经调解达成协议的,当事人应当履行。调解不成,当事人一方要求仲裁的,可以向劳动争议仲裁委员会申请仲裁。当事人一方也可以直接向劳动争议仲裁委员会申请仲裁。对仲裁裁决不服的,可以向人民法院提起诉讼。

劳动争议仲裁委员会由劳动行政部门代表、同级工会代表、用人单位方面的代表组成。劳动争议仲裁委员会主任由劳动行政部门代表担任。提出仲裁要求的一方应当自劳动争议发生之日起六十日内向劳动争议仲裁委员会提出书面申请。仲裁裁决一般应在收到仲裁申请的六十日内作出。对仲裁裁决无异议的,当事人必须履行。劳动争议当事人对仲裁裁决不服的,可以自收到仲裁裁决书之日起十五日内向人民法院提起诉讼。一方当事人在法定期限内不起诉又不履行仲裁裁决的,另一方当事人可以申请人民法院强制执行。

3. 向人民法院提起诉讼

人民法院审理劳动争议案件是解决劳动争议的最后一道程序,也就是说通过其他程序未能解决的争议,可以提交法院解决。

第三节 社会保障法

一、社会保障法的概念

社会保障法就是调整社会保障关系的法律规范的总称。进一步讲,社会保障法是指为保证社会成员能够像人一样生活,规定当其遭遇各种社会性事故时,采取各种官方给付或措施的法律规范的总称。而社会保障制度则是指依照社会保障法所制定的制度的统称。从社会保障法的起源看，社会保障法作为修正资本主义社会缺陷的法，与劳动法等共同构成社会法的一部分。也正因如此，在社会保障法的规定当中，与劳动法一样存在许多涉及公法与私法领域的规范。我们认为，对社会保障法的概念可以从以下几点来把握：

1. 社会保障法以社会成员为保护对象；
2. 社会保障法以保障社会成员的"像人一样"的生活为目的；
3. 社会保障法以社会成员遭遇社会性事故为前提；
4. 社会保障法规定官方机构实施各种给付或措施。

二、我国社会保障制度遵循的原则

完善我国社会保障制度是一项巨大的社会系统工程，应遵循以下基本原则。

1. 社会保障与社会经济发展相适应的原则。社会生产力发展水平决定了建立社会保障制度必须从社会经济发展的实际水平出发，防止社会保障成为经济发展的包袱和障碍。

2. 社会保障与生产关系发展相协调的原则，社会保障制度应当有利于我国多种经济成分并存和竞争机制引入，促进国家、企业、个体的共同繁荣发展，为所有社会成员直接解决后顾之忧。

3. 坚持国家、集体、个人三者合理分担，社会保障社会化的原则。

4. 坚持标准有别、循序渐进的原则，承认不同地区、部门、行业因经济条件不同形成的保障程度的差异，不搞"一刀切"和"平均主义"。

5. 公平与效率相结合，权利与义务相统一的原则。

三、我国社会保险的种类及其主要内容

社会保险包括以下五个险种：基本养老保险，基本医疗保险，失业保险，生育保险和工伤保险，也就是我们通常说的"五险"。

（一）基本养老保险

1. 法律特征。基本养老保险除具备社会保险强制性、互济性和普遍性等共同特征外，还具有以下主要特征：(1)参加保险与享受待遇的一致性。(2)保障水平的适度性。(3)享受期限的长期性。

2. 基金筹集主体。社会保险行政主管部门负责组织和管理，由用人单位和劳动者个人（以下简称"员工个人"）共同承担养老保险费缴纳义务，实行社会统筹和个人账户相结合。

3. 待遇。

(1) 按月领取按规定计发的基本养老金，直至死亡。

(2) 享受基本养老金的正常调整待遇。

(3) 对企业退休人员实行社会化管理服务。

(4) 死亡待遇：

①丧葬费：按上年度全省社平工资的3个月计发（此为退休人员，离休人员为5000元）；

②一次性抚恤费：按上年度全省社平工资的10个月计发（此为退休人员，离休人员为本人工资的20个月）；

③符合供养条件的直系亲属生活困难补助费，按月发放，直至供养直系亲属死亡。

4. 发放资格。根据国家有关规定，基本养老保险的参保范围包括国有企业、城镇集体企

业、外商投资企业、城镇私营企业、民办非企业单位及其职工(含农民合同工)、城镇个体工商户、自由职业者。职工包括所有与用人单位建立劳动关系的个人。年龄要求:男50岁以前,女40岁以前。

5. 组成比例。职工所在企业缴纳20%,职工个人承担8%。

(二)基本医疗保险

1. 法律特征。(1)医疗保险待遇支付形式为实物补偿。(2)医疗保险待遇补偿方式为非定额费用补偿。(3)疾病风险具有较强的不可避免性、随机性和不可预知性。(4)医疗保险具有各方关系十分复杂的特征。(5)医疗服务消费具有不确定性和被动性。(6)补偿期短但收益时间长。

2. 基金筹集主体。基本医疗保险费由用人单位和员工个人双方负担、共同缴纳、市县级统筹。基本医疗保险基金实行社会统筹和个人账户相结合的原则,依据政策规定按要求缴纳。

3. 待遇。参保人员在选定的定点医疗机构就医,在定点医疗机构购药或持处方到定点零售药店购药,到急诊投医、体检、预防接种等规定项目可获报销。

4. 发放资格。基本医疗保险是为了保障员工和退休人员患病时得到基本医疗,享受医疗保险待遇,根据国家有关规定,结合保险统筹地区实际情况而制定的保险制度。

5. 组成比例。基本医疗保险缴费比例一般为:用人单位6%,员工个人2%。

(三)失业保险

1. 法律特征。(1)强制性。即:国家以法律规定的形式,向规定范围内的用人单位、个人征缴社会保险费。缴费义务人必须履行缴费义务,否则构成违法行为,承担相应的法律责任。也就是说,哪些单位、哪些人员要缴费,如何缴费都是由国家规定的,单位或个人没有选择的自由。(2)无偿性。即:国家征收社会保险费后,不需要偿还,也不需要向缴费义务人支付任何代价。(3)固定性。即:国家根据社会保险事业的需要,事先规定社会保险费的缴费对象、缴费基数和缴费比例。在征收时,不因缴费义务人的具体情况而随意调整。固定性还体现在社会保险基金的使用上,实行专款专用。

2. 待遇。失业保险待遇中最主要的是失业保险金,失业人员只有在领取失业保险金期间才能享受到其他各项待遇。失业保险待遇中,医疗补助金是失业人员患病就医时在失业保险经办机构领取的补助,标准是由各省、自治区、直辖市人民政府确定的,一般包括每月随失业保险金一同发放的门诊费和按规定比例报销的医疗费两部分;失业人员在领取失业保险金期间死亡的,其家属可以领取一次性丧葬补助金和抚恤金,标准参照当地在职职工的规定;职业培训和职业介绍补贴是为了鼓励和帮助失业人员尽快实现再就业而从失业保险基金中支付的费用,一般说来职业介绍的补贴支付给职业介绍机构,由他们为失业人员免费介绍职业,而职业培训的补贴的支付办法则不同,有些是直接发给失业人员、有些则是失业人员培训后报销,还有的是对培训失业人员的培训机构进行补贴。

3. 发放资格。失业人员同时具备以下条件,即可享受失业保险待遇:(1)按规定参加失业保险,所在单位和个人已按规定履行缴费义务满一年的;(2)非因本人意愿中断就业的;(3)已办理失业登记,并有求职要求的。

4. 组成。失业保险基金由下列各项构成:(1)用人单位缴纳的失业保险费;(2)员工个人缴纳的失业保险费;(3)失业保险基金的利息;(4)失业保险费滞纳金;(5)财政补贴;(6)依法纳入失业保险基金的其他资金。

失业保险缴费比例为:用人单位2%,员工个人1%。

(四)工伤保险

1. 法律特征。(1)工伤保险对象的范围是在生产劳动过程中的劳动者。(2)工伤保险的责任具有赔偿性。(3)工伤保险实行无过错责任原则。(4)工伤保险不同于养老保险等险种,劳动者不缴纳保险费,全部费用由用人单位负担。(5)工伤保险待遇相对优厚,标准较高,但因工伤事故的不同而有所差别。(6)工伤保险作为社会福利,其保障内容比商业意外保险要丰富。除了在工作时的意外伤害,也包括职业病的报销、急性病猝死保险金、丧葬补助(工伤身故)。

2. 基金筹集主体。从国家和社会获得物质帮助。

3. 待遇。职工因工作遭受事故伤害或者患职业病进行治疗,享受工伤医疗待遇。职工治疗工伤应当在签订服务协议的医疗机构就医,情况紧急时可以先到就近的医疗机构急救。工伤职工因日常生活或者就业需要,经劳动能力鉴定委员会确认,可以安装假肢、矫形器、假眼、假牙和配置轮椅等辅助器具,所需费用按照国家规定的标准从工伤保险基金支付。

4. 发放资格。提交工伤认定决定和职工工伤医疗的有关资料进行劳动能力鉴定。根据结果进行工伤赔偿。

5. 组成。工伤保险缴费基数一般按员工养老保险缴费基数确定,实行浮动费率。

(五)生育保险

1. 法律特征。(1)享受生育保险的对象主要是女职工,因而待遇享受人群相对比较窄。随着社会进步和经济发展,有些地区允许在女职工生育后,给予配偶一定假期以照顾妻子,并发给假期工资;还有些地区为男职工的配偶提供经济补助。(2)待遇享受条件各地区不一致。生育保险是为保障企业员工生育期间得到必要的经济补偿和医疗保障,根据有关法律、法规,结合保险统筹地区实际情况而制定的保险制度。

2. 待遇。(1)生育津贴:生育津贴为女职工产假期间的工资,生育津贴低于本人工资标准的,差额部分由企业补足。生育津贴按照女职工本人生育当月的缴费基数除以30再乘以产假天数计算。(2)参加生育保险累计满一年的职工,在生育(流产)时仍在参保的,按有关规定享受生育保险待遇。(3)生育保险待遇生育津贴发放标准,以生育(流产)时当月本单位人平缴费工资为基数按规定假期计发。

3. 发放资格。参加了生育保险的所在城市常住户口的职工和持有所在城市工作居住证的外埠人员。

4. 组成。生育保险费由企业按月缴纳,个人不缴纳。

【思考与练习】

1. 劳动法有哪些具体内容?
2. 劳动合同的内容及作用有哪些?
3. 劳动合同的签订需要注意哪些问题?
4. 社会保障法的概论有哪些?

第十四章 创业意识培养

【本章要点】
1. 创业意识
2. 创业程序

从我国高等院校1998年实施"扩招"策略开始,高校毕业生总量是在一路攀升,到2013年达到699万(这一数量是本世纪初的6倍多),"十二五"期间应届毕业生年均规模将近700万。但是随着国家经济发展,产业结构的调整,国家正努力扩大和挖掘一批适合高校毕业生就业的工作岗位,有关专家对近几年来应届高校毕业生与新增加的就业岗位相比较,提出了高校毕业生就业已经出现了新"拐点"。总体而言,是大学生就业难的形势,促进了创业空间和创业群体的进一步扩大。当前,国家十分重视大学生创业教育,胡锦涛同志在十七大报告中明确指出,要"以创业带动就业",教育部也要求高校开设创新创业教育课程,并举办了创业大赛,不少高校在形式上轰轰烈烈地开展了创业教育,但是自主创业不是一蹴而就的,也不是通过简单的教育就可以实现的,有数据表明,大学生创业的成功率不足5%。创业教育的培养是一个长期而艰巨的过程。

尽管创业只是少数大学生的选择,但是我们应当对这个群体加以支持、鼓励,引导大学生做好创业的准备。那么,什么是创业,创业的内涵和要素是什么?哪些大学生适合创业?这一切都是热衷创业的大学生最关注的问题。本章的内容主要就是帮助大学生解答以上难题,引领大学生成功创业。

第一节 创业概述

一、什么是创业

创业是一个跨越多领域学科的复杂现象,其内涵主要包括开创新业务、创建新组织、利用创新这一工具实现各种资源的新组合,通过对潜在机会的发掘而创造价值。广义地讲,创业泛指在各个领域开创事业,并且在特定的领域内造成较大的影响,一般强调关系国计民生的事业,可以理解为创立基业、开创事业;创建新的行业、职业;开拓事业、业绩等。

结合经济学意义上的创业,我们可以把创业理解为创建企业,即通过寻找和把握机遇,创造出新颖的产品或服务,并通过市场创办成企业或产业,从而实现企业经济价值和社会价值的过程。

二、企业的内涵

企业是指依法设立的以营利为目的、从事商品的生产经营和服务活动的、独立核算的经济组织,广义上包括营利性和非营利性两类。在商品经济范畴,作为组织单元的多种模式之一,按照一定的组织规律,有机构成的经济实体,一般以营利为目的,以实现投资人、客户、员工、社会大众的利益最大化为使命,通过提供产品或服务换取收入。它是社会发展的产物,因社会分工的发展而成长壮大。企业是市场经济活动的主要参与者。在社会主义经济体制下,各种企业并存共同构成社会主义市场经济的微观基础。公司制企业是现代企业中最主要、最典型的组织形式。

依照我国法律规定,公司是指依法设立,以营利为目的,独立承担民事责任的从事生产或服务性业务的社会组织,主要包括有限责任公司和股份有限责任公司两种,具有企业的所有属性。因此,公司与企业是种属关系,凡公司均为企业,但企业未必都是公司。公司只是企业的一种组织形态。

三、创业者应具备的基本素质和能力

【案例】　　　　　　　　创业者与就业者的故事

甲和乙是一起长大的好朋友。很多年前,甲买了一辆汽车跑运输,并请了乙和自己一起开车。一天,两人有了这样一段精彩的对话:

乙:老板,给您开车真爽。

甲:兄弟,我俩都是司机,职业一样,不能这样叫。

乙:不一样,身份不一样,您是老板,是雇主;我是员工,是雇员,尊重老板是员工应有的品质。

甲:怎么不一样,我俩都是为了"赚钱"这一共同的革命目标走到一起来了。

乙:不一样,我的钱是您给的,而您的钱是赚来的。

甲:这我就不明白了,你的钱不也是我们一起赚来的?

乙:您应该明白,我俩的工作性质不一样,钱的来历当然不一样了。

甲:你开车我开车,怎么性质就不一样了?

乙:您要知道,您现在从事的是运输行业工作,叫投身入行,工作性质是行业运作;我现在的工作是驾驶汽车,工作性质是机器操作。一个是"运作",一个是"操作",请您细细品味。

甲:"……"

乙:我这样跟您说吧,我们的车子到任何地方去,您都得联系货源,收取运费,得加油修车,还得"关照我",这叫做业务管理、财务管理、人事管理,这得运用行业经验、管理知识等来进行运作。而我呢,尽心尽力开好车,这叫技术操作。您的工作叫从业,叫创业,所以您的钱叫利润。而我的工作叫就业,叫职业,所以我的钱叫工资。明白了吗?

甲始终未能明白。

而今天,两人的位置却互换了——乙成了一家公司的总裁,甲还是乙的亲密朋友和乙的司机。在创业的路上,这叫做"不换思想就换位"。

思考:从故事中我们可以发现,不是简单地雇佣了员工就是创业者,就业者也有可能成为创业者。故事中谁才是真正的创立者?那创业者和就业者的差别又在哪儿呢?

哈佛大学的拉克教授讲过这样一句话:"创业对于大多数人而言是一件极具诱惑的事情,同时也是一件极具挑战的事。不是人人都能成功,也并非想像中那么困难。但任何一个梦想成功的人,倘若他知道创业需要策划、技术及创意的观念,那么成功已离他不远了。"调查显示,学生认为创业的最大障碍是缺乏资金支持。其实不然,专家一般认为,创业的最大障碍在于创业者自身的创业素质。

【小知识】　　　　　成功创业者的一些个性心理品质

独立性:思维和行动不受外界和他人的影响,能独立思考;

敢为性:有相当的胆识,敢冒风险;

坚韧性:为达到目的,坚持不懈,能够承担挫折、失败;

克制性:能够控制自己的情绪、情感,约束自己的行为;

缜密性:善于从实际出发进行计划、规划并能通过各种方式有效地实施计划、组织活动;

适应性:能及时适应外界环境变化,灵活地进行自我调整、转换;

合作性:能设身处地地为别人着想、善于理解、善于合作;

外向性:善于交往、沟通;

道德:善于通过特定的道德规范和准则来判断、控制、评价自己和他人行为,完全自主地承担社会责任的心理品质;

义务感:善于从社会的需要和利益、他人的需要和利益来调节、控制自己的行为。

(一)创业者应具备的素质

1. 心理素质

所谓心理素质是指创业者的心理条件,包括自我意识、性格、气质、情感等心理构成要素。作为创业者,他的自我意识特征应为自信和自主;他的性格应该刚强、坚持、果断和开朗;他的情感应更富有理性色彩。成功的创业者大多是不以物喜,不以己悲。最核心的心理素质是创业者的自我意识、创业意识与坚定的信念。

2. 身体素质

所谓身体素质是指身体健康、体力充沛、精力旺盛、思路敏捷。现代小企业的创业与经营是艰苦而复杂的,创业者工作繁忙、时间长、压力大,如果身体不好,必然力不从心,难以承受创业重任。

3. 知识素质

创业者的知识素质对创业起着举足轻重的作用。创业者要进行创造性思维,要作出正确决策,必须掌握渊博的知识,具有一专多能的知识结构。包括专业和职业知识、经营管理知识、政策、法规、工商、金融、保险、人际关系、公共关系、社会活动等知识。对于政策法规要活学活用,依法行事,维护自己的合法权益;了解科学的经营管理知识和方法,提高管理水平;掌握与本行业本企业相关的科学技术知识,依靠科技进步增强竞争力;了解市场经济方面的知识,如财务会计、市场营销、国际贸易、国际金融,等等。

当然,并不是要求创业者必须完全具备这些素质才能去创业,但创业者本人要有不断提高自身素质的自觉性和实际行动。要想成为一个成功的创业者,就要做一个终身学习者和自我塑造者。

(二) 创业者应具备的能力

1. 领导力

创业者首先会被看作是某种经济体的所有者或管理者,他们也可能会被视为某个团体的领导者,在商业情境中所使用的很多技巧也可以应用在团体发展中。从创业者所承担工作的本质来看,创业者必须是领导者,成功的领导者要依靠他人来实现目标。

创业者如何对待自己的员工将决定他的领导风格。在很多情况下,员工所做的事情正是他们的雇主所期望的。换句话说,如果雇主纵容员工偷懒、不负责任,那么员工就更可能做出偷懒、不负责任的事情;如果雇主希望员工承担责任,员工就更可能有责任心。

企业家能够成功激励员工。有些创业者通过自己努力工作来激励他人,但这并不是最好的领导风格。高度以人为本的创业者更可能成为最成功的激励者。

下面是高度以人为本导向的创业者用来激励员工的方法:

(1) 表扬员工良好的工作表现,并让他们感受到自己的良好表现总被赏识,从而树立员工的信心和自尊。

(2) 告知员工他们所需完成的事情。良好的沟通是成功的基础。

(3) 面对下属时,自己代表的是权威和责任。

(4) 以领导者身份与所有员工保持个人接触。

(5) 奖励值得鼓励的行为,这样员工就会重复同样的行为。人们不会重复没有回馈的行为,因此不要奖励那些你不期望的行为。

(6) 做一个积极的倾听者,要给讲话者以反馈。

(7) 设定具体、明确、可衡量的目标,并对之不断确认。

(8) 要在私下里讨论员工工作表现中的消极方面,不要在公开场合批评员工。

重要的领导力特质是在对待他人时,要把他人当作"人"而不是数字;人际关系要处理得当并能保持下去;公正而诚实地对待他人,为他人树立一个良好的榜样;积极、乐观、易于合作、诚实守信、勇于承担责任;善于倾听并尊重他人的观点,善于接受新观点;工作努力并愿意协助他人更好地工作;与人相处时情绪稳定等。

2. 决策力

作为公司老板,你可以去和员工商议主要决定,但最终决定还是要由你来作出。作决策时,有一些原则、方法可以采用,从而增加决策成功的可能性。决策是一门艺术,实践越多就越老练。例如,美国国际商用机器公司为了从规模上占领市场,大胆决策购买股权。1982年用2.5亿美元从美国英特尔公司手中买下了12%的股权,从而足以对付国内外电脑界的挑战;另一次是1983年,又以2.28亿美元收购了美国一家专门生产电讯设备的企业罗姆公司15%的股权,从而维持了办公室自动化设备方面的"霸王"地位。

早在1956年,美国的一家公司发明了盒式电视录像装置。可是美国公司只用它来生产一种非常昂贵的广播电台专用设备。而日本索尼的经营者通过分析论证,看到了电视录像装置一旦形成大批量生产,其价格势必降低,许多家庭可以购买得起此种录像装置。这样一来,家用电子产品这个市场就会扩大,如果马上开发研究家用电视录像装置,肯定会获得很好的经济效益和社会效益。由于这一决策的成功,家用电视录像装置的市场一度被日本占去了90%多,而美国则长期处于劣势。

企业家要提升自己的决策力,最常采用的是七步决策法,即:定义主要问题;找出问题主要原因;确定可能的解决方案;评估可能的解决方案;选择最佳方案;执行方案;检验方案是否正确。

3. 风险承担能力

虽然承担风险是一种行为,但评估风险却是一种可以提高的技能。创业者应该在作承担风险的决定之前对自己的需求进行评估,以下这些问题需要考虑:

(1)这个目标值得去冒风险吗?

(2)在达到目标的过程中,最大的障碍是什么?

这种问题式思考对于风险承担过程非常重要。上述问题只是进入风险情境之前需要考虑的众多问题中的两个,如果在回答这些问题前就决定承担风险,很可能会导致失败。

无论在事业还是生活中,风险显然是无法回避的。创业者把风险视为挑战,同样需要他们的努力来达成目标,因此他们会更自信,并对承担风险有着更为积极的态度。

(3)怎样使风险最小化?

(4)在决定承担风险前需要什么信息?

(5)人力资源或其他资源如何有助于最小化风险?

(6)在承担这个风险时我担心的是什么?

(7)我愿意尽最大努力去实现这个目标吗?在实现目标的过程中,最大的障碍是什么?

(8)承担风险能使我获得什么?

(9)在承担风险之前,我需要做哪些准备?

(10)有哪些衡量指标(数字量化)说明我的目标已经实现?

和在日常生活中一样,在商业活动中我们也无法逃避风险。在承担风险的时候,你能够发现自己的能力,并能够更好地控制自己的未来。你会更加自信,并因此对承担风险有了更积极的态度。你会把风险视为一种挑战来接受,并尽自己的最大努力去实现心中的目标。

大学生可以通过参加社会实践活动,与成功人士交谈向高人取经,做成功人士的助手实践锻炼,参加培训班接受培训,与家人、朋友讨论获得支持,制定未来企业计划,做好处理危机的准备,与人合作等途径来提高自身的创业能力。

4. 灵活的应变能力

一个好的创意在执行过程中肯定会遇到各种各样的问题,在困难面前不但要求创业者学会低头走路,更要在必要时停下脚步,去思考前进的方向。新创的企业与成型的大企业相比在各方面都是十分脆弱的,或许还没有找到盈利的途径,各种问题就已经迎面而来。所以创业者的一个必备素质就是在各种危机面前保持冷静,采用各种策略去应对。

美国的大富翁亚默尔年少时在家里干农活,17岁那年,全国的淘金热席卷而来,亚默尔毅然决定加入淘金者的行列。淘金的山谷气候干燥,水资源缺乏,寻找金矿的人有一个很大的痛苦,那就是在路途中很难买到水喝。很多人在寻找金矿时都抱怨说:"谁能给我一瓶凉水,我宁愿给他一个金币。"有的接话说:"谁要是能让我喝个饱,我宁愿给他两块金币。"说者无心,听者有意。亚默尔灵机一动,他决定放弃徒劳无益的淘金梦,用原来挖金矿的铁锹开始挖水渠。经过一番努力,河水终于引了进来,流入他事先挖好的水池里。细沙过滤后的河水,变得格外清凉可口。亚默尔干起了担水桶、提水壶卖水的活,淘金者们口渴难耐,看到水甚至比挖到黄金更欣喜,于是把辛辛苦苦找到的一枚枚金币换成了水,流入到亚默尔的腰包里。

卖水与挖金矿相比盈利要小得多,但能挖到金矿的人毕竟是少数,绝大多数人都会空手而归。当原本打算找金矿的亚默尔发现找到金矿的几率极其渺茫时,并没有被可能找到金矿的巨大收益迷住双眼,而是果断地改变了自己的方向,在他人不屑的卖水中找到了自己的金矿。创业过程中需要的正是这种灵活的应变能力,墨守成规必然使创业梦想付诸东流。

5. 敏锐的洞察力

北京网尚文化集团总裁黎锋的创业灵感来自2004年一次偶然的机会,那一天,他被一个朋友带着去了一次网吧,这也是他平生第一次去网吧。就是这个第一次,才让他看到了一个巨大的商机。

黎锋发现有很多人在电脑屏幕上看电影电视剧,但网吧里的这些电影和电视剧不仅播放不连贯,而且字幕也是错误百出。一问才知道,这些都是盗版的。于是他想,如果把正版电影电视剧引进网吧,网友肯定会欢迎。随后,黎锋制作了一个叫"网吧院线"的小软件,并且通过和朋友借钱购买了一些正版电影和电视剧的版权。一切就绪后,黎锋兴冲冲地去网吧推销他的产品。但是,一家家网吧走下来,迎接黎锋的却是一次次的拒绝。

黎锋以前是卖电脑的,他了解把东西卖出去的诀窍。接下来,黎锋开始改变推销策略,每见到一个网吧经营者,他就给他们算账:比如网吧雇一个下电影的网管,一个月的工资就要3000多元。而且如果盗版电影被查到的话,一部电影就要罚款近万元甚至更大。而"网吧院线"一年只要3000多元,还没有被查的风险。于是,一些网吧经营者决定试试,而这一试还真发现了不一样。五年过去了,全国20多万个网吧中,已经有三分之一装上了"网吧院线",他的公司的营业额已达到6亿元。

黎锋创业的初期也仅仅是有一个好的创意,至于这个创意能不能成功他自己也不清楚,不过黎锋还是毫不迟疑地开发了"网吧院线"软件,先进入这个行业之后再一步步寻找成功的方向。虽然这种进入可能会成为失败的根源,但是缺乏执行力的人永远不会成为成功的创业者。

大学四年里,张康良将全部精力用于和各种虫子打交道。一次,他得知人造琥珀销售状况很好,就前往人造琥珀生意比较红火的昆明进行考察。半个月后他在南昌租了一间12平方米的店面,"奇异虫精品屋"正式开张。人造琥珀一开始销量就不错,可惜成本太高,每件的利润只有三四元,几个月下来,张康良的精品屋只有1000多元的收入。张康良冥思苦想,终于想到了一个很好的创意,他将自己大学时候学到的昆虫知识结合到人造琥珀的生产中,并印了1000份"DIY精美琥珀——包裹四年真情"的名片在高校学生中散发。针对人造琥珀内的不同昆虫标本,他都附上煽情的赠言,如:"知了——知了一生情"、"蝴蝶——缠绵一世"、"萤火虫——谢谢你燃起我的心灯",他还鼓励顾客们将自己捕来的昆虫进行加工或订做。就这样,短短的一个月,他就赚了5000元。而今,张康良的昆虫产业,已形成了生产、繁殖、加工、销售一条龙的经营模式。

正是对各种昆虫的熟悉才为张康良的昆虫产业打下了坚实的基础,创业的机遇不会在凭空等待中降临,每一分知识和经验的积累都是为自己的事业添上一把干柴,当柴堆得足够高时,只需一点火星就可点燃熏天大火。

第十四章 创业意识培养

创业素质和能力测评表

（将你的选项用√表示，填入下面表格中）

测评项目		自我评价		亲人或知心朋友	
		长处	弱点	长处	弱点
动机	你为什么打算创办自己的企业？愿望强烈吗？				
承诺	你对办好你的企业能做出承诺吗？				
诚信	你是个言而无信的人吗？				
风险意识	你有勇气承担失败的风险吗？				
决策能力	你是个有主见的人吗？				
家庭状况	你有创办企业的亲属资源吗？				
资金状况	你的创业资金有保证吗？				
技术状况	你拥有专门技术吗？				
企业经营技能	你是一个复合型人才吗？				
了解同类企业	你了解自己创办企业的行业状况吗？				
健康状况	你是个精力、体力都充沛的人吗？				
总计	算一算你有多少长处和弱点，写出数目合计。				
结果	把长处和弱点的数据加在一起做一下比较。如果长处多，说明你具有创业的潜力，选择"是"；如果弱点多，选择"否"。用√表示：是　　否				

【小资料】　　　　　　　　**大学生创业五大风险**

风险一：项目选择太盲目

目前，大学生创业的项目选择多集中在高科技领域和智力服务领域，如软件开发、网络服务、网页制作、家教中介、设计工作室等。此外，快餐、零售等连锁加盟店也是大学生青睐的创业项目。但是，大学生并不了解市场，如果缺乏前期的市场调研和论证，只是凭自己的兴趣和想像来决定投资方向，甚至仅凭一时心血来潮就决定干哪一行，一定会碰得头破血流。

建议：大学生创业者在创业初期一定要做好市场调研，也可委托专业机构进行可行性研究，在了解市场的基础上创业。一般来说，大学生创业者资金实力较弱，选择启动资金不多、人手配备要求不高的项目，从小本经营做起比较适宜。

风险二：缺乏创业技能

很多大学生创业者眼高手低，既不了解创业的相关政策法规，也没有在相关企业的工作、实践经历，缺乏能力和经验，却对创业的期望值非常高。当创业计划转变为实际操作时，才发现自己根本不具备解决问题的能力，这样的创业无异于纸上谈兵。

建议：市场瞬息万变，时刻都有风险，但不会有人及时提醒你风险在哪里，防范风险只能靠自己增加本领。一方面，去企业打工或实习，积累相关的管理和营销经验；另一方面，积极参加创业培训，积累创业知识，接受专业指导，提高创业成功率。

风险三：融资渠道单一

资金难筹几乎是每一个大学生创业者都会遇到的难题。银行贷款申请难、手续复杂，如果没有更广阔的融资渠道，创业计划只能是一纸空谈。

建议：广开渠道，除了银行贷款、自筹资金、民间借贷等传统方式外，还可以充分利用风险投资、天使投资、创业基金等融资渠道。

风险四：社会资源贫乏

由于长期身处校园，大学生掌握的社会资源非常有限，而企业创建、市场开拓、产品推介等工作都需要调动社会资源，大学生在这方面会感到非常吃力。

建议：平时多参加各种社会实践活动，扩大自己人际交往的范围。创业前，可以先到相关行业领域工作一段时间，通过这个平台，为自己日后的创业积累人脉。

风险五：管理过于随意

由于长期接受应试教育，不熟悉经营"游戏规则"，一些大学生创业者虽然在技术上出类拔萃，但理财、营销、沟通、管理方面的能力普遍不足。此外，一些人存在一定的性格缺陷，如自以为是、刚愎自用等，这些都会影响创业成功率。

建议：要想创业成功，大学生创业者必须技术、经营两手抓，制定科学规范的管理制度。可从合伙创业、家庭创业或低成本的虚拟店铺开始，锻炼创业能力，也可以聘用职业经理人负责企业的日常运作。

第二节 创业的基本条件和程序

一、大学生创业的优惠政策

近年来，为支持大学生创业，国家及各级政府出台了许多优惠政策，涉及融资、开业、税收、创业培训、创业指导等诸多方面。对打算创业的大学生来说，了解这些政策，才能走好创业的第一步。国家鼓励和支持高校毕业生自主创业的优惠政策具体包括：

（一）企业注册登记方面的优惠政策

1. 程序更简化

凡高校毕业生（毕业后两年内，下同）申请从事个体经营或申办私营企业的，可通过各级工商部门注册大厅"绿色通道"优先登记注册。其经营范围除国家明令禁止的行业和商品外，一律放开核准经营。对限制性、专项性经营项目，允许其边申请边补办专项审批手续。对在科技园区、高新技术园区、经济技术开发区等经济特区申请设立个私企业的，特事特办，除一些涉及必须前置审批的项目外，试行"承诺登记制"。申请人提交登记申请书、验资报告等主要登记材料，可先予颁发营业执照，让其在三个月内按规定补齐相关材料。凡申请设立有限责任公司，以高校毕业生的人力资本、智力成果、工业产权、非专利技术等无形资产作为投资的，允许抵充40%的注册资本。

2. 减免各类费用

除国家限制的行业外，工商部门自批准其经营之日起一年内免收其个体工商户登记费（包括注册登记、变更登记、补照费）、个体工商户管理费和各种证书费。对参加个体协会的，免收其一年会员费。对高校毕业生申办高新技术企业（含有限责任公司）的，其注册资本最低限额为10万元,如资金确有困难,允许其分期到位;申请的名称可以"高新技术"、"新技术"、"高科技"作为行业予以核准。高校毕业生从事社区服务等活动的,经居委会报所在地工商行政管理机关备案后,一年内免予办理工商注册登记,免收各项工商管理费用。

目前有关政策已经执行,大学毕业生在办理自主创业的有关手续时,除带齐规定的材料,提出有关申请外,还要带上大学毕业生就业推荐表、毕业证书等有关资料。

(二)金融贷款方面的优惠政策

1.优先贷款支持、适当发放信用贷款

加大高校毕业生自主创业贷款支持力度,对于能提供有效资产抵(质)押或有优质客户担保的,金融机构优先给予信贷支持。对高校毕业生创业贷款,可由高校毕业生为借款主体,担保方可由其家庭或直系亲属家庭成员,提供稳定收入或有效资产证明作为相应的联合担保。对于资信良好、还款有保障的,在风险可控的基础上适当发放信用贷款。

2.简化贷款手续

通过简化贷款手续,合理确定授信贷款额度,在一定期限内周转使用。

3.利率优惠

对创业贷款给予一定的优惠利率扶持,视贷款风险度不同,在法定贷款利率基础上可适当下浮或少上浮。

(三)税收缴纳方面的优惠政策

凡高校毕业生从事个体经营,自工商部门批准其经营之日起一年内免交税务登记证工本费。新办的城镇劳动就业服务企业(国家限制的行业除外),当年安置待业人员(含已办理失业登记的高校毕业生,下同)超过企业从业人员总数60%的,经主管税务机关批准,可免纳所得税三年。劳动就业服务企业免税期满后,当年新安置待业人员占企业原从业人员总数30%以上的,经主管税务机关批准,可减半缴纳所得税两年。

(四)企业运营方面的优惠政策

1.员工聘请和培训享受减免费优惠

对大学毕业生自主创办的企业,自工商部门批准其经营之日起一年内,可在政府人事、劳动保障行政部门所属的人才中介服务机构和公共职业介绍机构的网站免费查询人才、劳动力供求信息,免费发布招聘广告等;参加政府人事、劳动保障行政部门所属的人才中介服务机构和公共职业介绍机构举办的人才集市或人才、劳务交流活动给予适当减免交费;政府人事部门所属的人才中介服务机构免费为创办企业的毕业生、创办企业的员工提供一次培训、测评服务。

2.人事档案管理免两年费用

对自主创业的高校毕业生,政府人事行政部门所属的人才中介服务机构免费为其保管人事档案(包括代办社保、职称、档案工资等有关手续)两年。

3.社会保险参保有单独渠道

高校毕业生从事自主创业的,可在各级社会保险经办机构设立的个人缴费窗口办理社会保险参保手续。

二、大学生创业的基本条件

(一)经验

大学生长期呆在校园里,对社会缺乏了解,特别是在市场开拓、企业运营上,很容易陷进眼高手低、纸上谈兵的误区。因此，大学生创业前要作好充分的准备，一方面，去企业打工或实习，积累相关的管理和营销经验；另一方面，积极参加创业培训，积累创业知识，接受专业指导，提高创业成功率。

（二）资本

一项调查显示，有四成大学生认为"资金是创业的最大困难"。的确，巧妇难为无米之炊，没有资金，再好的创意也难以转化为现实的生产力。因此，资金是大学生创业要翻越的一座山，大学生要开拓思路，多渠道融资，除了银行贷款、自筹资金、民间借贷等传统途径外，还可充分利用风险投资、天使投资、创业基金等融资渠道。

（三）技术

用智力换资金，这是大学生创业的特色之路。一些风险投资家往往就由于看中大学生所把握的先进技术，而愿意对其创业计划进行资助。因此，打算在高科技领域创业的大学生，一定要注重技术创新，开发具有自己独立知识产权的产品，吸引投资商。

三、创业基本程序

（一）进行必要的市场调研和产品研究，并围绕它产生业务构想

市场调研和产品研究是创业必不可少的程序，也是创业最需要做的事，创业创什么？首先就要根据收集的信息和自己的认知进行市场定位。而定位的前提就是市场调研。市场调研的主要内容应该围绕自己提出的创业项目来进行，即对项目的市场现状、同类产品销售情况、项目的发展预期等展开调查。

（二）组织优势互补的团队

选配具有一定的专业知识或基本素质，能充分胜任技术工作的人才。同时人员还要有能充当一定角色的能力，如生产技术人员、财务管理和会计人员、公关人员、流通控制和销售人员。选配人员时，一定要考虑到自己公司的创意特点，考虑到自己的整体策略。选配人员时要注意整体的协调一致，即"合得来"。

（三）确定公司名称

给公司命名不是一件草率的事，也有许多讲究与艺术。

1. 你必须喜欢；
2. 要给人以正确的印象，不应对外界产生误导；
3. 应充满乐观向上、积极进取的精神；
4. 应易于为员工喜爱和接受；
5. 字数不宜太多；
6. 易于读写，不要用生僻、令人费解的字，应鲜明、朗朗上口；
7. 要独树一帜，不要人云亦云；
8. 不要过于专业化，应保持合理的弹性和余地。如"××无线电元件公司"和"××二极管公司"绝不是等同的概念；
9. 要适合目标、公众的口味。如"鸭鸭集团"，公司的目标公众市民化、大众化。

（四）聘请顾问律师

新公司的创立经常要接触到许多法律和制度方面的问题，你很难掌握那么多的法律知识，因而需要正确的建议。

（五）筹集原始资金

无论是股东集资、银行贷款、对外举债还是个人资产，都必须考虑大笔资金的到位问题。针对小企业创业，提供以下几种灵活的融资方法：

1. 应付账款融资法。如赊销、代销、先货后款、分期付款等方式来解决短期资金不足。
2. 租赁融资法。可以解决暂时无钱购买生产或经营设备的窘境。
3. 典当融资法。可以解决开办准备或开业时短期的资金急需。
4. 信用卡融资法。实现短期融资，甚至无成本融资。
5. 杠杆融资法。如选择能快速回收资金的项目和产品，用增强资金的流动性，解决资金不足。
6. 社会援助。如通过向中国青年创业国际计划（YSC）全国总部或各地分部申请无息贷款。学习提示：创业融资难，理财更难。

（六）专业运行

一旦所筹的资金到位后，所选定的人员就要从"业余状态"转入"专业状态"，开始全天候的筹备工作。

（七）筹办、注册经济实体

1. 寻找企业落户场所。
2. 注册独立的经济实体。完整的注册企业的程序包括：准备经营场地；开具有关房产证明；企业名称登记；领取并填写工商注册登记表；准备提交相关文件资料；办理有关前置审批手续；办理入资、验资手续；领取工商营业执照。
3. 企业在领取工商营业执照后，应在规定时间内办理如下手续：
（1）企业代码登记；
（2）刻公章，开银行账户；
（3）国税登记；
（4）地税登记；
（5）统计登记；
（6）行业管理登记；
（7）科技企业登记；
（8）各项社会保险统筹及就业证办理。

（八）涉及学校的手续办理

对于应届毕业生在自主创业中担任企业法人代表的，在其公司申请注册中，需要学校出具的证明包括：

1. 就业办公室出具的应届毕业生证明。
2. 公安处户证科出具的集体户口证明。
3. 公安处治安科出具的无刑事犯罪记录证明。

对于应届毕业生在自主创业中担任企业股东的，学校为其提供的证明包括：

1. 就业办公室出具的应届毕业生证明。
2. 公安处户证科出具的集体户口证明。

（九）各种章程的成文

成立公司的一些基本规章制度和管理办法，虽然可能还不太完善，但是一个基本的运行框架是必需的。

（十）引入必要的生产办公设备

注意功能实用性，切忌追求高档、豪华。

（十一）员工培训

对招聘的员工进行必要的岗前培训，明确技术和纪律要求。

（十二）材料的采购和试产试销

选购少量原料，进行试生产，发现存在的问题；把试制品拿给专业人员和消费者，搜集反馈信息，勘探市场情况。

（十三）重新确立产品设计

把生产、流通、销售中所暴露出来的问题汇总，重新审定产品的设计，一旦确认可行，则可进入下一步。

（十四）制定方案

招集创业人员，制定正式的采购、生产、物流、销售和服务等一系列策略方案，这样你的公司便可走入运行的正轨。

第三节　创业计划书的撰写

【案例导读】　　　　　　　　美国硅谷

美国硅谷之所以闻名于世，是因为那里有世界上最好的进行高科技创业的环境。一个年轻人如果有一个前景良好的高科技产品，他只需准备好一份优秀的商业计划，到创业投资公司游说一番，就会吸引到嗅觉十分灵敏的专门从事高技术风险投资的投资家们，他们会接踵而来，对这份商业计划进行全面深入的评估，一旦认定这份计划具有投资价值，这家第一天还一无所有的公司第二天就可以开始营业了。只要有了创业者、优秀的项目和风险投资，律师事务所、会计师事务所、咨询公司、提供办公场地出租、员工招募的服务公司等都只需要一个电话就可以迅速提供服务。硅谷的人们深知时间对于在高技术领域占领先机具有多么重要的意义，这种环境是硅谷成功最重要的原因。不仅其他很多国家在效仿硅谷，美国许多地方也希望塑造本地的"硅谷"，但都没有取得硅谷这样的成就，最重要的原因恐怕就是整个硅谷得天独厚的优良环境——优秀的大学、优秀的创业者、优秀的投资家、优秀的创业环境。

一、创业计划书的意义和作用

创业计划书是由国际惯例通用的标准文本格式形成的项目说明书，全面介绍公司和项目运作情况，阐述产品市场及竞争、风险等未来发展前景和融资要求的书面材料。要基于具体的产品或服务，着眼于特定的市场、竞争、营销、运营、管理、财务、风险等策略，描述团队的创业机会，阐述可能得到和利用的资源。创业计划书的质量，往往会直接影响到创业者能否找到合作伙伴、获得资金及其他政策的支持。

创业计划书是整个创业过程的灵魂，犹如一部功能超强的电脑，它可以帮助创业者记录许多创业的内容、创业的构想，能帮创业者规划成功的蓝图，而整个营运计划如果翔实清楚，对创业者或参与创业的伙伴而言，也更能达成共识、集中力量，这无疑将帮助创业者向成功迈进。

创业计划书有两个方面的主要作用：（1）详细解释企业目标，为拥有、经营企业提供路线图、实现步骤、时间进度安排。（2）向融资机构和投资者介绍商机，吸引投资。

二、创业计划书的撰写

撰写《创业计划书》只适合愿意创业、又有创业可行性的同学。就业难，创业就更难，创业对人的心理、技术、道德的综合素质要求会更多。所以本教材在这里只介绍一个写作大纲和框架，有意要创业的学生，需要进行其他系统专门的培训。

1. 报出你企业的名称

名不正则言不顺，没名称不能注册。起名要好听、好记、好懂、好读、好查，最好与你的产品或服务名副其实。

2. 说明你的企业性质

选择是建立个体工商户、独资企业，还是建立合作企业（含中外合作企业），是建立乡镇企业还是从事农村承包经营等。你的企业要登记注册，遵守国家的税法、企业法、劳动合同法、环境保护法等相关法律法规。

3. 告诉你的目标客户是谁

确定你的营销策略，包括营销渠道、广告牌、会员卡、折扣品等适合你的产品和服务的策略。

4. 组建你的创业团队

制订员工招聘条件、工资标准、保险种类。如有合作者，需签订合作协议，明确合作双方的责任和义务。

5. 预测你的启动资金

主要是两大项，一是用于企业的基本建设的投资，如购置固定资产（厂房、办公设备、技术设备等）、企业开业办理各种手续费等；二是用于企业正常运转的周转资金和流动资金，如原材料、日常人员工资、保险、办公室或厂房租金、水电、通讯、交通费等。

6. 策划你的营销计划

明确你的销售渠道、促销方式、公关重点，让人知道你的产品或服务的"5W1H"。

Who：为谁提供？Why：有什么价值？What：提供什么？When：何时提供？Where：何地提供？How：如何提供？

7. 向人展示你的利润

包括为你的产品或服务定出价格，预测销售收入，流动资金月、季或年度安排，风险资金安排，与合作者的利润分配或亏损分摊等。

8. 证明你的企业的可行性

阐明你的行业调研结果，包括国内外行业发展趋势、区域市场需求、相关价格趋势、潜在客户群、竞争力分析等。

9. 如何管理好你的团队

说明你的企业管理组织结构、岗位设置及人员配备，人员招聘计划、员工上岗培训计划，绩效考核、工资标准、薪酬发放办法，合作者介入管理的权限规定。

10. 表明你的风险承受力

包括经营中的计划落实失败、企业或个人三角债、核心骨干被挖走或环境不利、技术更新导致产品滞销等风险与防范。

11. 说明你的计划如何实施

宏观上可包括创业策划、创业准备、创业启动、规范运营、企业壮大几个阶段的发展规划，微观上可写出近期工作安排。

【小资料】　　　　　　哪些行业和领域适合大学生创业

1. IT领域、综合网站、电子商务、网络游戏等都蕴藏着丰富的机会，互联网被越来越多的人接受，而大学生更是网民的主体。他们掌握着更多的网络信息和资源优势，利用这些优势，在网上开发商机成为很多大学生创业的首选。如在网上开店，发布一些服务信息，比实体店客源更广，更容易取得成功。

IT领域的创业项目前期投入少，收益相对较高，而且较能获得风险投资商的青睐。该领域适合拥有自主知识产权的大学生。

2. 培训领域

考研培训、IT培训、外语培训是最引人注目的"淘金地"。该领域的创业项目有着"短平快"的特点，只要有一定的教师资源，且培训产品适销对路，就能拉起"大旗"。来自高校的大学生无疑有着这方面的资源优势。

3. 连锁加盟领域

目前连锁加盟项目多达近百种，涉及服务业、零售业、教育培训业等诸多领域。

据业内专家分析，零售业、餐饮、制水、美容美发、保洁等领域"门槛"较低，但竞争已相当激烈，而教育培训、图书经营、旅游服务等是新兴领域，虽然对创业者要求较高，但发展空间相对较大。对大学生来说，利用知名品牌创业，风险较小，成功率较高。

4. 设计领域

目前，最具发展潜力的热点领域包括室内设计、IC设计、纺织品设计、平面设计、工业造型设计等。与设计相关的创业项目属于智力密集型模式，有技术、有项目即可，对资金的要求相对较小，创业风险也较低。该领域适合学习艺术、设计、广告等专业的大学生。

5. 服务家乡经济

大城市的生活固然诱人，但回乡创业也不失为明智的选择。一些大学生毕业后利用自身的优势和家乡的特色发展家乡经济，既节约成本又有意义。如两位大学生在天津郊区自建养鸡场；还有安徽籍的大学生利用所长，在家乡建立了蘑菇生产基地，既实现了自己的创业，也带动了家乡经济的发展。

【实践与应用】

1. 游戏：勇于承担责任

规则：参与者相隔一臂站成几排（视人数而定），教师喊一时向右转，喊二时向左转，喊三时向后转，喊四时向前跨一步，喊五时不动。当有人做错时，做错的人要走出队列，站到大家面前先鞠一躬，举起右手高声说："对不起，我错了！"

2. 小测试：创业，你够不够格？

美国创业协会设计出了一份试卷，主要从执行力、勇气、果断、抗压能力、远见、周全、规划能力、刻苦和预见性方面测试一个人是否适合创业。假如你想对自己多一分了解，试试回答下面的题。

每题有四个选项,分别为:A.经常 B.有时 C.很少 D.从来不

(1)在急需做出决策的时候,你是否在想,再让我考虑一下吧?( )
(2)你是否为自己的优柔寡断找借口说:"是得慎重考虑,怎能轻易下结论呢?"( )
(3)你是否为避免冒犯某个或某几个相当有实力的客户而有意回避一些关键性的问题,甚至表现得曲意奉承呢?( )
(4)你是否无论遇到什么紧急任务,都先处理掉你自己的日常琐碎事务呢?( )
(5)你是否非得在巨大的压力下才肯承担重任?( )
(6)你是否无力抵御或预防妨碍你完成重要任务的干扰和危机?( )
(7)你在决定重要的行动和计划时,常忽视其后果吗?( )
(8)当你需要作出很可能不得人心的决策时,是否找借口逃避而不敢面对?( )
(9)你是否总是在晚上才发现有要紧的事没办?( )
(10)你是否因不愿承担艰苦任务而寻求各种借口?( )
(11)你是否常来不及躲避或预防困难情形的发生?( )
(12)你总是拐弯抹角地宣布可能得罪他人的决定吗?( )
(13)你喜欢让别人替你做你自己不愿做而又不得不做的事吗?( )

计分方法:选A得4分   选B得3分   选C得2分   选D得1分
结果解释:
50分以上说明你的个人素质与创业者相去甚远;
40~49分,说明你不算勤勉,应彻底改变拖沓、低效率的缺点,否则创业只是一句空话;
30~39分,说明你在大多数情形下充满自信,但有时犹豫不决,不过没关系,有时候犹豫也是一种成熟、稳重和深思熟虑的表现;
15~29分,说明你是一个高效率的决策者和管理者,更是一个成功的创业者。

3.评估你的决策技能。
这个小测验能够帮助你评估自己解决问题的能力。
判断正误:请对下列每个表述选择T(正确)或F(错误)。
(1)有效决策的能力是与生俱来的。( )
(2)每个需要决策的问题都一定会有一个好办法来解决。( )
(3)作决策时,采纳进入脑海里的第一个想法。( )
(4)作决策的最好方法,就是把事情分解成一个一个小问题。( )
(5)对问题的不理解会使决策更困难。( )
(6)一般来说,决策要尽可能快地作出。( )
(7)作决策时通常都需要反复试验。( )
(8)作决策时,尽量想到所有可能的备选方案,再从中进行选择。( )
(9)当你选定一种方案作为解决方法的时候,你的决策过程就完成了。( )
(10)当要解决困难问题的时候,在作出决定前,听取别人的意见。( )
(11)遇到问题时,在作出决定前,尽可能找出所有和问题相关的信息。( )
(12)如果把要决策的事暂时搁在一边,决策过程仍会在决策者的大脑中继续。( )
(13)在作决策的时候,经常会对所选方案的结果感到意外。( )
(14)作决策时,尽力勾画出决策可能带来的结果。( )

结果解释：

（1）错误。人们能够通过学习和实践来提高有效决策的能力。可以把决策技能比作肌肉，你用得越多，就会变得强壮。

（2）错误。有些问题会有很多好方法来解决，而有些问题则一个好办法都没有。遗憾的是，我们有时候却不得不在几个都"不怎么样"的备选办法中选择一个。

（3）错误。作决策时，最好的方法是在选定之前考虑尽可能多的解决方案，考虑的解决方案越多，就越可能找到好的方案。

（4）正确。把决策过程分解为若干个问题的方式，可以帮助你澄清要解决的事情，这是你找到最具可能的解决方案的出发点。

（5）正确。不理解真正的问题所在往往是决策的最大障碍。举个例子来说，假设你咳嗽得很厉害，真正的问题可能是你患有肺炎，而在工作上，假设你的老板总是批评你，真正的问题可能是你没有按照他的指示去做。真正的问题可能是隐藏在一些表象之后的。

（6）错误。无论什么时候，都要花尽可能多的时间来作决策。如果在周密思考之前，就急于行动，那么你可能只会给自己带来更多的问题。

（7）错误。一步步制定决策的方法能够帮助你避免发生错误。考虑多个可能的解决方案，并勾画出这些方案的可能结果，你就可能避免错误，且不必对决策方案反复试验。

（8）正确。对多个备选方案进行斟酌，也许你还可以把不同方法加以整合或完善。这一方法能够帮助你找出最佳解决方案。

（9）错误。对解决方案深思熟虑过后，你必须先将之付诸行动再评估方案结果。没有得到实施的方案是没有意义的，但实施也不是最后一步，还必须对方案、结果进行评估来确定你的决策是否正确。如果决策的结果是无效的，你就得去找出原因，重新再来。

（10）正确。他人的经验可能有助于解决问题。当然，你必须作出自己的决定。通过向他人征询建议，你可以作出更明智的选择。

（11）正确。了解实际情况是制定决策的第一步。有时候，我们对问题的了解并不像我们自己以为的那么多。就是说，我们有时会想当然认定一些事情。如果这些"想当然"中有错误，一个糟糕的决策就会诞生。

（12）正确。你听过别人说"把问题留到梦里解决"吗？即便在你做其他事或睡觉的时候，困扰你的决策问题还会在你的脑海里萦绕。而暂停一会儿对某个问题的思考，还会有助于你重新想到一些新主意。

（13）错误。制定决策的步骤之一是要尽量勾画出某个解决方案的可能结果。好的决策者能够预先判断出某个方案的所有可能结果。

（14）正确。避免错误的重要方法是要想到"如果我这样做，就会有……事情发生。"想想你在玩跳棋或国际象棋时，每一步棋都是问题解决的一部分。在决定每一步棋时，你必须要考虑对手会有什么反应。在作决策时，你也同样需要考虑你的行为可能会对员工、对公司运营产生什么样的影响。

【思考与练习】

1. 大学生创业需要做好哪些准备？
2. 创业规划书都包含哪些内容？

第十五章 大学生角色转换

【本章要点】
1. 大学生角色的两个转变:(1)由中学生向大学生转变;(2)由大学生向职业人转变
2. 如何尽快适应职场环境,成功实现职业发展

第一节 大学生生涯角色转换

一、角色

"角色"一词起源于戏剧,自1934年米德(G. H. Mead)首先运用角色的概念来说明个体在社会舞台上的身份及其行为以后,角色的概念被广泛应用于社会学与心理学的研究中。社会角色是指由人们对具有特定地位的人的行为的一种期望,是社会群体的基础,它随着社会实践的发展而不断更新内容。大学生在校期间会面临两次角色转变,第一次是入学时面临从中学生到大学生角色的转换;第二次是临近毕业时从大学生向职业人身份的转变。这两次的角色认知与转变对于大学生的成长至关重要,直接影响到大学生未来职业生涯的发展。

二、适应大学生活

每年九月,都有数以百万计的中学生跨入大学的校门。人生的历程翻开了新的一页,人生的道路跨入了新的阶段。莘莘学子满怀希望和憧憬:职业理想将在这里确立,未来的发展将在这里奠基,面对崭新的学习环境,同学们既会充满好奇和兴奋,也容易遇到不适和困难。很多高中毕业生,到了大学以后,很久都不能适应大学生活。归根到底就是他们还活在高中的生活里面。大学只是为学生提供了一个不断提升自身综合素质,实现从学校向社会转型的平台。如何科学合理地利用好这个平台,需要因人而异,但学好自己的专业知识,充分利用好大学的资源不断扩宽知识面,是每个学生需要共同面对的主题,也永远不会过时。尽快适应大学生活,实现由中学生向大学生的角色转换,是同学们面临的首要问题。

(一)及时调整好心态,走进梦想象牙塔

相较于高中简单的生活而言,大学生活是丰富多彩的,然而,大学开放式学习、生活方式对于刚步入大学校园的新生来说,或多或少都会有些不适应。有的是来自于生活方面的:如初次远离家乡过集体住宿生活;南北方语言和饮食习惯的差异;农村和都市生活的差异等等。有的是来自于入学期望值的落差:在入学之前,想像中的大学校园环境、管理方式以及授课方

式和现实的差距较大,从而产生极大的失落感,当发现不能改变现实时,便产生消极、混事的想法。因此,大学新生要积极调整好心态,适应大学生活。当发现自己存在长期的焦虑、失眠、易燥等情况时,要及时寻求学校心理咨询中心的帮助,严重者需要就医进行心理干预。

(二)按兴趣参加社团,合理安排时间

进入大学生活后,党组织、团组织、学生会、班委会等组织活动增多,由志趣、爱好相同的同学自愿组织起来的各种社团活动丰富多彩,同学们参加各种社会活动的机会大大增加。因此,同学们可以根据自己的特点和爱好、时间和精力积极参加各种活动,合理安排课余生活,锻炼组织和交往能力。

(三)高中升入大学,学习方法要转变

大学阶段的学习,知识的广度和深度大大增加,专业方向基本确定,需要大力发挥学习的主动性、创造性。大学主要实行的是学分制,除了公共科目、学科基础课和专业课属于必修课之外,各专业还开设选修课,同学们可以根据个人兴趣和能力选修相关课程,自由支配的学习时间增多,学习的自主性大大增加。大学图书资料和各种信息丰富,获取知识的渠道更加多样化,熟练利用图书馆和互联网搜集资料和掌握信息,成了同学们必备的学习技能。广泛涉猎相关知识,掌握科学的学习方法,培养自主学习和独立思考问题、分析问题、解决问题的能力,是大学阶段学习的重要特点。

三、由大学生角色向职业人角色的转变

(一)大学生角色与职业人角色的差别

从宏观上讲,大学生角色与职业人角色的根本不同在于社会责任不同、社会权利不同以及社会规范不同,这是社会层面存在的差别。从微观上讲,大学生角色与职业人角色的不同在于文化氛围不同、人际关系不同,这是个体环境层面存在的差别。

1. 社会责任不同

角色责任的形成一般来说有两种方式:一种是自然的约定俗成,比如学校角色的尊师爱生等;一种是通过行政方式,即通过法律、法规、制度、纪律等来确定的,比如大学生守则、职业中的岗位责任制等。学生角色的主要责任是努力吸收知识,使"德、智、体、美、劳"全面发展,掌握为人民服务的本领,整个角色过程是一个受教育、储备知识和锻炼能力的过程。学生角色责任履行得如何,主要关系到本人知识掌握的多少和能力培养的程度。而职业人角色的责任,是以特定的身份去履行自己的职责,依靠自己的本领或技能去创造社会效益和经济效益的过程。职业人角色责任履行得如何,一般影响较大,因为人们在评判职业人角色时总是要和工作单位紧密相联的,总是将其作为身负责任的工作人员来看待的。职业人角色要求角色能独当一面,并与同事密切合作,充分履行职业责任。

2. 社会权利不同

社会赋予角色的权利,就是角色履行义务时依法应有的支配权力和应享受的权益或应取得的精神或物质报酬。学生角色的权利主要是接受教育,并取得经济生活的保证或资助,大学生在学分制条件下有选课和选择任课教师的权利;职业角色则是依法行使岗位职权,开展业务工作,并在履行义务的同时取得合理的劳动报酬。

3. 社会规范不同

角色规范,是对角色扮演者的行为规定。一种是明文规定的角色行为规则,另一种是社

会的发展和演化中所形成的约定俗成的行为模式。社会赋予职业角色的规范、提供的行为模式，因职业的不同而不同。这些模式既具体又严格，违背了就要承担一定的责任，甚至法律责任。而学生角色的规范多是从培养、教育的角度出发，促使其以后能顺利成长为合格的人才，如学校制定有明确的规章制度，社会对处于成长时期的学生也有一些约定俗成的要求，如怎样待人接物、怎样做人等。

4. 文化氛围不同

大学虽然是个小社会，但大学生在学校里过着的生活却比较简单安逸。传统的"寝室——教室——食堂"的三点一线生活始终贯穿大学四年，他们学习时间可以弹性安排，有较长的节假休息日。教学大纲提供给大学生清晰的学习任务，学校鼓励学生个性的发展，老师公平公正地对待每一名学生，校园氛围和谐有序。但在紧张的职场上，职业人面临的社会环境是快速的生活节奏，有规定的上下班时间，不能迟到或者早退，每天都有紧张的工作任务，自由支配的时间往往很少，甚至利用休息时间加班加点也是常事，而且在有些利益分配的问题上还会遇到一些不公平现象，他们的职场氛围表现出巨大压力。

5. 人际关系不同

校园生活中，大学生之间的人际关系比较单纯，无论是同学关系、同乡关系还是师生关系，人与人之间没有根本性的利益冲突，比较感性。即便大学生之间出现一些不愉快，也是因为性格差异、生活习惯不同造成的生活小矛盾，容易化解。社会上的人际关系要比学校环境中的同学关系复杂得多，人与人之间既有性格差异、认识程度不同所造成的心理隔阂，也有为维护个体利益或者小团体利益因素而建立的微妙复杂关系，一旦处理不当，就会造成关系失衡，进而影响个人的正常发展。

(二) 从大学生到职业人的转变途径

大学生离开校园进入不同的行业工作，迎接人生的第一次独立的挑战，对他们来说存在着相当大的压力。大学生角色与职业人角色的很多差别，需要大学毕业生在入职的短时间内实现以下七个方面的转变。

1. 从宏大的人生理想向现实的职业目标转变

从象牙塔中走出来的大学生的思维方式往往是理想化的。而职场巨大的就业选择压力，给毕业生的宏伟"人生理想"带来前所未有的冲击，理想与现实之间的差距过大，使他们一度失去了目标和动力。刚入职的毕业生需要将人生理想转化为具体的职业目标，制定出切实可行的方式方法，搭起一座让理想走向现实的桥梁。大学生实现职业目标的方法很多，要结合自身综合因素选择适合自己的途径，要通过职业发展规划来设计个人的职业目标，寻找职业发展的动力。

2. 从青苹果式的大学生向成熟的职业人转变

毕业生离开学校进入工作岗位后，一般都有一段实习期，少则三月，多则一年。毕业生实习的过程也正是其个人从单纯走向成熟的关键时期。在这个阶段，毕业生应从企业文化、业务流程和公司制度等方面深入了解企业的需要，要注意调整自己的仪态仪表、待人接物和为人处世等方法，了解什么职位应该具备什么样的职业素质，如何能更好地发挥自己的潜能。职场新人要做的事情多以日常性的简单工作为主，而专业性强的工作一般需要他们在实习结束以后或者经历一定的培训后才能去做。所以，要注意调整好自己的心态，千万不要好高骛远、自命不凡，否则就可能自毁前程。

3. 从单纯的处理问题方式向复杂的人际关系转变

新到工作岗位,面临陌生的工作环境和复杂的人际关系,毕业生往往感到不习惯和不适应。所以,毕业生在做人方面,要尽快揭掉自我标签,低调做人,把那些在学校养成的张扬个性、彰显自我的风格收敛一些。工作岗位不是上演个人秀的舞台,特别过头的表现只能让你远离大家,要尽量养成少说多做的好习惯,尽快熟悉人际关系,融入工作环境。在做事方面,毕业生要注重职场礼仪规范,自己的一言一行、一举一动都要符合职场需要,对上司要尊重服从,对同事要理解支持,对朋友要友善关心;做事要三思而后行,多预测一下做事的结果。

4. 从系统的理论学习向多方位的实际应用转变

大学里的专业学习,往往是一科接一科,理论学习的系统性很强,掌握的知识也非常深入。到了工作岗位,实际应用是多角度、全方位的,没有人告诉你该学什么、怎么学,知识的积累只能靠自己探索。在企业中,员工如果没有工作经验,则只能打下手。一般来说,企业会对刚进入的职场新人进行入职员工培训。毕业生要注意多学多听,虚心请教,积累工作经验,尽快提高自己的实际动手能力,这样不仅进步快,还能建立良好的人际关系,把自己快速融入到集体中去,既自己受益匪浅,又会受到别人喜欢。

5. 从散漫的校园生活向紧张的工作模式转变

毕业生从过着悠闲的校园生活突然转入到紧张的职场打拼,就像是在父母娇惯下的淘气孩子突然被送进了幼儿园一样,受到纪律和时间的约束,很不习惯,于是迟到、请假成了家常便饭,总想编个理由逃避工作,满足自己的玩心。每一个职场新人进入单位后,都会带来新的气息,同时也会带来一些问题。毕业生要有实干精神和奉献意识,除了完成自己的本职工作外,还要注意多做些力所能及的小事、琐事。尽管自己不太情愿做这些事,以前在家里和学校都没有做过,但正是做这些小事、琐事更能表现出一个人的成熟。一个能做自己不情愿做的事的人,也是一个学会了妥协的人,学会妥协也是人生成功需要具备的一种能力。

6. 从浮躁的自大心态向理性的成熟心态转变

入职新人与企业的磨合需要时间,积累工作经验也需要时间,实习期给了毕业生历练的机会。企业看中应届毕业生,主要是因为看到了隐藏在他们身上的"发展基因"。在实习阶段,毕业生如果表现好,机遇就会随时光顾自己。企业需要的是一个谦虚谨慎、勤奋好学、具有远大志向且能执著追求事业的员工。如果应届毕业生对待实习兢兢业业,最终就能留在实习单位。有些人自以为不会留在实习单位工作,把实习当跳板,敷衍了事地对待实习工作,或者这山望着那山高,搞猫腻,偷着去应聘新单位,结果新的单位没去成,实习单位也丢了。几年后,自己的同学都成了职场熟手,自己却仍是个需锻炼的新兵。

7. 从他人的呵护成长向自我的独立发展转变

多数学生在学校期间,遇到困难、问题都会向老师或者组织求助,自我担当的意识不够强。有些学生在就业问题上,对相关的就业权益保护、实习等问题也是一知半解,甚至连就业手续都是由家长代劳,过分依赖他人。要进入新的岗位,很多事情需要自己判断、选择。一般来说,新人的第一次职场体验是刻骨铭心的,会直接影响到今后自己的职业规划发展。因此,大学生要科学理性地寻找第一份工作,不要过分依赖父母,更不要盲从他人,要经过深入细致地了解后,独立思考,落实一份不后悔的工作。

第十五章 大学生角色转换

【案例】   远离浮躁，成功入职
一家大型外贸公司的部门经理从高校找了一批专业对口的国际贸易专业大学生到公司实习，刘宁是其中一员。

正式实习那天，经理向同学们介绍了部门的成员老刘和各自的业务分工。老刘是公司的老员工，年龄偏大，经验丰富，其他同学都直接喊他"老刘"。刘宁却很尊重他，一直称他"刘老师"。老刘的性格非常好，见到年轻人有什么问题，总是乐于帮助。于是其他年轻人就对他形成了依赖，一有问题就请老刘解决。刘宁与其他人不一样，他总是想着刘老师有自己的工作，遇到问题时先自己钻研，实在解决不了的困难才会请刘老师帮忙。

刘宁也不像其他学生那样无所事事，他总是很勤快，见事就做，跟着同事跑客户，熟悉业务，即使大热天挤公共汽车去也毫无怨言。很多人说他是自讨苦吃，但是刘宁并不这样认为。为了掌握业务，刘宁默默地观察老业务员如何谈业务，静静地"旁听"，细心地"揣摩"。有时候，老业务员打电话，这时刘宁还悄悄地给递纸拿笔，让人感到暖心的同时，刘宁也学到了很多业务经验。

实习结束时，经理惟独留下了刘宁，其他大学生一个也没有留下。经理说是刘宁的真诚好学、甘于吃苦的精神赢得了公司的认可。

案例解析：当前就业形势下，多数中小企业用人单位在选聘毕业生时，都会先安排一段时间的实习，以了解毕业生的工作能力，考察毕业生能否胜任未来的工作。毕业生要善于抓住实习的机会，虚心学习，钻研业务，要少说多干，勇于表现。一个人的能力只有通过真实的岗位实习才能表现出来。一个好的实习效果，不仅能帮助毕业生获得一份工作，而且对促进其职业发展能产生长效作用。

第二节　适应职业环境，实现职业发展

每年夏天，总有大批大学毕业生离开校园，走上工作岗位。无论一个人曾经在校园里参加过多少社会实践、做过多少兼职、暑期工，真正进入社会开始工作之后都会发现，身份上质的改变是无法避免的。充满理想、有冲劲的职场新人将会面临种种挑战——能否胜任工作、调解压力以及应对利益冲击等。法国哲学家狄德罗曾说过：知道事物应该是什么样，说明你是聪明人；知道事物实际是什么样，说明你是有经验的人；知道如何使事物变得更好，说明你是有才能的人。显然，要想获得职业上的成功，首先是学会适应职业环境，就像大自然中的千年动物，能够随着自然环境的变化而调整、改变自己，避免成为"娇贵"的恐龙！

到底职场欢迎什么样的新人？作为新人应该怎样更好地融入新的环境？这是每个期待能干出一番事业的人都应该思考的问题——虽然所谓的社会经验，就像小马过河，不到真正经历的那一天，你永远都不知道自己有没有准备好——但是，预先有个详细的心理准备，等到事情真正到来的那一天，你绝对会淡定冷静很多。

一、快速适应职业环境的有效方法

（一）对工作快速成长，积极主动

总的来说，职场欢迎的永远是老黄牛型的人，吃的是草挤的是奶。初入职场的新人要明白，

这时候你是让自身快速成长、累积资本资历的时候,空谈未来规划是没有意义的,你要做的应该是——不要管能吃到多少草,先努力挤奶——努力工作吧。

1. 工作上一定要主动些,再主动些。应该你做的,不要等别人来说就主动去做。不一定要你做的,可以的话也尽量主动去做,表示你是愿意承担责任的。不过在主动揽活的时候要拿捏好态度分寸,不要凭着浅薄的经验就贸然发表意见,或者主动到凸显自我的地步,更不能打破等级伦理,压人一头。所以主动做事的同时多做少说也是必须遵守的原则。

2. 不推卸责任。犯了错误的时候,千万不要抱着"因为我是新人,工作做得不好,可以原谅"这种想法。这只会给人带来这样的印象:该做的事不去做,缺乏责任感。实际上,承认自己的一些错误是非常有用的。错误让你显得很真实,而非粉饰完美。如果别人觉得你有些不足而显得不虚伪,就更容易接受你。实际上这种时候承认错误根本不是重点,赶快着手补救才是第一要务。

3. 乐观的心态。也许人跟人的性格差异很大,不能要求人人都开朗活泼爱交朋友,但是一个人的心态的确是可以切切实实地影响到这个人以及周围人的状态的,从而进一步影响自身的发展走向。有句话不是说嘛,不是要找到喜欢的工作,而是要喜欢自己的工作,这才能让你快乐地在工作中如鱼得水。

(二) 对上司保持一致,领悟 + 配合

职场新人是公司的整个构架中最基层的人,虽然说团队工作需要相互配合,但总的来说总是由一些人占据主导作用的——显然那不是你。你要做的就是领悟上司的意图,努力配合。

1. 保持一致性。举个例子来说,你昨天交到领导办公桌上的报告,他今天告诉你没看到。菜鸟可能会说:"不会的,我肯定交过来了。"而老鸟会说:"哦,对不起,那我立刻再去打印一份。"争辩无意义,究竟是谁的疏忽也不必追究了,以他的目的为目的——当下,让他看到报告就是最重要的。

2. 取悦对方。这件事情说来很难,因为每个上司的性格可能都很不一样,喜好自然也千差万别。要能拿捏得当,绝非一朝一夕之功。有个说起来恶心但实操性很高的做法:把上司假想成你需要追求的人来对待。他吩咐你的,你必定一溜烟去干好了;他喜欢的东西,你肯定先于他就想到了……切记,是假想。

(三) 对同事真诚,高度亲密

既要和同事搞好关系,又不能在关键时候被"朋友"卖了。对人诚恳,对事精明是需要谨记的法则。

1. 尊重别人。首先,不要试图改变谁。也许工作多年的老员工在公司里是混混日子的,但是人家也比你多了那么多年的资历,轮不到你来说话,你能做的就是埋头干好自己的事,积累自己的资本。其次,尊重别人。接线生、前台乃至于电梯工之类的人,对他们的微笑要和对老板的一样。人际关系是个全方位的立体概念,真诚地对待每一个人。

2. 谨慎交友。是否要让同事成为你的密友知己,是个需要特别慎重对待的问题,因为一段时间之后,你可能与这些人形成监督和被监督的关系,或是其他各种双重关系,这会产生各种问题,尤其是敏感的办公室爱情。然而,在现实中人们又总是倾向于与同事形成非常紧密的人际关系,这是一个很有难度的领域,需要通过很长的时间才能做出良好判断。在无法判断之前,和大家都保持相同的亲密度是最稳妥的。

二、成功实现职业发展

我们都在谈论成功,我们都在追求成功。什么是成功?其实成功没有一个准确的定义。新华都集团总裁兼CEO唐骏认为,成功是不断超越自我、改变自我的人。创新工场董事长兼首席执行官李开复进一步丰富了唐骏的观点,认为成功应该是多元化的,他指出:"真正的成功应是多元化的。成功可能是你创造了新的财富或技术,可能是你为他人带来了快乐,可能是你在工作岗位上得到了别人的信任,也可能是你找到了回归自我、与世无争的生活方式。每个人的成功都是独一无二的,成功就是做最好的你自己。"作为当代大学生,要想成功实现职业发展,应当从以下几个方面着手。

(一)确定职业发展目标,找准角色定位

有这样一类职场人:他们在不同岗位和不同职业间跳来跳去,最后却发现自己无论在哪个位置都不具备优势,在职业发展道路上迷失了方向。他们被赋予"职场杂工"的称号,究竟路在何方?"职场杂工"总是徘徊在不同的行业间;他们不是"万金油",而是"周身刀,没一把利",不仅浪费了时间和精力,还降低了竞争力。这类职场人绝非少数,他们每次转行都可以找出很多"现实所迫"的因素,当然很多时候是他们自己的意愿和选择。问题是,如果真的是遇到发展"瓶颈",或所从事的是没有希望的职业,果断地作出决定也未尝不可,但很多人却存在"在职厌职"的情绪,即使行业前景一直存在,但始终觉得未来没有希望,似乎非得跳槽到陌生行业才能看到曙光。不幸的是,当他们从事新工作后,又开始重蹈以前的覆辙。在漫长的职业发展过程中,如果不停地更换不同的职业,就会失去积累的过程,彻底失去竞争力。

没有目标地更换工作,最大的弊端就是因目标缺失而产生失落感、不安全感和茫然感,工作中也缺少成就感。职业是人的一生重要的组成部分,工作没有目标,往往生活也没有目标。因此,确定职业发展目标,找准角色定位是成功实现职业发展的首要条件。

(二)拥有良好的性格,努力让你自己喜欢你周围的每一个人

大学四年中,不但要有正确的学习方法和勤奋向上的品格,更要培养一个良好的性格。

很多人都问性格可以改变吗?本性是不可以改变的,但性格可以改变。很多同学会有同样的问题,你可能会愤青,这些没有档次,那些没有品位;我在大学里面任何一个什么三好学生、学生会干部、班干部,没有一个轮到我的,你们在座的同学可能会说我不在乎,其实在乎了也没有用,你只能适应社会,不能让社会适应你。

所以大学里面,哪怕最后半年的时间里也要做一件事,去改变你的性格,因为当你踏上社会,你会发现改变性格很难,大学是可以改变你性格的地方,一旦踏上社会就定格了。

你拥有一个好性格,没有一个人不喜欢你,你性格善良、乐观、厚道、乐于帮助他人,积极向上,你拥有这些还有谁不喜欢你呢!谁都会喜欢你,在大学里要培养这样的性格,你努力让你自己喜欢你周围的每一个人,你同宿舍的人,你同班的人,而且是发自内心的喜欢。有的人说这个太难了,我们待了那么久,我真的是越看他越讨厌。我告诉你一个方法,放大他的优点,无限放大他的优点,你说他没有优点怎么办?实在没有优点,就是这个人走路姿势还不错,你总能找到一个让你感觉到不同的地方,你无限放大这个点,通过这个点你去喜欢他。你喜欢他,你愿意和他接近、和他交流。你发现你会包容人,你变得善良了,你变得大气了,变得正直了,变得阳光了。你和陌生人交往的时候,你首先会用这种方式去对待他,你对陌生人笑的时候,他也会对你笑。

未来职场，拥有一个良好的性格，会非常成功的。就像谈恋爱一样，女孩子喜欢什么样的男孩子，不要真的以为她喜欢愤青，那是没办法才喜欢的，如果有两个以上可供选择，她一定会喜欢正直、向上、阳光、乐观、厚道、大气的男生。

（三）提升职业素质，成就辉煌未来

在中央电视台与智联招聘联合举办的《绝对挑战》栏目校园招聘研讨会上，吉百利、奥的斯电梯（中国）投资有限公司和十一学校等用人单位的招聘负责人在会上对单位用人理念和毕业生就业中存在的问题进行了交流。他们一致认为，成绩、专业知识和经验不是阻碍大学生就业的最大难题，职业规范和职业意识等职业素质才是大学生最缺乏的。而职业素质当中，是否具有亲和力，是否有奉献精神和责任心成为企业最为看重的指标。因此，大学生在校期间应当积极培养自己的情商，让自己尽快地融入大学生活；在企业顶岗实习期间，则应当积极融入企业的工作环境中，尽快进入工作状态，积极适应企业的工作节奏。从而尽快完成由学生向职业人的转变。

【拓展阅读】 案例点评职场新人典型表现

对职业现状的不满，对未来的迷茫，对自身认知的模糊……放眼望去，我们身边有太多这样的案例，这样的人。他们感到挫折、失望、无助，他们也怨天尤人，感叹生不逢时。

所谓可怜之人必有可恨之处。通过下面的文字，让我们一边看案例的发展，一边看上海向阳生涯首席职业规划师洪向阳先生的点评，作为专业人士，洪老师又是怎么看待这种现象，怎么处理的？看看他们到底怎么了，再感受一下，是否我们的职业规划该立即作些调整了。

下面是乐职网友秋叶飘零的自述与洪向阳的点评：

我是07届本科毕业生，英语过了六级。虽然只是一年的时间，但我已经换了三份工作。现在在找第四份。寻寻觅觅，凄凄惨惨，发出去的简历如石沉大海。即便有面试，也是一听公司名字就不想去的。其实我也不是喜欢跳槽，我很想找一家合适的单位稳定下来，但每次辞职都是被迫的。

第一份工作，我面试前就准备干一个月就走，因为当时刚毕业，没钱，被迫随便找了个工作糊口。但后来，由于各种原因，我干了三个月后才辞。

（洪向阳：过于功利的行为，是对自己不负责，也对企业不负责。）

第二份工作，在外贸市场当英语导购，我准备了长干，觉得待遇还行，但三个月后我又不得不辞，一是工作时间太长，一天12个小时，一个月就一天休息；二是工作环境不好，整天挨骂受气；三是周围都是初中高中生，我心里感觉不平衡。

（洪向阳：在对岗位和对企业、行业都不太了解的情况下贸然进入，心态也未能做好充分准备，心里不平衡也算正常。吃苦和享受心态没有摆平，要知吃得苦中苦方为人上人。）

第三份工作，我更是准备长期干，结果也是三个月，原因是我不满公司六个月的试用期，3年的合同规定。我不想签那么长时间的合同，而且即使是三年的合同，没超过三年，按新劳动法也应该不超过两个月的。而且工资也不高，才1700多元，提升的希望很小，还不能肯定六个月后我不被公司炒。

（洪向阳：你不把工作当一回事，工作也就不会把你当一回事。这里所说的试用期、合同期、待遇等在入职时你与用人单位就应该说清楚的，就算用人单位没说清，你也应该很快清楚具体的情况，并做出选择。）

我辞职虽然有各种原因，但我有个共性，就是工资总是太低，都在1800元以下，而且提升的机会不大，额度也太低。我想找个和英语有关的工作，听说读写译都行，我都有相关的经验，工资2500元左右，不能低于2000元。可是我为什么就找不到呢？我的英语水平也不低，我也是正规本科院校毕业的，我的工作经验都和英语有关的。我该怎么办呢？我到底是在哪儿错了？

（洪向阳：扪心自问，你凭什么得到更高的工资？你能给企业创造多少价值？就算你所说英语读写译都行，那究竟在哪个方面更专长些？可以在哪个领域去应用？你有什么资格让企业认为你在这些方面真的行？就算你真行，你这么频繁的跳槽，这种对待自己职业生涯的态度，企业从成本上考虑，还敢用你吗？）

专家意见：

上海向阳生涯首席职业规划师洪向阳认为，这是个典型的职场跳蚤案例，也是当前80后职场新人们的典型表现。每个人从这种糟糕的结果上都可以发现这样的情况后面一定有严重的错误存在。那会是什么样的一些错误呢？根据上海向阳生涯管理咨询有限公司多年的专业经验，我们认为，对于像"秋叶飘零"这样的职场跳蚤们来说，主要问题在于对以下四种关系没有理清。

一、待遇 vs 成长

待遇不好收入不高，这是大部分跳蚤不停地换东家的主要原因。对于新人来说，刚刚踏入职场，公司能给予成长的机会是非常重要的择业标准。只有持续成长，才能获得越来越丰厚的待遇。企业在录用你时给予了一份薪资，同时也在教你如何融入企业文化，如何与同事相处与客户沟通，如何让自己快速成为一个职业人，这都是无形的收入。过于注重眼前短暂的利益，未能放眼远处衡量成长及收益，高薪也会离我们越来越远。

二、索取 vs 付出

我应该要，你应该给，职场中我们很多人习惯性地，就是这么理所当然地索取，却忘了，人家凭什么给你？你又付出了多少？对此，老子早有教诲，"将欲取之必先予之"。但太多人根本无视这个基本道理。你想要获得高薪高地位，那你必得有相对等的努力或能力。侥幸心理，只会让我们未来的职业生涯发展陷入更被动的处境。

三、吃苦 vs 享受

先苦后乐，这是祖辈们传袭给我们的宝贵经验，也是职场通行的规律。上文主人公对第二份工作薪资是满意，可又觉得工作时间长辛苦等外因仍觉不合适，没有吃苦的准备，享受又何来？我们所看到的所羡慕的成功人士，除少之又少幸运者之外，其他哪一个不是披荆斩棘才达到今天的成就。

四、盲目求职 vs 职业定位

剔除所有的表象，我们会发现，跳蚤之所以成为跳蚤，其根本原因就是没有职业定位，每次起跳都是因为或这或那的原因，接下来一连串的盲目求职、错误就业、再而起跳。跳来跳去，职业积累断层，缺乏连续性，除了跳槽经验，什么职业资本都没有，导致最后连跳的实力都没了。

作为专业的职业生涯管理咨询机构，向阳生涯首席职业规划师洪向阳提醒，盲目跳槽是很劳民伤财的事情，既不利己也不利人。只有认认真真、脚踏实地处理好上述四重关系，才能从根本上摆脱跳蚤式的职业生涯困境。同时，在起跳前，请务必多方面平衡考虑一下薪资、经验积累、爱好、专业、生存压力、职业规划等多种因素,让自己打个有准备的仗,薪水越跳越高,发展越跳越好。

洪向阳简介:上海向阳生涯管理咨询有限公司首席职业规划师、总经理,CCDM 中国职业规划师认证培训专家组秘书长。美国 APT 心理类型协会和 APP 澳大利亚心理学家出版社 MBTI 认证施测师。长期从事职业生涯管理与开发的研究、咨询及培训事业,帮助企业及个人获得更大的竞争优势。

来源:应届毕业生求职网:2011 - 02 - 01

【思考与练习】

1. 如何成功转换角色?
2. 结合自身情况探讨怎样培养职业素质,适应职场生活?

附 录

附录一 气质类型测评

一、气质测评

下面60道题大致可确定你的气质类型。若与你的情况"很符合"记2分,"较符合"记1分,"一般"记0分,"较不符合"记-1分,"很不符合"记-2分。

1. 做事力求稳妥,一般不做无把握的事。
2. 遇到可气的事就怒不可遏,想把心里话全说出来才痛快。
3. 宁可一个人干事,不愿很多人在一起。
4. 到一个新环境很快就能适应。
5. 厌恶那些强烈的刺激,如尖叫、噪音、危险镜头等。
6. 和别人争吵时,总是先发制人,喜欢挑衅别人。
7. 喜欢安静的环境。
8. 善于和人交往。
9. 羡慕那种善于克制自己感情的人。
10. 生活有规律,很少违反作息制度。
11. 在大多数情况下情绪是乐观的。
12. 碰到陌生人觉得很拘束。
13. 遇到令人气愤的事,能很好地自我克制。
14. 做事总是有旺盛的精力。
15. 遇到问题总是举棋不定、优柔寡断。
16. 在人群中从不觉得过分拘束。
17. 情绪高昂时,觉得干什么都有趣;情绪低落时,又觉得什么都没有意思。
18. 当注意力集中于一事物时,别的事很难使我分心。
19. 理解问题总比别人快。
20. 碰到危险情景,常有一种极度恐怖感。
21. 对学习、工作,怀有很高的热情。
22. 能够长时间做枯燥、单调的工作。
23. 符合兴趣的事情,干起来劲头十足,否则就不想干。
24. 一点小事就能引起情绪波动。
25. 讨厌做那些需要耐心、细致的工作。
26. 与人交往不卑不亢。
27. 喜欢参加热烈的活动。
28. 爱看感情细腻、描写人物内心活动的文艺作品。
29. 工作学习时间长了,常感到厌倦。
30. 不喜欢长时间谈论一个问题,愿意实际动手干。
31. 宁愿侃侃而谈,不愿窃窃私语。
32. 别人总是说我闷闷不乐。

33. 理解问题常比别人慢些。
34. 疲倦时只要短暂的休息就能精神抖擞，重新投入工作。
35. 心里有话宁愿自己想，不愿说出来。
36. 认准一个目标就希望尽快实现，不达目的，誓不罢休。
37. 学习、工作同样一段时间后，常比别人更疲倦。
38. 做事有些莽撞，常常不考虑后果。
39. 老师或他人讲授新知识、技术时，总希望他讲得慢些，多重复几遍。
40. 能够很快地忘记那些不愉快的事情。
41. 做作业或完成一件工作总比别人花时间多。
42. 喜欢运动量大的剧烈体育运动，或者参加各种文艺活动。
43. 不能很快地把注意力从一件事情转移到另一件事上去。
44. 接受一个任务后，就希望把它迅速解决。
45. 认为墨守成规比冒风险强些。
46. 能够同时注意几件事情。
47. 我烦闷的时候，别人很难使我高兴起来。
48. 爱看情节起伏跌宕、激动人心的小说。
49. 对工作抱认真严谨、始终一贯的态度。
50. 和周围人的关系总是相处不好。
51. 喜欢复习学过的知识，重复做能熟练做的工作。
52. 希望做变化大、花样多的工作。
53. 小时候会背的诗歌，我似乎比别人记得清楚。
54. 别人说我"出语伤人"，可我并不觉得这样。
55. 在体育活动中，常因反应慢而落后。
56. 反应敏捷，头脑机智。
57. 喜欢有条理而不甚麻烦的工作。
58. 兴奋的事常使我失眠。
59. 老师讲新概念，常常听不懂，但是弄懂了以后很难忘记。
60. 假如工作枯燥无味，马上就会情绪低落。

二、气质类型特点

1. 胆汁质。胆汁质的人精力旺盛，反应敏捷，乐观大方，情绪容易兴奋，体验强烈，外部表现明显，但往往热情忽高忽低，较适合从事刺激性强、富于挑战、突击性强和危险性大的工作，而不太适合做需要细心稳重的工作，如节目主持人、导游、推销员、演员、模特、新闻记者、外事接待员、监督员、消防员等。胆汁质的人一般来说与细致性工作无缘，不适合做整天坐着不走动的工作。胆汁质的人往往对本职工作不那么专注，喜欢跳槽，经常更换工作单位，渴望成为自由职业者。

2. 多血质。多血质的人适应能力强，充满自信，有较强的活动能力，喜欢体验和锻炼，善于交际，在新的环境中应付自如，反应迅速而灵活，办事效率高，对人能坦诚相待，能自觉适应社会、重大局、不感情用事，这是多血质人的长处，但其注意力不稳定，兴趣容易转移。多血质的人对所有职业都有适应性，无论哪一门类的哪一种工作，他都可以胜任。而且，多血质的人很快就可以成为一个团体中的一个独当一面的人物，一般较适合的职业有：政治家、外交家、演员、记者、律师、警察等。在商业活动中，多血质的人比其他气质类型的人能钻研得更深入，也可以从容胜任管理岗位的工作。多血质的人不太适合做需要踏实、耐心的工作。对于简单、细致和琐碎的工作以及缺乏竞争和刺激、环境过于安静的工作，多血质的人一般不感兴趣。

3. 粘液质。粘液质的人踏实、稳重，兴趣持久专注，善于忍耐，感情不易外露，深沉含蓄，不大容易发脾气，对人平和，且具有坚韧精神。他们中大多数人都能很好地利用协调性、积极性、社会性及感情稳定性表现自己的才能，而且不论职位高低，都能在各自的岗位上做出成绩。但粘液质人有些惰性，动作缓慢，不够灵活，内向、冷漠，不善于转移注意力。粘液质的人不仅能从事学术、教育、研究、医学、文字翻译、会计统计等内向型的职业，以其独特才能驰骋在写作、漫画、艺术、服装设计、广告宣传、新闻报道、情报收集等领域者也不少，而且也可以活跃在政治家、外交官、商人、律师等外向型职业岗位。粘液质的人不适合做富于变化和挑战性大的工作。

4. 抑郁质。抑郁质的人感情细腻，做事小心谨慎，善于察觉到别人观察不到的微小细节，在团体中表现积极认真、努力向上、毫不懈怠，无论置身于何种岗位，只要担负了责任，就以所从事的工作为荣，努力解决困难，这是抑郁质人的长处。抑郁质的人适应能力差，易于疲劳，行动迟缓、羞涩、孤僻且不大合群，遇事不是单凭聪明去处理，喜欢把自己所掌握的有关情况在头脑中组合、计算，确定方针，然后在这个范围内一个一个地去做，把问题处理好。他们较适合从事需要持久耐心、操作精细的工作，如实验研究、文献管理、财务出纳、化验分析、教育培训等类的工作，而不适合做需要与各色人物打交道、变化多端、大量消耗体力和脑力的工作。

气质测试评分标准
胆汁质：2、6、9、14、17、21、27、31、36、38、42、48、50、54、58
多血质：4、8、11、16、19、23、25、29、34、40、44、46、52、56、60
黏液质：1、7、10、13、18、22、26、30、33、39、43、45、49、55、57
抑郁质：3、5、12、15、20、24、28、32、35、37、41、47、51、53、59

三、确定气质类型的标准

如果某种气质的得分明显高于其他三种（均高出4分以上），则可确定为该种气质；如果两种气质得分接近（差异低于3分）而又明显高于其他两种（高出4分以上），则可确定为两种气质的混合型；如果三种气质的得分相接近且均高于第四种，则为三种气质的混合型。由此，可以得出以下十几种气质类型：

(1)胆汁质；(2)多血质；(3)粘液质；(4)抑郁质；(5)胆汁质—粘液质；(6)多血质—粘液质；(7)粘液质—抑郁质；(8)胆汁质—多血质；(9)多血质—抑郁质；(10)胆汁质—多血质—抑郁质；(11)胆汁质—粘液质—抑郁质；(12)四种气质的混合型。

附录二 职业性格测评

下面40个题目,凡是符合你情况的就记2分,不符合的就记0分,模棱两可的就记1分。60分以上是外倾型,31~59分是平衡型(性格的倾向不明显)。30分以下,可视为"内倾型"。

1. 能立即适应新环境。( )
2. 喜欢兴奋而紧张的劳动。( )
3. 能与观点不同的人和睦相处。( )
4. 经常与朋友借出、借入东西。( )
5. 喜欢别出心裁地做一些别人未做或不愿做的事。( )
6. 我认为人的幸福应自然流露出来。( )
7. 大庭广众下工作显得更富生气。( )
8. 我宁愿把问题挑明,而不愿一个人受闷气。( )
9. 我不经常分析自己的思想和动机。( )
10. 我盼望生活有变动,不要死水一潭。( )
11. 与其事先考虑能否成功,倒不如先干干试试。( )
12. 马上可以领会新工作的要领。( )
13. 发生事故不惊慌,能想办法摆脱困境。( )
14. 对社会上发生的事情很关心。( )
15. 对实际生活无用的知识,不感兴趣。( )
16. 一旦知道行不通,立刻改变主意。( )
17. 看到别人干错事,马上提醒他。( )
18. 有许多要做的事,不知从何处下手。( )
19. 任何说话的场所都愿意参加。( )
20. 喜欢研究别人而不喜欢研究自己。( )
21. 不愿回想自己的过去。( )
22. 对别人十分信任。( )
23. 我交的朋友很广泛。( )
24. 我尽量注意不伤害别人的感情。( )
25. 今日事情今日做,能做的事情马上做,用不着左思右想的。( )
26. 别人说三道四,我并不太介意。( )
27. 不论理由如何,我认为自杀的人都是傻瓜。( )
28. 我喜欢体育活动,也爱看电视中的体育节目。( )
29. 写信不打草稿。( )
30. 心里有事,存不住。( )
31. 过十字路口时,红灯亮却没来车时就穿过去。( )
32. 听别人说话,脑子里会不断涌出新主意。( )
33. 与朋友聊天时,不顾忌别人在场。( )
34. 只要是我信服的人,我愿意听从调遣。( )

35. 我好读书而不求甚解。（　　）
36. 很受孩子们欢迎。（　　）
37. 空闲时不知如何打发时间。（　　）
38. 有什么想法常愿意告诉别人。（　　）
39. 对什么问题都好发表议论。（　　）
40. 听到别人的意见就很快改变自己的看法。（　　）

性格类型特点

我们通常说的性格类型可以分为内向型性格和外向型性格。外倾型的人容易适应环境的变化，而内倾型的人偏重主观世界，一般较难适应环境的变化。

1. 内倾型。这类人喜欢安静，富于内省；不好交际，除了亲密朋友之外，对一般人保持距离；不喜欢刺激；做事有计划，生活有规律；很少有攻击性；情绪容易控制。内向型性格适合从事有计划的、稳定的、不需要与人过多交往的职业，如：自然科学研究人员、技术人员、艺术家、宗教家、会计师、速记员、打字员、计算机软件人员、税务员、统计员、商店收款员、银行出纳员、办公室办事员、图书管理员、电话员、美容师、整容师、发型设计师、铁路职员、公共卫生服务官员、秘书、工艺美术员等。

2. 外倾型。这类人喜欢交际，有许多朋友；渴望刺激和冒险；情绪容易冲动；乐观、随和、好动；粗心大意；富于攻击性；情绪不易控制。外向型性格适合从事与外界广泛接触的职业：管理者、律师、监督者、教师、推销员、售货员、新闻记者、警官、政治家、公关者、社团工作者、广告宣传员、调度员、党团干部、商品批发员、人事工作者、医生、导游员、咨询人员、保险工作人员、民事纠纷调解员、技术人员、推广人员、应用人员、心理咨询者、经纪人、代理人等。

附录三　职业兴趣测评

请你仔细阅读下面的问题，对于每项活动，如果你的回答是肯定的话，则在"是"一栏中打"勾"；如果你的回答是否定的话，则在"否"一栏中打"勾"。最后把"是"一栏的回答次数相加，填入"总计次数"一栏中。

第一组
1. 你喜欢自己动手修理收音机、自行车、缝纫机、钟表、电线开关一类器具吗？　　是　否
2. 你对自己家里使用的电扇、电熨斗、缝纫机等器具的质量和性能了解吗？　　是　否
3. 你喜欢动手做小型的模型（诸如滑翔机、汽车、轮船、建筑模型等）吗？　　是　否
4. 你喜欢与数字、图表打交道（诸如记账、制表、制图）一类的工作吗？　　是　否
5. 你喜欢制作工艺品、装饰品和衣服吗？　　是　否
总计次数

第二组
1. 你喜欢给别人买东西当顾问吗？　　是　否
2. 你热衷于参加集体活动吗？　　是　否
3. 你喜欢接触不同类型的人吗？　　是　否
4. 你喜欢拜访别人、爱与人讨论各种问题吗？　　是　否
5. 你喜欢在会议上积极发言吗？　　是　否
总计次数

第三组
1. 你喜欢没有干扰地、有规则地从事日常工作吗？　　是　否
2. 你喜欢对任何事情都预先作周密的安排吗？　　是　否
3. 你善于查阅字典、辞典和资料索引吗？　　是　否
4. 你喜欢按固定的程序有条不紊地工作吗？　　是　否
5. 你喜欢把事物分类和归档的工作吗？　　是　否
总计次数

第四组
1. 你喜欢倾听别人的难处并乐于帮助别人解决困难吗？　　是　否
2. 你愿意为残疾人服务吗？　　是　否
3. 在日常生活中，你愿给人们提供帮助吗？　　是　否
4. 你喜欢向别人传授知识和经验吗？　　是　否
5. 你喜欢防病治病和照顾病人的工作吗？　　是　否
总计次数

第五组
1. 你喜欢主持班级集体活动吗？　　是　否
2. 你喜欢接近领导和老师吗？　　是　否
3. 你喜欢在人多时当众发表自己的观点和意见吗？　　是　否
4. 如果老师不在时，你能主动维持班里学习和生活的正常秩序吗？　　是　否
5. 你具有强烈的责任感和工作魄力吗？　　是　否

总计次数

第六组
1. 你特别爱读文学著作中对人内心世界的细致描写吗？　　　　　　　　　是　否
2. 你喜欢听人们谈论他们的活动和想法吗？　　　　　　　　　　　　　　是　否
3. 你喜欢观察和研究人的心理和行为吗？　　　　　　　　　　　　　　　是　否
4. 你喜欢阅读有关领导人物、政治家、科学家等名人传记吗？　　　　　　是　否
5. 你很想了解世界各国的政治和经济制度吗？　　　　　　　　　　　　　是　否

总计次数

第七组
1. 你喜欢参观技术展览会或收听(收看)技术新消息的节目吗？　　　　　是　否
2. 你喜欢阅读科技杂志(诸如《我们爱科学》、《科学 24 小时》)吗？　　 是　否
3. 你想了解生机勃勃的大自然的奥秘吗？　　　　　　　　　　　　　　　是　否
4. 你想了解使用科学精密仪器和电子仪器的工作吗？　　　　　　　　　　是　否
5. 你喜欢复杂的绘图和设计工作吗？　　　　　　　　　　　　　　　　　是　否

总计次数

第八组
1. 你想设计一种新的发型或服装吗？　　　　　　　　　　　　　　　　　是　否
2. 你喜欢创作画吗？　　　　　　　　　　　　　　　　　　　　　　　　是　否
3. 你尝试着写小说或编剧吗？　　　　　　　　　　　　　　　　　　　　是　否
4. 你很想参加学校宣传队或演出小组吗？　　　　　　　　　　　　　　　是　否
5. 你爱用新方法、新途径来解决问题吗？　　　　　　　　　　　　　　　是　否

总计次数

第九组
1. 你喜欢操作机器吗？　　　　　　　　　　　　　　　　　　　　　　　是　否
2. 你很羡慕机械类工程师的工作吗？　　　　　　　　　　　　　　　　　是　否
3. 你想了解机器的构造和工作性能吗？　　　　　　　　　　　　　　　　是　否
4. 你喜欢交通驾驶一类的工作吗？　　　　　　　　　　　　　　　　　　是　否
5. 你喜欢参观和研究新的机器设备吗？　　　　　　　　　　　　　　　　是　否

总计次数

第十组
1. 你喜欢从事具体的工作吗？　　　　　　　　　　　　　　　　　　　　是　否
2. 你喜欢做很快就看到产品的工作吗？　　　　　　　　　　　　　　　　是　否
3. 你喜欢做让别人看到效果的工作吗？　　　　　　　　　　　　　　　　是　否
4. 你喜欢做那种时间短、但可以做得很好的工作吗？　　　　　　　　　　是　否
5. 你喜欢做有形的事情(诸如编织、烧饭等)而不喜欢抽象的活动吗？　　是　否

总计次数

统计方法

根据对每组问题回答"是"的总次数，填下表。

组别　回答"是"的总次数　相应的兴趣类型序号

第一组	兴趣类型1	
第二组	兴趣类型2	
第三组	兴趣类型3	
第四组	兴趣类型4	
第五组	兴趣类型5	
第六组	兴趣类型6	
第七组	兴趣类型7	
第八组	兴趣类型8	
第九组	兴趣类型9	
第十组	兴趣类型10	

通过上组训练，找出你的兴趣类型，在答"是"的总次数一栏中，得分越高，相应的兴趣类型就越符合你的职业兴趣特点；得分越低，相应的兴趣类型越不符合你的职业兴趣的特点。然后对照各种兴趣类型所对应的职业，给你的职业生涯定位。

兴趣类型与相对应的职业

兴趣类型1——愿与事物打交道。

这类人喜欢同事物打交道（比如：工具、器具或数字），而不喜欢从事与人和动物打交道的职业。相应的职业有：制图员、修理工、裁缝、木匠、建筑工、出纳员、记账员、会计等。

兴趣类型2——愿与人接触。

这类人喜欢与他人接触的工作，他们喜欢销售、采访、传递信息一类的活动。相应的职业有：记者、营业员、服务员、推销员等。

兴趣类型3——愿干有规律的工作。

这类人喜欢常规的、有规律的活动，在预先安排的条件下做细致工作。相应的职业有：邮件分捡员、图书馆管理员、办公室职员、档案管理员、打字员、统计员等。

兴趣类型4——愿从事社会福利和助人的工作。

这类人乐意帮助别人，试图改善他人的状况，喜欢独自与人接触。相应的职业有：医生、律师、护士、咨询人员等。

兴趣类型5——愿做领导和组织工作。

这类人喜欢管理工作，爱好掌握一些事情，他们在企事业单位中起着重要的作用。相应的职业有辅导员、行政人员、管理人员等。

兴趣类型6——愿研究人的行为。

这类人喜欢谈论涉及到人的主题，他们爱研究人的行为举止和心理动态。相应的专业有：心理学、政治学、人类学等。

兴趣类型7——愿从事科学技术事业。

这类人喜欢分析的、推理的、测试的活动，长于理论分析，喜欢独立解决问题，也喜欢通过实验获得新发现。相应的专业有：生物、化学、工程学、物理学等。

兴趣类型8——愿从事抽象性和创造性的工作。

这类人喜爱需要有想像力和创造力的工作，爱创造新的式样和概念。相应的职业有：演员、创作人员、设计人员、画家等。

兴趣类型9——愿做操纵机器的技术工作。

这类人喜欢运用一定的技术，操纵各种机械，制造产品或完成其他任务。相应的职业有：机床工、驾驶员、飞行员等。

兴趣类型10——愿从事具体的工作。

这类人喜欢制作看得见、摸得着的产品，希望很快看到自己的劳动成果，他们从完成的产品中得到自我满足。相应的职业有：厨师、园林工、理发师、美容师、室内装饰工、农民、工人等。

附录四　职业能力测评

该测试的评定用五级量表：强、较强、一般、较弱、弱。测试分为9组，每组均相应测试一项职业能力。每组均有6题，按上述5个等级为各题打分。能力强的打1分，较强的为2分，依次递增，弱的打5分。最后总计各组得分除以6可得该组所测职业能力最后得分。各题能力评定等级为，最后得分为1的，表明你该项能力强，随分值增加依次为较强、一般、较弱，若为5分则表明为弱。

(1) 语言能力

强：1分　　较强：2分　　一般：3分　　较弱：4分　　弱：5分

①善于表达自己的观点
②阅读速度快，并能抓住中心内容
③清楚地向别人解释难懂的概念
④对文章中的字、词、段落和篇章的理解和综合能力
⑤掌握词汇量的程度
⑥中学时你的语文成绩

(2) 数理能力

强：1分　　较强：2分　　一般：3分　　较弱：4分　　弱：5分

①做出精确的测量
②解算术应用题的能力
③笔算能力
④心算能力
⑤使用工具(如计算器)计算的能力
⑥中学时你的数学成绩

(3) 空间判断能力

强：1分　　较强：2分　　一般：3分　　较弱：4分　　弱：5分

①美术素描画的水平
②画三维度的立体图形能力
③看几何图形的立体感
④玩拼图游戏
⑤对盒子展开后平面图的想像力
⑥中学时你的立体几何成绩

(4) 察觉细节能力

强：1分　　较强：2分　　一般：3分　　较弱：4分　　弱：5分

①发现相似图形中的细微差异
②识别物体的形状差异
③注意到多数人所忽视的物体的细节部分
④检查物体的细节
⑤观察图案是否正确
⑥中学时善于找出数学作业的细小错误

(5) 书写能力

强:1分　　　较强:2分　　　　一般:3分　　　较弱:4分　　　弱:5分

①快而准确地抄写资料

②在阅读中发现错别字

③发现计算错误

④发现图表中的细小错误

⑤在图书馆很快查找编码卡片

⑥自我控制能力

(6) 运动协调能力

强:1分　　　较强:2分　　　　一般:3分　　　较弱:4分　　　弱:5分

①劳动技术课中操作机器一类的活动

②玩电子游戏机或瞄准打靶

③在广播操中集体的协调灵活性

④打球姿势的平衡度

⑤打字比赛或算盘比赛的成绩

⑥闭眼单脚站立的平衡能力

(7) 动手能力

强:1分　　　较强:2分　　　　一般:3分　　　较弱:4分　　　弱:5分

①灵巧地使用手工工具(如锤子等)

②灵巧地使用很小的工具(如镊子等)

③弹乐器时手指的灵活度

④做小手工艺品的动手能力

⑤很快地削水果

⑥修理、装配、编织、缝补等活动能力

(8) 社会交往能力

强:1分　　　较强:2分　　　　一般:3分　　　较弱:4分　　　弱:5分

①善于在陌生的场合发表自己的意见

②新场所结交新朋友

③口头表达能力

④善于与人友好交往并协同工作

⑤善于帮助人

⑥擅长做别人的思想工作

(9) 组织管理能力

①善于参加集体活动

②在集体活动中能关心他人

③动脑筋想出好点子

④冷静果断地处理突发事件

⑤组织工作的水平

⑥善于解决同事或同学间的矛盾

附录五　职业锚测评

这是一套测试职业锚的调查问卷,它能够帮助你认识自己的职业锚。现在,请你务必静下心来,认真答题!答题方法是:深入思考和权衡下列各组所列问题,依据各题对你的重要程度或与你的想法的符合程度进行排序或赋予分值,并将题号填入表格的空白栏内。

权衡方法	最为重要或最为符合	比较重要或比较符合	一般	不太重要或不太符合	最不重要或最不符合
分数	5	4	3	2	1
第1组－项目序号					
第2组－项目序号					
第3组－项目序号					
第4组－项目序号					
第5组－项目序号					

第一组:

j1. 选择职业,我将主要考虑有无实际技术内容或职能内容。

g1. 我的学习或职业经历表明,我已经具备从事管理工作或被提升到更高管理职位所需要的能力和水平。

c1. 只要有利于开创自己的全新事业,冒点风险也在所不辞。

z1. 宁愿放弃晋升机会,也要争取自由自在地工作和生活。

a1. 既然是单位的一员,就要按单位的要求办事,以单位的目标为重。

第二组:

g2. 如果可能,我会直接从事管理工作;即便不可能,我也准备以技术或其他工作为过渡,最后争取走上管理岗位。

c2. 开拓、创业是职业的重要部分。

z2. 很少感到失败或缺少远大抱负的愧疚。

j2. 在专业技术或职能领域内发展,尽可能不离开专业技术或职能领域。

a2. 薪酬高、富有挑战性的工作固然好,但不如在政府等部门工作稳定安全的更好。

第三组:

j3. 从事一般性管理工作没有意义,因为管理工作不能施展专业技术才能。

g3. 与他人相比,我的分析能力、人际沟通能力、情感处理能力突出,且组合良好。

c3. 希望能够开始并创建属于自己的事业。

z3. 希望随心所欲地安排自己的工作步调、时间表、生活方式和工作习惯。

a3. 我相信组织一定会客观公正地按照各人能力和需要的不同,恰当地安排工作和职位。

第四组:

j4. 在专业技术或职能领域内取得成绩或得到提升,是对我最好的认可方式。

g4. 我喜欢工作任务和工作责任较大,并具有挑战性的工作。

c4. 我希望能够创造或建设完全属于自己的产品或创意。
z4. 我觉得，没有组织的束缚，是一件非常快乐的事。
a4. 四处奔波能多挣钱固然好，但不如稳定在一个地方或在自己家乡供职挣钱更好。

第五组：
j5. 宁愿选择离开，我也不会接受非专业技术或职能领域的晋升。
g5. 希望自己能够成为一名出色的高级管理人才。
c5. 经常被自己的创意或开发的产品所激发，从而完全投入到创造过程之中。
z5. 与其在组织中依赖他人或受人摆布，不如自己独立自由地工作和生活。
a5. 希望有一个稳定的职业、体面的收入、有效的退休方案和津贴。

计分方法与测评结果：

1. 将相同字母开头的问题得分相加，得出总分，并将填入下表。例如，$j1 + j2 + j3 + j4 + j5 = j$。其余类推。

项目	j	g	c	z	a
得分					

2. 比较 j、g、c、z、a 的总得分，得分最高的一项就是你的职业锚。

其中，j — 技术/功能型职业锚、g — 管理型职业锚、c — 创造型职业锚、z — 自主/独立型职业锚、a — 安全/稳定型职业锚

附录六　中华人民共和国劳动法

《中华人民共和国劳动法》已由中华人民共和国第八届全国人民代表大会常务委员会第八次会议于1994年7月5日通过,现予公布,自1995年1月1日起施行。

第一章　总则

第一条

为了保护劳动者的合法权益,调整劳动关系,建立和维护适应社会主义市场经济的劳动制度,促进经济发展和社会进步,根据宪法,制定本法。

第二条

在中华人民共和国境内的企业、个体经济组织(以下统称用人单位)和与之形成劳动关系的劳动者,适用本法。

国家机关、事业组织、社会团体和与之建立劳动合同关系的劳动者,依照本法执行。

第三条

劳动者享有平等就业和选择职业的权利、取得劳动报酬的权利、休息休假的权利、获得劳动安全卫生保护的权利、接受职业技能培训的权利、享受社会保险和福利的权利、提请劳动争议处理的权利以及法律规定的其他劳动权利。

劳动者应当完成劳动任务,提高职业技能,执行劳动安全卫生规程,遵守劳动纪律和职业道德。

第四条

用人单位应当依法建立和完善规章制度,保障劳动者享有劳动权利和履行劳动义务。

第五条

国家采取各种措施,促进劳动就业,发展职业教育,制定劳动标准,调节社会收入,完善社会保险,协调劳动关系,逐步提高劳动者的生活水平。

第六条

国家提倡劳动者参加社会义务劳动,开展劳动竞赛和合理化建议活动,鼓励和保护劳动者进行科学研究、技术革新和发明创造,表彰和奖励劳动模范和先进工作者。

第七条　劳动者有权依法参加和组织工会。

工会代表和维护劳动者的合法权益,依法独立自主地开展活动。

第八条

劳动者依照法律规定,通过职工大会、职工代表大会或者其他形式,参与民主管理或者就保护劳动者合法权益与用人单位进行平等协商。

第九条　国务院劳动行政部门主管全国劳动工作。

县级以上地方人民政府劳动行政部门主管本行政区域内的劳动工作。

第二章　促进就业

第十条

国家通过促进经济和社会发展,创造就业条件,扩大就业机会。

国家鼓励企业、事业组织、社会团体在法律、行政法规规定的范围内兴办产业或者拓展经营,增加就业。

国家支持劳动者自愿组织起来就业和从事个体经营实现就业。

第十一条

地方各级人民政府应当采取措施,发展多种类型的职业介绍机构,提供就业服务。

第十二条

劳动者就业,不因民族、种族、性别、宗教信仰不同而受歧视。

第十三条

妇女享有与男子平等的就业权利。在录用职工时,除国家规定的不适合妇女的工种或者岗位外,不得以性别为由拒绝录用妇女或者提高对妇女的录用标准。

第十四条

残疾人、少数民族人员、退出现役的军人的就业,法律、法规有特别规定的,从其规定。

第十五条 禁止用人单位招用未满十六周岁的未成年人。

文艺、体育和特种工艺单位招用未满十六周岁的未成年人,必须依照国家有关规定,履行审批手续,并保障其接受义务教育的权利。

第三章 劳动合同和集体合同

第十六条

劳动合同是劳动者与用人单位确立劳动关系、明确双方权利和义务的协议。

建立劳动关系应当订立劳动合同。

第十七条

订立和变更劳动合同,应当遵循平等自愿、协商一致的原则,不得违反法律、行政法规的规定。

劳动合同依法订立即具有法律约束力,当事人必须履行劳动合同规定的义务。

第十八条 下列劳动合同无效:

(一)违反法律、行政法规的劳动合同;

(二)采取欺诈、威胁等手段订立的劳动合同。

无效的劳动合同,从订立的时候起,就没有法律约束力。确认劳动合同部分无效的,如果不影响其余部分的效力,其余部分仍然有效。

劳动合同的无效,由劳动争议仲裁委员会或者人民法院确认。

第十九条 劳动合同应当以书面形式订立,并具备以下条款:

(一)劳动合同期限;

(二)工作内容;

(三)劳动保护和劳动条件;

(四)劳动报酬;

(五)劳动纪律;

(六)劳动合同终止的条件;

(七)违反劳动合同的责任。

劳动合同除前款规定的必备条款外,当事人可以协商约定其他内容。

第二十条

劳动合同的期限分为有固定期限、无固定期限和以完成一定的工作为期限。

劳动者在同一用人单位连续工作满十年以上,当事人双方同意延续劳动合同的,如果劳动者提出订立无固定期限的劳动合同,应当订立无固定期限的劳动合同。

第二十一条

劳动合同可以约定试用期。试用期最长不得超过六个月。

第二十二条

劳动合同当事人可以在劳动合同中约定保守用人单位商业秘密的有关事项。

第二十三条

劳动合同期满或者当事人约定的劳动合同终止条件出现,劳动合同即行终止。

第二十四条 经劳动合同当事人协商一致,劳动合同可以解除。

第二十五条

劳动者有下列情形之一的,用人单位可以解除劳动合同:

(一)在试用期间被证明不符合录用条件的;

(二)严重违反劳动纪律或者用人单位规章制度的;

(三)严重失职,营私舞弊,对用人单位利益造成重大损害的;

(四)被依法追究刑事责任的。

第二十六条

有下列情形之一的,用人单位可以解除劳动合同,但是应当提前三十日以书面形式通知劳动者本人:

(一)劳动者患病或者非因工负伤,医疗期满后,不能从事原工作也不能从事由用人单位另行安排的工作的;

(二)劳动者不能胜任工作,经过培训或者调整工作岗位,仍不能胜任工作的;

(三)劳动合同订立时所依据的客观情况发生重大变化,致使原劳动合同无法履行,经当事人协商不能就变更劳动合同达成协议的。

第二十七条

用人单位濒临破产进行法定整顿期间或者生产经营状况发生严重困难,确需裁减人员的,应当提前三十日向工会或者全体职工说明情况,听取工会或者职工的意见,经向劳动行政部门报告后,可以裁减人员。

用人单位依据本条规定裁减人员,在六个月内录用人员的,应当优先录用被裁减的人员。

第二十八条

用人单位依据本法第二十四条、第二十六条、第二十七条的规定解除劳动合同的,应当依照国家有关规定给予经济补偿。

第二十九条

劳动者有下列情形之一的,用人单位不得依据本法第二十六条、第二十七条的规定解除劳动合同:

(一)患职业病或者因工负伤并被确认丧失或者部分丧失劳动能力的;

(二)患病或者负伤,在规定的医疗期内的;

(三)女职工在孕期、产假、哺乳期内的;

(四)法律、行政法规规定的其他情形。

第三十条

用人单位解除劳动合同,工会认为不适当的,有权提出意见。如果用人单位违反法律、法规或者劳动合同,工会有权要求重新处理;劳动者申请仲裁或者提起诉讼的,工会应当依法给予支持和帮助。

第三十一条

劳动者解除劳动合同,应当提前三十日以书面形式通知用人单位。

第三十二条

有下列情形之一的,劳动者可以随时通知用人单位解除劳动合同:

(一)在试用期内的;

(二)用人单位以暴力、威胁或者非法限制人身自由的手段强迫劳动的;

(三)用人单位未按照劳动合同约定支付劳动报酬或者提供劳动条件的。

第三十三条

企业职工一方与企业可以就劳动报酬、工作时间、休息休假、劳动安全卫生、保险福利等事项,签订集体合同。集体合同草案应当提交职工代表大会或者全体职工讨论通过。

集体合同由工会代表职工与企业签订;没有建立工会的企业,由职工推举的代表与企业签订。

第三十四条

集体合同签订后应当报送劳动行政部门;劳动行政部门自收到集体合同文本之日起十五日内未提出异议的,集体合同即行生效。

第三十五条

依法签订的集体合同对企业和企业全体职工具有约束力。职工个人与企业订立的劳动合同中劳动条件和劳动报酬等标准不得低于集体合同的规定。

第四章 工作时间和休息休假

第三十六条

国家实行劳动者每日工作时间不超过八小时、平均每周工作时间不超过四十四小时的工时制度。

第三十七条

对实行计件工作的劳动者,用人单位应当根据本法第三十六条规定的工时制度合理确定其劳动定额和计件报酬标准。

第三十八条 用人单位应当保证劳动者每周至少休息一日。

第三十九条

企业因生产特点不能实行本法第三十六条、第三十八条规定的,经劳动行政部门批准,可以实行其他工作和休息办法。

第四十条 用人单位在下列节日期间应当依法安排劳动者休假:

(一)元旦;

(二)春节;

(三)国际劳动节;

(四)国庆节;

(五)法律、法规规定的其他休假节日。

第四十一条

用人单位由于生产经营需要,经与工会和劳动者协商后可以延长工作时间,一般每日不得超过一小时;因特殊原因需要延长工作时间的,在保障劳动者身体健康的条件下延长工作时间每日不得超过三小时,但是每月不得超过三十六小时。

第四十二条

有下列情形之一的,延长工作时间不受本法第四十一条规定的限制:

(一)发生自然灾害、事故或者因其他原因,威胁劳动者生命健康和财产安全,需要紧急处理的;

(二)生产设备、交通运输线路、公共设施发生故障,影响生产和公众利益,必须及时抢修的;

(三)法律、行政法规规定的其他情形。

第四十三条 用人单位不得违反本法规定延长劳动者的工作时间。

第四十四条

有下列情形之一的,用人单位应当按照下列标准支付高于劳动者正常工作时间工资的工资报酬:

(一)安排劳动者延长工作时间的,支付不低于工资的百分之一百五十的工资报酬;

(二)休息日安排劳动者工作又不能安排补休的,支付不低于工资的百分之二百的工资报酬;

(三)法定休假日安排劳动者工作的,支付不低于工资的百分之三百的工资报酬。

第四十五条 国家实行带薪年休假制度。

劳动者连续工作一年以上的,享受带薪年休假。具体办法由国务院规定。

第五章 工资

第四十六条 工资分配应当遵循按劳分配原则,实行同工同酬。

工资水平在经济发展的基础上逐步提高。国家对工资总量实行宏观调控。

第四十七条

用人单位根据本单位的生产经营特点和经济效益,依法自主确定本单位的工资分配方式和工资水平。

第四十八条

国家实行最低工资保障制度。最低工资的具体标准由省、自治区、直辖市人民政府规定,报国务院备案。

用人单位支付劳动者的工资不得低于当地最低工资标准。

第四十九条 确定和调整最低工资标准应当综合参考下列因素:

(一)劳动者本人及平均赡养人口的最低生活费用;

(二)社会平均工资水平;

(三)劳动生产率;

(四)就业状况;

(五)地区之间经济发展水平的差异。

第五十条

工资应当以货币形式按月支付给劳动者本人。不得克扣或者无故拖欠劳动者的工资。

第五十一条

劳动者在法定休假日和婚丧假期间以及依法参加社会活动期间,用人单位应当依法支付工资。

第六章 劳动安全卫生

第五十二条

用人单位必须建立、健全劳动安全卫生制度，严格执行国家劳动安全卫生规程和标准，对劳动者进行劳动安全卫生教育，防止劳动过程中的事故，减少职业危害。

第五十三条 劳动安全卫生设施必须符合国家规定的标准。

新建、改建、扩建工程的劳动安全卫生设施必须与主体工程同时设计、同时施工、同时投入生产和使用。

第五十四条

用人单位必须为劳动者提供符合国家规定的劳动安全卫生条件和必要的劳动防护用品，对从事有职业危害作业的劳动者应当定期进行健康检查。

第五十五条

从事特种作业的劳动者必须经过专门培训并取得特种作业资格。

第五十六条 劳动者在劳动过程中必须严格遵守安全操作规程。

劳动者对用人单位管理人员违章指挥、强令冒险作业，有权拒绝执行；对危害生命安全和身体健康的行为，有权提出批评、检举和控告。

第五十七条

国家建立伤亡事故和职业病统计报告和处理制度。县级以上各级人民政府劳动行政部门、有关部门和用人单位应当依法对劳动者在劳动过程中发生的伤亡事故和劳动者的职业病状况，进行统计、报告和处理。

第七章 女职工和未成年工特殊保护

第五十八条 国家对女职工和未成年工实行特殊劳动保护。

未成年工是指年满十六周岁未满十八周岁的劳动者。

第五十九条

禁止安排女职工从事矿山井下、国家规定的第四级体力劳动强度的劳动和其他禁忌从事的劳动。

第六十条

不得安排女职工在经期从事高处、低温、冷水作业和国家规定的第三级体力劳动强度的劳动。

第六十一条

不得安排女职工在怀孕期间从事国家规定的第三级体力劳动强度的劳动和孕期禁忌从事的活动。对怀孕七个月以上的女职工，不得安排其延长工作时间和夜班劳动。

第六十二条 女职工生育享受不少于九十天的产假。

第六十三条

不得安排女职工在哺乳未满一周岁的婴儿期间从事国家规定的第三级体力劳动强度的劳动和哺乳期禁忌从事的其他劳动，不得安排其延长工作时间和夜班劳动。

第六十四条

不得安排未成年工从事矿山井下、有毒有害、国家规定的第四级体力劳动强度的劳动和其他禁忌从事的劳动。

第六十五条 用人单位应当对未成年工定期进行健康检查。

第八章 职业培训

第六十六条

国家通过各种途径,采取各种措施,发展职业培训事业,开发劳动者的职业技能,提高劳动者素质,增强劳动者的就业能力和工作能力。

第六十七条

各级人民政府应当把发展职业培训纳入社会经济发展的规划,鼓励和支持有条件的企业、事业组织、社会团体和个人进行各种形式的职业培训。

第六十八条

用人单位应当建立职业培训制度,按照国家规定提取和使用职业培训经费,根据本单位实际,有计划地对劳动者进行职业培训。

从事技术工种的劳动者,上岗前必须经过培训。

第六十九条

国家确定职业分类,对规定的职业制定职业技能标准,实行职业资格证书制度,由经过政府批准的考核鉴定机构负责对劳动者实施职业技能考核鉴定。

第九章 社会保险和福利

第七十条

国家发展社会保险事业,建立社会保险制度,设立社会保险基金,使劳动者在年老、患病、工伤、失业、生育等情况下获得帮助和补偿。

第七十一条

社会保险水平应当与社会经济发展水平和社会承受能力相适应。

第七十二条

社会保险基金按照保险类型确定资金来源,逐步实行社会统筹。用人单位和劳动者必须依法参加社会保险,缴纳社会保险费。

第七十三条 劳动者在下列情形下,依法享受社会保险待遇:

(一)退休;

(二)患病、负伤;

(三)因工伤残或者患职业病;

(四)失业;

(五)生育。

劳动者死亡后,其遗属依法享受遗属津贴。

劳动者享受社会保险待遇的条件和标准由法律、法规规定。

劳动者享受的社会保险金必须按时足额支付。

第七十四条

社会保险基金经办机构依照法律规定收支、管理和运营社会保险基金,并负有使社会保险基金保值增值的责任。

社会保险基金监督机构依照法律规定,对社会保险基金的收支、管理和运营实施监督。

社会保险基金经办机构和社会保险基金监督机构的设立和职能由法律规定。

任何组织和个人不得挪用社会保险基金。

第七十五条

国家鼓励用人单位根据本单位实际情况为劳动者建立补充保险。

国家提倡劳动者个人进行储蓄性保险。

第七十六条

国家发展社会福利事业,兴建公共福利设施,为劳动者休息、休养和疗养提供条件。

用人单位应当创造条件,改善集体福利,提高劳动者的福利待遇。

第十章　劳动争议

第七十七条

用人单位与劳动者发生劳动争议,当事人可以依法申请调解、仲裁、提起诉讼,也可以协商解决。

调解原则适用于仲裁和诉讼程序。

第七十八条

解决劳动争议,应当根据合法、公正、及时处理的原则,依法维护劳动争议当事人的合法权益。

第七十九条

劳动争议发生后,当事人可以向本单位劳动争议调解委员会申请调解;调解不成,当事人一方要求仲裁的,可以向劳动争议仲裁委员会申请仲裁。当事人一方也可以直接向劳动争议仲裁委员会申请仲裁。对仲裁裁决不服的,可以向人民法院提起诉讼。

第八十条

在用人单位内,可以设立劳动争议调解委员会。劳动争议调解委员会由职工代表、用人单位代表和工会代表组成。劳动争议调解委员会主任由工会代表担任。

劳动争议经调解达成协议的,当事人应当履行。

第八十一条

劳动争议仲裁委员会由劳动行政部门代表、同级工会代表、用人单位方面的代表组成。劳动争议仲裁委员会主任由劳动行政部门代表担任。

第八十二条

提出仲裁要求的一方应当自劳动争议发生之日起六十日内向劳动争议仲裁委员会提出书面申请。仲裁裁决一般应在收到仲裁申请的六十日内作出。对仲裁裁决无异议的,当事人必须履行。

第八十三条

劳动争议当事人对仲裁裁决不服的,可以自收到仲裁裁决书之日起十五日内向人民法院提起诉讼。一方当事人在法定期限内不起诉又不履行仲裁裁决的,另一方当事人可以申请人民法院强制执行。

第八十四条

因签订集体合同发生争议,当事人协商解决不成的,当地人民政府劳动行政部门可以组织有关各方协调处理。

因履行集体合同发生争议,当事人协商解决不成的,可以向劳动争议仲裁委员会申请仲裁;对仲裁裁决不服的,可以自收到仲裁裁决书之日起十五日内向人民法院提起诉讼。

第十一章　监督检查

第八十五条

县级以上各级人民政府劳动行政部门依法对用人单位遵守劳动法律、法规的情况进行监督检查,对违反劳动法律、法规的行为有权制止,并责令改正。

第八十六条

县级以上各级人民政府劳动行政部门监督检查人员执行公务,有权进入用人单位了解执行劳动法律、法规的情况,查阅必要的资料,并对劳动场所进行检查。

县级以上各级人民政府劳动行政部门监督检查人员执行公务,必须出示证件,秉公执法并遵守有关规定。

第八十七条

县级以上各级人民政府有关部门在各自职责范围内,对用人单位遵守劳动法律、法规的情况进行监督。

第八十八条

各级工会依法维护劳动者的合法权益,对用人单位遵守劳动法律、法规的情况进行监督。

任何组织和个人对于违反劳动法律、法规的行为有权检举和控告。

第十二章 法律责任

第八十九条

用人单位制定的劳动规章制度违反法律、法规规定的,由劳动行政部门给予警告,责令改正;对劳动者造成损害的,应当承担赔偿责任。

第九十条

用人单位违反本法规定,延长劳动者工作时间的,由劳动行政部门给予警告,责令改正,并可以处以罚款。

第九十一条

用人单位有下列侵害劳动者合法权益情形之一的,由劳动行政部门责令支付劳动者的工资报酬、经济补偿,并可以责令支付赔偿金:

(一)克扣或者无故拖欠劳动者工资的;

(二)拒不支付劳动者延长工作时间工资报酬的;

(三)低于当地最低工资标准支付劳动者工资的;

(四)解除劳动合同后,未依照本法规定给予劳动者经济补偿的。

第九十二条

用人单位的劳动安全设施和劳动卫生条件不符合国家规定或者未向劳动者提供必要的劳动防护用品和劳动保护设施的,由劳动行政部门或者有关部门责令改正,可以处以罚款;情节严重的,提请县级以上人民政府决定责令停产整顿;对事故隐患不采取措施,致使发生重大事故,造成劳动者生命和财产损失的,对责任人员比照刑法第一百八十七条的规定追究刑事责任。

第九十三条

用人单位强令劳动者违章冒险作业,发生重大伤亡事故,造成严重后果的,对责任人员依法追究刑事责任。

第九十四条

用人单位非法招用未满十六周岁的未成年人的,由劳动行政部门责令改正,处以罚款;情节严重的,由工商行政管理部门吊销营业执照。

第九十五条

用人单位违反本法对女职工和未成年工的保护规定,侵害其合法权益的,由劳动行政部门责令改正,处以罚款;对女职工或者未成年工造成损害的,应当承担赔偿责任。

第九十六条

用人单位有下列行为之一,由公安机关对责任人员处以十五日以下拘留、罚款或者警告;构成犯罪的,对责任人员依法追究刑事责任:

(一)以暴力、威胁或者非法限制人身自由的手段强迫劳动的;

(二)侮辱、体罚、殴打、非法搜查和拘禁劳动者的。

第九十七条

由于用人单位的原因订立的无效合同,对劳动者造成损害的,应当承担赔偿责任。

第九十八条

用人单位违反本法规定的条件解除劳动合同或者故意拖延不订立劳动合同的,由劳动行政部门责令改正;对劳动者造成损害的,应当承担赔偿责任。

第九十九条

用人单位招用尚未解除劳动合同的劳动者,对原用人单位造成经济损失的,该用人单位应当依法承担连带赔偿责任。

第一百条

用人单位无故不缴纳社会保险费的,由劳动行政部门责令其限期缴纳;逾期不缴的,可以加收滞纳金。

第一百零一条

用人单位无理阻挠劳动行政部门、有关部门及其工作人员行使监督检查权,打击报复举报人员的,由劳动行政部门或者有关部门处以罚款;构成犯罪的,对责任人员依法追究刑事责任。

第一百零二条

劳动者违反本法规定的条件解除劳动合同或者违反劳动合同中约定的保密事项,对用人单位造成经济损失的,应当依法承担赔偿责任。

第一百零三条

劳动行政部门或者有关部门的工作人员滥用职权、玩忽职守、徇私舞弊,构成犯罪的,依法追究刑事责任;不构成犯罪的,给予行政处分。

第一百零四条

国家工作人员和社会保险基金经办机构的工作人员挪用社会保险基金,构成犯罪的,依法追究刑事责任。

第一百零五条

违反本法规定侵害劳动者合法权益,其他法律、行政法规已规定处罚的,依照该法律、行政法规的规定处罚。

第十三章 附则

第一百零六条

省、自治区、直辖市人民政府根据本法和本地区的实际情况,规定劳动合同制度的实施步骤,报国务院备案。

第一百零七条 本法自1995年1月1日起施行。

参考文献

1. 向勇,吴东红:《大学生职业生涯规划与就业指导》,科学出版社,2010年版
2. 万发瑞,樊永兵,焦金雷:《大学生职业生涯与发展规划》,世界图书出版公司,2011年版
3. 田芬:《高校毕业生就业导航》,高等教育出版社,2011年版
4. 王淑桢,杨宏菲,高美华:《职业规划与指导》,北京师范大学出版社,2007年版
5. 彭继玲,韩丽莎:《职业生涯规划与就业指导》,湖南师范大学出版社,2011年版
6. 李晓波,李洪波:《大学生职业生涯规划与发展》,化学工业出版社,2010年版
7. 姜尔岚,吴成国:《大学生职业生涯与发展规划》,人民交通出版社,2011年版
8. 秦军平,陈国云,郭连峰:《大学生职业发展与生涯规划》,东北师范大学出版社,2011年版
9. 周炳全,谢彩英:《大学生职业生涯规划与就业辅导》,华南理工大学出版社,2008年版
10. 张学河:《大学生就业与创业教育》,东北师范大学出版社,2011年版
11. 秦军平,陈国云,郭连峰:《大学生就业指导与创业创新》,东北师范大学出版社,2011年版

读者反馈意见

亲爱的读者：

　　感谢您对《大学生职业生涯规划》的支持和热爱，为了今后为您提供更好的服务，请您抽出宝贵的时间来填写下面的意见反馈表，以便我们更好地对本教材做进一步改进，同时如果您在使用本教材的过程中遇到了什么问题，或者有什么好的建议，也请您来信、来电告诉我们。

　　地址：北京市丰台区科学城南极星大厦108室

　　电话：010 – 61229894/83794403

　　电子邮箱：2568858787@qq.com　　QQ:649319527　　QQ:1694299827

教材名称:《大学生职业生涯规划》
个人资料：
姓名：_____　年龄：_____　所在院校/专业_____
文化程度：_____　通讯地址：_____
联系电话：_____　电子信箱：_____
您使用本书是作为：□指定教材□选用教材□辅导教材
您对封面设计的满意度：
□很满意□满意□一般□不满意□改进建议_____
您对本书印刷质量的满意度：
□很满意□满意□一般□不满意□改进建议_____
您对本书的总体满意度：
从语言质量角度看□很满意□满意□一般□不满意□
从科技含量角度看□很满意□满意□一般□不满意□
本书最令您满意的是：
□指导明确□内容充实□讲解详尽□实例丰富
您认为本书在哪些地方应进行修改？（可附页）
_____
_____

您希望本书在哪些方面可进行改进？（可附页）
_____
_____